职业院校电子商务专业精品系列课程

跨境电子商务B2B运营实务
——阿里巴巴国际站

主编　王红蕾　刘冬美

中国财富出版社有限公司

图书在版编目（CIP）数据

跨境电子商务B2B运营实务：阿里巴巴国际站／王红蕾，刘冬美主编．—北京：中国财富出版社有限公司，2022.5（2025.6重印）

（职业院校电子商务专业精品系列课程）

ISBN 978－7－5047－7700－3

Ⅰ.①跨… Ⅱ.①王… ②刘… Ⅲ.①电子商务—高等职业教育—教材 Ⅳ.①F713.36

中国版本图书馆CIP数据核字（2022）第076493号

策划编辑 李彩琴 **责任编辑** 王才识 **版权编辑** 李 洋

责任印制 荀 宁 **责任校对** 孙丽丽 **责任发行** 董 倩

出版发行 中国财富出版社有限公司

社　　址 北京市丰台区南四环西路188号5区20楼 **邮政编码** 100070

电　　话 010－52227588转2098（发行部） 010－52227588转321（总编室）

010－52227566（24小时读者服务） 010－52227588转305（质检部）

网　　址 http://www.cfpress.com.cn **排　　版** 宝蕾元

经　　销 新华书店 **印　　刷** 宝蕾元仁浩（天津）印刷有限公司

书　　号 ISBN 978－7－5047－7700－3/F·3511

开　　本 787mm×1092mm 1/16 **版　　次** 2022年12月第1版

印　　张 20.75 **印　　次** 2025年6月第2次印刷

字　　数 442千字 **定　　价** 62.00元

内容简介

随着互联网与大众生活的联系日益紧密，物流行业进入智能化发展阶段，国内外贸易交流日趋频繁，跨境电商正加速发展成为推动中国外贸增长的新引擎。阿里巴巴国际站是全球专业的国际外贸出口、海外 B2B 跨境贸易平台，专注于为各个国家的中小企业提供高效、可信赖的贸易平台，是出口企业拓展国际贸易的首选平台之一。本书详细介绍了阿里巴巴国际站的相关操作和运营技巧，紧密围绕卖家的日常实操，介绍了阿里巴巴国际站平台概况、账户与产品管理、旺铺装修、营销中心、数据分析、商机管理、信用保障与纠纷处理、物流管理相关内容，并引用示例图片详细讲解了阿里巴巴国际站运营过程中的各种操作流程和注意事项。

本书内容丰富、针对性强、通俗易懂，可作为职业院校的电子商务、国际贸易、国际商务等财经类相关专业的教材，也可作为网络创业者和跨境电子商务从业人员的参考用书。

前　言

近些年，互联网行业发展迅速，国家之间的贸易联系日益紧密，跨境电子商务已成为国家间交流和沟通的纽带，跨境电子商务出口行业发展得如火如荼。阿里巴巴国际站目前是全球较大、成立较久的 B2B 电商平台之一，也是众多跨境电商创业者们的首选电商平台。该平台商品种类丰富、覆盖全球，支持在线支付、搜索引擎和云数据存储等服务。阿里巴巴国际站的商品主要以批发为主，投资少、成本低、竞争小、收益高，吸引了很多中小企业加入。

本书通过通俗易懂的语言，依托阿里巴巴国际站平台，系统、全面地向读者介绍了跨境电子商务运营的相关知识和操作技能。

本书共分八个项目。

项目一介绍阿里巴巴国际站的概况、MA 页面，以及阿里巴巴国际站安全与网规，为后续学习入驻平台打下基础。

项目二介绍平台店铺的签约与开通、产品发布与管理等内容，让读者了解店铺注册开通的流程，掌握新产品发布的方法和技巧。

项目三介绍旺铺装修过程中常用的模块操作，包括旺铺模板设计、店招图设计、产品模块设计、自定义模块设计和无线端装修，帮助读者掌握旺铺各模块的设计及编辑方法，最终实现个性化的旺铺装修效果。

项目四介绍直通车推广、顶级展位和橱窗设置、活动营销，让读者了解平台营销和店铺自主营销的方式，掌握 P4P、顶级展位的推广技巧，以及店铺自主营销的操作方法。

项目五介绍商家星等级、店铺数据分析、访客分析与市场洞察，帮助读者梳理卖家实力的评判，然后通过查看店铺、产品、账号等数据，引导读者分析并做到知己、知买家、知行情，从而完成推广策略优化，获取更多的询盘和订单转化。

项目六介绍采购需求 RFQ 与外贸邮、跨境电子商务询盘等内容，让读者全方位了解采购直达 RFQ 和询盘的基础知识，掌握回复询盘的方法和名片管理的技巧，培养读者独立完成与客户报价及沟通的能力。

项目七介绍信用保障服务开通、信用保障额度、下单、付款、提现操作以及贸易纠纷处理流程，帮助读者了解跨境贸易的完整流程。

项目八介绍一达通物流走单、门到门、仓到门、一口价物流模板设置等实际操作内容，帮助读者掌握物流走单的操作流程，便于缩短交易环节耗费的时间，更便捷地完成交易。

本书在编写过程中得到了北京博导前程信息技术股份有限公司的大力支持，部分素材和数据参考了阿里巴巴商学院等机构及相关网站信息，在此一并表示感谢！编者受限于编写时间与编写水平，书中难免存在疏漏之处，敬请广大读者批评指正。

编　者

2022 年 10 月

目 录

项目一　阿里巴巴国际站的认识

近年来，我国外贸企业快速发展，急需拓展新的增长空间。同时，跨境电子商务业务是潜力最大、增速最快、影响最广的外贸新业态。阿里巴巴国际站于 1999 年在浙江杭州成立，是阿里巴巴集团的第一个业务板块，现已成为全球领先的跨境贸易 B2B 电子商务平台。

学习目标

知识目标

1. 了解阿里巴巴国际站的基本概况。
2. 了解阿里巴巴国际站的 MA 页面内容。
3. 熟悉阿里巴巴国际站的内容与信息发布规则。
4. 熟悉阿里巴巴国际站的交易规则。
5. 熟悉阿里巴巴国际站的供应链规则。
6. 熟悉阿里巴巴国际站的其他规则。

技能目标

1. 能够掌握预防知识产权侵权的方法。
2. 能够掌握预防图片盗用的方法。
3. 能够掌握预防钓鱼邮件的方法。

思政目标

1. 通过了解跨境电商平台的各项规则和法规，强化学生的法制意识，能够做到遵纪守法、诚实经营。

2. 使学生具备正当竞争意识，使用网站过程中遵守社会道德、个人道德与职业道德。

项目情境

随着跨境电子商务的不断发展，传统外贸企业敏锐地捕捉到行业信息，在经过研究后决定入驻跨境电子商务 B2B 平台阿里巴巴国际站。那么，阿里巴巴国际站目前的基本概况是什么？平台优劣势有哪些？平台交易是否安全？平台规则有哪些？这一系列问题将在本项目中得到系统的解答。

知识链接

B2B（Business – to – Business）指进行电子商务交易的供需双方都是商家（或企业、公司），它们使用了互联网的技术或各种商务网络平台，完成商务交易的过程。

项目分解

本项目将对阿里巴巴国际站基本概况进行全方位的学习，包括平台的特点和优势、阿里巴巴国际站内容与信息发布规则、商品交易规则、供应链规则等，以及初识阿里巴巴国际站后台 MA 页面，让初学者能够以卖家身份深入了解平台现状和阿里巴巴国际站安全与网规。

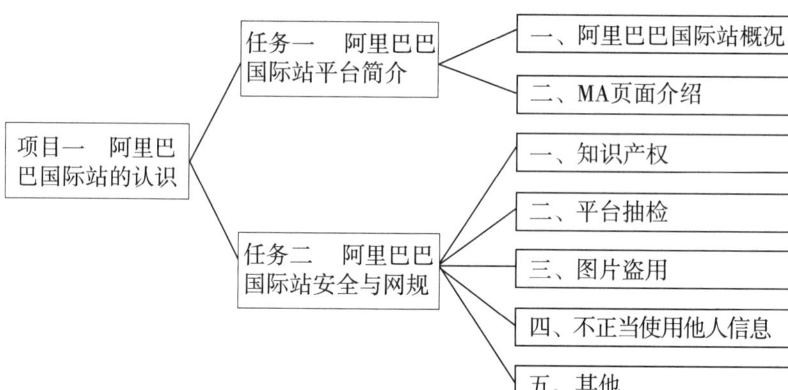

任务一　阿里巴巴国际站平台简介

微信扫描视频讲解

一、阿里巴巴国际站概况

阿里巴巴国际站（Alibaba. com）成立于 1999 年 9 月，

是中国最早的互联网公司，也是目前全球最大的 B2B 交易平台。阿里巴巴国际站提供一站式的店铺装修、产品展示、营销推广、生意洽谈及店铺管理等全系列线上服务和工具，能够帮助企业降低成本、高效地开拓外贸市场。阿里巴巴根据每个卖家在国际站上的基本信息和贸易交易额等其他信息综合评定并给予一定的信用保障额度，用于帮助卖家向买家提供跨境贸易安全保障。

（一）阿里巴巴国际站的特点

①互动：社区 Community 频道。

②可信：第三方的认证。

③专业：人性化的网站设计、丰富的类目、出色的搜索和网页浏览，简便的沟通工具和账号管理工具。

④全球化：客户遍布全球。

（二）阿里巴巴国际站的优势

1. 知名度高

阿里巴巴国际站在世界企业 B2B 电子商务领域享有盛誉，是全球领先的数字化出海服务平台。根据阿里巴巴国际站官方数据显示，2021 年已经有超过 2600 万活跃海外买家，覆盖全球超过 190 个国家和地区，阿里巴巴国际站也被誉为全球最大的商务交流社区和网上交易市场。

2. 完善的系统功能

阿里巴巴国际站可以帮助会员找买家、卖家、合作伙伴以及进行在线销售和采购；提供最新的、宏观的行业信息；提供大量的微观信息，如产品库、公司库以及供应、求购、代理、合作投资融资等。为企业树立品牌形象、宣传公司企业文化的同时，帮助客户找到有用的商业资讯，做出正确的决策。

3. 优质的客户服务和培训系统

阿里巴巴国际站提供现场培训和在线培训服务，包括视频课程培训以及现场指导，给予中小企业超乎想象的客户服务力度。同时，会员培训系统也比较成熟，有线下培训和网络培训两种方式。

4. 综合资源能力强

阿里巴巴国际站已经不仅仅是一个电子商务公司，它的综合资源能力非常强大，包括产品信息展示、订单交易、订单包装、物流通关服务、外汇服务等，对于一个中小企业来说，选择阿里巴巴国际站对企业的未来会有很大的帮助。

（三）阿里巴巴国际站会员

阿里巴巴国际站的会员分为付费会员和免费会员两种。

1. 付费会员

（1）CGS（中国大陆付费会员）

（2）GGS（中国以外的付费会员）

（3）HKGS（中国香港付费会员）

（4）TWGS（中国台湾付费会员）

2. 免费会员

（1）IFM（中国大陆以外的免费会员，包括中国香港及中国台湾）

（2）CNFM（2009 年全球速卖通上线以后的中国大陆免费买家账号）

（3）VM（中国大陆以外的免费认证会员，目前只为部分国家提供）

3. 付费会员与免费会员的区别

功能方面，付费会员的功能更简单、更高效、选择更多，如表 1－1 所示；效果方面，同等产品或公司，付费会员比免费会员有更多曝光机会，可信度也更高；在服务方面，付费会员可以获得平台更多、更专业、更可靠的服务和咨询。

表 1－1　　付费会员和免费会员的权限列表

会员类型	解释	卖家权限	买家权限
CGS	中国大陆付费会员	在 www.alibaba.com 上做卖家，在 www.aliexpress.com 做卖家	可以做买家（作为买家身份情况下不支持阿里巴巴在线交易，如信用保障服务等）
HKGS	中国香港付费会员	在 www.alibaba.com 上做卖家	可以做买家
TWGS	中国台湾付费会员	在 www.alibaba.com 上做卖家	可以做买家
GGS	中国以外的付费会员	在 www.alibaba.com 上做卖家	可以做买家
IFM	中国大陆以外的免费会员，包括中国香港及中国台湾	可以在 www.alibaba.com 上做卖家并发布 50 个产品	可以做买家
VM	中国大陆以外的免费认证会员，目前只为部分国家提供	可以在 www.alibaba.com 上做卖家并发布 300 个产品，在多语言页面可以发布 100 个产品	可以做买家

（续表）

会员类型	解释	卖家权限	买家权限
CNFM	2009 年全球速卖通上线以后的中国大陆免费买家账号	不能在 www. alibaba. com 上做卖家（除开通了一达通的用户），可以在 www. aliexpress. com 上做卖家	可以在 www. alibaba. com 上做买家（作为买家身份情况下不支持阿里巴巴在线交易，如信用保障服务等），不能在 www. aliexpress. com 上做买家

（四）阿里巴巴国际站付费服务类型

1. 出口通

出口通（Gold Supplier）是阿里巴巴国际站基础会员产品，通过平台进行产品和公司宣传推广，拓展更多的海外买家，进而获得更多线上订单，如图 1－1 所示。目前，出口通会员的年费为 29800 元/年，可根据企业需求选择增值服务，如 P4P 广告等。

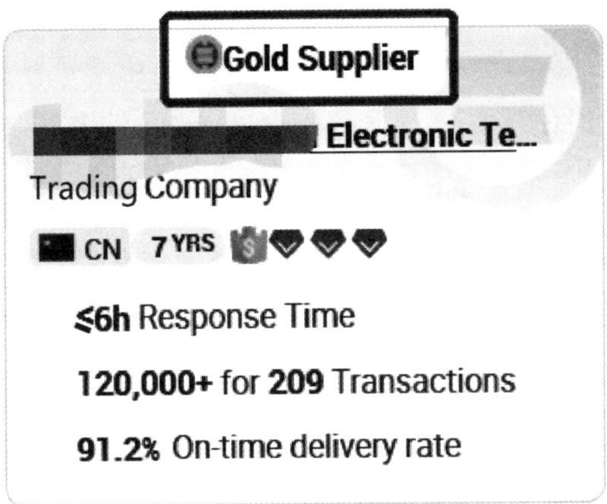

图 1－1　出口通服务企业标识截图

出口通的基础权益包括建立企业网站、发布产品信息、向海外买家报价，包含橱窗产品（10 个），另外有基础数据管家和企业邮箱等服务内容。

2. 金品诚企

金品诚企（Verified Supplier）是阿里巴巴国际站根据买家采购习惯推出的综合性推广付费服务，可以帮助卖家企业快速赢得买家信任，促成交易。金品诚企是在出口通基础上的再次升级，提升卖家企业被买家选择的概率，如图 1－2 所示。

金品诚企会员的年费为 80000 元/年，其中包含阿里巴巴基础会员服务（出口通）、8 组企业网站首页推广的橱窗、企业能力评估报告和主营产品认证报告、3 分钟企业认证视频服务等。

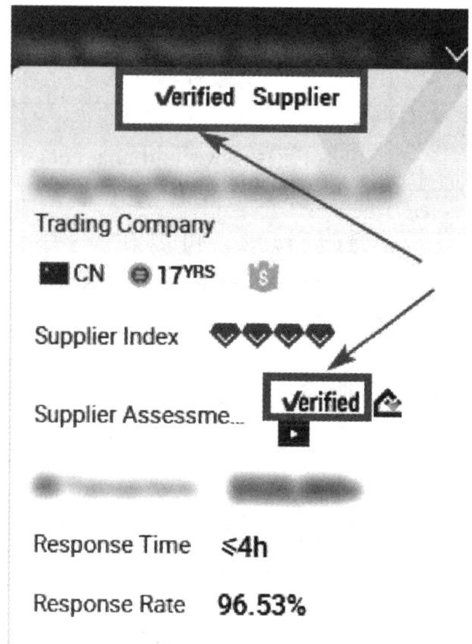

图 1－2　加入金品诚企服务的企业标识展示截图

二、MA 页面介绍

阿里巴巴国际站后台（My Alibaba，MA）聚焦了商家外贸业务的核心链路，目的是为商家提供一个简单、高效、稳定的一站式服务操作平台，助力商家开展外贸工作。进入后台页面，在左侧的导航中可以看到各个操作栏目，总体可以归纳为业务菜单、快捷入口、服务工具三个部分，如图 1－3 所示。

图 1－3　“My Alibaba”后台操作页面展示截图

1. **业务菜单**

业务菜单包括店铺管理、认证中心、产品管理、媒体中心、商机沟通、数据分析、客户管理、营销中心、交易管理、出口服务、物流服务和资金管理。

（1）店铺管理

A&V 认证、金品诚企认证、域名管理等功能都在店铺管理栏目进行操作。店铺管理页面如图 1－4 所示。

图 1－4　店铺管理页面截图

（2）认证中心

认证中心是进行证书管理和展示后台认证进度的地方，如图 1－5 所示。

图 1－5　认证中心页面截图

(3) 产品管理

产品管理是运营的重点，发布产品、管理产品、工具中心等都在这一栏目下，运营人员需要每天关注这个栏目，如图 1－6 所示。

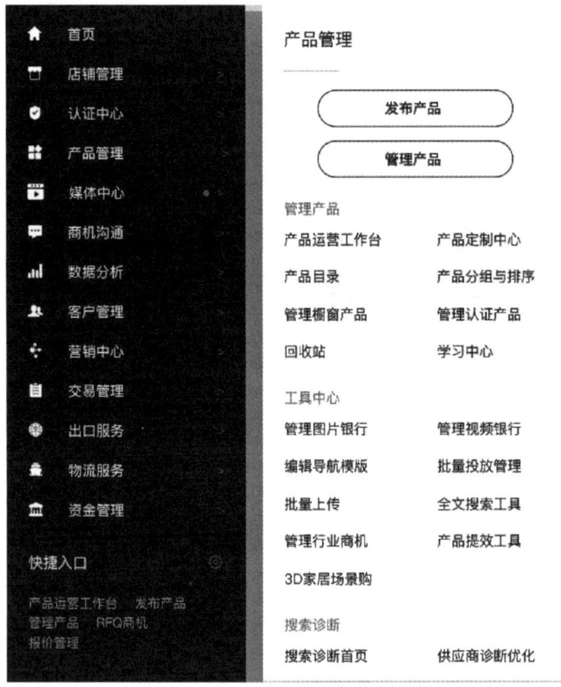

图 1－6　产品管理页面截图

(4) 媒体中心

媒体中心包含视频、直播、3D 三个主要模块，以及多媒体学习中心、服务市场两个部分。该页面是国际站应对视频营销、直播营销这一需求上线的新功能，如图 1－7 所示。

(5) 商机沟通

商机沟通栏目是业务人员常用的栏目，主要有询盘、报价管理、购买权益等功能，还有 RFQ（Request For Quotation）商机等功能。商机沟通页面如图 1－8 所示。

知识链接

RFQ（Request For Quotation）指报价请求。作为买方给卖方发一个询盘，可能是电子邮件格式或传真格式，传真文件的表头或者邮件的主题就会出现 RFQ 的字样。

(6) 数据分析

数据分析是运营的重点工作环节，包括店铺的整体流量分析、产品数据分析、访客数据分析以及交易分析等都在该页面进行。数据分析页面如图 1－9 所示。

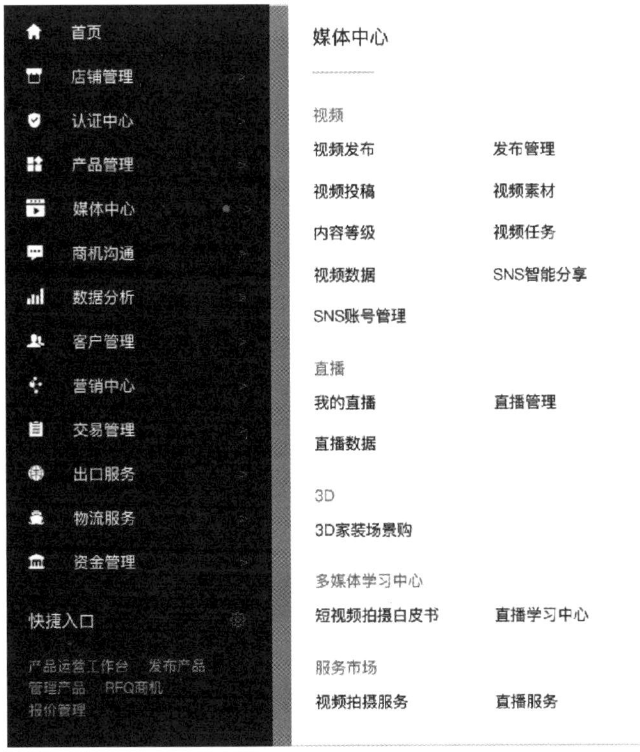

图1－7　媒体中心页面截图

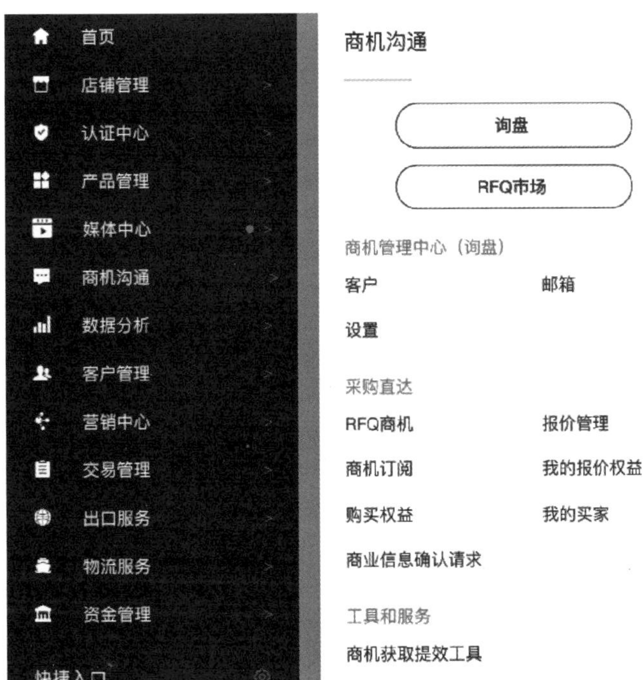

图1－8　商机沟通页面截图

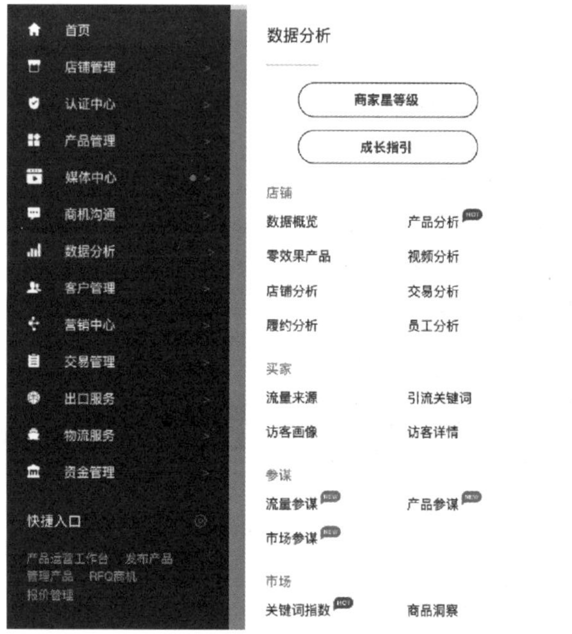

图 1-9 数据分析页面截图

（7）客户管理

客户管理是业务工作常用的栏目，客户列表、营销活动、EDM 设置等都在这个页面下。客户管理页面如图 1-10 所示。

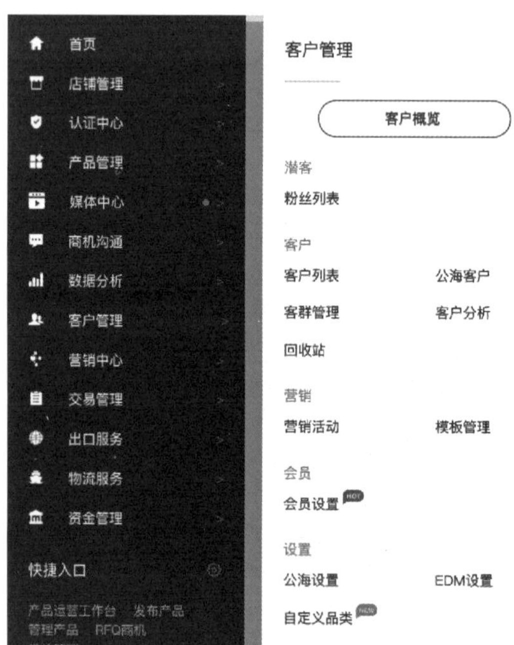

图 1-10 客户管理页面截图

(8) 营销中心

营销中心是运营工作的核心之一，橱窗、顶级展位、明星展播、优惠券、官方活动报名等都在这个页面。营销中心页面如图 1－11 所示。

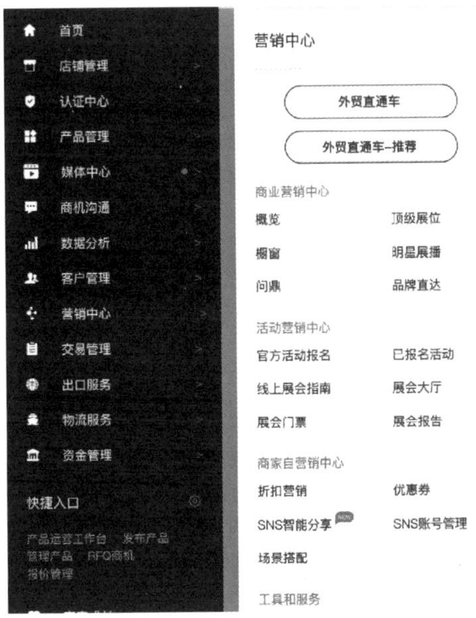

图 1－11　营销中心页面截图

(9) 交易管理

交易管理是业务人员常用的栏目，起草信用保障订单、运费模板、评价管理以及在线交易介绍都在该页面。交易管理页面如图 1－12 所示。

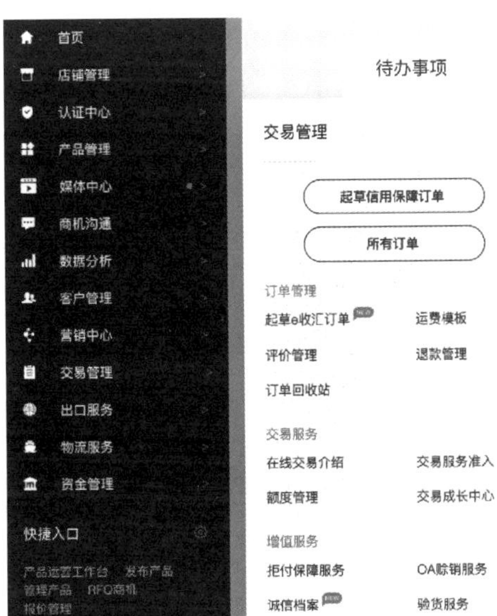

图 1－12　交易管理页面截图

（10）出口服务

出口服务是业务人员常用的模块，该模块下包括出口工作台、客户服务、下单准备、订单管理以及通关管理、退税管理等。出口服务页面如图 1－13 所示。

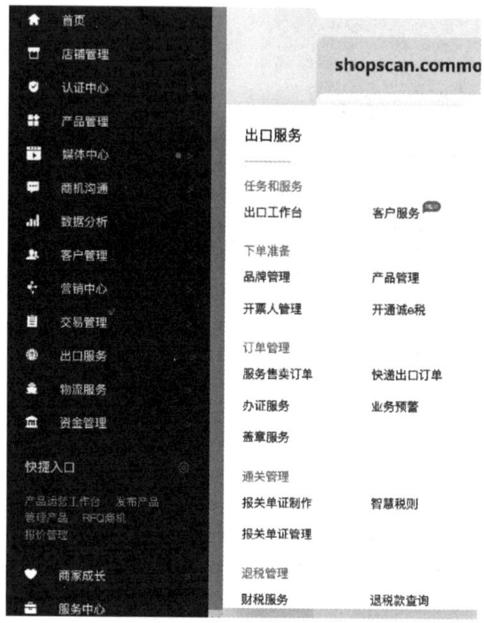

图 1－13　出口服务页面截图

（11）物流服务

物流服务栏目包括订单管理、物流结算和物流营销，订单管理包括海陆订单、空快订单、买家物流委托单、投诉工单；物流结算包括海陆缴费、快递发票查询，物流营销包括物流客户权益。物流服务页面如图 1－14 所示。

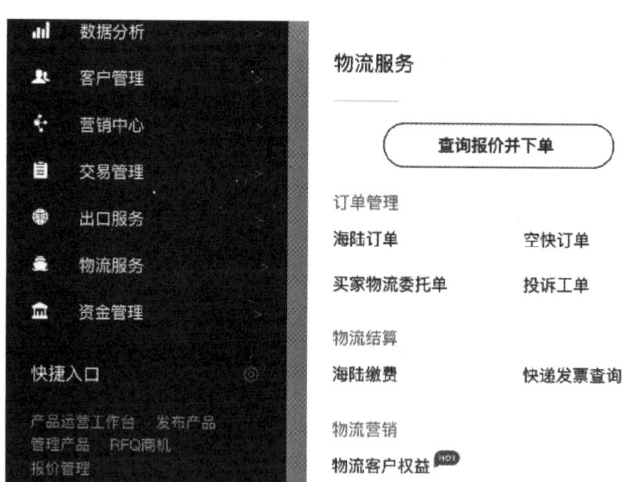

图 1－14　物流服务页面截图

(12) 资金管理

资金管理包括资金管理、我的外汇等多个模块，该页面下可以进行资金明细、结汇、退汇等操作。资金管理页面如图 1－15 所示。

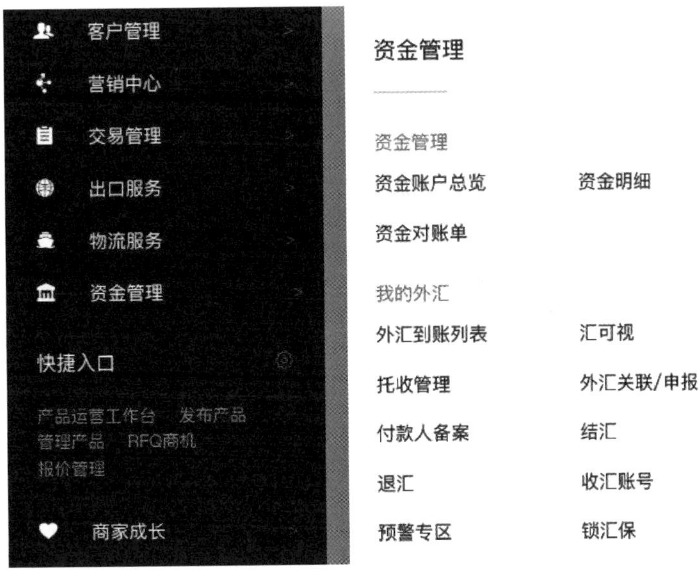

图 1－15　资金管理页面截图

2. **快捷入口**

卖家可以用过右侧的设置按钮自定义选择，如图 1－16 所示进行快捷入口设置，帮助卖家快速到达自己常用的页面。

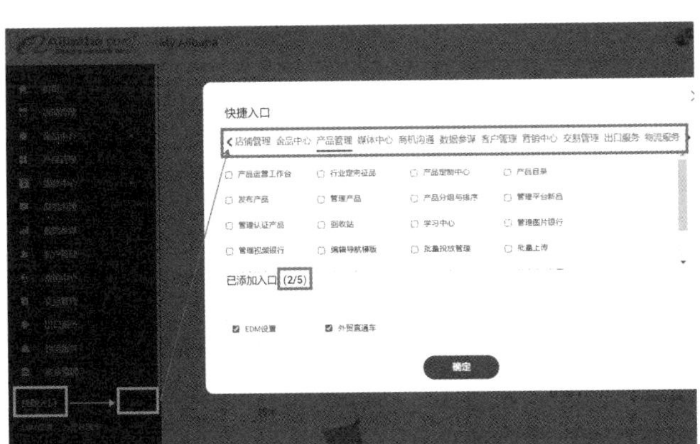

图 1－16　快捷入口设置页面截图

3. **服务工具**

(1) 商家成长

商家成长包含了“成长指引”“商家学习”“外贸云课堂”等部分，帮助卖家了解店铺情况，快速掌握店铺操作基本知识。

（2）服务中心

服务中心包含了“规则中心”“开放生态”“账户中心”“客户服务”等模块，帮助卖家了解阿里巴巴国际站平台规则和要求，并提供卖家客户服务，帮助卖家解决运营店铺时遇到的问题，同时提供运营服务商业务，助力卖家运营。

任务二　阿里巴巴国际站安全与网规

微信扫描
视频讲解

一、知识产权

（一）知识产权

1. 知识产权的概念

知识产权（Intellectual Property），知识产权也被称为“知识财产权”，指基于创造成果和工商标记依法产生的权利的统称。最主要的三种知识产权是著作权、专利权和商标权。商业中使用的标志、名称、图像及外观设计，都可以被认为是某一个人或组织所拥有的知识产权。

2. 知识产权的特点

知识产权是一种无形财产，具有专有性、地域性和时间性的特点。

（1）专有性

专有性即独占性或垄断性。除权利人同意或法律规定外，权利人以外的任何人不得享有或使用该项权利。

（2）地域性

地域性即只在所确认和保护的地域内有效。除签有国际公约或双边互惠协定，经一国法律所保护的某项权利只在该国范围内具有法律效力。

（3）时间性

时间性即只在规定期限内保护。法律对各项权利的保护都规定有一定的有效期，各国法律对保护期限的长短可能一致，也可能不完全相同，只有参加国际协定或进行国际申请时，才对某项权利有统一的保护期限。

3. 知识产权的分类

知识产权只是一个统称，根据保护对象的不同，主要包含专利权、著作权和商标权三个方面。

（1）专利权

专利权是指发明人从政府有关部门获得的在一定期限内生产、销售或以其他方式使用发明的排他权利。专利分为发明、实用新型和外观设计三种。专利权人对其发明创造享有独占性的制造、使用、销售和进口的权利。

（2）著作权

著作权包括著作人身权和著作财产权。著作人身权包括发表权，即决定作品是否公布于众的权利；署名权，即表明作者身份，在作品上署名的权利；修改权，即修改或者授权他人修改作品的权利；保护作品完整权，即保护作品不受歪曲、篡改的权利。著作财产权是作者对其作品的自行使用和被他人使用而享有的以物质利益为内容的权利。

（3）商标权

商标可以是文字、字母、图形、数字、三维标准、颜色组合和声音等，以及上述要素的组合，包括图画、符号等平面形象。商标权是指商标使用人依法对所使用的商标享有的专用权力。

（二）预防知识产权侵权

1. 知识产权侵权的现象

目前，跨境电子商务侵权主要表现在以下三个方面：

①假货横行。侵犯商标权的现象大量发生，很多中小企业打着品牌授权口号公然销售假冒伪劣产品。

②盗用信息。擅自使用其他网站的 Logo、图片、视频、原创内容等，或者以其他网站为模板，采用相似域名等行为，对消费者造成了严重误导，同时也给被侵权的品牌带来了负面影响。

③网络诈骗。网络诈骗主要表现在恶意钓鱼或者欺诈网站，一般通过技术手段制作钓鱼网站，通过低价、广告等形式诱导消费者进行消费。

2. 知识产权侵权的后果

平台政策规定，不允许出售假货、盗版和未授权产品等，如若有类似侵权行为，知识产权所有人或法定代理人可以向阿里巴巴国际站提起诉讼。侵犯知识产权会导致卖家被扣分、账号被封、资金被冻结等情况，一定程度还会承担以下风险：

（1）面临权利人高昂的民事诉讼索赔的风险

（2）面临海关行政处罚（包括罚金、降级、货物被没收销毁等）的风险

（3）对于金额高、影响恶劣的案件存在被追究刑事责任的风险

（4）货物被海关扣留导致的仓储费、码头费等相关额外费用

（5）货物被海关扣留导致的延误船期、延误交货日期、信用证过期（如付款方式为信用证）等风险

（6）其他不确定风险

3. 预防知识产权侵权

（1）了解阿里巴巴国际站平台对知识产权侵权的行为认定

防范知识产权侵权，首先需要了解哪些行为属于知识产权侵权行为。阿里巴巴国际站平台严禁用户未经授权发布、销售涉及第三方知识产权的产品。

（2）商家检查并管理网店产品

企业在设置公司英文名时，不使用他人已注册的商标。进行企业网站装修或发布产品时，不使用或者对他人原创的图片、文字、视频进行二次修改、剪辑。若要发布品牌产品信息，则先提供授权证明。若产品审核被退回或出现知识产权侵权投诉时，要积极查明原因并及时处理。

（3）跨境电子商务平台加强知识产权内容审查

电子商务平台应加强对用户身份的审查。如某个网络用户声称其为某知名品牌的网络代理商或授权商，跨境电子商务平台应要求其提供相关证明文件并对该文件的真实性向权利人进行核实。电子商务平台应主动对产品信息进行审查，不应等到权利人投诉后再处理，应建立严格的产品发布审核机制，在发布产品时就同步审核是否存在知识产权侵权行为。

（4）建立企业跨境电子商务风险审查机制

用大数据思维监控海量产品信息的知识产权合法性。跨境大型综合平台服务商可以自己研发系统软件，用大数据的思维筛选、抓取涉嫌侵犯知识产权的产品或者卖家信息，或引入知识产权服务商对其网络平台上的海量产品知识产权信息进行自我审查，并适时向相关权利发出侵权可能的提示信息、改进措施和扣分制度。对于确认侵权并拒不改正的卖家给予断链处罚，以警示和维护平台产品的正品信息形象。同时，建立宽严适度的产品信息准入制度。

（三）阿里巴巴国际站知识产权规则

阿里巴巴国际站致力于知识产权保护，严禁用户未经授权发布、销售或允诺销售涉嫌侵犯第三方知识产权的产品。表 1－2 为付费会员和免费会员的权限。

表 1－2　付费会员和免费会员的权限

侵权类型	定义	处罚规则
商标侵权	严重违规：未经权利人许可，在所发布、销售的同一种产品或其包装上使用与其注册商标相同或相似的商标以及其他商标性使用的情况	累积被记录次数，三次违规者关闭账号
	一般违规：其他未经权利人许可，不当使用他人商标的行为	（1）首次违规扣 0 分 （2）其后每次重复违规扣 6 分 （3）累计扣分达 48 分者关闭账号

（续表）

侵权类型	定义	处罚规则
著作权侵权	未经著作权人许可，擅自发布、复制、销售或允诺销售受著作权保护的产品（如书籍、文字、图片、电子出版物、音像制品、软件、工艺品等），以及其他未经著作权人许可不当使用他人著作权的行为。 具体场景说明如下（仅做示例，详细内容见解读）： （1）发布或销售的产品或其包装是侵权复制品； （2）发布或销售的产品或其包装非侵权复制品，但包含未经授权的受著作权保护的内容或图片； （3）在详情页上未经授权使用权利人图片作品； （4）在详情页上未经授权使用权利人文字作品	（1）首次违规扣0分 （2）其后每次重复违规扣6分 （3）累计扣分达48分者关闭账号
专利侵权	严重违规：判定视个案情节而定	累积被记振次数，三次违规者关闭账号
	一般违规：未经权利人许可，擅自发布、销售包含他人专利（包含外观设计专利、实用新型专利或发明专利等）的产品，以及其他未经专利权人许可，不当使用他人专利的行为	（1）首次违规扣0分 （2）其后每次重复违规扣6分 （3）累计扣分达48分者关闭账号

①阿里巴巴国际站将按照侵权产品投诉被受理时的状态，对违规用户实施处罚。
②同一天内所有一般违规及著作权侵权投诉即投诉成立，扣分累计不超过6分。对于商标权或专利权的一般违规，此处所指的“投诉成立”指被投诉方被同一知识产权投诉，在规定期限内未发起反通知，或虽发起反通知，但反通知不成立；对于著作权侵权违规，此处所指的“投诉成立”指被投诉方被同一著作权人投诉，在规定期限内未发起反通知，或虽发起反通知，但反通知不成立。
③用户被首次投诉后5天之内的，基于同一知识产权针对商标权一般违规及专利权一般违规的投诉，或来自同一著作权人的著作权侵权违规投诉，应视为一次投诉。
④用户被首次投诉3天内所有严重违规投诉成立（“投诉成立”指被投诉方被某一知识产权投诉，在规定期限内未发起反通知；或虽发起反通知，但反通知不成立），应视为一次违规计算。
⑤阿里巴巴国际站抽样检查，每次扣2分，一天内扣分不超过6分；如一般违规情节严重的（包括但不限于销售假冒商品纠纷），每次扣4分，一天内扣分不超过12分。
⑥阿里巴巴国际站有权对用户产品违规及侵权行为及用户店铺采取处罚，包括但不限于退回、下架或删除商品/信息；限制商品发布；暂时冻结账户；关闭账号。对于关闭账号的用户，阿里巴巴国际站有权采取措施防止该用户再次在平台上注册开店或进行销售或允诺销售。
⑦特定情况下，经独立判断，阿里巴巴国际站保留对用户单方面解除会员协议或服务合同、冻结用户在国际站上的全部或部分资金、直接关闭用户账号以及关联账号、及/或实施其他国际站认为合适措施的权利，具体如下：用户重复侵权，或店铺具有规避销售假货，或提供虚假凭证等严重情结；权利人针对国际站提起诉讼或法律要求；用户因侵权行为被权利人起诉，或被司法、执法或行政机关立案处理；因应司法、执法或行政机关要求国际站处置账号或采取其他相关措施。
⑧每项违规行为自处罚之日起有效期为365天。
⑨阿里巴巴国际站保留以上处理措施的最终解释权、决定权及与之相关的一切权利。
⑩阿里巴巴国际站有权根据法律法规的调整、经营环境的变化等因素及时修订本规则并予以公示，修订后的规则于公示中指定日期生效。
⑪本规则为阿里巴巴国际站发布的规则的组成部分，本规则与平台发布的其他规则不一致的，以本规则为准，本规则未尽事宜，以阿里巴巴国际站发布的其他规则为准。
⑫本规则如中文和非中文版本存在不一致的、歧义或冲突的、应以中文版为准。

二、平台抽检

针对卖家企业会员新发布和已经发布的产品，阿里巴巴国际站会进行抽检，若抽检到涉嫌不当使用品牌或品牌衍生词、禁限售等相关情况会将产品退回或者删除，以此规范和保证网站产品信息的真实性和有效性，为买卖双方构建一个放心的信息展示和交易平台。

（一）品牌词

一般品牌产品都受法律保护，若发布品牌产品，须提供品牌方的相关授权。授权卖家一般情况下都有品牌商标证明或者授权。一些常见品牌词类目如表 1－3 所示。常见品牌词列举如表 1－4 所示，具体的品牌词可以登录阿里巴巴国际站帮助中心进行下载。

表 1－3　　常见品牌词类目

包装及材料	高精尖（3C 产品）	护理产品	家电
家具家居	建筑类	器械工具	日用化学品
交通工具	礼品玩具	美容美发	交通工具
食品烟酒	美容健康	医药产品	服饰箱包
音像制品	运动及娱乐产品		

表 1－4　　常见品牌词列举

品牌	商标 IPR	权利人	防控范围
GUCCY	WO1382508	GUCCIO GUCCI S. P. A.	主营服装、鞋、帽、箱包
MHL	840216840	MHL LLC	消费电子产品
VR Shinecon	17591550	深圳市数亨科技有限公司	3D 眼镜
Memobottle	1256347	Flank Pty Ltd	杯子、瓶子
mercury	40－0922474	LEE SANGKYU	数码产品保护套
ZIPCHIP	5，161，861	ZipChip Sports LLC	飞盘玩具

（二）阿里巴巴国际站禁限售规则

阿里巴巴国际站禁止发布任何含有或指向性描述禁限售信息。任何违反本规则的行为，平台有权依据《阿里巴巴国际站禁限售规则》进行处罚。

1. 违禁信息列表

阿里巴巴国际站的用户不得在平台发布违反本国及销售国的法律法规或平台政策情形的产品。表 1－5 是平台禁止发布或限制发布的部分产品信息列表，仅供用户参考。

表 1 –5　　平台禁限售部分产品信息

平台禁止发布的产品	
·毒品、易制毒化学品及毒品工具	·危险化学品
·枪支弹药	·管制器具
·军警用品	·药品及其相关产品
·色情、暴力、低俗及催情用品	·非法用途产品
·人体器官、动植物及动物捕杀工具	·非法服务
·危害国家安全及侮辱性信息	·收藏类
·制裁及管制产品	·烟草
·违反目的国产品质量、技术法规/法令/标准的、劣质的、存在风险的产品	·赌博
·违背社会道德、公序良俗、人道主义精神的争议性商品	
平台限制发布的产品	
烟花爆竹、点火器及配件	防疫物资
限制发布的警用品	婴幼儿食品
医疗器械	电动平衡车
保健食品类口服减肥药	保健食品（膳食补充剂）
制烟材料及烟草专用机械	签订服务

2. **违规处理**

阿里巴巴国际站有权根据发布信息本身的违规情况及会员行为做加重处罚或减轻处罚的处理，卖家账号处罚标准如表 1 –6 所示。

表 1 –6　　卖家账号处罚标准

扣分累计	处理方式	备注
6 分	严重警告	邮件通知
12 分	搜索屏蔽 7 天且旺铺屏蔽 7 天	邮件通知和系统处罚
24 分	搜索屏蔽 14 天且旺铺屏蔽 14 天	
36 分	搜索屏蔽 21 天且旺铺屏蔽 21 天，全店产品退回并限制产品新发和编辑等	
48 分	关闭账号	/

注：①分数按行为年累计计算。行为年是指每项违规等级的扣分都会被记 365 天。已被关闭账号处罚的除外。

②会员累计罚分达到 24 分或以上的，阿里巴巴国际站有权限制或拒绝会员参加平台的各类推广、营销活动或产品/服务的使用。

③会员违规情节特别严重（如恶意违规行为，经平台合理判断账号使用人或其控制的其他账号已因严重违规事件被处罚，账号使用人或其控制的其他账号被国内外监管部门立案调查，或者虽未立案但平台有理由认为有重大嫌疑等严重影响平台管理秩序或造成一定负面影响的情况），阿里巴巴国际站有权立即单方解除合同、关闭账号且不退还剩余服务费用；有权作出在阿里巴巴国际站及/或其他媒介进行公示、给予关联处罚及/或永久不予合作等处理。

恶意行为包括但不限于采用对产品信息隐藏、遮挡、模糊处理等隐匿的手段，采用暗示性描述或故意通过模糊描述、错放类目等方式规避监控规则，同时发布大量违禁产品，重复上传违规信息，恶意测试规则等行为。

对于被认定为恶意行为的一般违规会做加重处罚处理，若发现同类重复违规行为，二次处罚分数加倍，同时，对于恶意违规行为也将视情节的严重性进行加重处罚处置，当达到一定程度的严重违规，将关闭卖家账号。

三、图片盗用

（一）图片盗用

图片盗用是指盗图，常见的摄影作品侵权即摄影作品的盗用，一般指未经允许将他人的摄影作品作为自己的产品图片进行展示。若被投诉图片盗用成立，会有对应的网规处罚。

（二）图片盗用处理规则

1. 图片盗用行为的定义

图片盗用行为指用户利用阿里巴巴国际站发布未经图片所有人许可而擅自使用的行为。投诉方为信息所有人，不接受来自第三方的投诉。

2. 图片盗用处理规则

当投诉成立时，针对被投诉方账号，首次投诉成立 5 天内算一次，扣 3 分；第 6 天开始，被第二次投诉成立扣 3 分，被第三次及以上投诉成立扣 6 分，一天内若有多次投诉扣一次分（投诉成立结案将删除涉案产品）。

（三）预防图片盗用

每个阿里企业用户都应该正确使用已经授权的图片或素材，避免盗用他人的信息，同时也应积极做好图片盗用的预防工作，具体如下：

①产品图片自行拍摄，不拷贝外部的图片；

②做好原始图片的管理和保存。

四、不正当使用他人信息

（一）定义

阿里巴巴国际站用户不得利用网站服务从事未经信息所有者授权但使用他人信息的行为，包括但不限于冒用他人公司名称信息、冒用他人联系信息、冒用他人证书、冒用企业办公场地信息及其他。

（二）投诉类型

1. 冒用他人公司名称信息

冒用他人公司名称信息是指阿里巴巴国际站用户在发布的产品或企业信息中使用他人企业名称的不正当竞争行为。投诉处理原则为投诉方为信息所有人，不接受来自第三方的投诉。

冒用他人公司名称信息投诉受理范围如表1－7所示。

表1－7　冒用他人公司名称信息投诉受理范围

受理范围	受理条件	备注
被投诉方产品信息中出现投诉方企业名称的全部或部分字段 展示的图片上出现投诉方的企业名称（包括但不限于直接使用投诉方旺铺水印的情形） 被投诉方企业信息中出现投诉方企业名称的全部或部分字段	（1）投诉方须提供真实、有效的营业执照、联系方式。 （2）有具体明确的被投诉方。 （3）提供必要、准确、翔实的事实依据和证明材料，包括但不限于以下内容： ①被投诉方产品/企业信息中使用投诉方企业名称的侵权事实证明； ②若涉及旺铺水印，须提供投诉方的旺铺地址； ③被投诉信息已发布上线且尚未下架； ④其他阿里巴巴认为需要具备的条件	“部分字段”要求可准确识别具体企业

2. 冒用他人联系信息

冒用他人联系信息是指未经授权使用他人手机号码、电话、电子邮箱、经营地址等联系信息，并作为自己的企业信息于旺铺或产品中展示。

冒用他人联系信息投诉受理范围如表1－8所示。

表1－8　冒用他人联系信息投诉受理范围

受理范围	受理条件
被投诉方展示投诉方的联系电话、电子邮箱、企业经营地址等联系信息	（1）投诉方须提供真实、有效的营业执照、联系方式。 （2）有具体明确的被投诉方。 （3）提供必要、准确、翔实的事实依据和证明材料，包括但不限于以下内容： ①提供联系信息所有权证明（例如：与移动企业的服务合同/缴费清单，经营地址租赁合同/近三个月的水电缴费清单等有效证明等）。 ②被投诉方产品/企业信息中使用投诉方联系信息的侵权事实证明（如页面截图等）。 （4）被投诉信息已发布上线且尚未下架。 （5）其他阿里巴巴认为需要具备的条件

3. 冒用他人证书

冒用他人证书是指未经授权使用他人的证书，并作为自己企业信息用于旺铺或产品信息中展示，商标证、专利证和著作权登记证书除外。

冒用他人证书投诉受理范围如表 1－9 所示。

表 1－9　冒用他人证书投诉受理范围

<table>
<tr><th>受理范围</th><th>受理条件</th></tr>
<tr><td>被投诉方所展示的证书出现他人企业名称等信息（即证书为投诉方所有情况）</td><td rowspan="3">（1）投诉方须提供真实、有效的营业执照、联系方式。
（2）有具体明确的被投诉方。提供必要、准确、翔实的事实依据和证明材料，包括但不限于以下几点：
①投诉方证书所有权证明（例如：带有与营业执照企业名称一致的证书原件扫描件）；
②被投诉方产品/企业信息中使用投诉方证书的侵权事实证明（如页面截图等）。
（3）被投诉信息已发布上线且尚未下架。
（4）其他阿里巴巴认为需要具备的条件</td></tr>
<tr><td>被投诉方展示的证书为经过涂抹/遮盖/伪造/篡改的投诉方所属证书</td></tr>
<tr><td>其他冒用他人证书信息情况</td></tr>
</table>

4. 冒用企业办公场地信息

冒用企业办公场地信息是指未经授权使用其他企业厂房、办公室、展会等信息（信息形式为图片或视频），并作为自己企业的信息于旺铺或产品信息中展示。

冒用企业办公场地信息投诉受理范围如表 1－10 所示。

表 1－10　冒用企业办公场地信息投诉受理范围

受理范围	受理条件
被投诉方企业介绍上传视频中涉及投诉方的厂房、办公室、展会等信息	（1）投诉方须提供真实、有效的营业执照、联系方式。 （2）具体明确的被投诉方。 （3）提供必要、准确、翔实的事实依据和证明材料，包括但不限于以下内容： ①视频若为投诉方所有，提供未经编辑的视频原片； ②投诉方未曾拍摄过该视频，提供可证明视频背景是投诉方企业厂房、办公室的证明材料（相同场景照片三张及以上，最好有一张为同角度）； ③被投诉方的侵权事实证明（如页面截图等）。 （4）被投诉信息已发布上线且尚未下架。 （5）其他阿里巴巴认为需要具备的条件

（续表）

<table>
<tr><th>受理范围</th><th>受理条件</th></tr>
<tr><td>被投诉方在旺铺/产品信息中将投诉方的厂房、办公室、展会等图片形式的信息作为自己企业信息展示</td><td rowspan="2">（1）投诉方须提供真实、有效的营业执照、联系方式。
（2）有具体明确的被投诉方。
（3）提供必要、准确、翔实的事实依据和证明材料，包括但不限于以下内容：
①提供可证明图片背景是投诉方企业厂房、办公室的证明材料（相同场景不同角度的照片三张及以上，最好有一张为同角度）。
②被投诉方的侵权事实证明（如页面截图等）。
（4）被投诉信息已发布上线且尚未下架。
（5）其他阿里巴巴认为需要具备的条件</td></tr>
<tr><td>其他企业办公场地信息冒用的情况</td></tr>
</table>

（三）被投诉不当使用他人信息具体处罚规则

被投诉不当使用他人信息处罚具体规则如表 1 – 11 所示。

表 1 – 11　　被投诉不当使用他人信息处罚具体规则

<table>
<tr><th></th><th>被投诉情况</th><th>处罚</th><th>备注</th></tr>
<tr><td rowspan="4">不当使用他人信息</td><td>冒用他人公司名称信息</td><td>每次扣 2 分</td><td rowspan="4">（1）只要投诉成立涉案产品均删除处理。
（2）被投诉方响应期限为三个工作日，若过期无回应，按投诉成立处理。
（3）一天内若有多次投诉成立扣一次分。时间以投诉结案时间为准。
（4）涉及旺铺冒用他人信息被投诉成立，需要被投诉方进行整改，若不当使用他人信息情节严重，如冒用他人公司开设账号，或拒不配合整改的情况，阿里巴巴保留关闭被投诉方账号的权利</td></tr>
<tr><td>冒用他人联系信息</td><td>每次扣 2 分</td></tr>
<tr><td>冒用他人证书</td><td>每次扣 12 分</td></tr>
<tr><td>冒用企业办公场地信息</td><td>每次扣 12 分</td></tr>
</table>

五、其他

（一）钓鱼

若卖家在收到的询盘内或询盘跟进过程中发现钓鱼信息，如钓鱼链接、病毒附件等，都可以在平台进行投诉。

最常出现在外贸中的钓鱼邮件可以分为链接钓鱼邮件、附件钓鱼邮件和仿冒邮件 3 个类别。

（1）链接钓鱼邮件

这类钓鱼邮件在邮件内直接嵌入了钓鱼链接，并且通常情况下会在邮件中或者在打开的链接页面中要求用户输入账户信息来查看订单或样本，如图 1 – 17 和图 1 – 18 所示。这类链接通常会以超链接或者直接链接的形式出现在邮件中；也有些钓鱼链接会引导用户进行附件下载，下载后的附件一定要经过病毒查杀后才能打开查看。

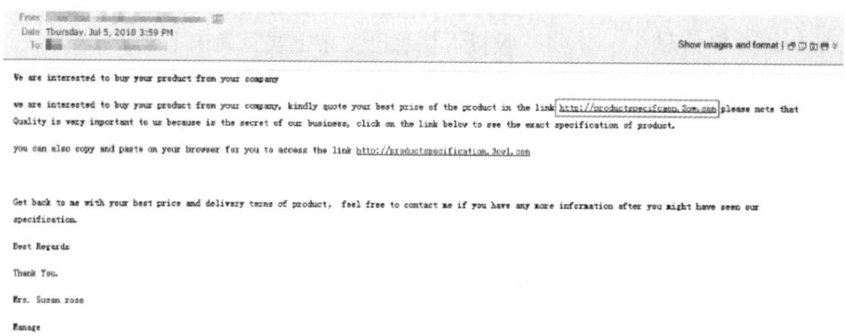

图 1 – 17　链接钓鱼邮件页面截图

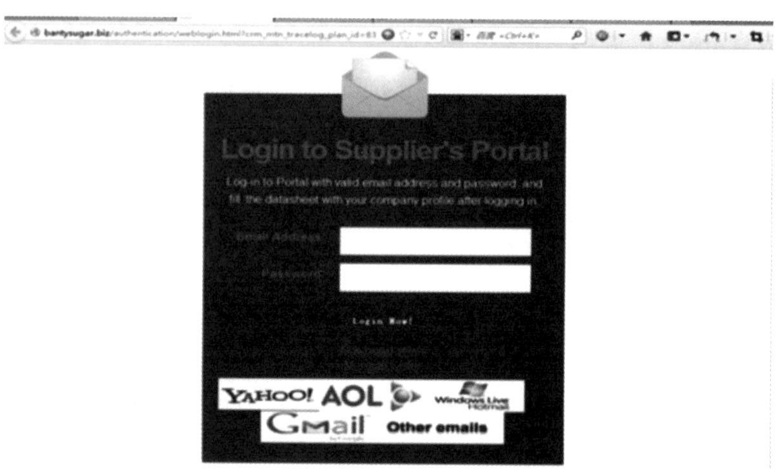

图 1 – 18　钓鱼邮件要求输入账号密码页面截图

（2）附件钓鱼邮件

附件钓鱼邮件所包含的附件通常会有 Html 网页附件、Exe/Scr 附件、Doc 附件、Excel 附件、PDF 附件、Zip/Rar 压缩包附件。在这些附件中，Exe/Scr 属性的附件可以直接视为风险附件。

（3）仿冒邮件

仿冒邮件是目前邮件用户困扰最大、识别难度最高、互联网防治措施最无力的钓鱼邮件，全球范围内每天约有1亿封仿冒邮件在投递。

仿冒电子邮件是通过骗子自己搭建的发件服务器来发送的。骗子可以随意更改邮件的from信息（显示在邮箱内的发件人和发件邮箱处），如图1－19所示。

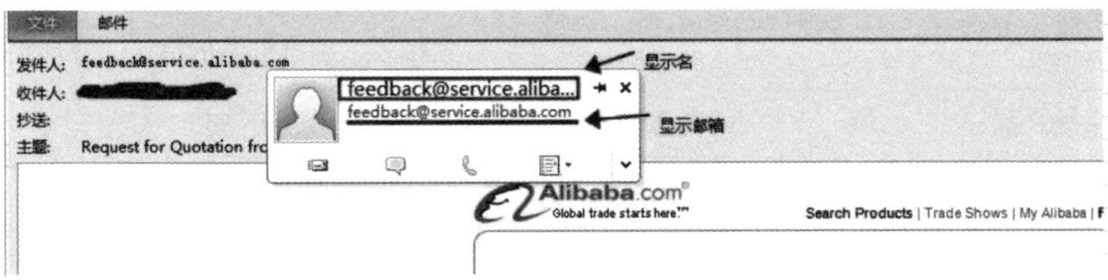

图1－19　仿冒邮件页面截图

（二）商品信息滥发违规处罚

商品信息滥发违规是指卖家在阿里巴巴国际站发布的商品信息存在包括但不限于商品信息及店铺信息描述违规、类目错放、重复铺货、虚假价格及虚假最小起订量（Minimum Order Quantity，MOQ）等情形。

1. **违规分类**

（1）商品信息及店铺信息描述违规

商品信息及店铺信息主要包含但不仅限于标题无明确产品名称、标题带有联系方式、标题产品名堆砌、标题描述堆砌（如产品名、品牌、型号、修饰词堆砌）、标题商品名与商品图片不符、标题描述与详细描述中的买卖意向不符等几大类。

（2）类目错放

类目错放指卖家发布产品时，产品的实际类别和发布所选择的类目不匹配。产品应选择在相关性高且最合适的最小类目下，有可匹配类目时不能选择在其他类目下。系统推荐类目仅供参考，卖家应根据产品的实际情况谨慎选择。

（3）重复铺货

卖家发布的产品信息之间存在相同、相似，或者重要产品属性、描述（包括但不限于品牌、规格型号、材质、图片信息等）相同或相似的情形。

（4）虚假价格及虚报最小起订量（MOQ）

虚假价格及虚报最小起订量（MOQ）指包括但不限于产品的发布价格区间与同行业、同类产品市场价格相比相去甚远、产品发布价格低但运费显著高于一般水平、实际收取的运费比产品发布的运费高或虚报最小起订量（MOQ）等行为。

2. **处理规则**

卖家如存在上述产品信息滥发的违规情形或阿里巴巴有合理理由认为卖家存在商品信息滥发违规行为的，阿里巴巴处理违规措施如表1－12所示：

表 1－12　　阿里巴巴处理违规措施

违规情形	处罚
发布类目错放产品	商品下架，并扣除 1 分
类目错放重复违规，或违规产品累积到一定量	店铺内全部产品或部分产品采取调整搜索排名、搜索屏蔽的措施，并加强扣分力度
发布违规产品	产品 0 分下架
待整改产品（*）未在 14 天整改期内做整改	产品 0 分彻底删除
买家首次投诉产品信息虚假（包括但不限于虚假价格、虚假 MOQ 等）成立	投诉产品屏蔽 14 天，产品雷达限时未整改 0 分删品
买家多次投诉产品信息虚假（包括但不限于虚假价格、虚假 MOQ 等）成立	投诉产品屏蔽 14 天，产品雷达限时未整改 0 分删品 店铺扣 6～12 分，店铺内全部产品采取调整搜索排名

思政小课堂

阿里巴巴国际站中国商家会员店铺注册合同条款

商家在阿里巴巴国际站进行店铺注册时，应遵守阿里巴巴国际站现有的及更新的《阿里巴巴国际站中国商家服务合同条款》，且应当遵守现行的《中华人民共和国电子商务法》及相关现行法律法规。

1. 未经阿里巴巴事先书面同意，用户不得自行或委托他人使用、许可他人使用：阿里巴巴及/或其关联公司的企业名称、字号、商标、Logo，与阿里巴巴或其关联公司的字号、商标、域名相同或近似的字号、商标、域名、任何其他标识；

2. 不得侵犯阿里巴巴及/或其关联公司的合法权益；如用户违反本款约定，则阿里巴巴有权解除本合同，且用户应赔偿阿里巴巴及其关联公司因此产生的所有损失（包括调查取证费用、诉讼费、公证费及律师费等），阿里巴巴有权直接从剩余合同费中（如有）扣除该等损失，不足部分，用户仍应足额赔偿；

3. 未经阿里巴巴事先书面同意，用户不得为任何营利性或非营利性的目的自行实施、利用、转让或许可任何第三方实施、利用、转让上述知识产权；

4. 禁止出售、转售或复制、开发阿里巴巴授予的使用权限；

5. 禁止将开通技术服务使用权限的账户出售、出租、出借或以其他方式提供给第三方使用；

6. 禁止基于商业目的模仿阿里巴巴的产品和/或服务；

7. 禁止复制和模仿阿里巴巴的设计理念、页面、功能和图表；

8. 禁止未经阿里巴巴许可基于技术服务或其内容进行修改或制造派生其他产品或服务。

项目小结

在本项目学习任务中，以在阿里巴巴国际站开店前准备工作为引导，进行阿里巴巴国际站的基本概况学习。通过学习，让学生熟悉阿里巴巴国际站概况、My Alibaba 页面，帮助学生达到合格的阿里巴巴平台知识储备；同时，以任务引导的方式讲述了阿里巴巴国际站的安全与平台网规，让学生熟悉知识产权、禁限售、抽检、图片盗用等安全网规，进而掌握跨境电子商务各类侵权行为的预防方法。

项目二　账户与产品管理

阿里巴巴国际站的成立可以帮助中小企业扩展国际贸易市场，提供出口营销推广服务，是外贸型企业拓展海外市场的首选平台。掌握账户与产品信息管理是网站建设的基础，也是最关键的一步。明确并遵守阿里巴巴国际站的相关规则，顺利完成账户开通与管理发布能充分展示产品信息的详情页吸引买家，为店铺带来询盘和订单。

学习目标

知识目标

1. 了解会员注册的条件。
2. 了解账户信息管理。
3. 了解阿里巴巴国际站包含的产品类型。
4. 了解关键词选择的主要原则。
5. 了解产品发布的流程。
6. 了解产品管理的工具。

技能目标

1. 能够掌握会员注册认证的步骤。
2. 能够掌握账户信息设置的方法。
3. 能够掌握关键词选择的方法。
4. 能够掌握发布产品的方法。
5. 能够掌握管理产品的步骤和技巧。

思政目标

1. 通过了解阿里巴巴国际站平台基本操作规范，学生能够在实际操作中自觉遵守规定，做到不侵权、不违法。

2. 通过实际操作练习，培养学生认真、严谨、细致的工作作风。

项目情境

某外贸公司在详细了解阿里巴巴国际站的基本概况后，计划进一步签约合作、开通店铺和发布产品。那么，如何进行阿里巴巴国际站店铺签约和开通，以及多种产品发布和常规运营的管理呢？这一系列知识及能力将在本项目中得到系统的学习和训练。

项目分解

本项目下将对阿里巴巴国际站基本运营操作进行全方位的学习，其中包括签约条件和信息认证、账户信息管理、公司信息管理、产品发布及日常管理等，让初学者能够以卖家身份独立完成店铺的签约、开通及常规运营等工作。

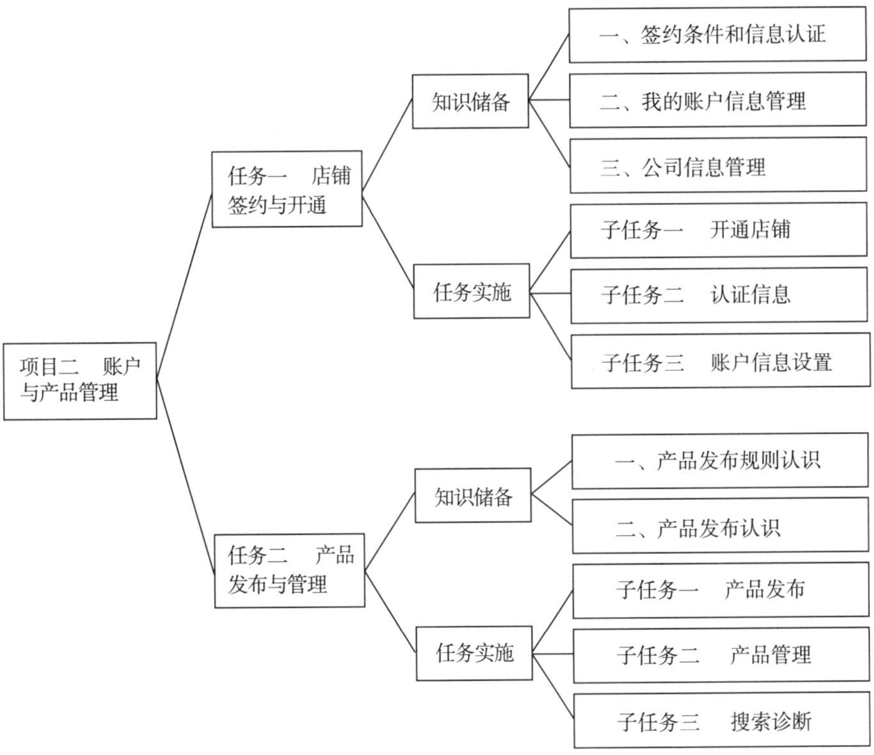

任务一　店铺签约与开通

微信扫描
视频讲解

知识储备

一、签约条件和信息认证

（一）签约条件

开通阿里巴巴国际站办理出口通需要是中国大陆工商局注册的从事实体产品的企业（生产型和贸易型都可以），收费办理。

服务型公司如物流、检测认证、管理服务等企业暂不能加入。另外，离岸公司和个体工商户也不能加入出口通。

各个区域对个体经营执照限制不同，需要联系当地客户经理判断是否能够加入。

（二）信息认证

1. 实地认证

实地认证主要是为了保障阿里巴巴国际站上的卖家身份的真实有效，赢得买家信任，最终也能够吸引更多的买家来进行沟通并促成交易。

公司类型符合后，还需要通过实地认证才能确认是否可以合作，实地认证需要以下资料：

①企业执照信息（包含企业中英文名称、营业执照照片、企业注册地址）；

②企业对公账户信息（包含企业对公账户开户行、开户名、对公账号）；

③企业经营地址信息（包含企业经营地址及经营场地证明）；

④认证人信息（包含认证人姓名、联系方式、身份证号码、职位、部门等信息）；

⑤客户经理会上门拍摄卖家公司的办公及生产环境照片，认证信息确认书需要卖家公司盖章确认。

2. 金品诚企认证

金品诚企（Verified Supplier）是阿里巴巴平台根据买家采购习惯推出的综合性推广服务，旨在帮助企业快速赢得买家信任，促成交易。使用金品诚企服务除了享有基础会员服务，企业关键信息还将由第三方国际权威认证机构进行认证，再通过阿里巴巴国际站多渠道的曝光，真实、全面地展现企业实力，提升被买家选择的概率。金品诚企认证页面如图 2－1 所示。

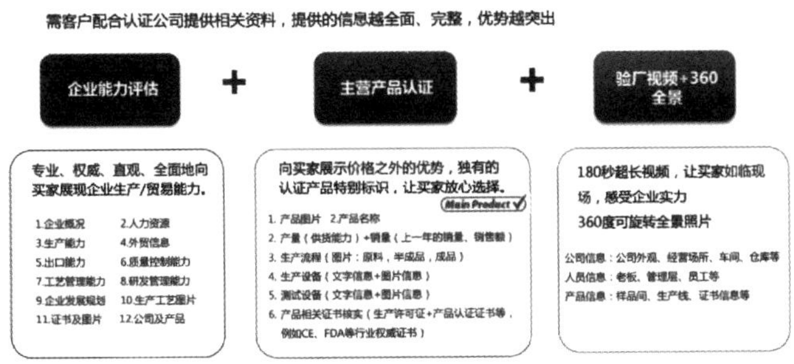

图 2－1　金品诚企认证页面截图

二、我的账户信息管理

（一）个人信息

个人信息主要包含对管理个人信息、头像上传、商业信息、隐私设置、积分中心、邮件订阅中心设置等，卖家登录“My Alibaba”—“账户中心”—“管理个人信息”—“编辑”，根据页面提示获取短信验证码，输入正确的验证码后完成修改，24 小时同步后可以在网站上看到，如图 2－2 所示。

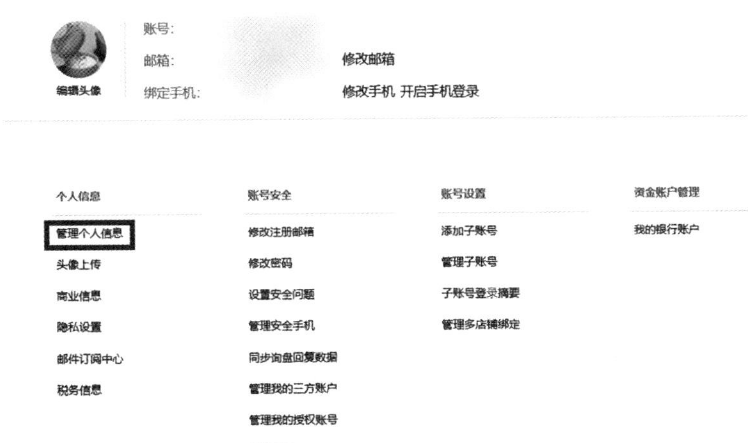

图 2－2　个人信息页面截图

（二）账号安全

账号安全主要包含修改注册邮箱、修改密码、设置安全问题、管理安全手机、同步询盘回复数据和第三方账户以及授权账号的设置。账号登录之后可以根据页面提示，获取和输入正确的验证码进行编辑。

三、公司信息管理

（一）基本信息

基本信息包含公司名称、公司注册地、公司运营地址、主营业务和产品等信息，其中打钩的字段为认证字段。以认证公司认证的信息为准，不支持自行修改，已经认证过的信息若有变更，需要联系客户经理申请信息修改。

填写或者是修改公司信息，由主账号登录“My Alibaba”—“店铺管理”—“管理公司信息”，信息提交后需要 24 小时的审核。审核中的公司信息显示为灰色，无法再次编辑，待审核通过后即可再次编辑，同时，审核通过后展示的为最新的公司介绍信息。如遇到公司信息未审核通过，可以登录主账号来查看具体的原因，基本信息页面如图 2－3 所示。

图 2－3　基本信息页面截图

（二）生产能力

生产能力主要是合作工厂的信息填写，通过展示合作工厂的名称、合同、年限等信息，增加买家的信任。卖家应该根据内容上传证明合同，填写相关工厂真实信息，如图 2－4 所示。

图2-4　生产能力页面截图

(三) 外贸出口能力

向买家展示外贸能力，要求如实完整填写上一年销售额、出口比例、主要市场及占比、公司出口年份、是否添加客户安全等信息，如图2-5所示。

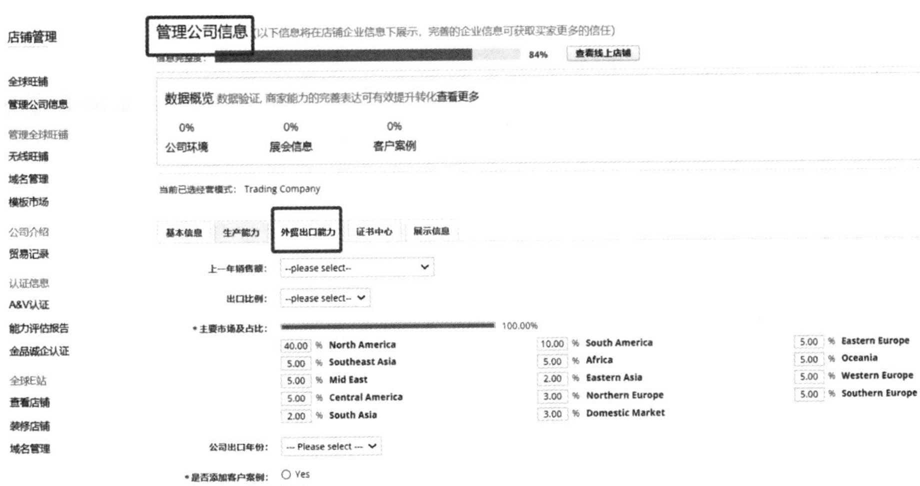

图2-5　外贸出口能力页面截图

(四) 证书中心

该板块主要是向买家展示公司获得的相关证书、商标及专利信息、企业的综合认证情况、品牌/商标持有量以及专利储备。供应商可以根据市场以及用户需求，完成对应技术、产品的设计和研发，提升综合实力。

认证中心下的认证检测、荣誉证书、专利和商标非必填项，若供应商没有相关证书，可以直接点“提交”按钮；若供应商有符合验真条件的证书（认证检测、专利和商标），可以提交证书验真。证书验真是由第三方认证公司处理，目前验真时效性是 2 个月，以实际验真结果时间为准；商标下的授权商标无法进入验真，此处证书验真只对权利人为签约认证公司主体，认证中心页面如图 2－6 所示。

图 2－6　认证中心页面截图

（五）展示信息

展示信息主要包含以下几个方面，如图 2－7 所示。

（1）公司标志：即公司 Logo，仅支持 JPG、PNG 格式的图片，文件小于 200K。

（2）公司详细信息，通常分为如下四部分：

①企业名称、建立年份、所属行业、产品系列、子母公司、地段/交通；

②员工状况、公司部门、生产经验、管理制度、机械设备、生产能力、销售额；

③产品优势、技术、出口比例、出口市场、知名客户、证书；

④广告语、欢迎词、企业精神。

（3）公司形象展示图：最多上传三张照片，可添加公司外景图、车间、样品间和办公室等。

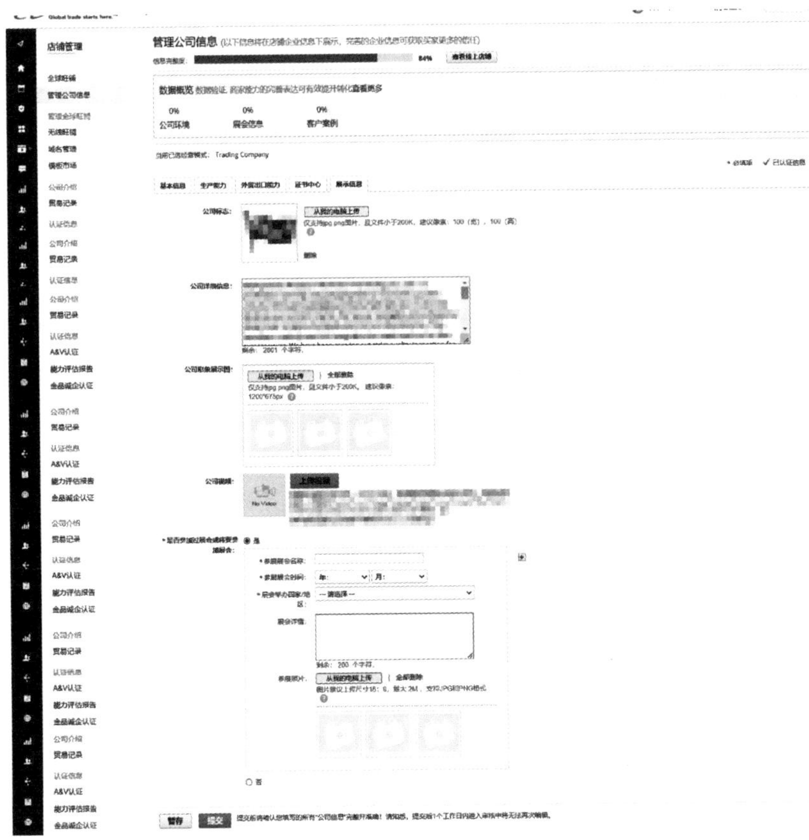

图 2－7　展示信息页面截图

（4）公司视频：相当于公司的在线广告片，上传视频大小要求小于 2.5MB，时间建议 35 秒之内且必须清晰，无须英语旁白。

（5）展会信息：填写展会名称、展会时间举办地区等信息，可以上传三张参展照片，最多添加 10 个展会信息。

任务实施

子任务一　开通店铺

新签客户，已确认合同并款项到账的情况下，主账号登录后台首页完成以下三项内容，详情页面如图 2－8 所示：

①提交认证信息并完成认证；

②提交公司信息并审核通过；

③发布产品信息至少发布一款产品，且审核通过。

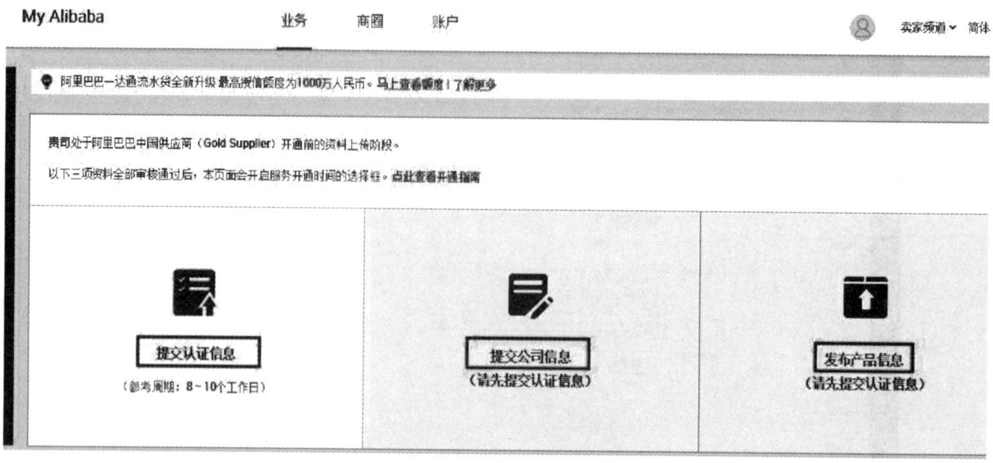

图 2-8　后台首页认证页面截图

完成以上三项内容后，需要 2～3 小时同步数据，需要卖家完成《国际站规则考试》，通过考试后即可选择店铺开通时间，开通时间一旦确认将无法更改。目前考试不是强制性的，但为了避免后续出现违规扣分的情况，建议卖家学习相关规则并完成考试。考试规则说明页面如图 2-9 所示。

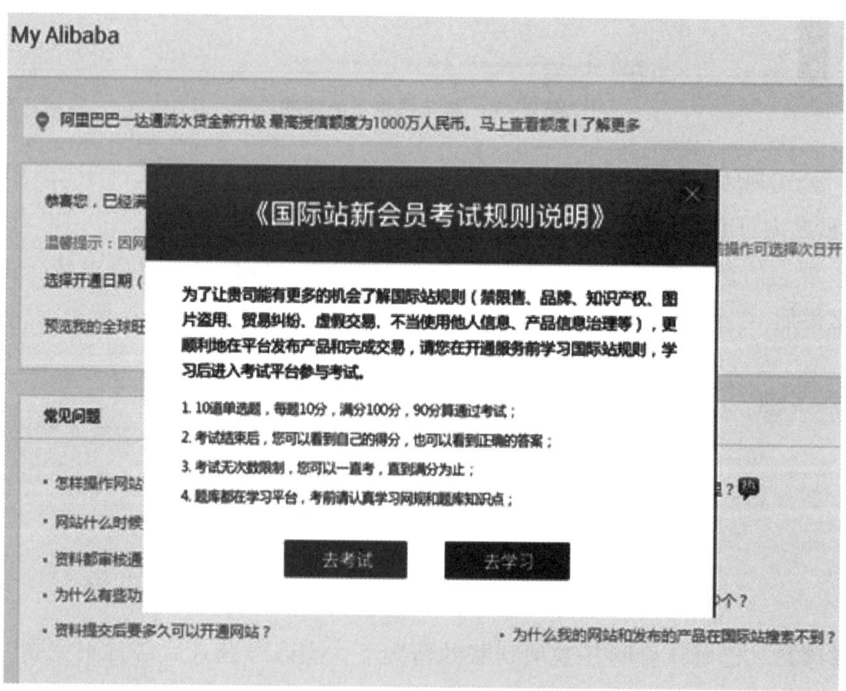

图 2-9　考试规则说明页面截图

子任务二　认证信息

（一）实地认证流程

1. 详细的流程如图 2－10 所示

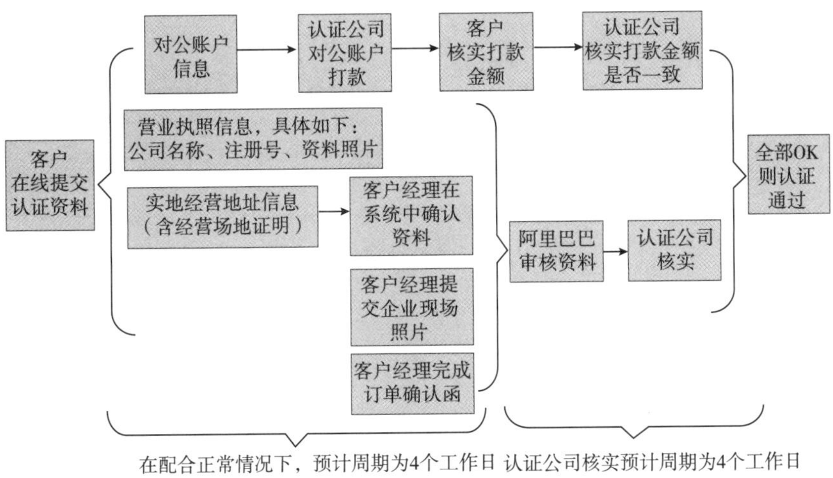

图 2－10　实地认证流程

2. 实地认证页面操作如下

中国卖家客户用管理员账号登录“My Alibaba”—“店铺管理”—“A&V 认证”，提交认证信息，如图 2－11 所示。

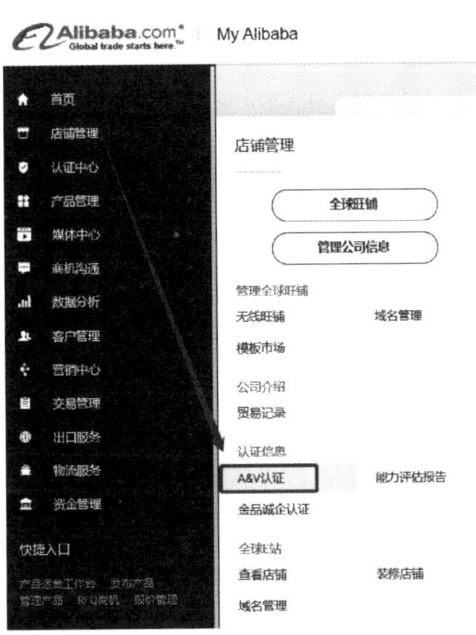

图 2－11　A&V 认证信息页面截图

（二）金品诚企认证流程

1. 详细的流程如图 2－12 所示

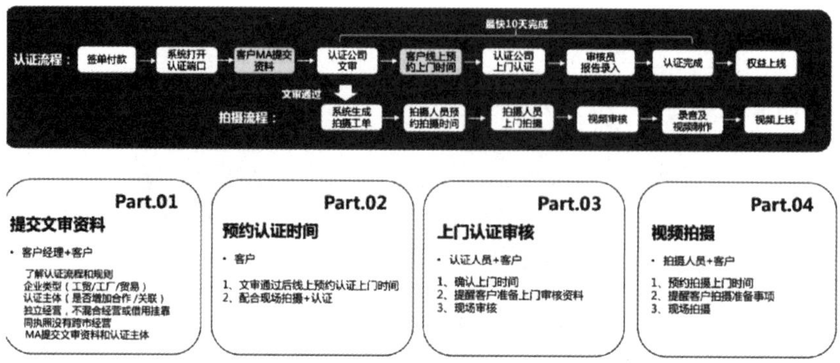

图 2－12　金品诚企认证流程

2. 金品诚企认证页面操作如下

可以使用主账号登录“My Alibaba”，点击以下模块查看：

①“My Alibaba”首页—“认证中心”—“金品认证”模块查看认证进度。

②“店铺管理”—“金品诚企认证”模块查看认证进度。详情页面如图 2－13 所示。

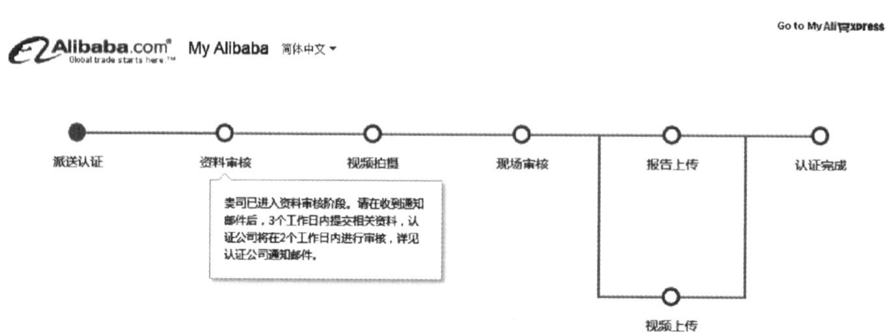

图 2－13　金品诚企认证信息页面截图

子任务三　账户信息设置

（一）修改注册邮箱、密码和安全手机

1. 注册邮箱

注册邮箱是卖家用于接收来自阿里巴巴询盘反馈信息的重要工具，同时也是网站

上唯一标识会员身份的信息，所以当卖家修改完成后，需要确保新的注册邮箱可以正常接收来自 Alibaba. com 的邮件。

（1）修改注册邮箱

主账号登录“My Alibaba”—“账户中心”—“修改注册邮箱”，验证身份之后即可修改邮箱。

第一步，点击“My Alibaba”—“账户中心”—“修改注册邮箱”，如图 2－14 所示。

图 2－14　修改注册邮箱页面截图

第二步，通过手机验证或人工服务进行身份验证，如图 2－15 所示。

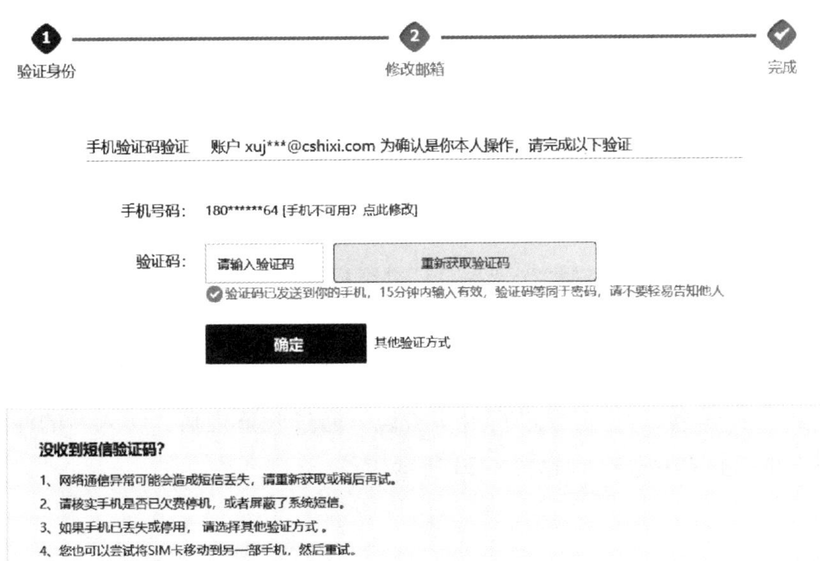

图 2－15　验证身份页面截图

第三步，验证身份之后，填写要修改的新的邮箱并进行邮箱验证，填写完成之后点击“确定”，如图 2－16 所示。

图 2－16　填写新的邮箱页面截图

第四步，修改成功，如图 2－17 所示。

图 2－17　修改成功页面截图

（2）修改子账号注册邮箱

子账号修改注册邮箱，需要登录主账号进行操作。

第一步，主账号登录“My Alibaba”—“账户中心”—“管理子账号”，找到对应子账号点击“查看详情”，跳转新的页面点击“编辑”，如图 2－18 和图 2－19 所示。

第二步，进入页面后，需要进行身份验证。通过验证之后，输入新的注册邮箱地址和密码，并点击“发送”，如图 2－20 所示。

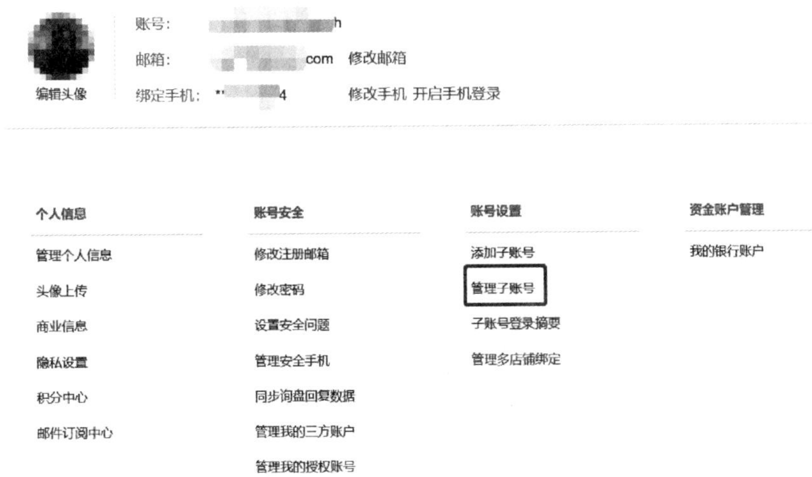

图 2－18　管理子账号页面截图

图 2－19　编辑子账号页面截图

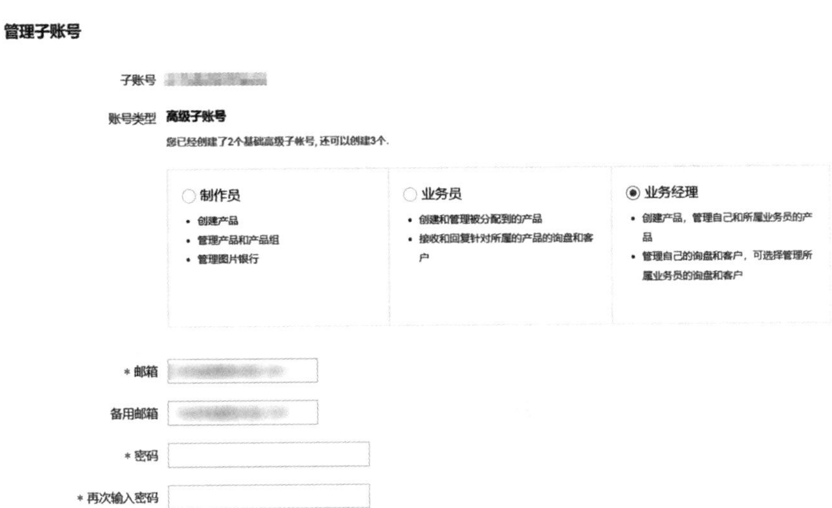

图 2－20　修改邮箱页面截图

第三步，提示注册邮箱修改成功，完成邮箱验证即可。

2. 密码

密码是个人的隐私，系统中是无法查看的。如果卖家忘记密码或需要修改密码，需要登录到“My Alibaba”—“账户中心”—“账号安全”—“修改密码”页面进行修改。

（1）修改主账号密码

第一步，登录“My Alibaba”—“账户中心”—“修改密码”，如图 2－21 所示。

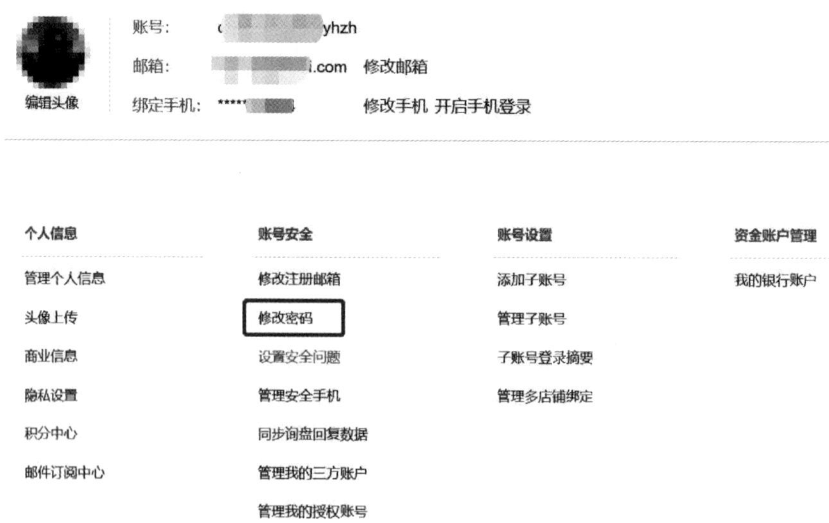

图 2－21　修改密码页面截图

第二步，弹出的验证窗口页面，若显示卖家的账号绑定了安全手机，则直接通过手机获取验证码；若没有绑定，则通过注册邮箱获取验证码。

第三步，输入新密码，点击“确定”完成修改，如图 2－22 所示。

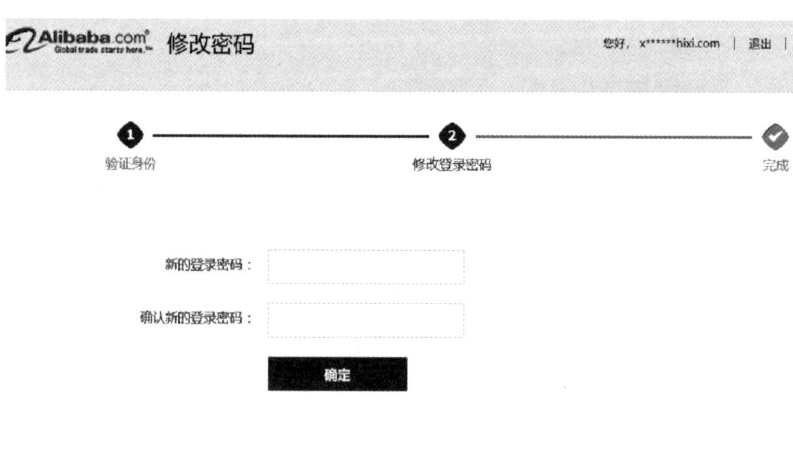

图 2－22　修改登录密码页面截图

（2）修改子账号密码

第一步，子账号自行登录“My Alibaba”—“账户中心”—“修改密码”，同主账号页面一致。

第二步，若子账号无法自行修改，可以联系主账号在“My Alibaba”—“账户中心”—“管理子账号”页面进行修改。

第三步，主账号通过安全手机验证后，即可在编辑页面中输入新的子账号密码，完成修改。

3. 安全手机

（1）修改主账号安全手机

主账号登录“My Alibaba”—“账户中心”—“管理安全手机”，如图 2－23 所示。通过身份验证之后，填写修改的新的手机号完成验证，即修改成功。

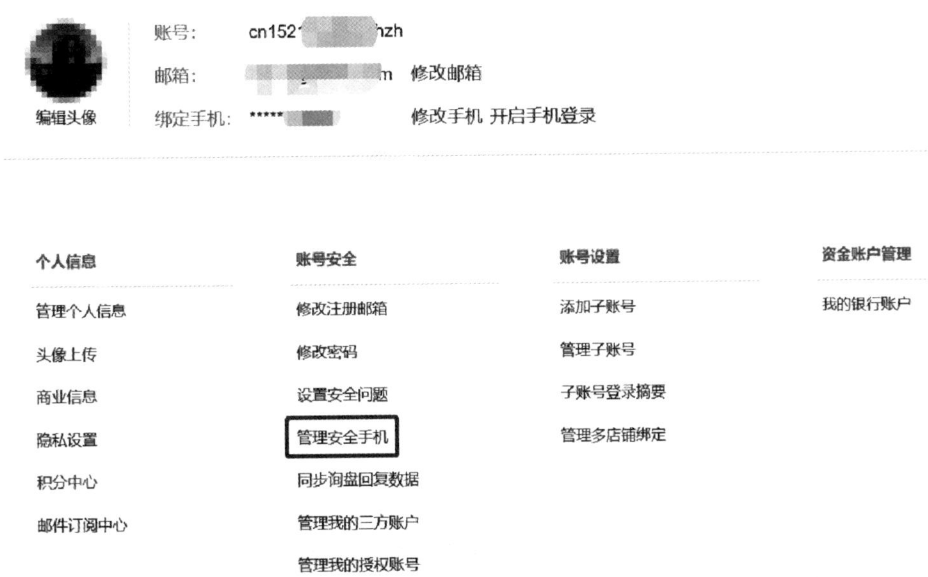

图 2－23　管理安全手机页面截图

（2）修改子账号安全手机

子账号可以自行登录“My Alibaba”—“账户中心”—“管理安全手机”，对之前绑定的安全手机进行验证，验证通过后输入新手机号进行验证，验证通过即修改成功。如果之前没有绑定安全手机，则需要通过注册邮箱获取验证码，验证完成即修改成功，页面同主账号修改安全手机的页面一致。

除此之外，如果子账号之前绑定的手机无法进行验证，也可以联系主账号进行修改，主账号登录“My Alibaba”—“账户中心”—“管理子账号”，点击对应子账号的“修改安全手机”按钮，完成验证后即可修改，如图 2－24 所示。

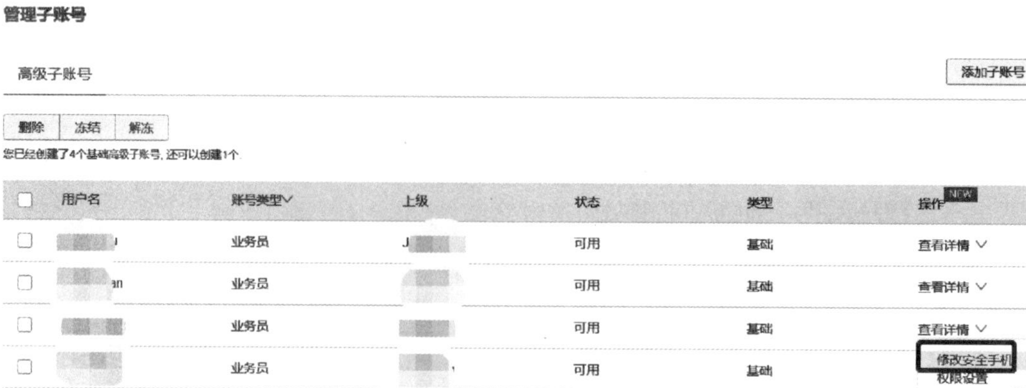

图 2－24　修改安全手机页面截图

（二）子账号设置

1. 添加子账号

子账号即 My Alibaba 操作系统的分账号权限，权限配置可以为制作员、业务员、业务经理三种类型，由管理员（主账号）创建。1 个主账号最多能设置 5 个高级子账号，主账号进入“My Alibaba”—“账户中心”，点击“添加子账号”操作即可，该页面上会介绍各类账号的操作权限，如图 2－25 所示。

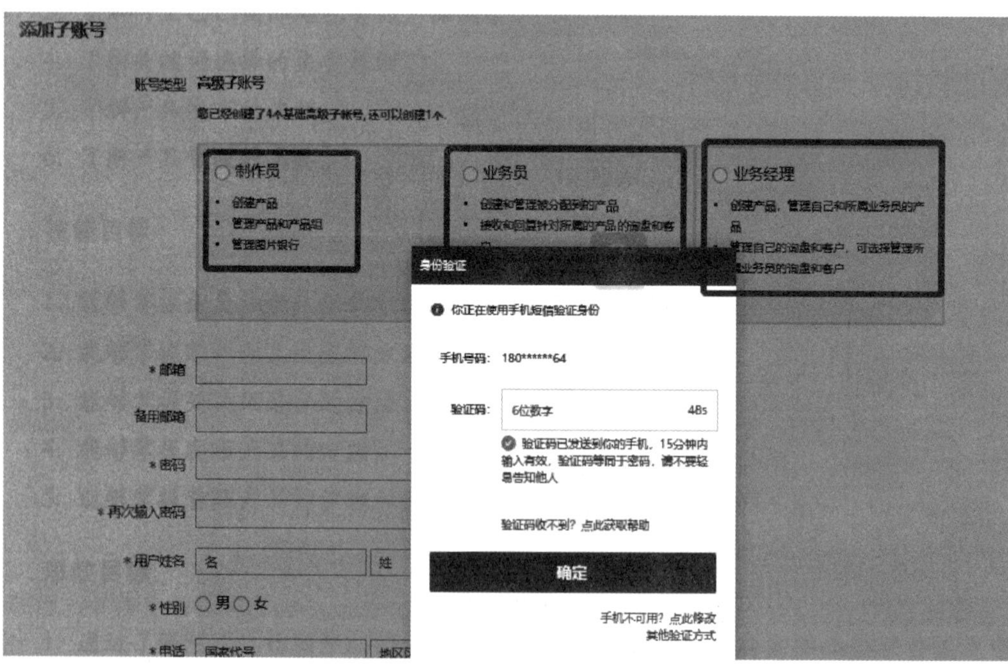

图 2－25　添加子账号页面截图

另外每个账号的操作权限会有所区分，子账号有自己独立的账号 ID 和密码，可以登录 My Alibaba 操作系统。比如，发布和管理自己的产品，处理自己收到或者分配所得的询盘；也可以登录 Trade Manager（TM）和买家在线交流，如图 2－26 所示。

	功能	管理员	业务经理	业务员	制作员
产品管理	发布产品	√	√	√	√
	管理产品	√	√	√	√
	产品分组与排序	√	×	×	√
	管理橱窗产品	√	×	×	√
	管理认证产品	√	×	×	×
	管理图片银行	√	√	√	√
建站管理	管理公司信息	√	×	×	×
	贸易记录	√	×	×	×
	栏目	√	×	×	×
	管理全球旺铺	√	×	×	√
	域名管理	√	×	×	×
	A&V认证	√	×	×	×
询盘	已分配待处理询盘	√	√	√	√
	待分配询盘	√	√	×	×
	询盘搜索	√	√	√	×
	设置询盘分配规则	√	×	×	×

图 2－26　各账号操作权限页面截图

2. 管理子账号

在管理子账号页面，可进行对子账号的删除、冻结和解冻的操作，由于操作之后会给整个店铺带来一定的影响，所以需要管理员谨慎操作，如图 2－27 所示。

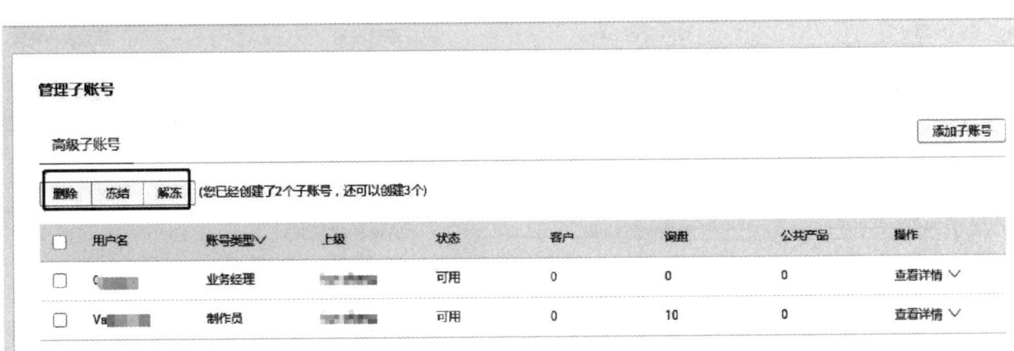

图 2－27　管理子账号页面截图

（1）删除子账号

①RFQ/询盘/产品/人脉名片：该账号拥有的 RFQ、询盘、产品、人脉名片和客户将直接转移到管理员名下；

②外贸邮邮件：若此子账号已开通外贸邮，该账号对应的外贸邮会被彻底删除，没有记录且邮件无法找回，建议删除前先做好重要邮件备份；

③Trade Manager（旺旺）：Trade Manager 无法登录，账号无法找回，建议删除前先做好好友信息备份；

④一旦删除无法恢复。

（2）冻结子账号

主要是禁止该子账号登录 My Alibaba 和 Trade Manager。但该子账号原来拥有的产品、询盘、客户资源保持不变，冻结期间有询盘来，也会正常进入该子账号的询盘模块。

（3）解冻子账号

如果想恢复之前冻结的子账号，也可以通过进入“My Alibaba”—“账户中心”—“管理子账号”，解冻该子账号。

3. 子账号登录摘要

账号设置下的子账号登录摘要，管理员可查看子账号上次登录时间、IP、国家/地区等信息，便于管理员随时了解业务员的登录使用情况，如图 2－28 和图 2－29 所示。

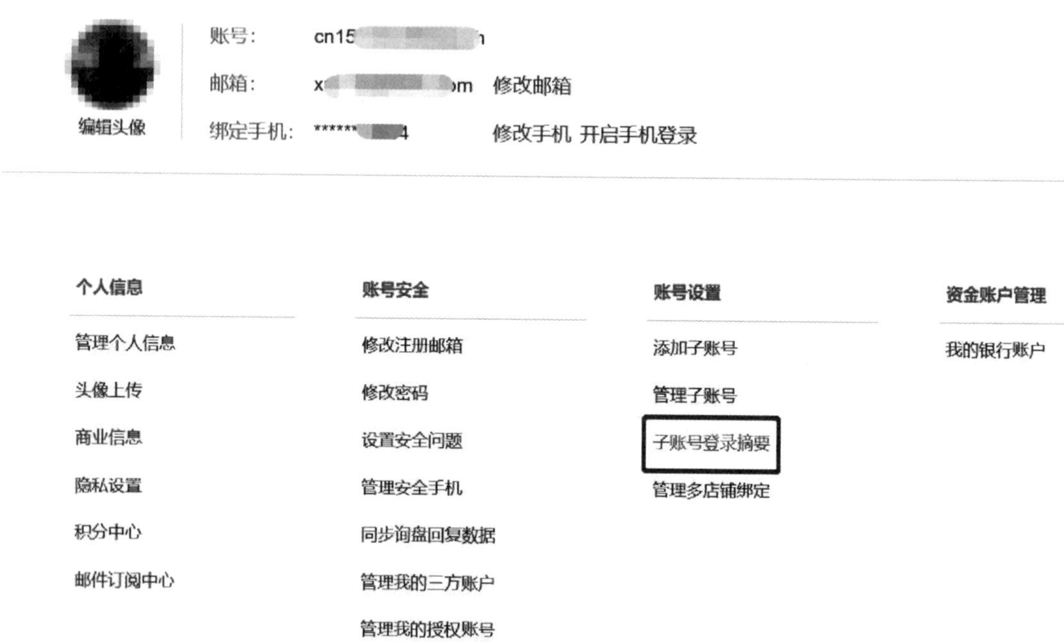

图 2－28　“子账号设置”—“子账号登录摘要”页面截图

图 2－29　子账号登录摘要详情页面截图

（三）资金账户管理

该资金账户用于接收保障订单非一达通出口报关的订单资金，不管卖家是否设置收款账户，订单交易成功后均会放款至卖家的账户。如果卖家进行资金提现，需要绑定一个收款账户，然后再从支付宝国际账户中提现。若收到的是人民币，需要绑定一个国内经过实名认证的支付宝账户进行提现；若收到的是美元，则需要绑定一个能够接收新加坡花旗银行公司名义打款的银行卡进行提现。详细的操作步骤如下。

第一步，主账号登录“My Alibaba”—“资金管理”—“账号和安全”页面，或者“账户中心”—“我的银行账户”—“账号和安全”进行银行账户的设置，如图 2－30 所示。

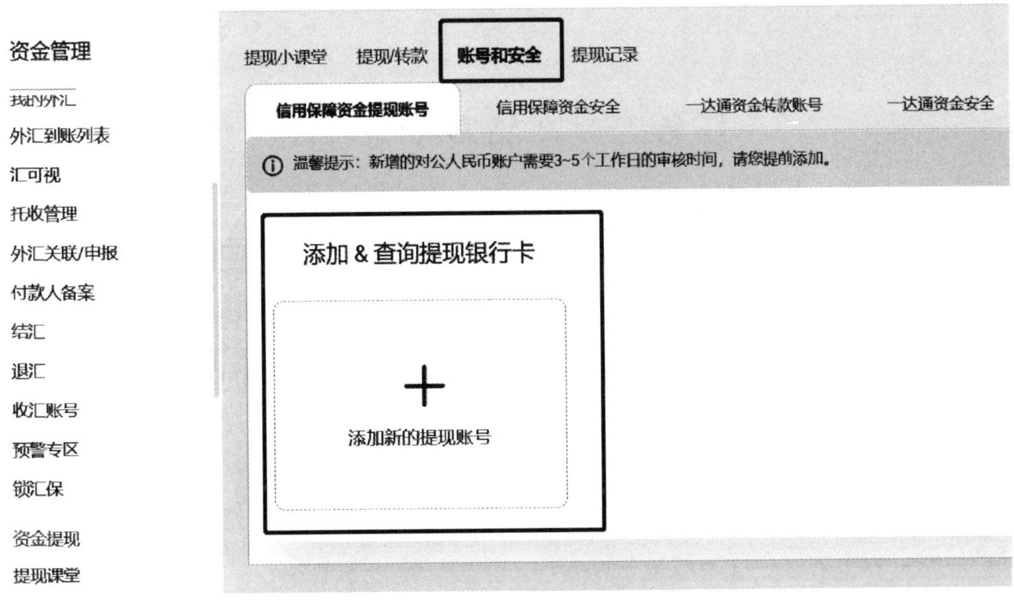

图 2－30　资金账户管理页面截图

第二步，选择想要添加的收款账号类型，点击“添加”，进入详情页面填写详细的账号信息，填写完成确认即可，如图 2－31 和图 2－32 所示。

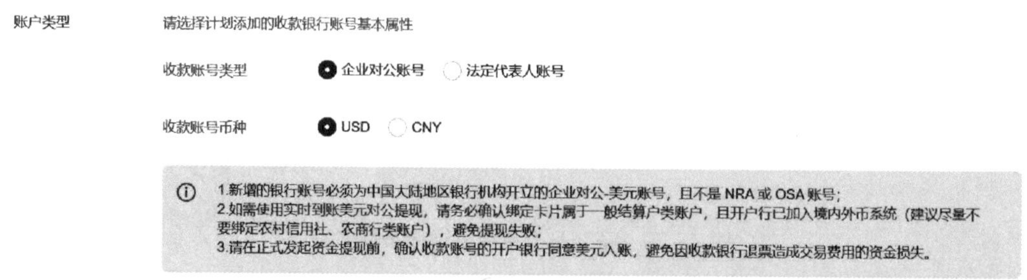

图 2－31　收款账号的选择页面截图

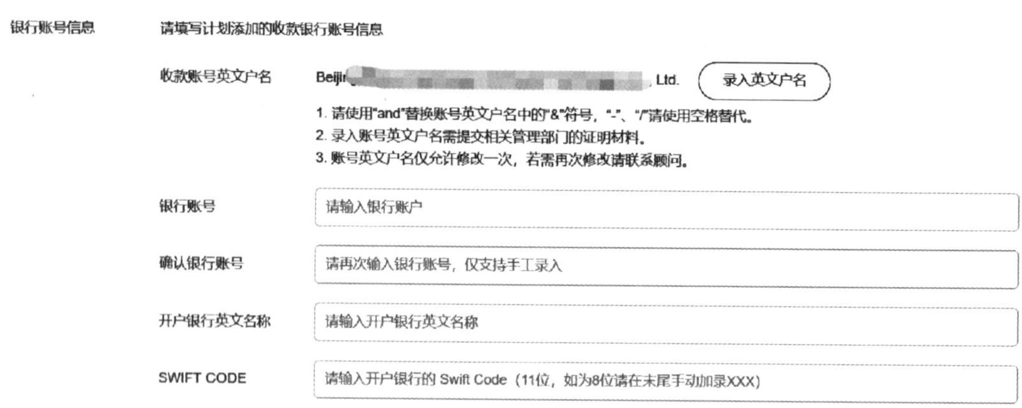

图 2－32　收款账号信息（美元）页面截图

任务二　产品发布与管理

知识储备

微信扫描 视频讲解

一、产品发布规则认识

（一）产品发布规则

在发布产品时，需要遵循阿里巴巴国际站的产品发布规则，避免因违规承担被处罚的风险。以下为发布产品的基本要求：

（1）需发布真实、准确、合法、有效的产品信息。

①真实、准确：用户发布的信息应与实际情况一致，禁止发布虚假信息或夸大情形；

②合法：用户发布的信息不得违反国家法律法规及阿里巴巴国际站禁限售规则；

③有效：用户发布的信息应符合电子商务英文网站的定位。

（2）若发布含有他人享有知识产权的信息，应取得权利人的许可，或者属于法律法规允许发布的情形。

（3）禁止发布假货、仿货等侵犯他人知识产权的信息。

（4）未经权利人许可，不得发布含有奥林匹克运动会、世界博览会、亚洲运动会等标志的信息。

（二）产品类型

在阿里巴巴国际站页面发布产品必须是英文或者多语言，产品可以分为英文站产品、英文站在线批发产品和多语言市场产品站三种类型。

①英文站产品：服务开通后可发布产品，没有数量限制，根据公司实际产品数量合理提交即可。

②英文站在线批发产品：每个公司（所有账号总和）最多可发布6000个在线批发产品。

③多语言市场产品：目前一个公司在每一个多语言市场中每种语言最多可发布600个原发产品（其中多语言在线批发产品为500个），主账号或子账号均可发布。

知识链接

英文名称翻译

在实地认证的过程中，本着信息翻译真实、诚信的原则，考虑到卖家线下真实使用英文名称的场景需求以及买卖双方的利益，在符合相关法令法规的基础上，阿里巴巴国际站对英文名称翻译规范有严格要求。

（一）公司名称翻译原则

①公司名称由四部分组成：行政区划 + 字号 + 行业 + 组织形式；

②根据“文字翻译原则”翻译，英文须和营业执照上的中文保持一致，不可省略；

③符合法律规范；

④符合英文习惯；

⑤中英文一致：英文名称和人证对象（签约的公司名称）中文名称建立关系，符合认证需要；

⑥不会造成误导或混淆：不和国内外著名品牌或企业，以及阿里巴巴国际站已有会员英文名称相冲突；

⑦不构成任何侵权、不正当竞争或虚假宣传；

⑧当公司英文名称的使用存在争议时，阿里巴巴国际站有权依照包括但不限于司法或执法机关的要求，或阿里巴巴国际站相关规则和协议对公司名称或账号进行相关处置。

（二）英文名称的审核标准

①能提供英文名称使用凭证（只接受对外贸经营者备案登记表或者公司银行外汇开户证明）；

②同一会员账号的英文曾用名；

③严格按照标准规范进行翻译的英文名称（不再接受英文名称使用承诺函）。

（三）关于服务中客户和续签客户的变更

①原英文名称拼写错误及格式问题；

②原注册中文名称变更：新的英文名称要求符合中英文互译原则，原海关备案等资料的英文名称发生变更，提供新的备案表允许变更；

③客户英文名称被投诉成立需要强制修改：新的英文名称要求符合中英文互译原则或提供相关证明文件。

（四）关于一签多的英文名称规则

①虽然签了多个账号，但使用的是同一个执照、同一个中文企业名，所以英文也必须保持一致，否则会产生主体身份不真实且不唯一的问题；

②如果一签多账号要加以区别，可在英文名称后加括号或横线，括号内或横线后分别显示一部、二部或产品或品牌/字号；品牌/字号部分应按本规范“字号”部分提交注册证明文件。

二、产品发布认识

（一）关键词的选择

关键词是在客户搜索产品时用到的具体的名称用语，即产品名称的中心词，是对产品名称的校正，便于系统快速识别、匹配买家搜索词，能让买家尽快找到需要的产品。关键词热度是指在某段时间内，客户使用该关键词搜索次数的多少。如果客户输入关键词找到了该产品，那么该关键词就是有效关键词。

1. 关键词选择的主要原则

（1）关键词与产品名称不冲突

（2）关键词选择要精确，不宜太宽泛

（3）关键词不宜太长、太特殊

（4）卖家需要站在客户的角度思考关键词是否合适

（5）选择被搜索次数最多、竞争最小的关键词

2. 关键词获取的方式

搜索关键的方法多种多样，为了设置更加准确、搜索热度比较高的关键词，可以使用不同的途径和查询工具去获取更多、更优质的关键词。

常见的搜索关键词的方式有平台首页搜索栏下拉框及筛选条件 、“数据分析”—“引流关键词”、“数据分析”—“引流关键词”、“数据分析”—“市场”—“关键词指数”、“数据分析”—“RFQ 商机”、“数据分析”—“访客详情”、发布产品时的关键词下拉框、产品详情底部的相关搜索、优秀同行所用关键词、利用国外的知名电商平台，等等，可以帮助卖家在产品关键词的选择上更加精准。

（1）平台首页搜索栏下拉框及筛选条件

在输入产品词的时候，平台首页搜索栏下拉框会随之出现一些关键词，从中选取跟产品相关的词，还可以加一些修饰词会出来不同的结果，如图 2 - 33 所示。

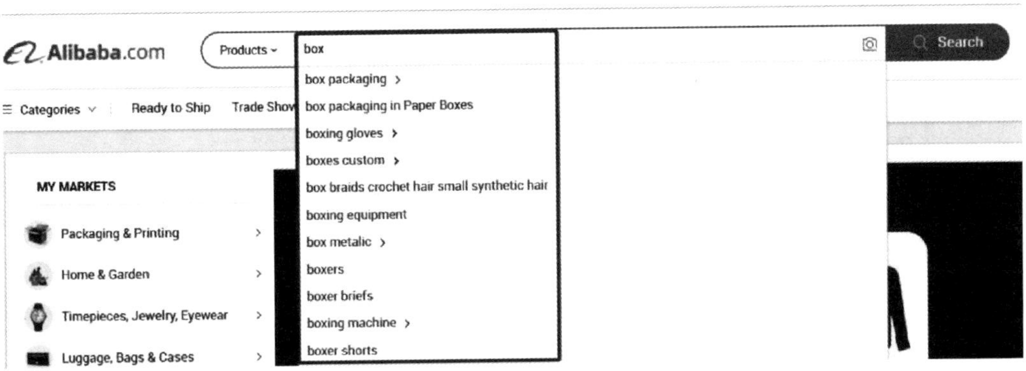

图 2 - 33　关键词页面截图

（2）“数据分析”—“引流关键词”

从后台进入“数据管家”—“引流关键词”，在搜索框里直接输入产品词“flower box”进行搜索，搜索出来后点击“flower box”，就会出现包含 flower box 的热门搜索词，按搜索热度降序排列，然后可以选择相关度高的词加入直通车便于日后推广，如图 2 - 34 和图 2 - 35 所示。

（3）“数据分析”—“市场”—“关键词指数”

关键词指数指的是关键词的搜索热度，热度越高，代表买家搜索的次数越多，但搜索热度并不等于曝光量，如图 2 - 36 所示。

（4）“数据分析”—“RFQ 商机”

“RFQ 商机”里面可以找到跟行业相关的关键词，挑选跟产品匹配度高的词来使用，如图 2 - 37 所示。

图 2-34　引流关键词页面截图

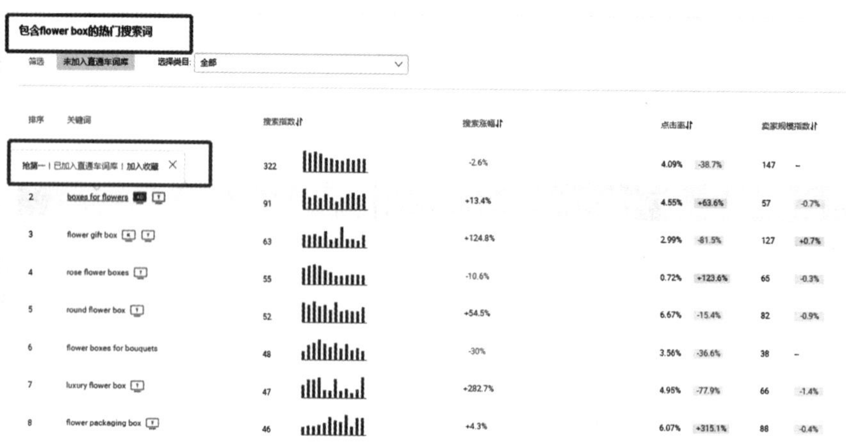

图 2-35　热门搜索词页面截图

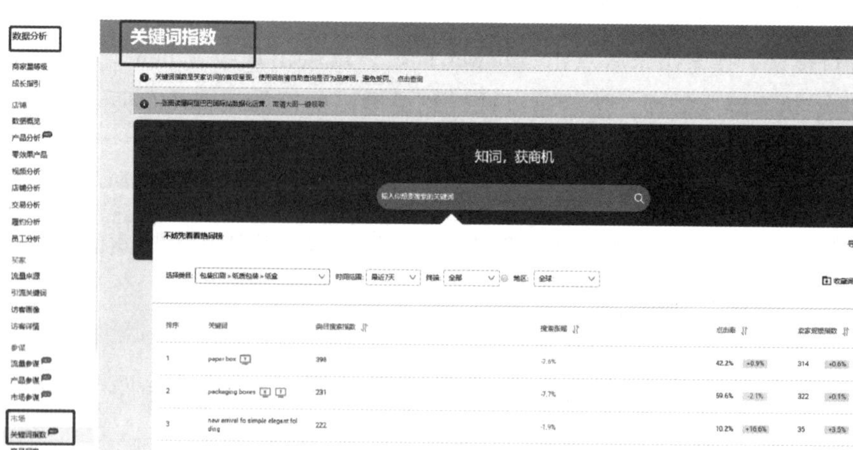

图 2-36　关键词指数页面截图

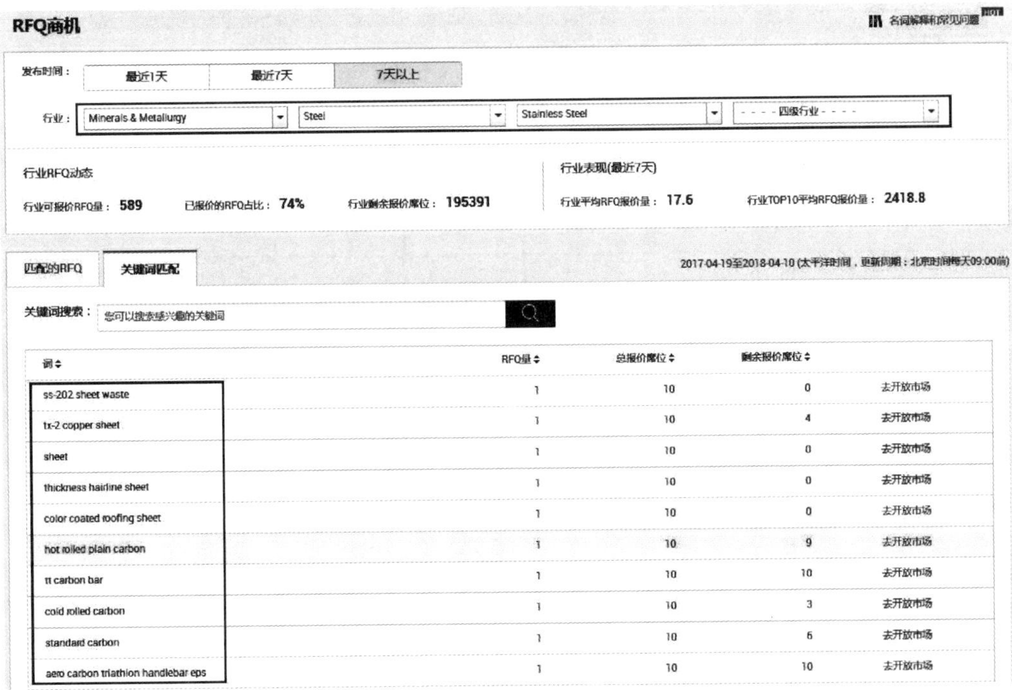

图 2-37　“RFQ 商机”关键词页面截图

（5）“数据分析”—“访客详情”

访客列表中展示了所有访问过店铺产品页面、公司页面的买家，还有在其他页面给店铺发送过反馈或 TM 咨询的买家。通过这些买家的行为，可以快速地分析出访客对店铺的哪些页面感兴趣，并且根据其网站行为，判断其是不是一个活跃、高质量的买家。

在访客详情页面，会显示在统计时间范围内买家的常用搜索词，只显示访客在阿里巴巴国际站上搜索次数最多的前三个词，以及访客搜索到的卖家的店铺或者是产品的页面时所使用的搜索词，如图 2-38 所示。

（6）发布产品时的关键词下拉框

在发布产品时，卖家填写完产品标题后，用鼠标点击产品关键词后的填写框，在下拉框内可以查看该产品的热门搜索词，如图 2-39 所示。热门搜索词是系统站在买家的角度，对买家搜索数据的客观展示。

（7）产品详情底部的相关搜索

在阿里巴巴国际站首页输入关键词，打开同行的产品，在产品详情的底部，选取相关产品关键词，如图 2-40 所示。

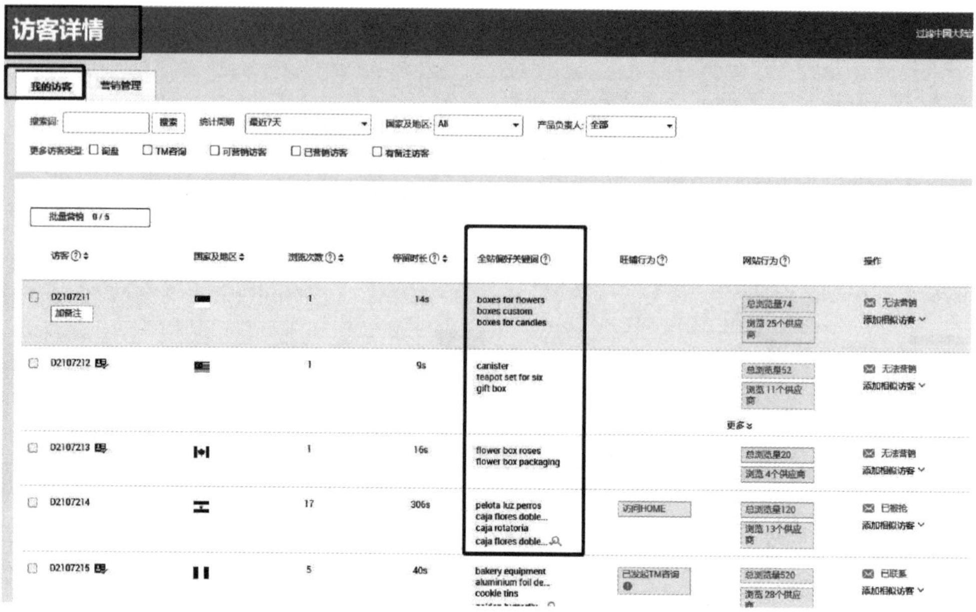

图 2－38　访客详情中的关键词页面截图

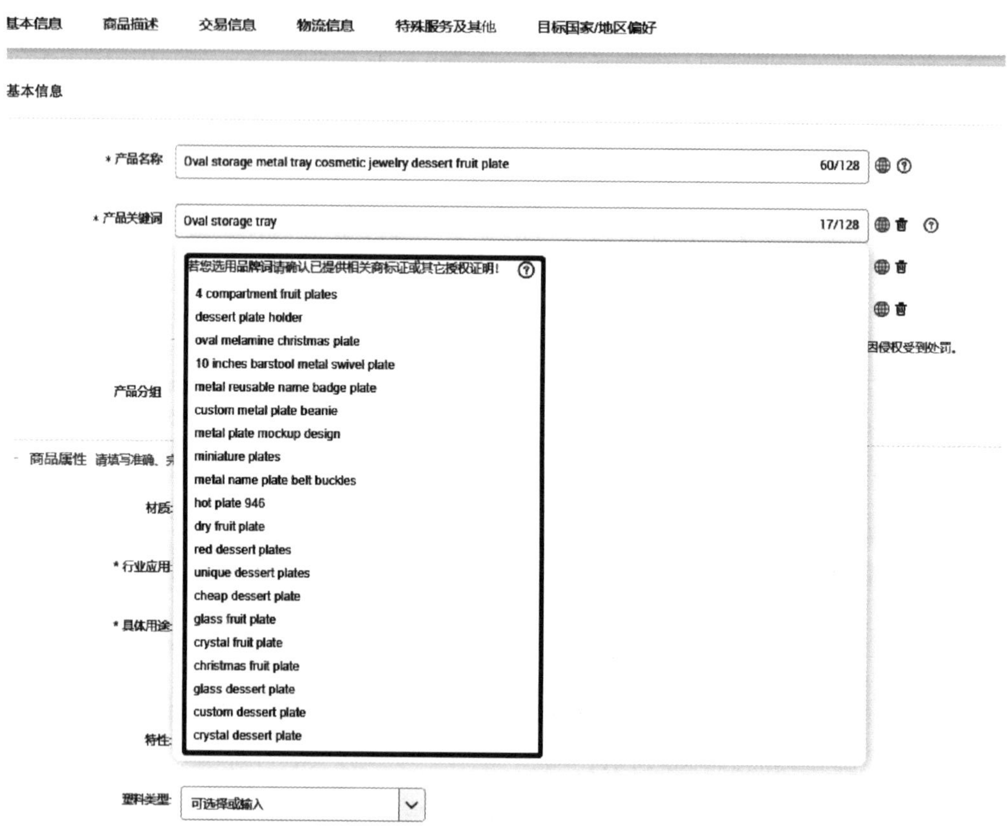

图 2－39　产品关键词页面截图 1

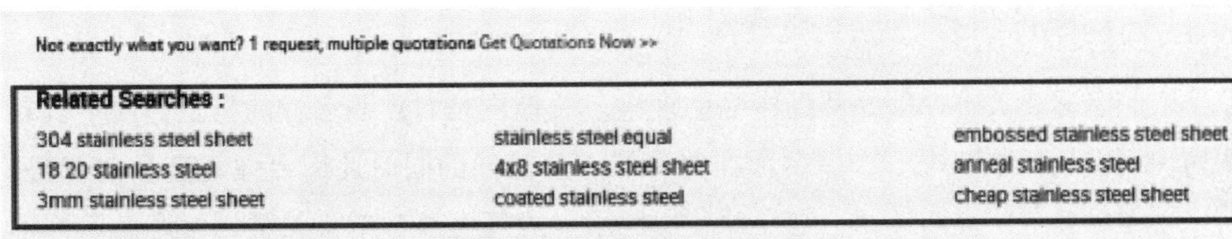

图 2－40　产品关键词页面截图 2

（8）优秀同行所用关键词

打开优秀同行的产品详情，右键查看网页源代码，“Ctrl + F” 输入 “Keywords” 就可以看到同行这个产品的关键词了，如图 2－41 所示。

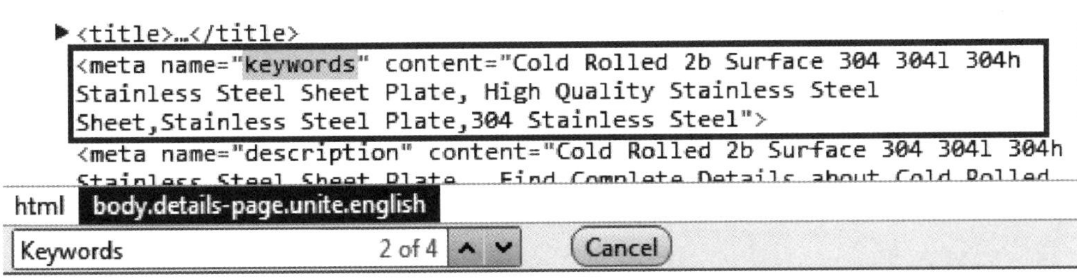

图 2－41　产品关键词网页源代码页面截图

（9）利用国外的知名电商平台

可以从国外的电商平台上如 eBay、Wish、亚马逊等搜索自己的产品，了解外国人的搜索习惯和产品名称，如图 2－42 所示。

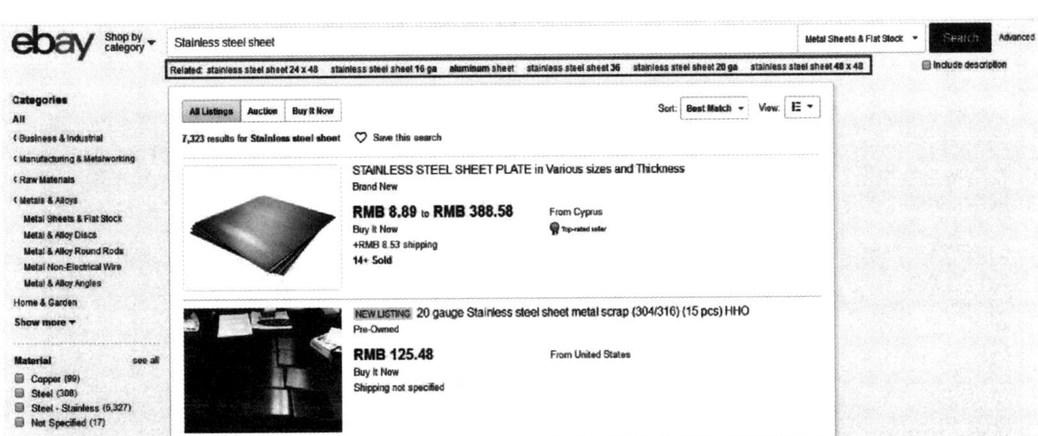

图 2－42　eBay 平台关键词页面截图

（二）关键词和产品名称的关系

产品名称、关键词都是帮助产品的搜索。关键词是对产品名称的校正，便于机器快速识别准确抓取匹配。产品名称在包含核心关键词的同时还需要体现产品的优势，所以不建议多个关键词叠加，这样对公司展示专业度有所影响。关键词与产品名称不能冲突，冲突指不是同一产品。一个产品如果有多种叫法，建议可以在关键词中体现。

主关键词也被称为核心关键词，主关键词前面可以加一些修饰词，组成更多的长尾关键词。如修饰词 E + 主关键词 A；修饰词 E（ + 修饰词 F） + 主关键词 A；修饰词 D（热门长尾词）（ + 修饰词 F） + 主关键词 A。

买家在搜索关键词时也是有字数限制的，搜索关键词不能超过 50 个字符，如果卖家标题设置得过长，标题与买家搜索的关键词匹配度不高，搜索结果往往靠后，所以标题是第一匹配要素。

任务实施

子任务一　产品发布

（一）产品发布前的准备

发布产品前，卖家需要准备好产品的标题、产品关键词、产品图片、完整专业的产品描述、凸显实力的公司资料，如图 2－43 所示。卖家准备好所需要资料后，开始进行产品发布。

图 2－43　产品发布前的准备

第一步，进入阿里巴巴国际站登录页面，输入“登录名”和“登录密码”进入后台，然后点击“My Alibaba”进入个人页面，如图 2－44 和图 2－45 所示。

图 2－44　输入登录名和密码页面截图

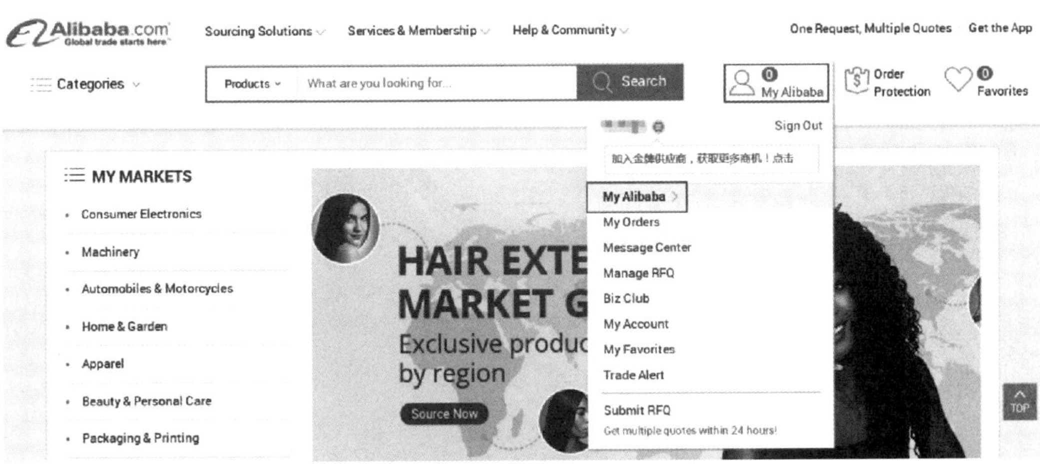

图 2－45　进入“My Alibaba”页面截图

第二步，在后台左侧边栏中点击“产品管理”模块，点击“发布产品”按钮，进入产品发布页面，如图 2－46 所示。

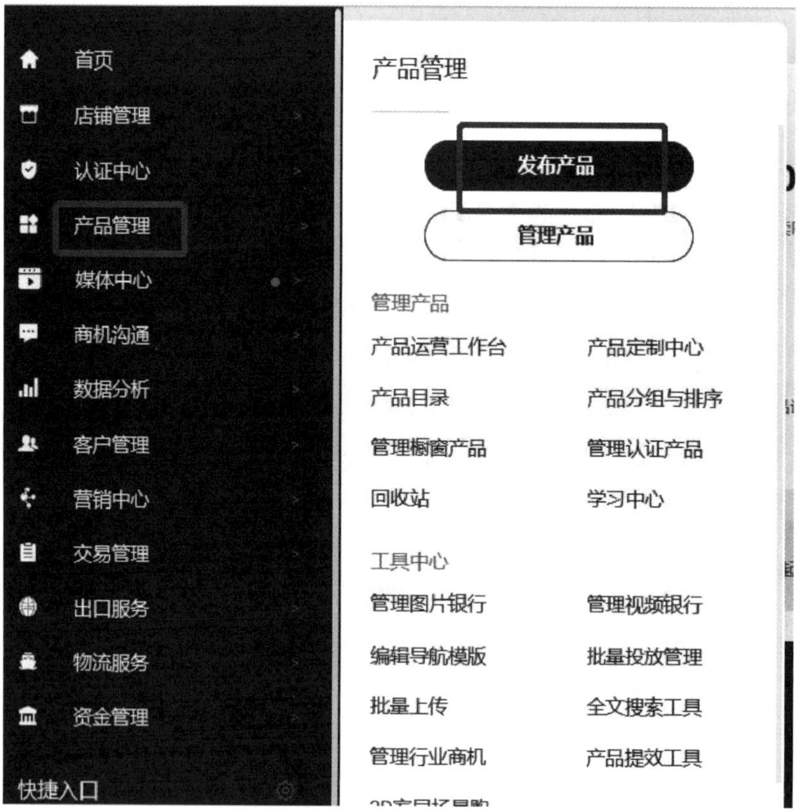

图 2-46 点击“发布产品”选项页面截图

在发布产品页面选择正确的产品类目，如图 2-47 所示。

图 2-47 “选择产品类目”页面截图

产品类目的选择方法有以下三种。

第一种是在“搜索类目”下的搜索框中输入关键词，利用关键词搜索对应的类目，某公司主要经营箱包类，我们以关键词“Fashion Bag”为例，如图 2－48 所示。

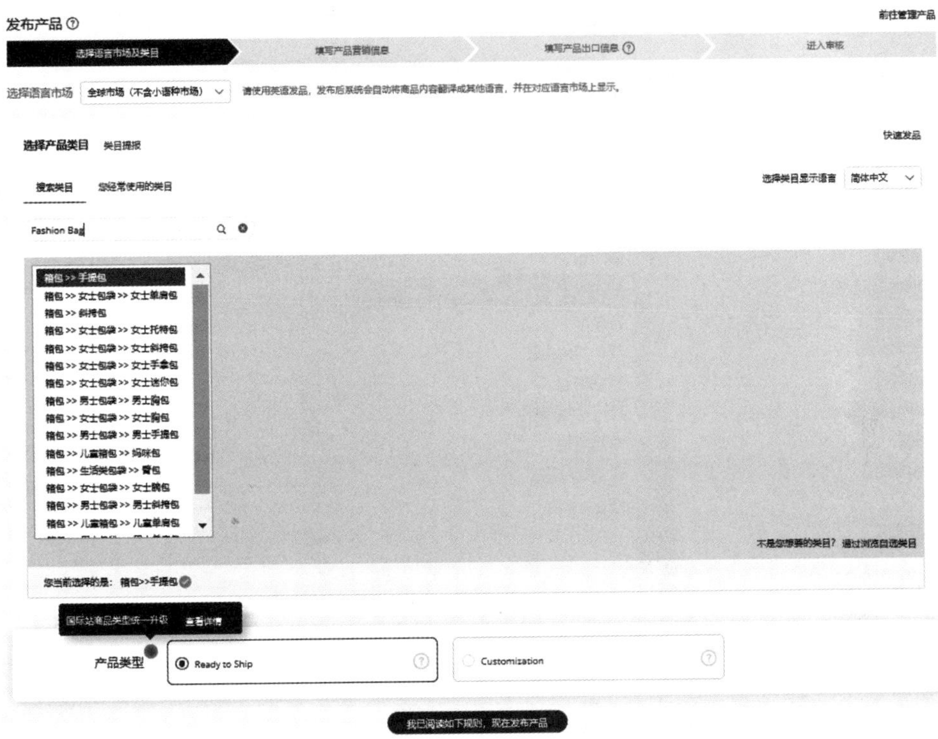

图 2－48　搜索关键词查找类目页面截图

在图 2－48 中，系统推荐了三个对应的类目，但是在选择类目时卖家需要注意以下几点：

①避免选择错误，如果类目错误，平台会有对应的违规处罚，而且可能会导致客户搜索不到卖家的产品，丢失流量；

②如果产品具有行业交叉的特点，可以在类目准确的基础上，选择多个合适的类目进行产品展示，以获得更多的产品曝光机会；

③系统推荐的类目没有区分主次先后。

第二种方法是按照商品的关键词直接选择类目，以“Fashion Bag”为例，直接针对关键词选择相对应的类目，逐步点击类目等级“箱包”—“手袋 & 斜挎包”—“斜挎包”，如图 2－49 所示。

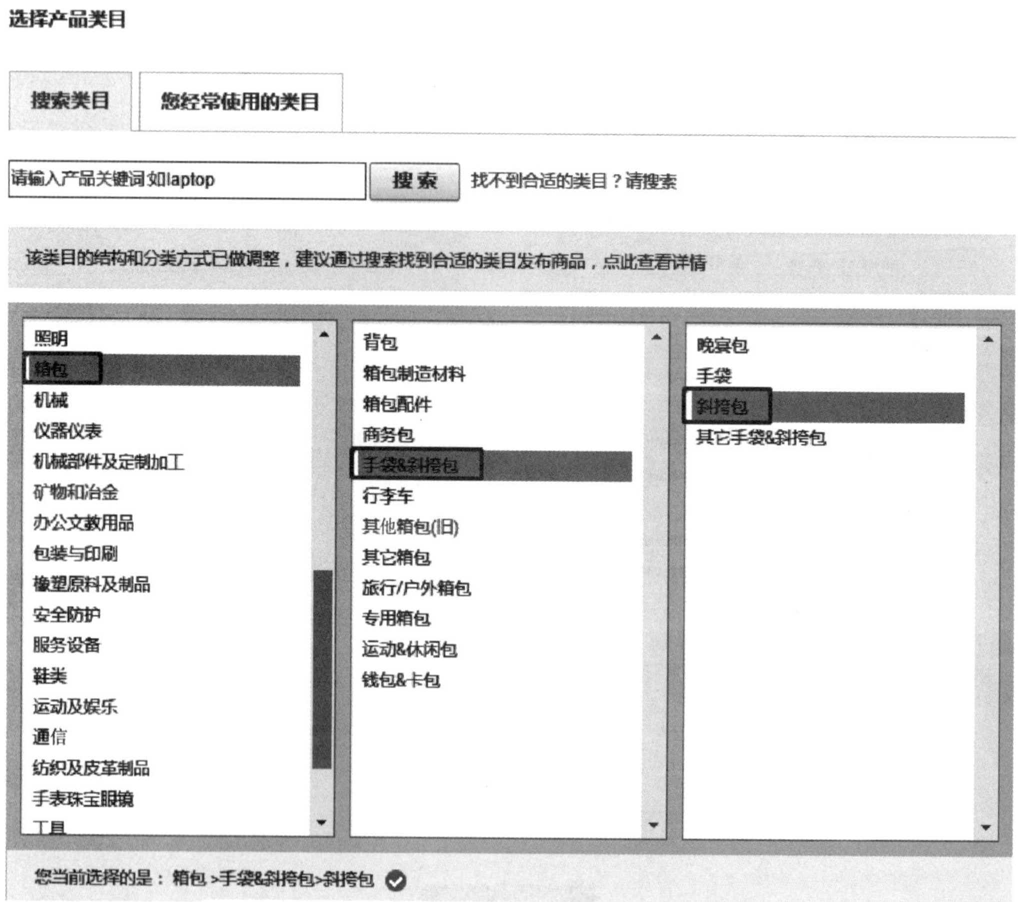

图 2－49 根据关键词属性选择对应类目页面截图

第三种方法是在“您经常使用的类目”中选择，这个模块的使用前提是已经添加了同类目的产品，由于某公司之前经常发布箱包类的产品，可以直接在模板块选择对应的产品类目，如图 2－50 所示。

第三步，类目选择确认无误后，点击“我已阅读如下规则，现在发布产品”按钮，进入产品信息填写页面，如图 2－51 所示。

（二）填写产品基本信息

产品基本信息包括 2 个必填项目：产品名称和产品关键词，如图 2－52 所示。

“产品名称”是产品名加关键词。标题内应包含产品名、产品属性、行业标准、认证和型号等信息，避免关键词堆砌。

“产品关键词”填写与产品名称相关或与之含义相近的词，尽量包含产品的中心词。一个框内只能填写一个关键词，所有关键词在搜索排序上权重相同，不要重复填写。

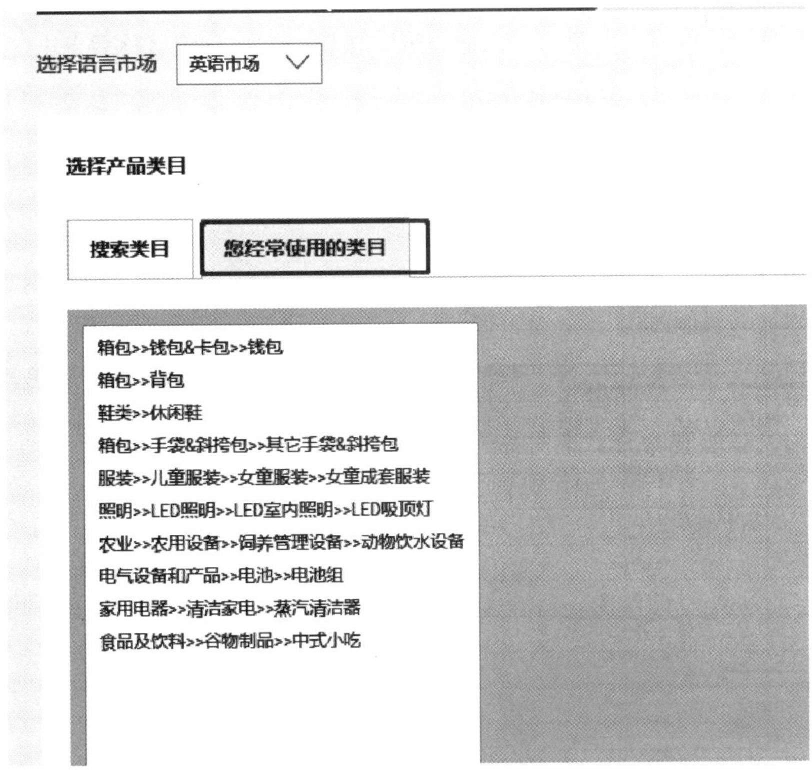

图 2－50　“您经常使用的类目”中选择类目页面截图

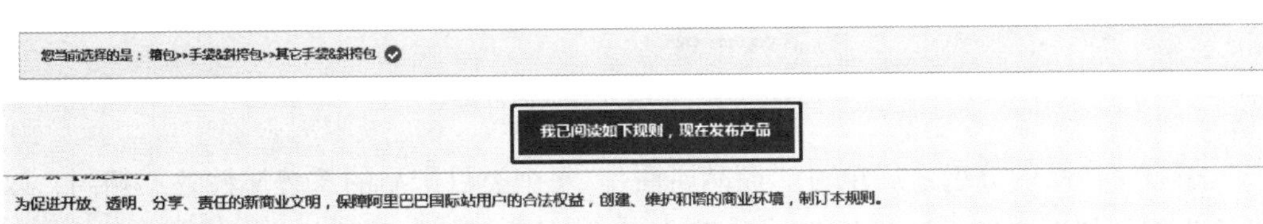

图 2－51　点击“我已阅读如下规则，现在发布产品”按钮页面截图

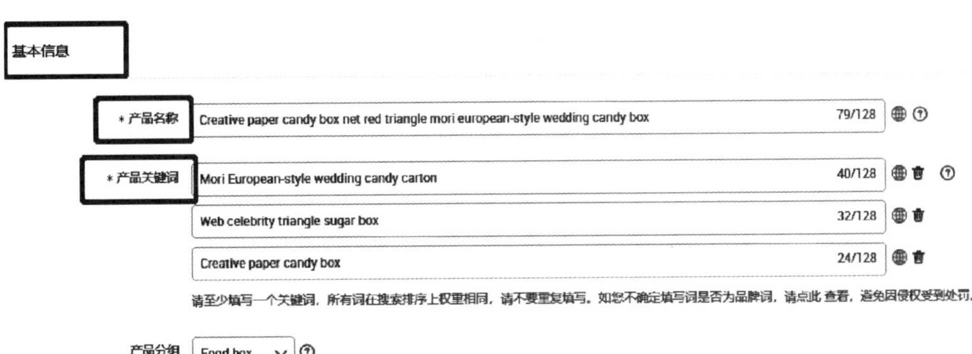

图 2－52　产品基本信息填写页面截图

接着是"产品分组"，点击"产品分组"的下拉框，将产品放入对应的产品分组。如果未添加分组，点击右上角的"添加分组"按钮，添加分组名称后点击"确认"按钮，然后加入产品即可，如图 2－53 所示。

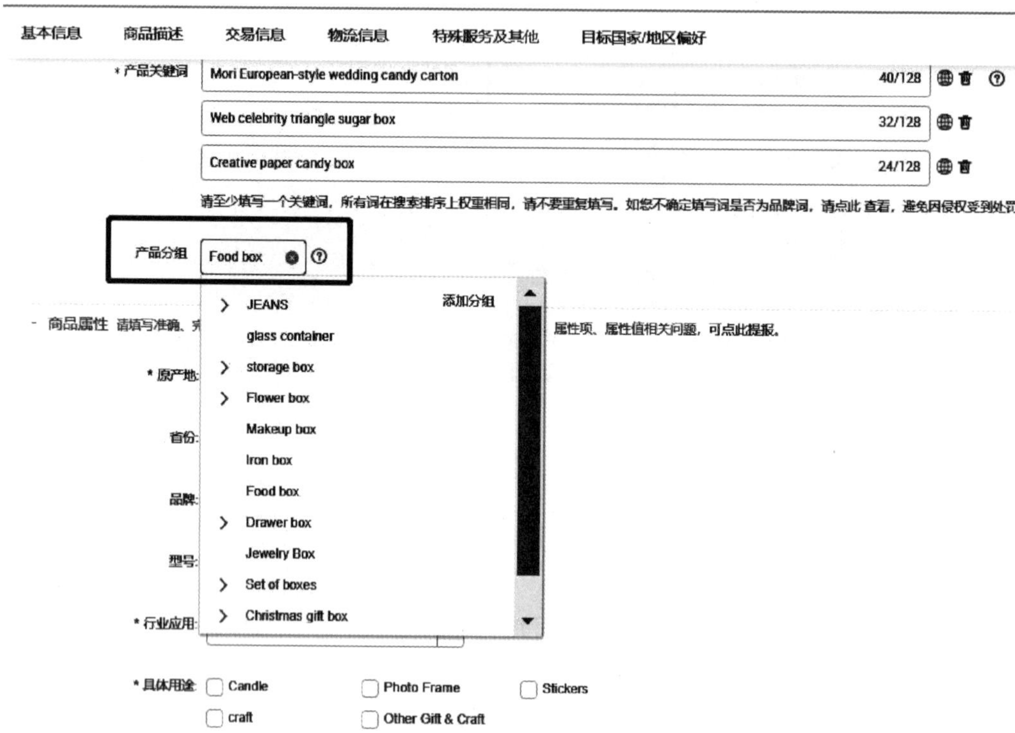

图 2－53　产品分组页面截图

填写完产品的分组之后填写"商品属性"。每个类目产品的系统属性各不相同，以纸箱为例，其属性包括纸板类型、印刷处理、特性、形状等，除了系统默认的属性，商家还可以添加"自定义属性"，如图 2－54 所示。产品属性需要根据本身的特点据实填写，如果出现造假行为，平台会给予一定的处罚。

其中，"自定义属性"可以填写产品的工艺、使用范围场合、特点、尺寸、净重、毛重等，点击"点击添加"按钮，最多可以填写 10 个属性。

（三）产品详细信息

产品详细信息主要包含产品图片、产品视频和产品详情描述。

1. 产品图片

产品图片是必填项。"产品图片"是 1 张产品主图和 5 张产品细节图，一共 6 张图。产品图为正方形，尺寸大于 640×640 像素，单张图片不超过 5M。如果卖家不清楚产品图的质量规范，可以点击"查看图片质量规范"，如图 2－55 和图 2－56 所示。

图 2－54　产品属性填写页面截图

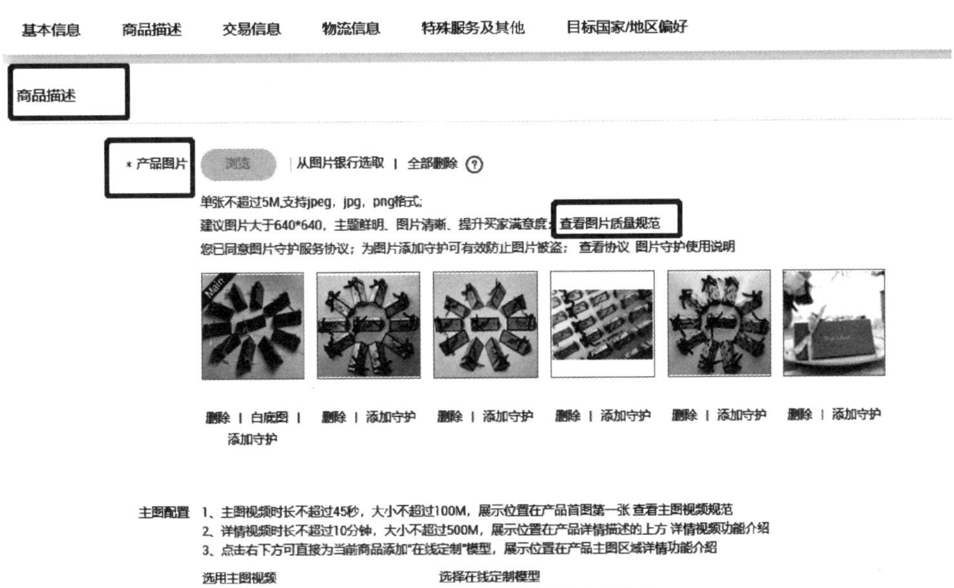

图 2－55　点击查看图片质量规范页面截图

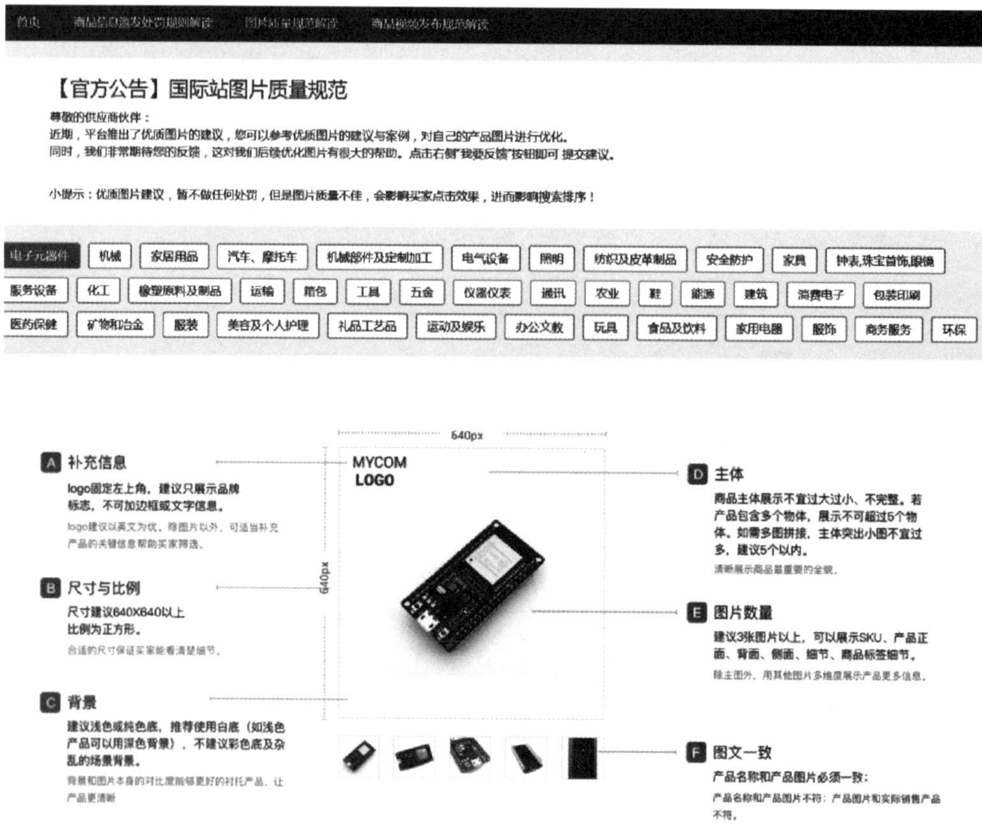

图 2－56　阿里巴巴国际站图片质量规范官方公告页面截图

2. 产品视频

"产品视频"分为主图视频和详情视频。主图视频时长不超过 45 秒，大小不超过 100M，展示位置在产品首页第一张。详情视频时长不超过 10 分钟，大小不超过 500M，展示位置在产品详情描述的上方。上传产品视频后，主图和详情视频都可以使用。点击"查看主图视频规范"和"产品视频拍摄建议"可以了解阿里巴巴国际站官方视频公告，如图 2－57 和图 2－58 所示。

3. 产品详情描述

"产品详情描述"模块中，产品详情页的编辑可以选择智能编辑或者普通编辑。

（1）选择智能编辑

产品详情"智能编辑"是根据为卖家在 My Alibaba 后台发布产品时提供可以直接套用的格式化字段和行业特性展示的新功能，很大程度地提升卖家发布产品的便利性和行业专业度，从而提升买家对产品详情的关注度。

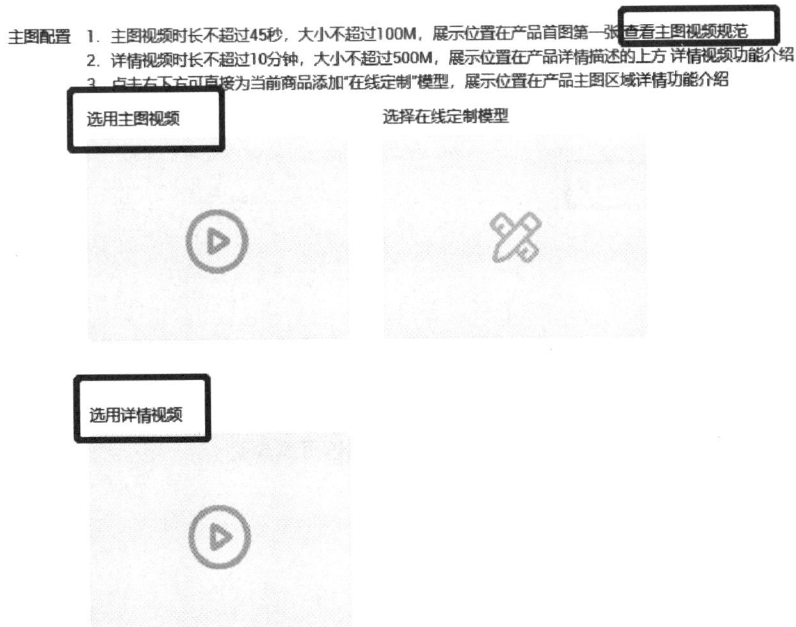

图 2－57　产品视频页面截图

图 2－58　产品视频发布规范解读官方公告页面截图

智能编辑就是选择详情模板，然后根据详情页的设计模板，依次将图片、文字和表格等内容放入系统模板设定的项目栏。图片像素按照使用的具体模板要求进行上传，插入图片尺寸为 750 × 800 像素，表格的尺寸宽度为 750 像素。可插入图片上限为 30 张图片；字符上限为 65535 个字符。需要注意的是，如果宽度超出 750 像素，超出的部分将无法展示，如图 2－59 至图 2－61 所示。

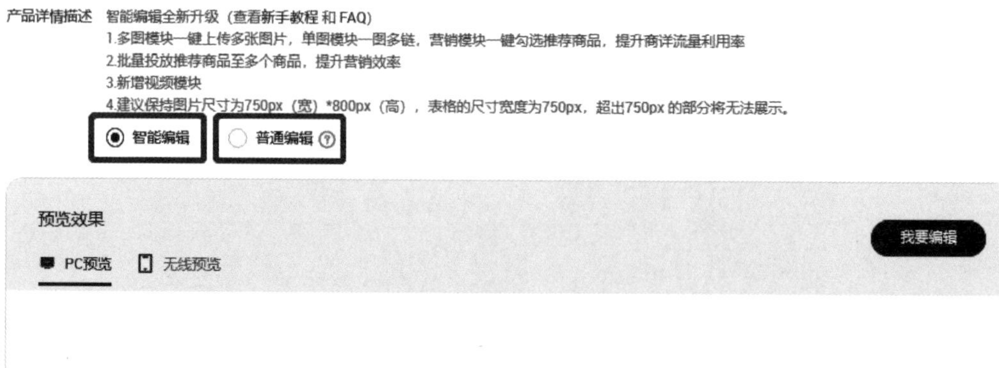

图 2－59　产品详情描述页面截图

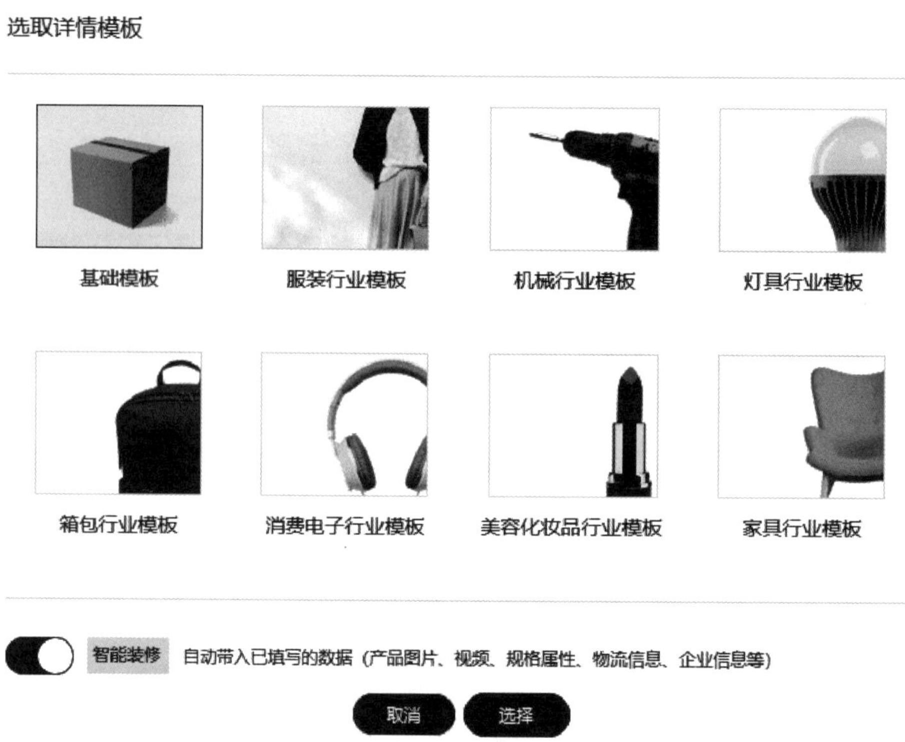

图 2－60　选取详情模板页面截图

（2）选择普通编辑

选择“普通编辑”时，详情页的图片可以添加链接，选择需要添加链接的图片，点击“插入/编辑链接”按钮，在方框中添加链接地址即可，还可以填写标签，选择打开链接的方式，如图 2－62 和图 2－63 所示。需要注意的是，详情页图片最多可以添加 30 张，50000 个字符。

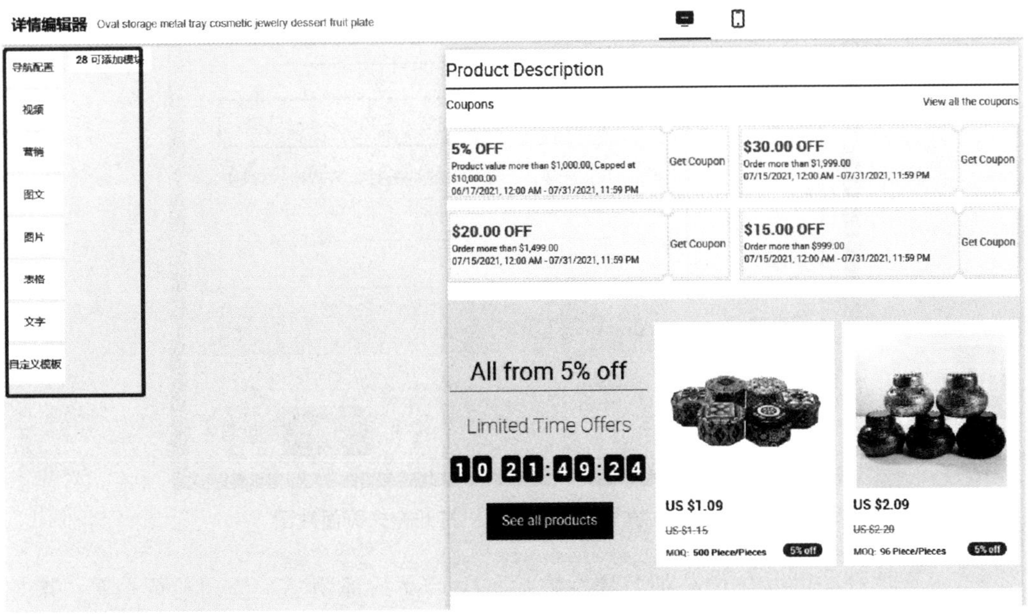

图 2－61　详情编辑器页面截图

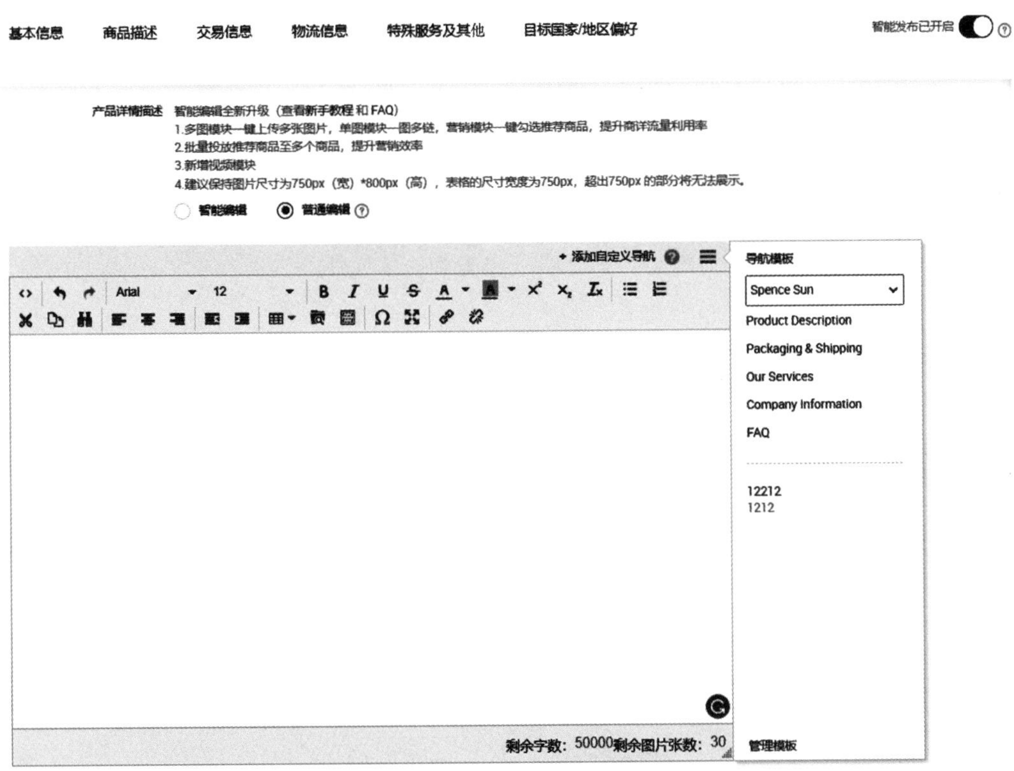

图 2－62　普通编辑页面截图

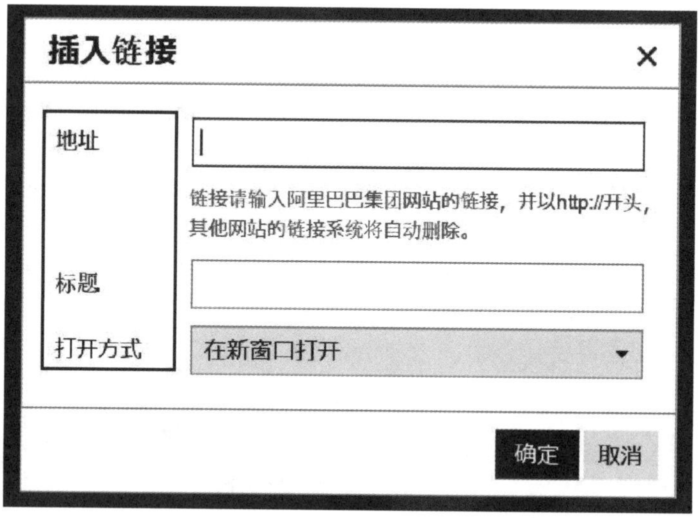

图 2－63　填写地址、标题、打开方式页面截图

产品详情页，可以在产品细节展示之后加上产品的证明书、公司的证书等，增加客户的信任感。还可以选择性地展示公司的信息，如产品生产的流程图、公司的基本介绍、展会介绍、物流信息以及 FAQ 等，让客户更全面地了解卖家信息。

（四）交易信息

“交易信息”模块中包括计量单位、基础销售方式、价格设置和阶梯价的设置。“Fashion Bag”根据数量设置价格，可以设置起订量和价格区间。如图 2－64 所示。

图 2－64　交易信息页面截图

（五）物流信息

在“物流信息”板块中，信息务必填写完整。方便客户了解卖家的发货时间、每件商品的长宽高、重量、运费模板、包装方式等信息。包装方式建议填写包装形式、尺寸、各类集装箱能装载的产品件数等信息，便于客户了解，如图2－65所示。

图2－65　物流信息页面截图

（六）检查信息

检查所有信息填写是否完整，单词拼写是否有误，查看产品信息质量，确认无误后点击“提交”按钮，等待阿里巴巴国际站审核产品，如图2－66和图2－67所示。产品审核通过后，即发布成功，正式上线。

图2－66　检查信息完整度页面截图

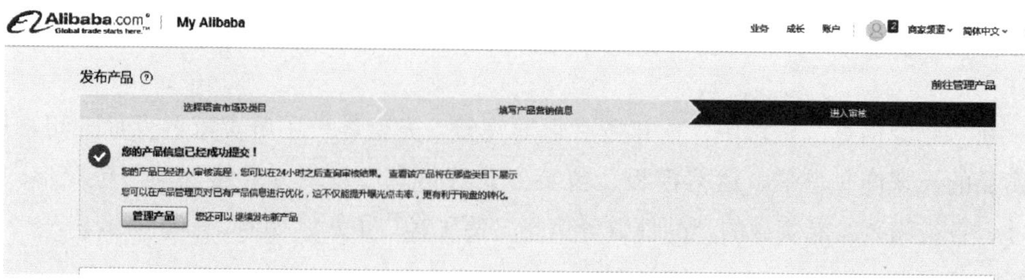

图 2－67　进入审核页面截图

子任务二　产品管理

（一）产品分组与排序

产品组是卖家在网上公开展示产品的一个集合，卖家可以根据自身公司和产品的情况或者买家的习惯设置多个产品组，将同类产品放在一个产品组里面，方便卖家自己管理也方便买家查看。产品分组包括“分组管理与排序”和“产品管理与排序”，决定了前台产品的展示顺序。

1. 分组管理与排序

只有管理员账号和制作员账号才有权限操作，其他子账号没有“产品分组与排序”的模块。产品分组支持三级分组，一级分组 20 个，分组总数 200 个（不包含未分组），每个产品一次只能分配在一个产品组中，产品组会显示在公司网站的左右两侧（根据网站模板不同，展示位置不同），如图 2－68 所示。

另外也可以选择系统自动排序，点击页面上“产品排序设置”，可以选择“新产品置末”或者“新产品置顶”，不过只对设置完成之后新发布的产品有效，之前的产品不会自动改变排位，如图 2－69 所示。

2. 产品管理与排序

产品列表前的数字表示这个产品目前所在的位置，点击这个数字将自动出现输入框，如果需要调整的话可以重新输入数字，点击“确认”，这样就可以把这个产品移到重新输入的位置。也可以直接将鼠标移动到某个产品上，点击“产品管理与排序”，这样可以直接移动这个产品到想要的位置。调整排序后一般需要 24 小时的数据同步时间后网站上才会更新，如图 2－70 所示。

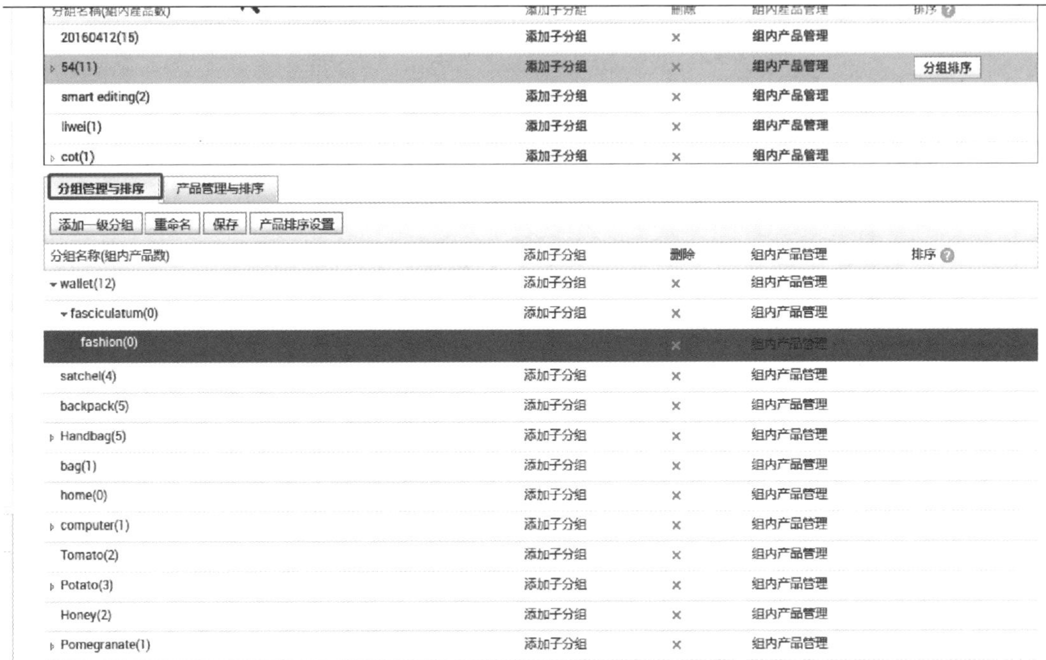

图2－68　分组管理与排序页面截图

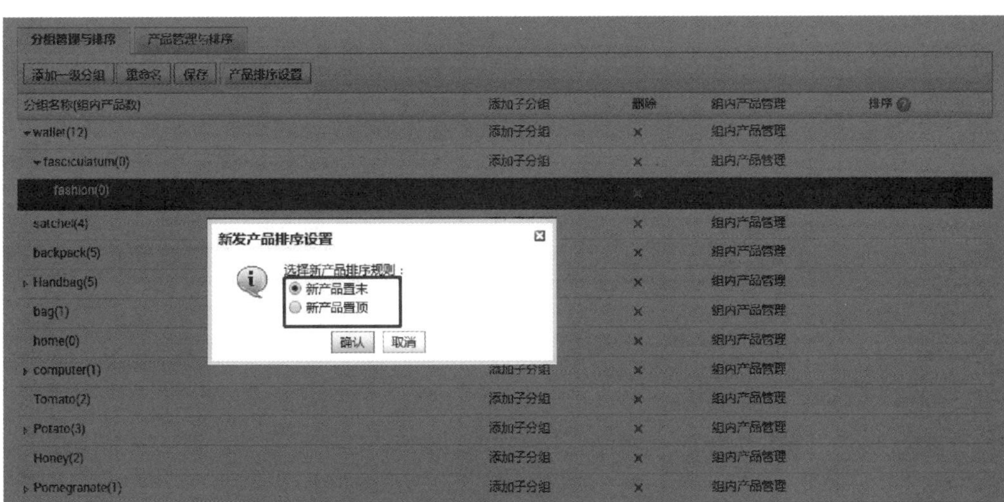

图2－69　新发产品排序设置页面截图

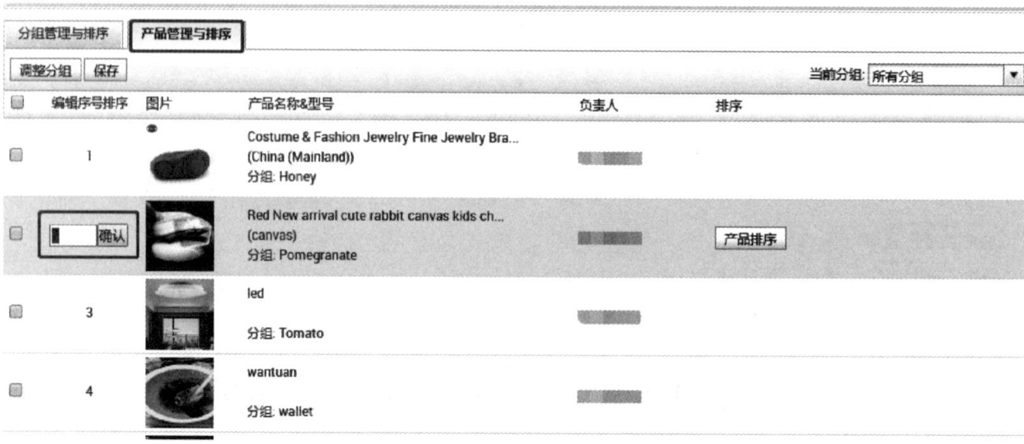

图 2-70　产品管理与排序页面截图

（二）管理产品

管理产品页面可以查看店铺名下所有的产品，包含审核通过、审核不通过、审核中和草稿箱中的产品，管理员账号可以查看和分配公司所有的产品，包含其他子账号的产品，业务经理可以查看、分配自己和自己名下业务员的产品，业务员只可以查看和管理自己的产品。

发布产品审核通过后，默认为上架产品，不需要再手动点击“上架”，不过卖家可以手动“下架”将产品调整为私人产品。下架后的产品将不会在阿里巴巴国际站前台页面进行展示。删除产品之后，产品将进入回收站，如果在回收站中删除，产品将被彻底删除无法恢复。管理产品页面如图 2-71 所示。

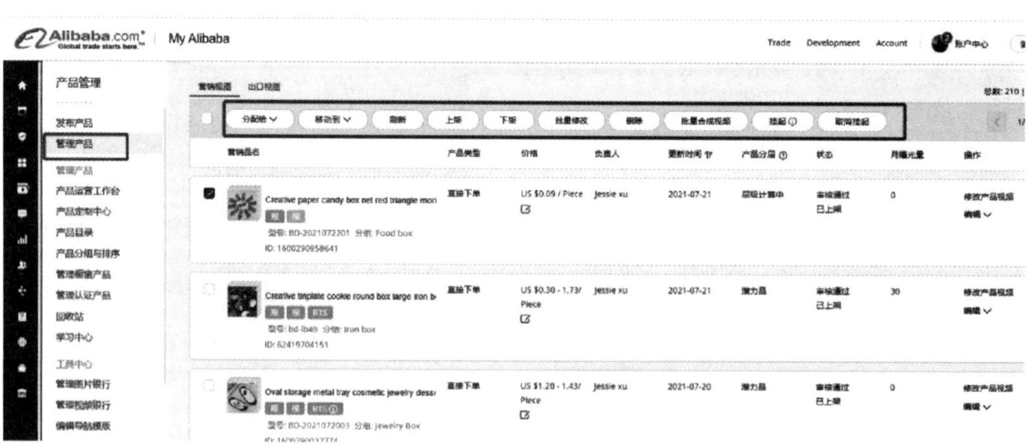

图 2-71　管理产品页面截图

知识链接

①上架产品（公共产品）：审核通过之后将展示在公司的企业网站和阿里巴巴国际站上，买家可查看并发送询盘等。

②下架产品（私人产品）：审核通过之后不会展示在公司的企业网站和阿里巴巴国际站上。

③删除产品：产品进入回收站，从回收站删除后，产品将被彻底删除无法找回。

（三）图片银行

图片银行是一个图片存储的空间，卖家可以将常用的图片先放置在图片银行，在发布产品时，从图片银行直接导入。目前多语言市场的图片银行和英文站是共用的，多语言市场没有单独的图片银行。

图片银行的容量为5120M，单张图片应小于3M，支持JPG/JPEG/PNG/GIF格式。图片上传之后可以进行分组，在页面中可以查看到图片的上传人、图片更新时间和引用状态等详细信息，如图2－72所示。

图2－72　图片银行页面截图

图片删除之后会进入回收站，图片删除至回收站后，不占用图片银行空间，图片将在回收站保留7天，7天后将被系统自动清除，如图2－73所示。

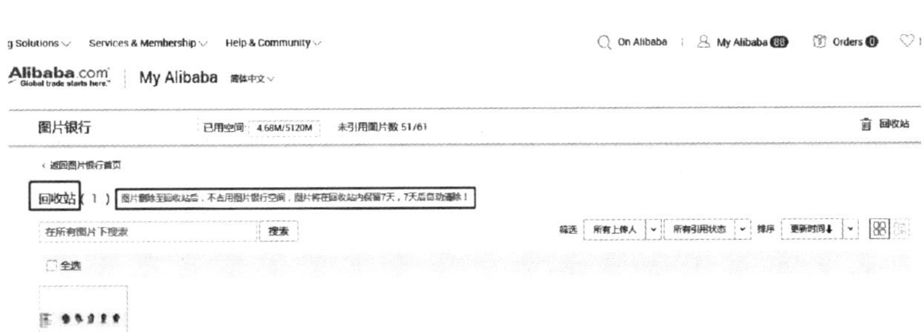

图2－73　图片回收站页面截图

在图片银行的图片页面，图片上的“编辑”按钮，能够查看针对图片可进行的操作，如果图片下方显示“🔗”，则代表该图片已被引用，如图 2－74 至图 2－76 所示。

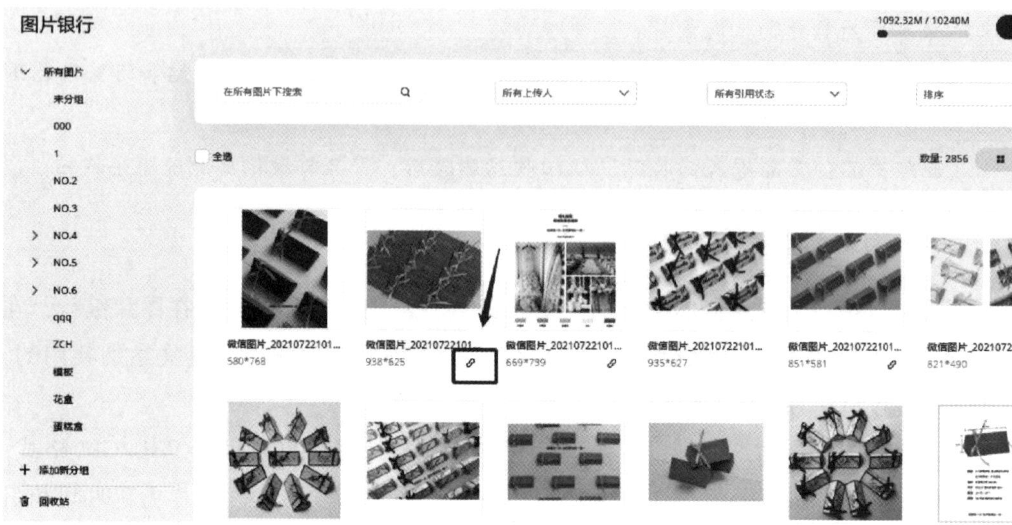

图 2－74　图片被引用标识页面截图

图 2－75　图片上方“编辑”页面截图

图 2－76　图片详情页面截图

（四）视频银行

视频银行是用于卖家储存产品视频的空间，卖家可以将商品视频上传到视频银行，在发布产品时，直接从视频银行中选取视频。每个公司有 10G 视频空间，主、子账号均可发布产品视频。目前产品主图、产品详情均支持视频功能，1 个产品视频最多可被选用到 20 个产品上，即拍摄一个产品视频，可用于 20 个产品，产品视频目前没有直接提升排名的帮助，但是优质的视频对于买家有较大吸引力，进而提升产品的买家喜好度，如图 2－77 所示。

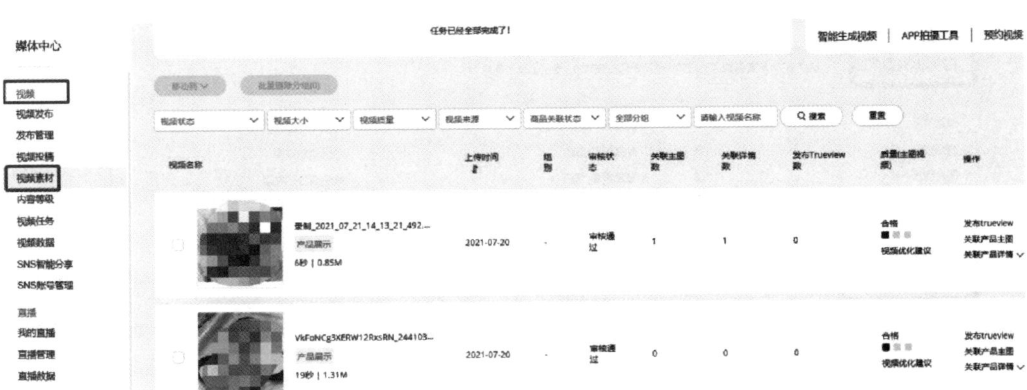

图 2－77　视频银行页面截图

子任务三　搜索诊断

（一）搜索诊断中心

在搜索诊断中心的首页，系统将产品检测结果以产品优化建议、产品效果、待优化问题产品、零效果下架产品 4 个模块展现出来，方便卖家快速了解店铺目前的产品问题，如图 2－78 所示。

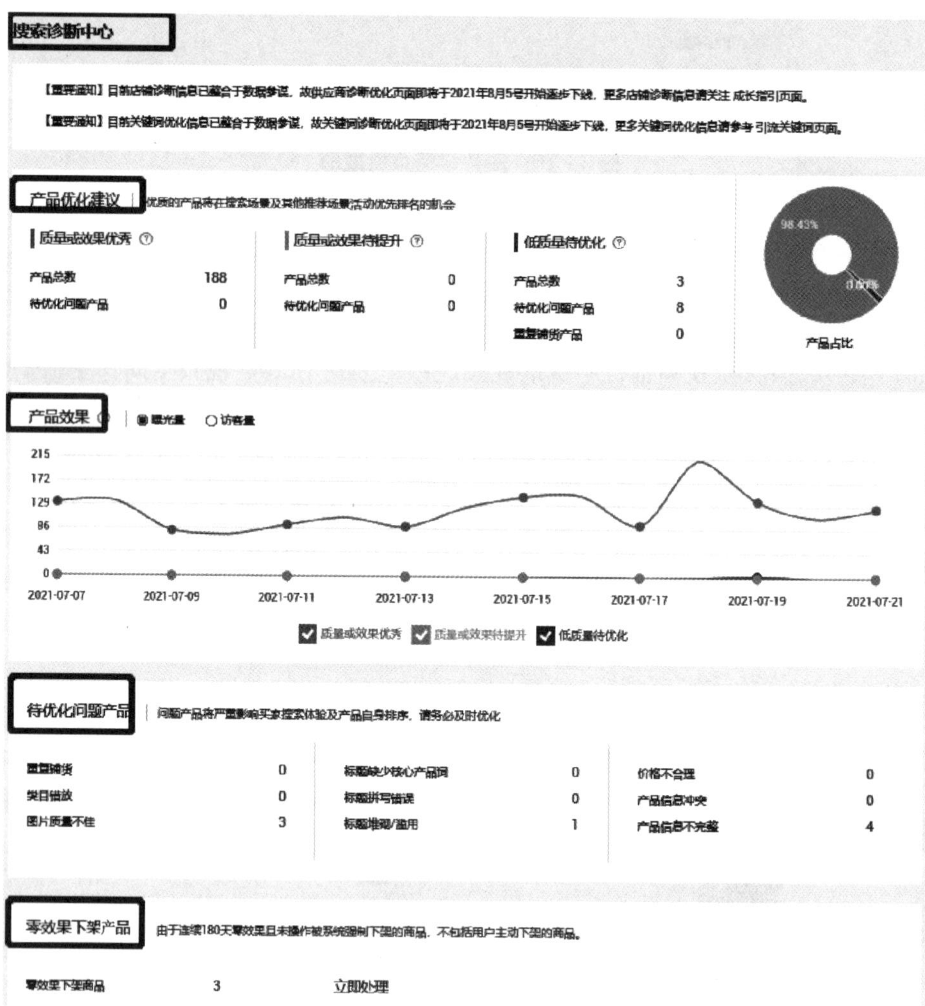

图 2－78　搜索诊断中心页面截图

（二）产品诊断优化

对卖家的产品进行详细的诊断，并给出问题分类，目前主要从待优化问题产品、重复铺货产品和零效果下架产品等方面进行统计，如图 2－79 所示。

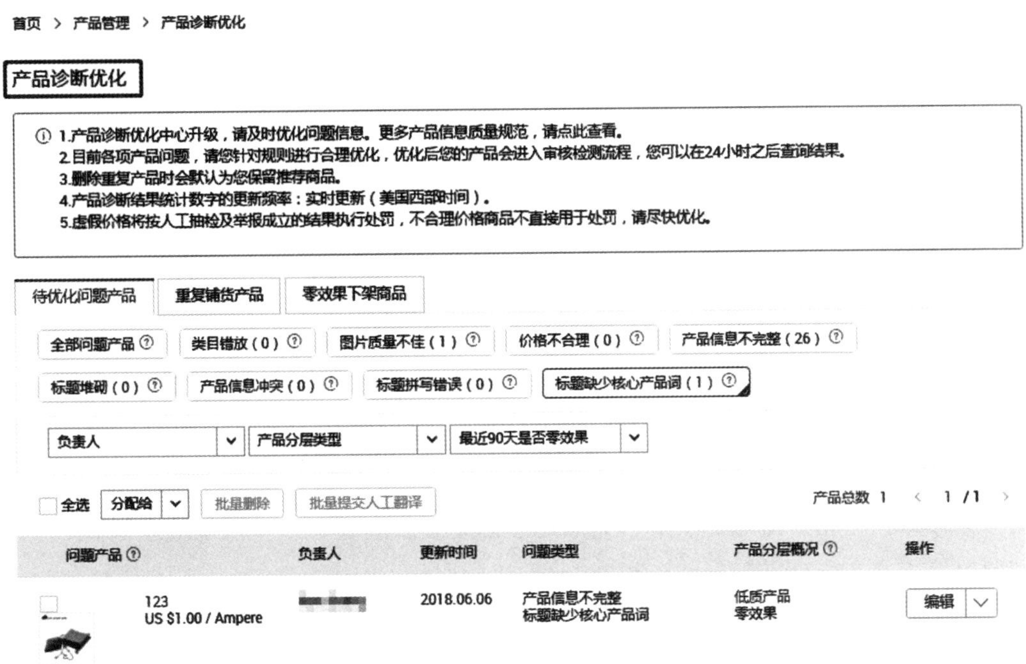

图 2－79　产品诊断优化页面截图

知识链接

零效果产品

零效果产品是指持续 15 天或 15 天以上，产品详情访客数、收藏数、分享数、比价数、询盘、TM 咨询、批发订单、信用保障订单等全部数据为 0 的产品。

（一）零效果产品的影响

1. 对产品本身而言，若产品为卖家店铺的主打产品，必定是日常维护的重点，零效果无疑打击了卖家操作的积极性。

2. 对于店铺整体而言，若店铺有较多零效果产品，店铺整体的信息质量也不高，进而不利于整体的曝光。

（二）优化零效果产品

一般而言，产品效果不佳或者产品信息质量不够好，或者是卖家搜索的选择和使用有偏差，需要卖家及时的改善零效果的产品。

方法一：检查产品信息质量。检查产品信息是否填写完整，标题、关键词、属性等各方面是否符合国外买家的采购习惯。

方法二：检查买家搜索词热度。检查设置的关键词是否有实际的搜索热度，如图 2－80 所示。

图 2－80　关键词不适合产品页面截图

方法三：检查热搜词使用率。如果过多地重复使用某个买家搜索也会影响排名，不建议多个产品使用同一个搜索词。

（三）复盘修改后的零效果产品

建议 1～2 周后，卖家再次查看该产品效果，检验修改成果。零效果产品修改后不是立刻就生效，建议 2 个工作日后再查看。而且零效果产品的信息编辑后，不是一定能够变为有效果产品。

卖家需要重点关注替换后的买家搜索词是否出现如下情况：

1. 热度太高，排名不佳；
2. 热度太低，没有买家搜索；
3. 依旧存在过多重复使用的情况。

不论是以上哪一种情况，卖家产品词的选择都需要谨慎。产品的效果是卖家的核心利益，因此一旦发现有零效果产品，要尽快优化完善。

思政小课堂

阿里巴巴国际站用户店铺信息管理规则

用户在进行店铺信息上传、更新时，应遵守阿里巴巴国际站现有的及更新的《免费会员资格协议》《阿里巴巴国际站规则总则》等网站使用条款及其他适用的网站使用规则，且应当遵守现行的《中华人民共和国电子商务法》及相关现行法律法规。

（1）用户向阿里巴巴提供的全部信息资料是真实、合法和准确的，未违反相关法律法规、政策文件，且其通过本合同项下的服务从事或拟从事的行为限于用户的权利能力和行为能力之内；

（2）用户授权阿里巴巴国际站委托第三方对其主体资格进行审查（以下简称第三方认证）并有义务配合第三方认证。经第三方认证的用户主体资格信息中的用户英文名称，系由用户自行翻译，如有涉嫌侵权或不正当竞争、违反诚实信用原则、违反文字翻译原则或其他违法情形，用户应自行解决并承担相应的法律责任；

（3）用户经第三方认证的主体资格信息、视频等信息资料有任何变动时，及时联系阿里巴巴国际站并授权阿里巴巴国际站就变动内容委托第三方认证，并就所产生的费用支付；

（4）自行终止经营的，应当提前30日公示。

项目小结

在本项目学习任务中，以某外贸公司产品发布为案例，通过平台店铺的签约与开通、新产品发布和管理的学习，让学生了解店铺注册开通的流程，掌握新产品发布的方法和技巧。在运营前期，帮助学生达到合格的知识和技能储备；以任务导向的方式讲述了该项目的重点内容，包括账号注册、公司信息管理、产品发布和管理、搜索诊断等平台运营的实际操作内容。

项目三　旺铺装修

全球旺铺是阿里巴巴国际站平台提供给卖家的全球企业展示和营销的重要模块，除了展示产品信息，更着重突出企业的营销能力和形象。旺铺装修是帮助卖家拓展海外市场而推出的一项“敲门砖”服务，通过提供灵活多样的页面模块编辑和自定义内容，助力卖家全面展示企业实力及产品特色，以便更好地开展全球网上贸易。

学习目标

知识目标

1. 了解旺铺装修的重要性。
2. 认识全球旺铺 2.0 后台编辑器。
3. 熟知旺铺 2.0 PC 端装修的基本步骤。
4. 熟知旺铺 2.0 无线端装修的基本步骤。
5. 了解常用模块如店招、轮播 banner 等功能及设计的要点。

技能目标

1. 能够通过分析，制定旺铺装修方案。
2. 掌握背景图片、店招底图等的设计方法。
3. 熟练掌握旺铺装修的基础操作。
4. 能够独立完成旺铺各模块的设计及编辑。

思政目标

1. 通过旺铺装修充分展现国内企业和产品的优势，弘扬中华传统文化，从而增强学生民族自豪感，树立民族自信。

2. 培养学生创新意识，并将其运用到旺铺装修的各个环节中。

项目情境

阿里巴巴国际站的卖家实力雄厚、理念先进，因此卖家入驻阿里巴巴国际站之后迅速认识到了旺铺装修的重要性。旺铺是企业的门面，是企业整体实力和竞争优势展示的阵地，越来越多的卖家都在为装修而战。那么，阿里巴巴国际站都提供了哪些模块和功能？又该如何进行装修呢？这一系列的知识及能力将在该项目中得到系统的学习和训练。

项目分解

该任务下将对阿里巴巴国际站旺铺装修的基础操作进行全方位的学习，包括旺铺模板设计、店招图设计、产品模块设计、自定义模块设计和无线端装修等，让学生通过学习，能够独立完成旺铺各模块的设计及编辑，实现个性化的旺铺装修效果。

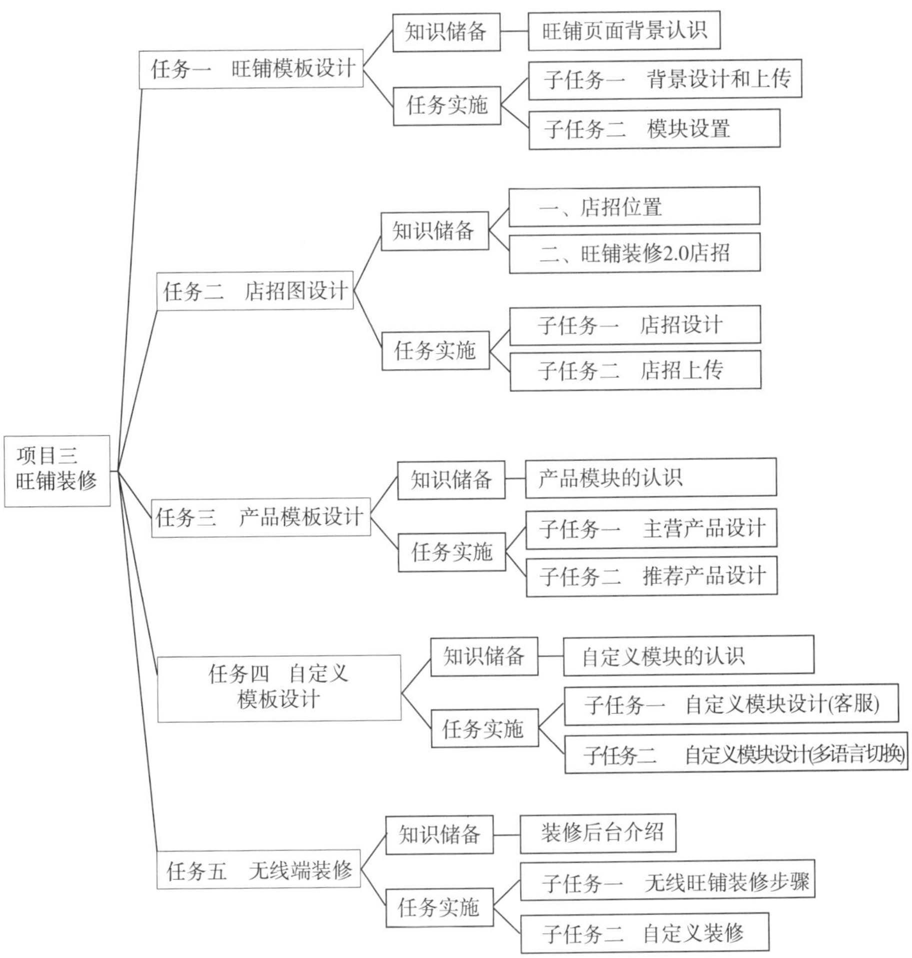

任务一　旺铺模板设计

知识储备

旺铺页面背景认识

（一）编辑器

登录阿里巴巴国际站卖家后台，点击“管理全球旺铺”，进入旺铺 Home 页的编辑器，如图 3－1 所示。

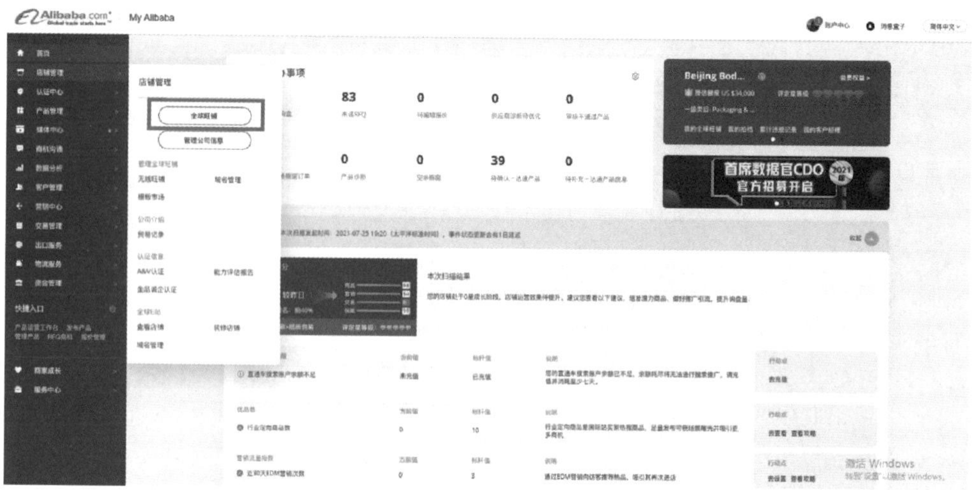

图 3－1　进入旺铺装修页面截图

在编辑器界面，系统已经预设了一些模块，可以直接点击预览/发布，查看旺铺 2.0 前台页面效果。编辑器即旺铺 2.0 页面装修后台，分为 PC 和无线旺铺两套编辑器，可一键切换。编辑器中左侧为模块区，包含丰富模块组件，是旺铺编辑器的重要组成部分；左下角是页面选项卡，提醒用户当前装修的页面和版本；中间是展示区，实现三端一体、所见即所得的装修效果（即装修后台、预览、发布三端的展示效果一致），如图 3－2 所示。

（二）页面背景

“页面背景”包含“页面主题色”和“页面背景色”两个选项，可进行旺铺大背

图 3－2　编辑器页面截图 1

景、导航条颜色、模块的强调色、超出背景图部分的背景色设置，如图 3－3 所示。

1. 页面主题色

页面主题色，用来设置导航条颜色和各个模块组件上的强调色，同时会影响页面背景色（页面背景色会是主题色深一度的颜色）。选择相应的颜色可在展示区实时查看颜色变化，如图 3－4 所示。页面主题色的选择和旺铺装修的主色调应该相互协调。

图 3－3　编辑器页面截图 2

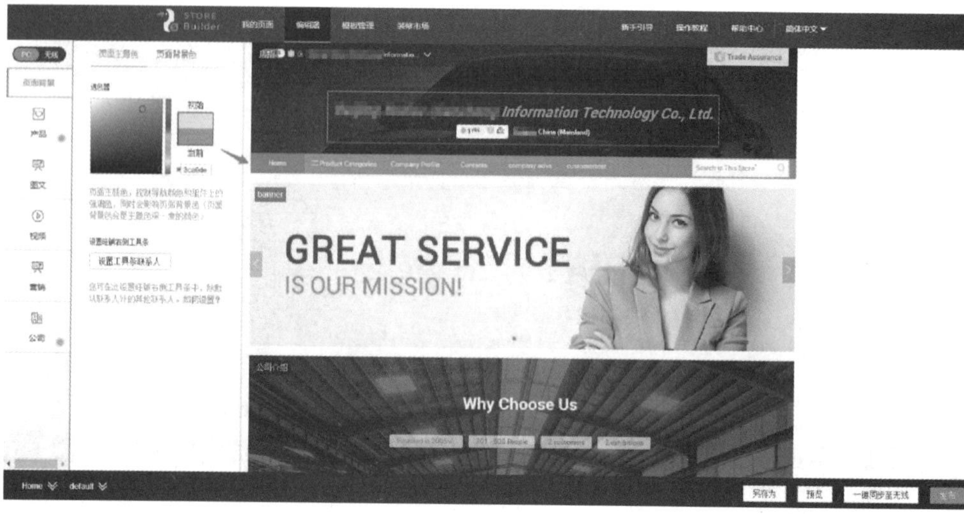

图 3－4　选择页面主题色页面截图

2. **页面背景色**

除了背景图以外的空白背景均为页面背景色。选色器用来设置任意背景颜色，如图 3－5 所示。

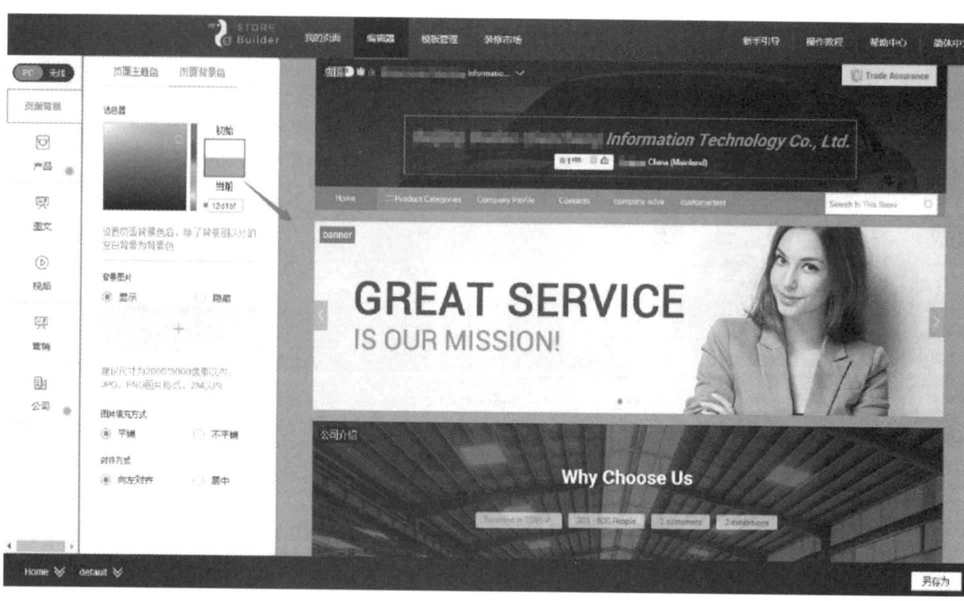

图 3－5　选择页面背景色页面截图

平台建议背景图尺寸为 2000×3000 像素以内（实际操作则最佳宽度为 1920 像素），JPG、PNG 图片格式，2M 以内。如上传的图片符合要求像素，但发布后显示不完整，则应考虑是否由于屏幕分辨率的不同而导致的图片显示比例清晰度不同。

任务实施

子任务一　背景设计和上传

微信扫描
视频讲解

精心设计的背景图片能提升旺铺的视觉效果层次，有助于产品的风格定位。经过市场调研和运营推广计划，选择产品主打风格、产品用户群体的定位。

（一）确定背景图片设计思路

旺铺 2.0 支持更自由的装修风格，提倡简约装修的理念。现在主导旺铺大背景设计，可以更好地衔接产品风格和页面整体融合性及美观度。确保在大背景美观清楚的情况下，不喧宾夺主，突出产品，同时能够第一时间传达重要信息，这些重要信息包括企业实力、产品定位、目标人群、产品特点、产品优势，等等。

（二）设计并制作背景图片

根据背景图片参考尺寸，宽度定为 1920 像素，考虑到大背景图如果太长，会导致页面加载变慢，因此高度定为 3000 像素。同时，由于展示区有店招等其他模块，背景图片在制作时要注意中间区域有 1200 像素的位置遮挡，应尽量避开此区域。具体操作如下：

第一步，打开 Photoshop 软件，新建一个 1920 ×3000 像素的文件，如图 3 –6 所示。

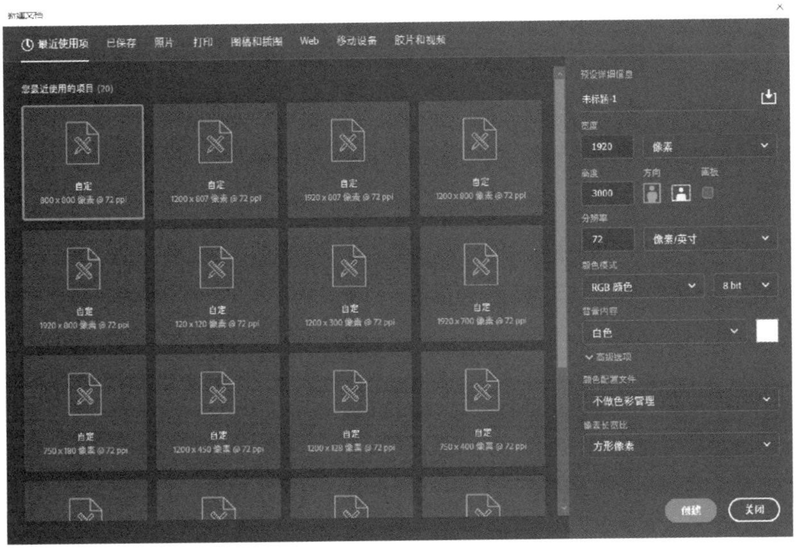

图 3 –6　新建文件页面截图

第二步，新建参考线，确定参考范围，如图 3－7 所示。

图 3－7　新建参考线页面截图

第三步，打开提前准备好的图片素材，如图 3－8 所示。

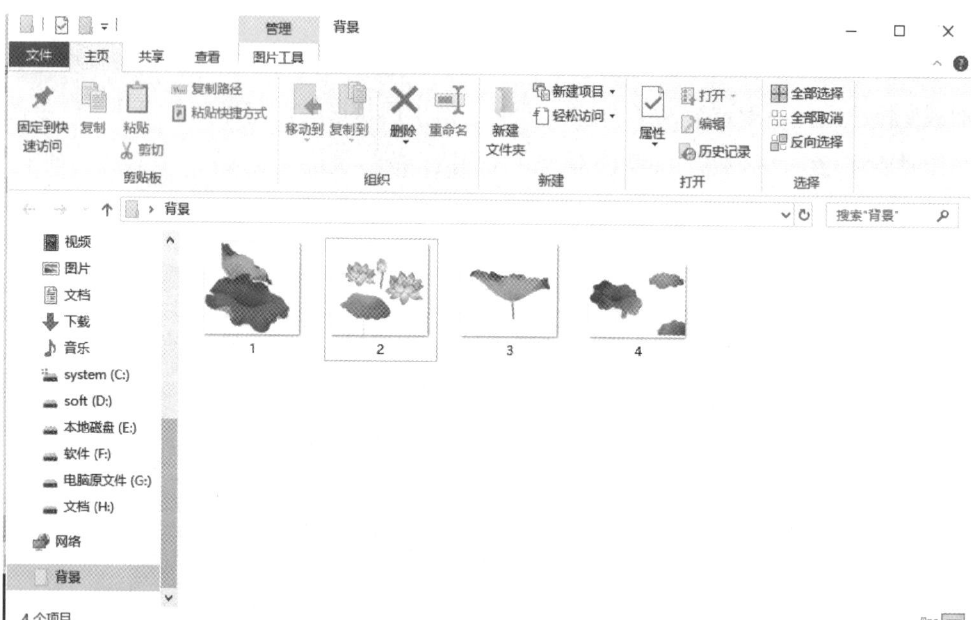

图 3－8　打开图片素材页面截图

第四步，一一添加处理成透明背景的素材图，做好排版，注意参考线以内的位置会被遮挡，如图 3－9 所示。

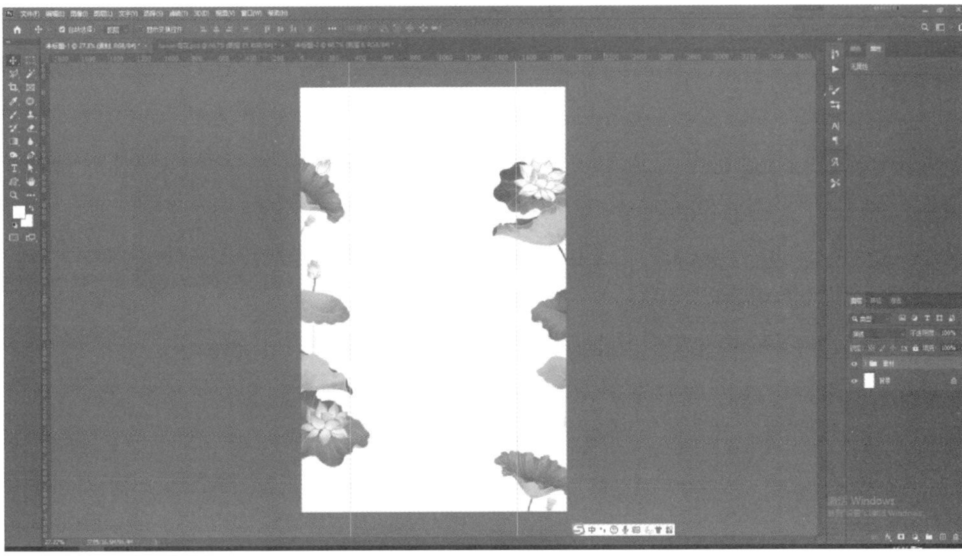

图 3－9　排版处理页面截图

第五步，如果背景图片颜色过于鲜艳，可将素材的不透明度调整为 50%，如图 3－10 所示。

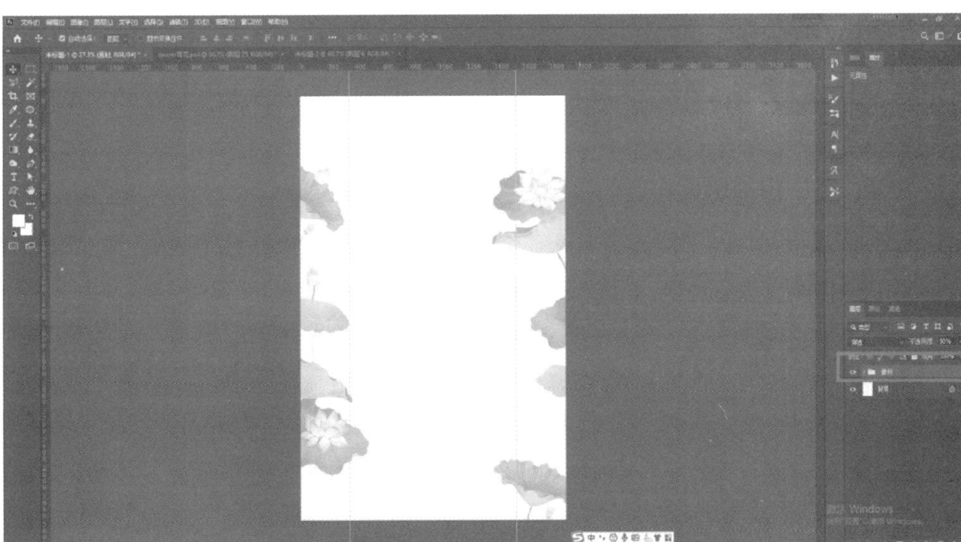

图 3－10　修改不透明度页面截图

第六步，调整图片细节，保存为 JPEG 格式。

第七步，登录阿里巴巴国际站卖家后台，点击“管理全球旺铺”，进入旺铺 Home 页的编辑器，选择“页面背景”模块，点击“页面主题色”，设置页面主题色为深灰色，如图 3－11 所示。

第八步，点击“页面背景色”，设置页面背景色为白色，如图 3－12 所示。

图 3－11　设置页面主题色页面截图

图 3－12　设置页面背景色页面截图

第九步，点击添加已制作好的背景图片，如图 3－13 所示。

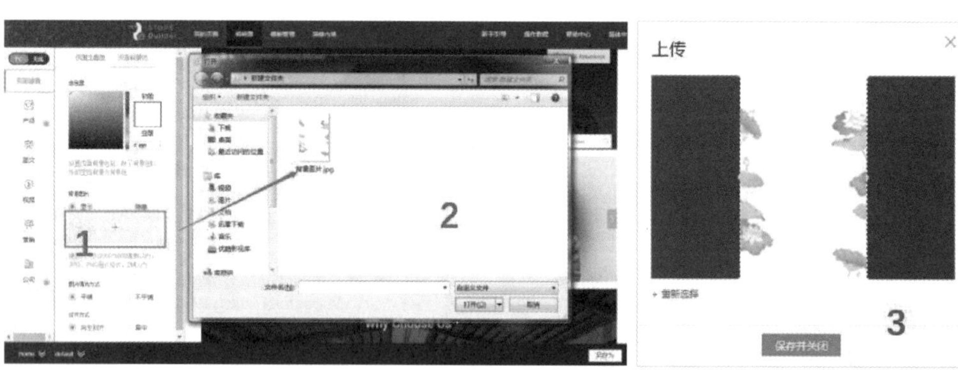

图 3－13　添加背景图片页面截图

第十步，背景图片添加完成后，需要预览检查一下呈现效果如图 3－14 所示。确认无误后，点击“发布”按钮，完成背景图片上传，如图 3－15 所示。

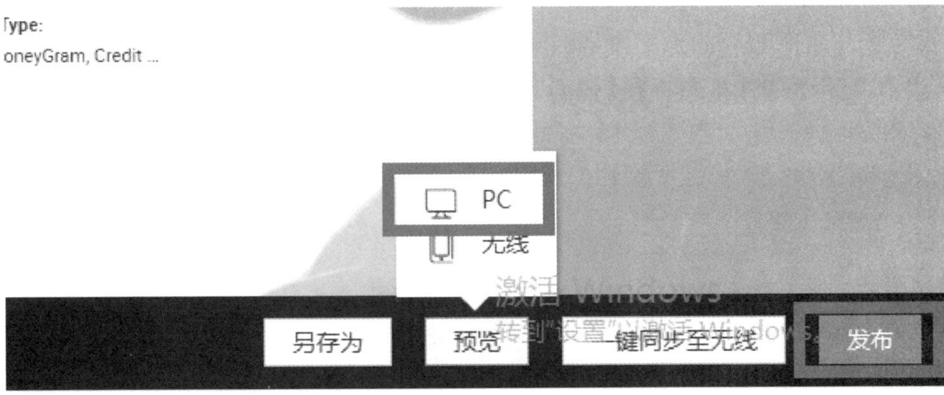

图 3－14　预览并发布页面截图

图 3－15　预览效果页面截图

子任务二　模块设置

（一）添加模块

在旺铺 2.0 编辑器中，打开左侧模块栏，拖拽需要添加的模块组件至中间展示区的“+”号位置，释放鼠标即可，如图 3－16 所示。

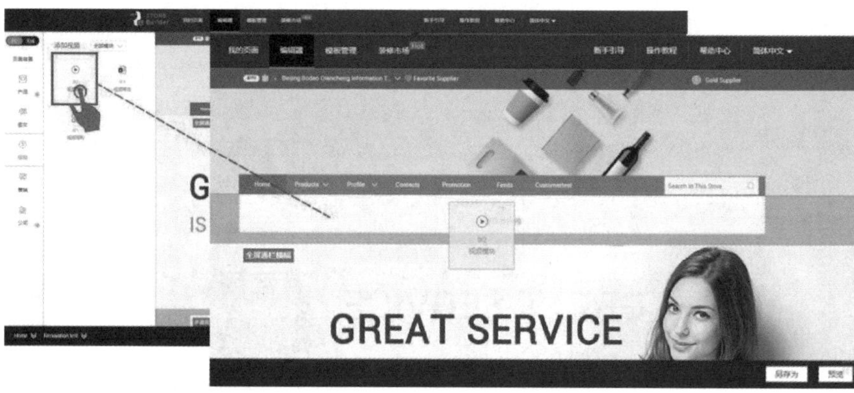

图 3－16　添加模块页面截图

模块可被添加的位置分 3 种：通栏、宽栏和窄栏，如图 3－17 所示。某些模块 3 种位置都支持，某些只支持 1 种或 2 种，具体展示形式以后台实际为准。

图 3－17　通栏、宽栏和窄栏页面截图

（二）编辑内容

点击展示区需要编辑的模块，在右侧弹出的编辑表单中设置该模块的内容，如图 3－18 所示。具体的设计和操作方法将在本项目的其他任务中详细介绍。内容编辑完成后，点击“保存”。

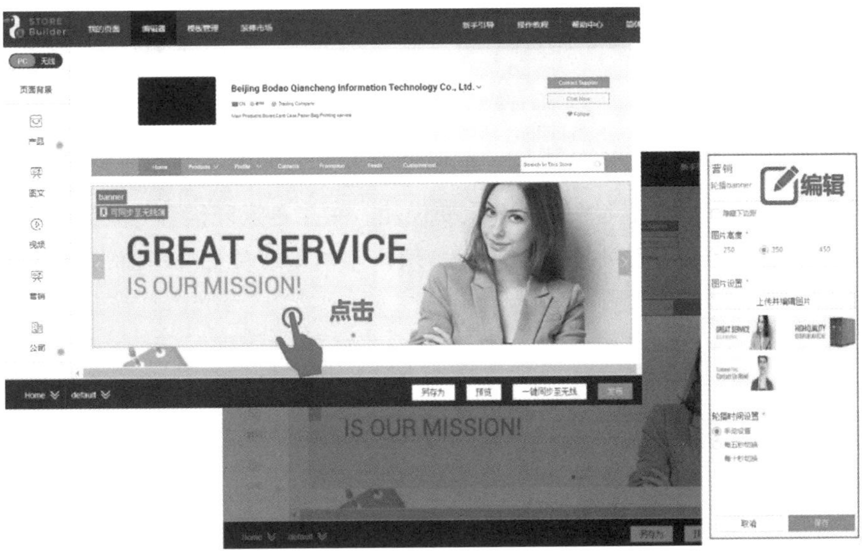

图 3－18　编辑模块内容页面截图

（三）预览发布

点击“预览”查看页面前台效果，如需同步装修无线端旺铺，可点击“一键同步至无线”，将一些支持同步的模块和模块顺序同步至无线端旺铺。如需单独装修无线端，可在模块区上方“PC/无线”处切换到装修编辑后台，进一步装修无线旺铺。最后点击“发布”完成，如图 3－19 所示。

图 3－19　确认发布页面截图

任务二　店招图设计

微信扫描
视频讲解

知识储备

一、店招位置

在首页装修页面中，店招模块位于页面的最上方，如图 3－20 所示。店招是一个旺铺的招牌，也是展示旺铺形象的一个重要模块。买家进入旺铺首先看到的就是店招，从而会对旺铺产生一个大致的定位和心理暗示。店招模块包含公司简介和招牌底图两部分。

图 3－20　店招位置页面截图

二、旺铺装修 2.0 店招

（一）店招升级

旺铺装修 2.0 对 PC 端的店招按照买家关注的内容进行了结构化调整，围绕“让买家在 10 秒内对店铺产生初步印象”的设计思路，本次升级主要包括以下三个方面（见图 3－21）：

①公司的主营产品，公司类型，以及商家的服务标签的强化；

②强化买家和商家直接联系的入口；

③强化了关注功能。

图 3 - 21　新旧版对比页面截图

（二）店招详解

新版店招分为公司氛围图、公司名字、公司经营类型、行动区、公司主营产品、公司实力标签、公司氛围底图、导航条，如图 3 - 22 所示。

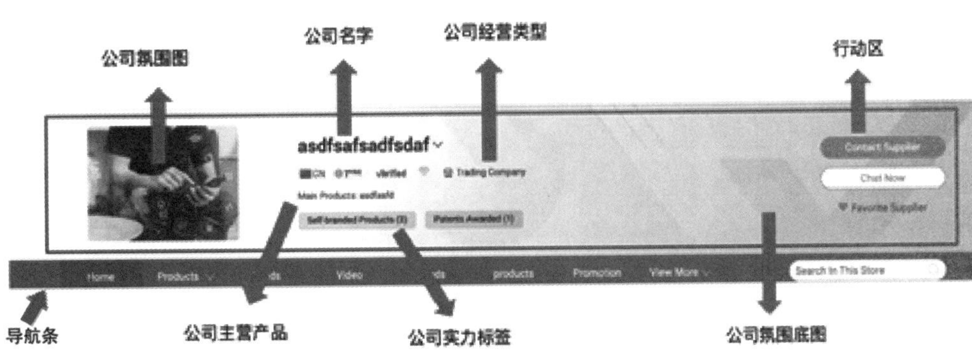

图 3 - 22　新版店招详解页面截图

（三）模块介绍

每个旺铺只能添加一个店招模块，点击编辑器中间展示区的“店招”，在右侧“店铺招牌”的编辑区可以看到“公司氛围图”，如图 3 - 23 所示。

图 3－23　添加公司氛围页面截图

任务实施

子任务一　店招设计

店招在旺铺装修中是不可缺少的元素。如果没有店招或忽略店招，那么旺铺不仅从视觉上降低了自身的档次，还损失了一个非常有优势的自我推销板块。

如果店招底图设置为“隐藏”，店招模块就会直接透出大背景。图 3－24 就是隐藏店招底图和公司简介后的预览效果。因此，在装修旺铺时要重视店招的设计，把握机会向买家宣传自己的公司与产品。

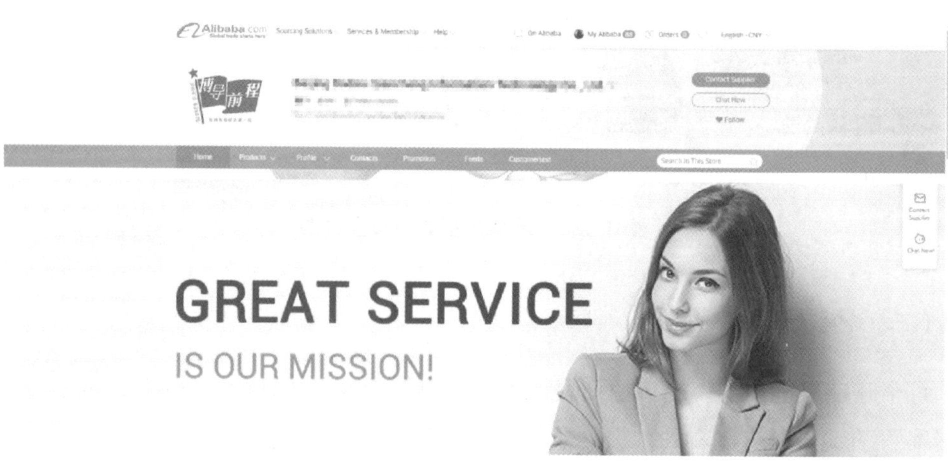

图 3－24　预览效果页面截图

具体操作步骤如下：

第一步，点击左上角“文件”，选择“新建”，新建 200×120 像素的文件，选择纯白背景，如图 3－25 所示。

图 3－25　确定新建范围页面截图

第二步，选择一个公司 Logo 或者公司形象图的素材插入，插入素材必须居中，四边留白 5 像素，使店招看起来更加和谐美观，如图 3－26 所示。

图 3－26　插入素材页面截图

第三步，店招图制作完成后，点击“文件”菜单栏中的“存储为 Web 所用格式”保存文件，保存文件格式为“JPEG”，如图 3－27 所示。同时考虑到后期的店招优化，需要保存为“PSD”格式，方便后期修改，如图 3－28 所示。

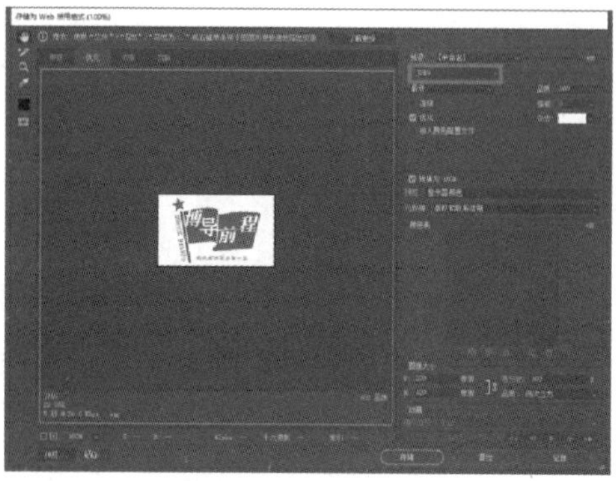

图 3－27　保存为“JPEG”格式页面截图

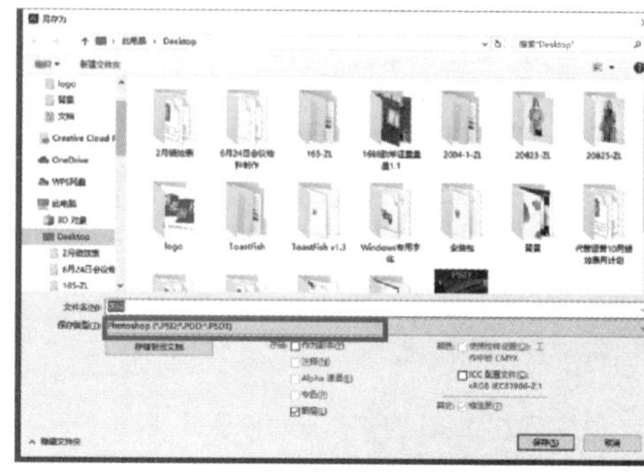

图 3－28　保存为“PSD”格式页面截图

子任务二　店招上传

具体店招上传操作如下：

第一步，进入旺铺 Home 页的编辑器，点击编辑器中间展示区的“店招”，在右侧展开“招牌底图”编辑区，如图 3－29 所示。

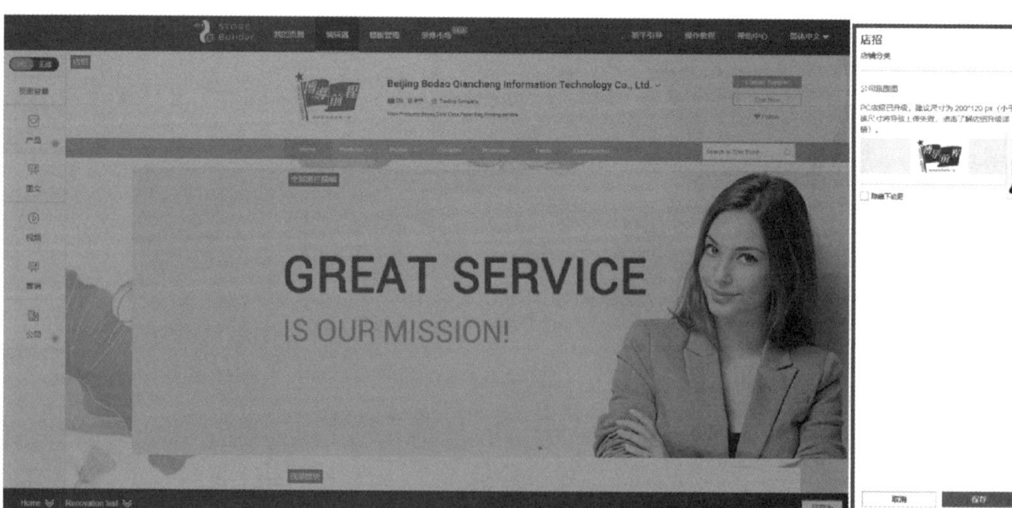

图 3－29　打开“招牌底图”编辑区页面截图

第二步，点击添加店招图，从电脑选择制作好的店招图片，如图 3－30 所示。

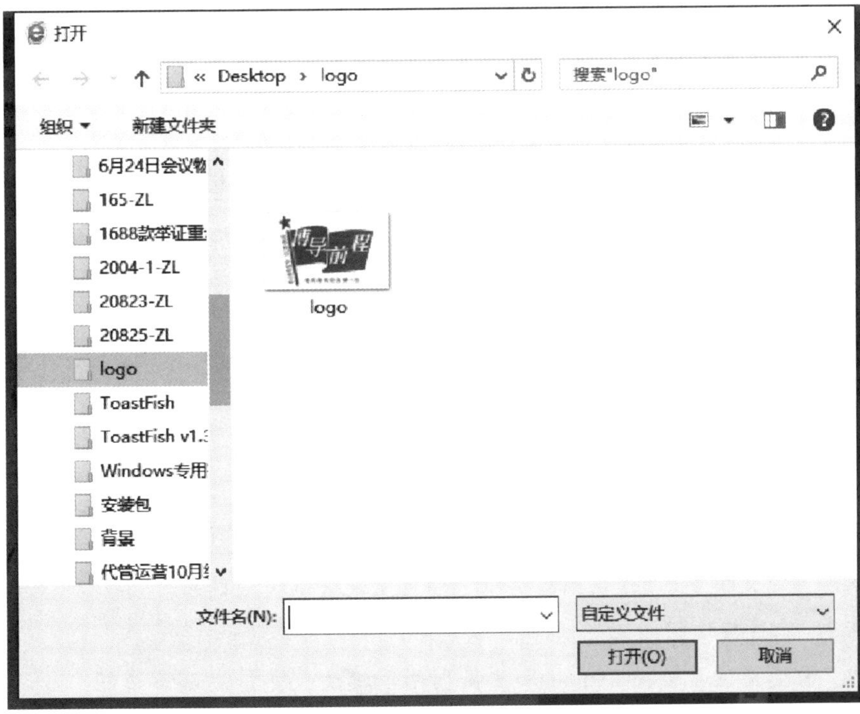

图 3－30　店招图上传页面截图

第三步，上传完成后保存，预览 PC 端前台显示效果，确认无误后发布，预览效果如图 3－31 所示。

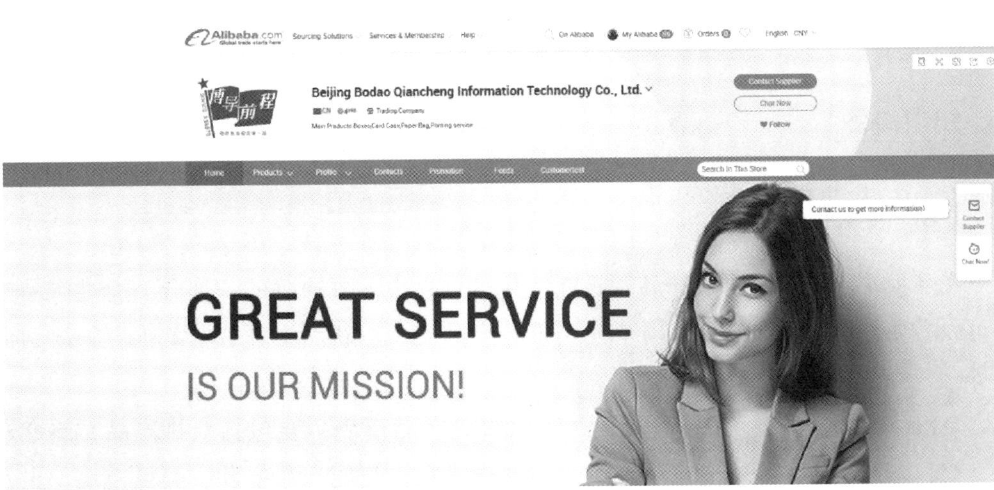

图 3－31　店招 PC 端预览页面截图

知识链接

一、旺铺 2.0 无法上传店招图片的解决方法

旺铺 2.0 店招图片上传失败，主要有以下几种解决方法：

序号	原因	解决方法
1	无线端显示的是系统默认的店招图片	PC 端店招图与无线端店招图需分开上传
2	页面长时间无响应，账号登录问题	点击保存按钮“保存装修”，再刷新页面确认账号登录情况

二、banner 装修技巧

技巧 1：在导航栏下添加自定义模块或热区切图模块

设计好大背景图片，在 PS 中严格按照旺铺模块上的尺寸进行切图，将素材分别上传到店招或自定义模块/热区切图模块中，即可呈现全屏大图效果。

技巧 2：隐藏模块间间距

店招、自定义区、轮播 banner 和热区切图等模块，支持隐藏下边距，隐藏模块间的间距后对背景图做切图即可。

任务三　产品模块设计

知识储备

产品模块的认识

产品模块用于陈列展示产品，是旺铺装修过程中不可缺少的一部分。通过产品模块可以方便快速地添加产品，用于公司核心产品展示、新品推荐、爆款推荐、活动促销等。

点击编辑器左侧模块区“产品”，可以看到产品模块主要包括双排产品、橱窗产品、类目带产品、重点推荐、爆品专区、主营类目、智能产品推荐、类目模块、主营认证产品、图形化类目导购、样品专区、RTS 现货货品专区、新品专区、图片类目带品导购 14 种产品推荐样式，如图 3－32 所示。

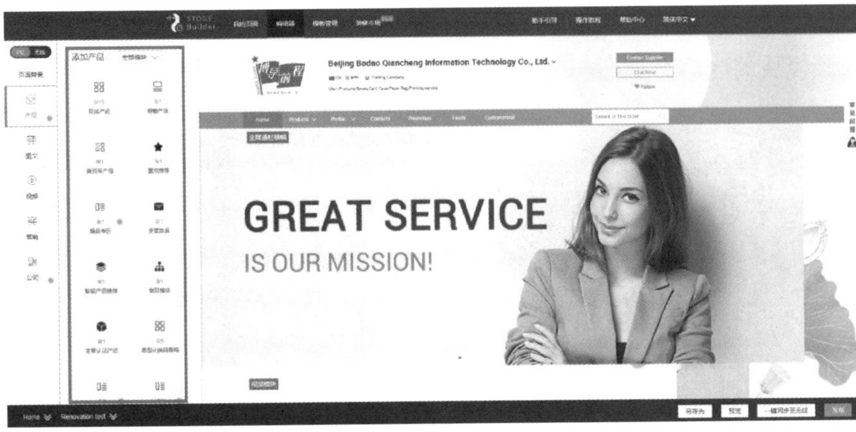

图 3－32　产品模块页面截图

任务实施

子任务一　主营产品设计

主营认证产品是指经过第三方认证公司全面认证过的产品，包含产品生产设备、产能、工艺等隐形信息都会在主营产品认证报告中展示给买家，彰显了产品优势，让买家更放心，大大提升了合作概率。因此，在装修旺铺首页时，可以添加这个模块吸引访客，但只能添加 1 个模块。具体操作如下。

第一步，在编辑器的模块区选择“产品推荐”，拖拽“主营认证产品”至展示区即可完成模块的添加，如图 3－33 所示。

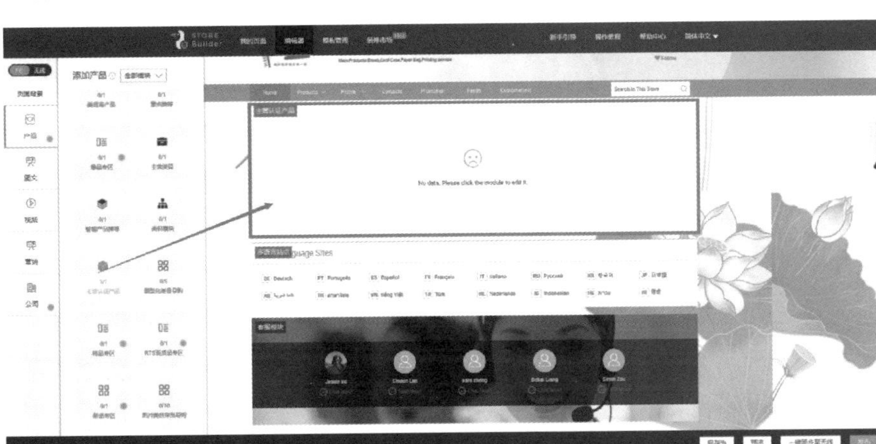

图 3－33　添加主营认证产品模块页面截图

第二步，添加模块后，点击展示区的“主营认证产品”，在右侧弹出的编辑表单中即可设置该模块的内容，如图 3－34 所示。

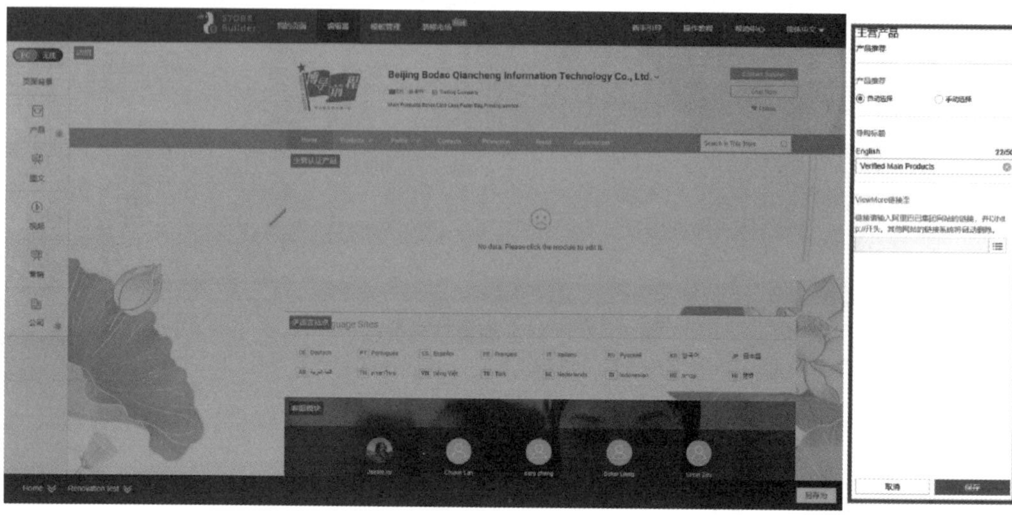

图 3－34　主营认证产品模块编辑区页面截图

在主营认证产品模块中，可以展示 10 个主营认证产品。

针对需要推荐的主营认证产品，系统提供了“自动选择”及“手动选择”两种方式。“自动选择”方式下，由系统按最近更新时间顺序自动选择 10 个经过认证的产品；“手动选择”方式下，则需要自行选择 10 个想要展示的产品，但只能是经过认证的产品，如图 3－35 所示。

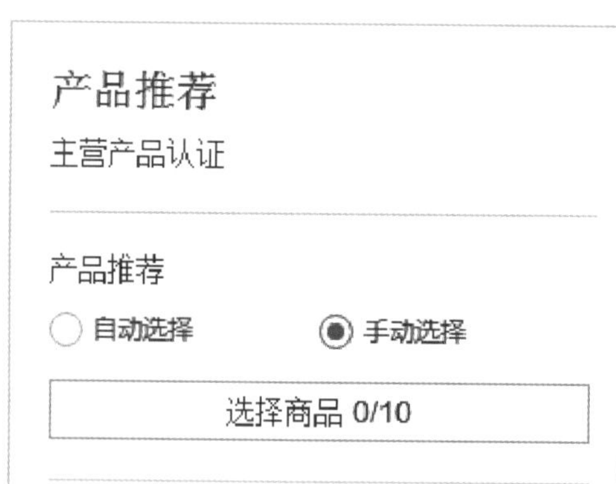

图 3－35　选择方式页面截图

“模块标题”可以为该模块设置一个英文标题，默认“Verified Main Products”，可自行编辑修改，限制在 50 个字符以内，如图 3－36 所示。

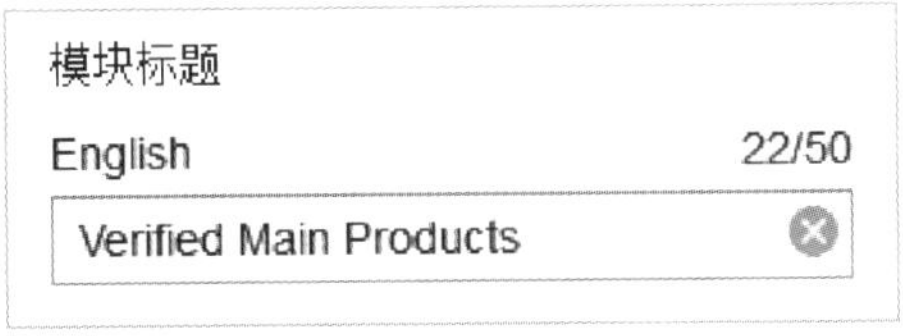

图 3-36　模块标题页面截图

“View More 链接至”链接页面类型可选择商品详情页、店内其他页面、店内搜索结果商品列表和店内类目商品列表页四种。需要注意的是：链接请输入阿里巴巴集团网站的链接，并以 http：//开头，其他网站的链接系统将自动删除，如图 3-37 所示。

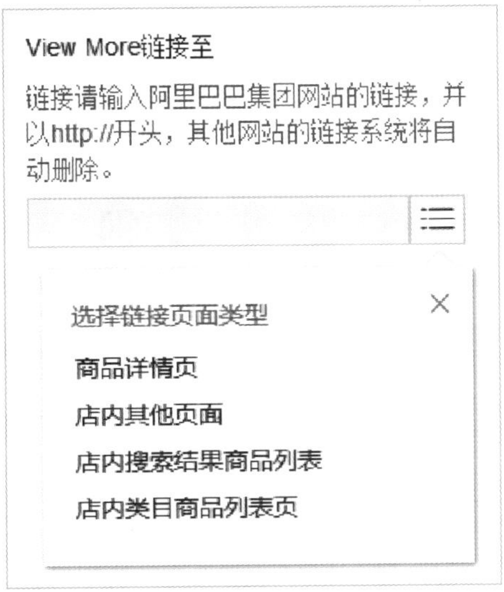

图 3-37　添加链接网址页面截图

选择任一类型，如“店内其他页面”，打开如图 3-38 的设置对话框，按照步骤提示即可完成页面链接设置。

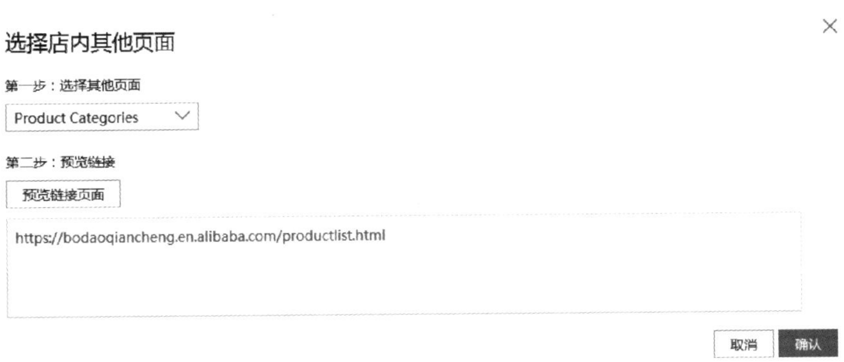

图 3-38　“View More 链接至”设置页面截图

全部设置完成后，点击保存，预览无误后，便可发布了。

子任务二　推荐产品设计

第一步重点推荐模块使用率较高，可以很好地展示店铺中的爆款和新品。具体添加步骤如下。在编辑器的模块区选择“产品推荐”，拖拽“重点推荐”至展示区即可完成模块的添加，如图 3 - 39 所示。

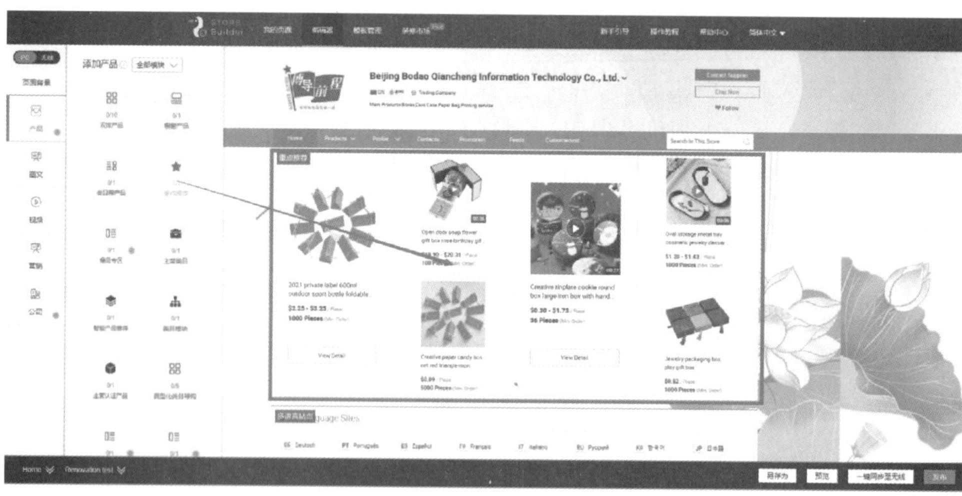

图 3 - 39　添加重点推荐模块页面截图

添加完模块后，点击展示区的“重点推荐”，在右侧弹出的编辑表单中即可设置该模块的内容，如图 3 - 40 所示。

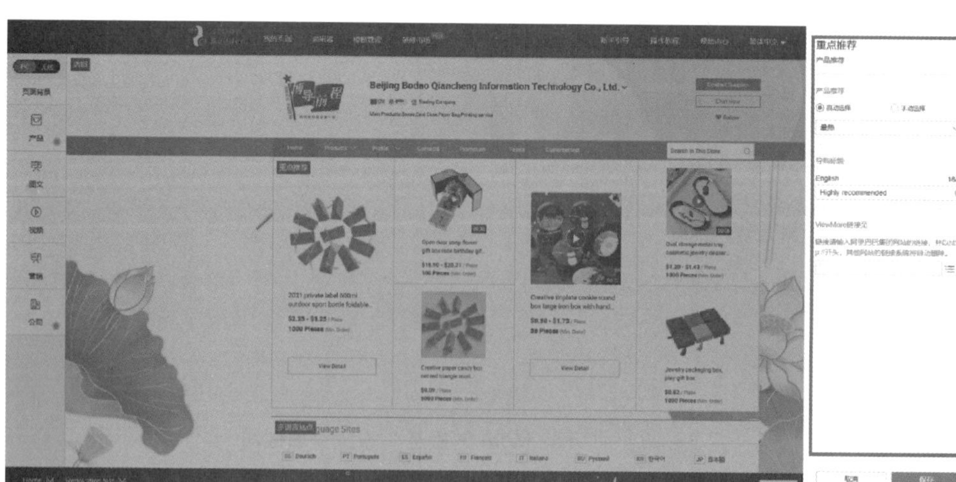

图 3 - 40　重点推荐模块编辑区页面截图

推荐方式可以选择“自动选择”或“手动选择”。“自动选择”方式下，系统会按照最新或最热的原则，自动在已发布的产品里挑选符合条件的产品进行展示，如图3－41所示。

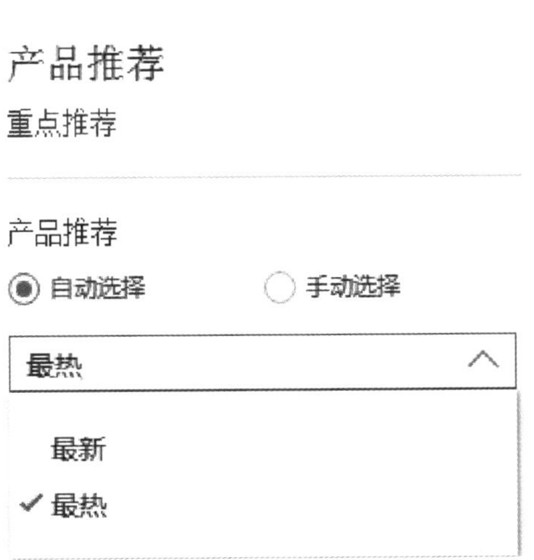

图3－41　自动选择方式页面截图

“手动选择”方式下，需要自行选择想要重点推荐的产品。点击“选择商品”按钮，在弹出的界面中选择产品分组，将需要推荐展示的产品一一选中，确认完成，如图3－42所示。该模块最多可以选择6个产品，可以勾选是否只展示在线批发商品，拖动产品图片可调整展示顺序。

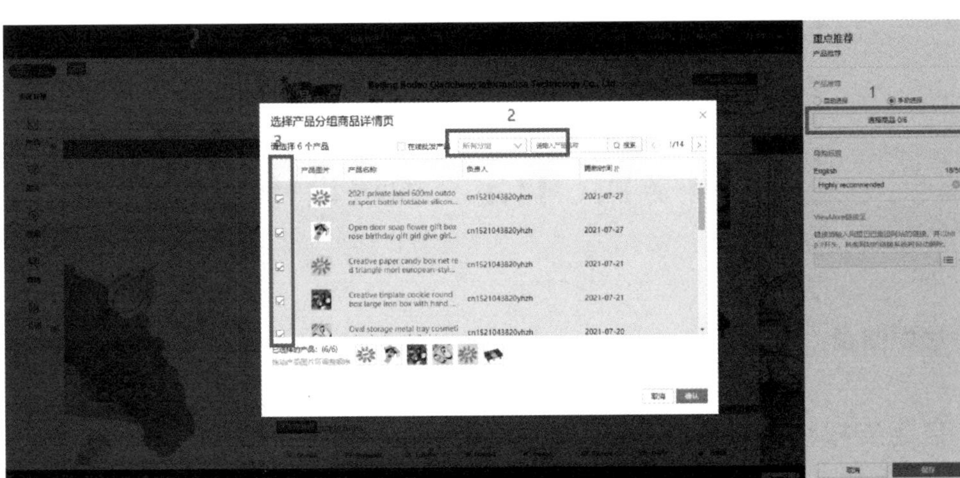

图3－42　手动选择产品页面截图

“模块标题”可以为该模块设置一个英文标题，默认“Highly recommended”，可自行编辑修改，限制在50个字符以内，如图3－43所示。

图 3－43　模块标题页面截图

“View More 链接至”同产品主营认证模块，这里不做赘述。

全部设置完成后，点击保存，预览无误后，便可以发布了，预览效果如图 3－44 所示。

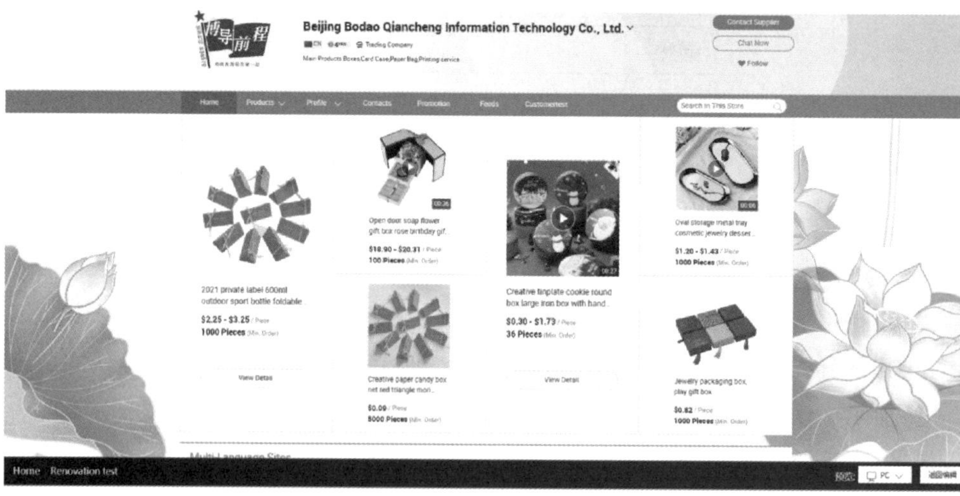

图 3－44　预览效果页面截图

任务四　自定义模块设计

知识储备

自定义模块的认识

前面介绍的几个模块的表现形式都受到模块默认设置的限制，而自定义模块则可以加入卖家自己的营销想法，自由排版，实现个性化的展示效果。

自定义模块提供 HTML 编辑、文字录入、上传图片等功能。目前比较热门的自定义运用有展示公司宣传图、多个旺旺联系人、多语言旺铺页面等。

每个旺铺共可以添加 15 个自定义模块，同一个自定义模块的字符数不超过 30000 个。自定义模块在窄栏、宽栏和通栏下均可以添加，在编辑器的模块区选择“图文”，拖拽“自定义内容区”至展示区即可完成模块的添加，如图 3－45 所示。

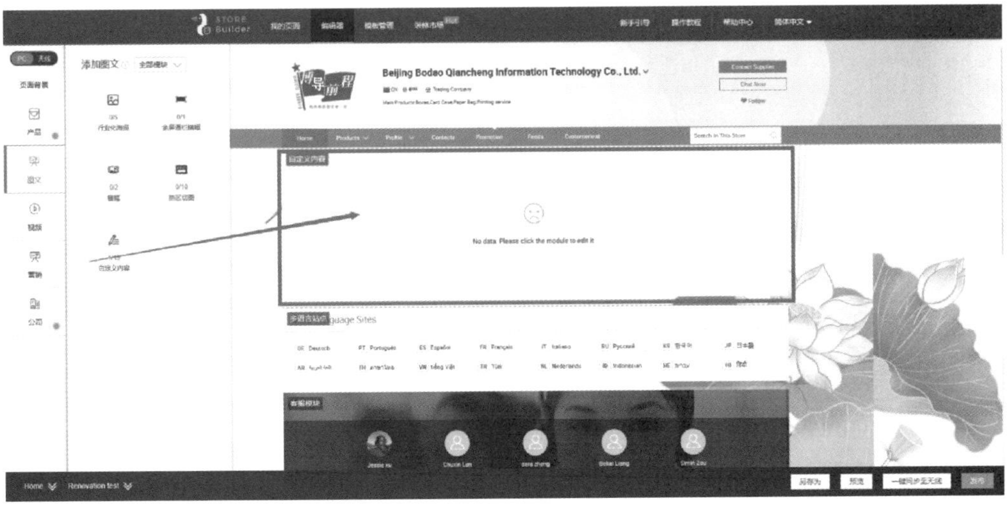

图 3－45　添加自定义模块页面截图

打开自定义模块的编辑页面，放入自主设计的内容即可。由于直接输入文字和图片并不能自由实现想要的效果，需要配合 Adobe Photoshop 的切片工具和 Adobe Dreamweaver 编写代码来制作个性化效果，将编写好的代码直接粘贴到源代码区域即可实现。源代码按钮如图 3－46 所示。

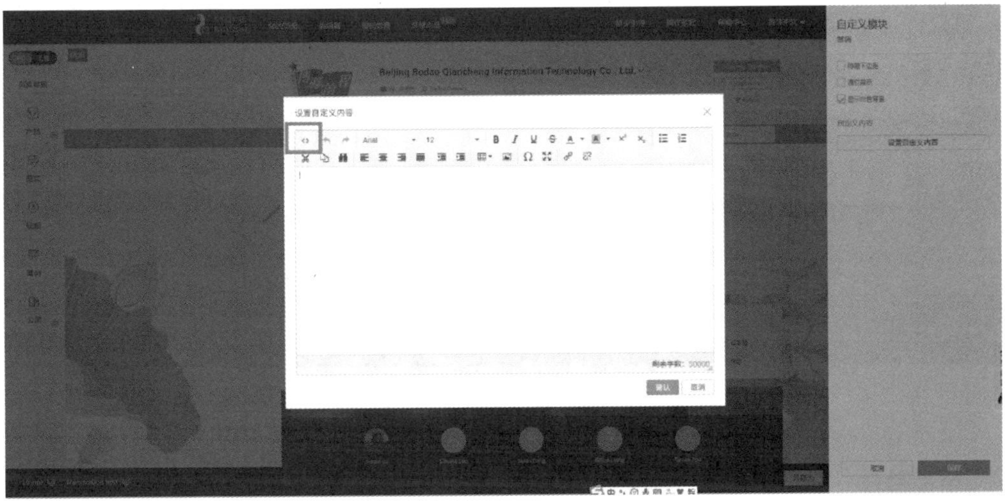

图 3－46　源代码编辑区域页面截图

任务实施

子任务一　自定义模块设计（客服）

目前全球旺铺 2.0 中企业客服的设置有两种实现方式：

①通过系统模块“客服”模块直接添加；

②通过自定义模块设置。

“客服”模块只需添加后设置好 Trade Manager 账户，即可在旺铺上实现多旺旺展示，这里不做介绍。

自定义客服设置的具体步骤如下：

第一步，在 Photoshop 中设计制作一张风格统一的客服图片，如图 3－47 所示。自定义模块中的图片支持 JPEG、JPG、PNG，单张不超过 2M，建议尺寸小于 1200 × 1000 像素。

图 3－47　设计完成的客服图片页面截图

知识链接

Trade Manager：简称 TM 或者 ATM，中文称之为阿里旺旺，主要用来和买家进行交流联系。目前 Trade Manager 已升级为千牛。

第二步，使用切片工具，将图片切分成块。从图片的左上角开始进行切分，以便在编辑 HTML 代码时可以在每个客服头像下面添加旺旺，切割完一片即可在这块区域的左上角看到一个自动标记记号，如图 3－48 所示。

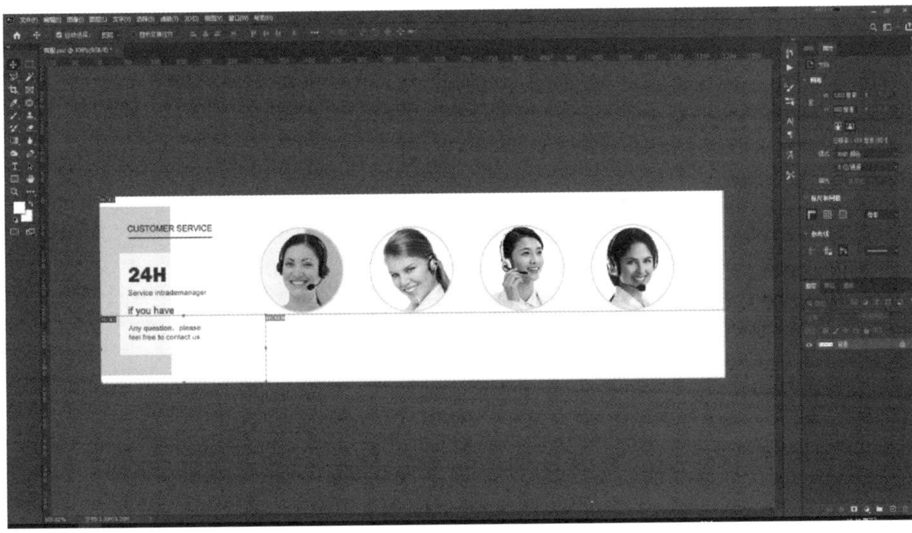

图 3－48　切分完成页面截图

第三步，选择文件→储存为 Web 格式，选取存储路径（建议保存到桌面，方便查找）并对文件进行命名。根据存储路径找到 images 文件夹，打开可以看到所有已经切分完成的图片，Photoshop 默认为其做了编号，如图 3－49 所示。

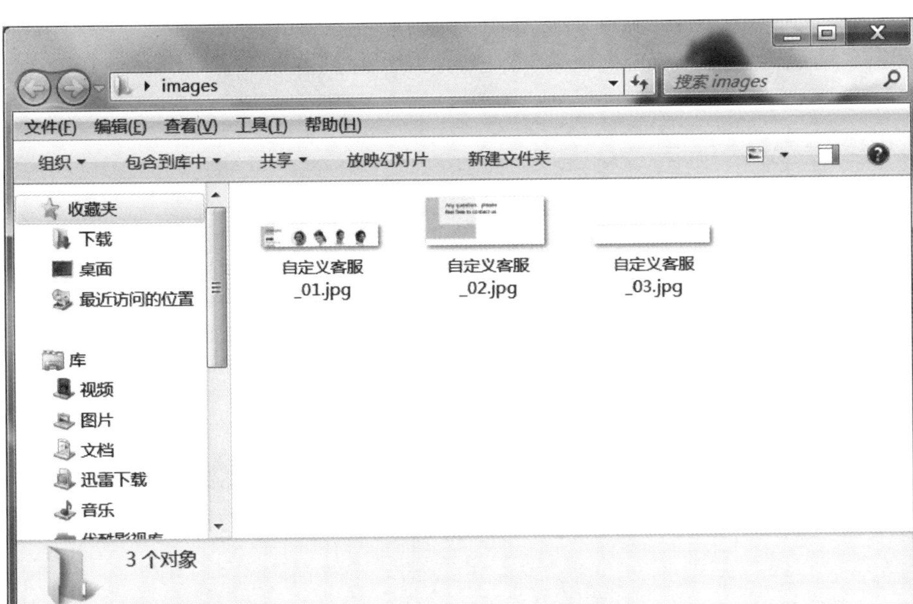

图 3－49　images 文件夹页面截图

第四步，打开官方多旺旺代码生成器，如图 3-50 所示。网址为 http://www.alibaba.com/help/atm-url-generator.html。

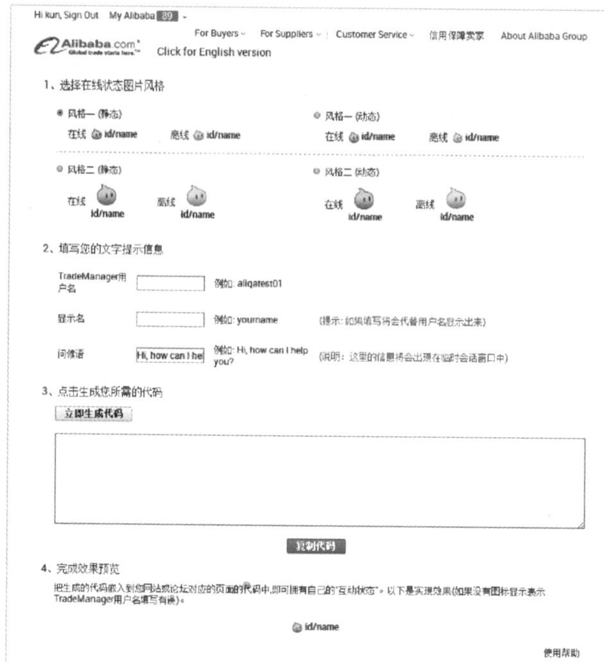

图 3-50　多旺旺代码生成器页面截图

第五步，选择头像风格、填写账号相关信息，然后点击“立即生成代码”，即可获得相应代码，同时可以实时查看效果（如果没有图标显示则表示 Trade Manager 用户名填写有误，请返回修改），如图 3-51 所示。

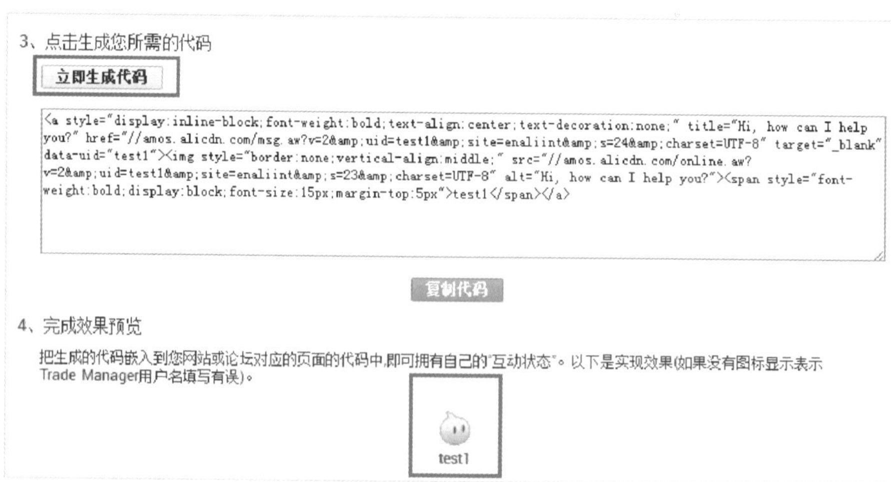

图 3-51　生成代码页面截图

第六步，进入旺铺 Home 页编辑器，添加“自定义内容”模块（以通栏为例），点击展开编辑表单，按顺序依次上传图片，如图 3－52 所示。需要注意的是，为了给旺旺图标预留位置，第三张图片不必上传，而这块区域由于全是白色也不会影响整体效果。

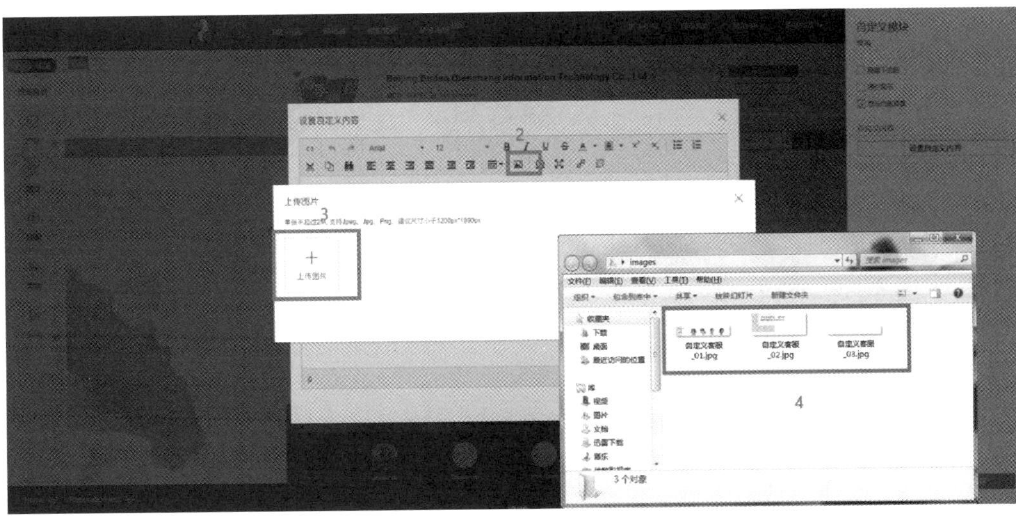

图 3－52　上传图片页面截图

第七步，点击源代码按钮切换，将第五步中生成的代码粘贴进来，一个账号对应一串代码，如图 3－53 所示。

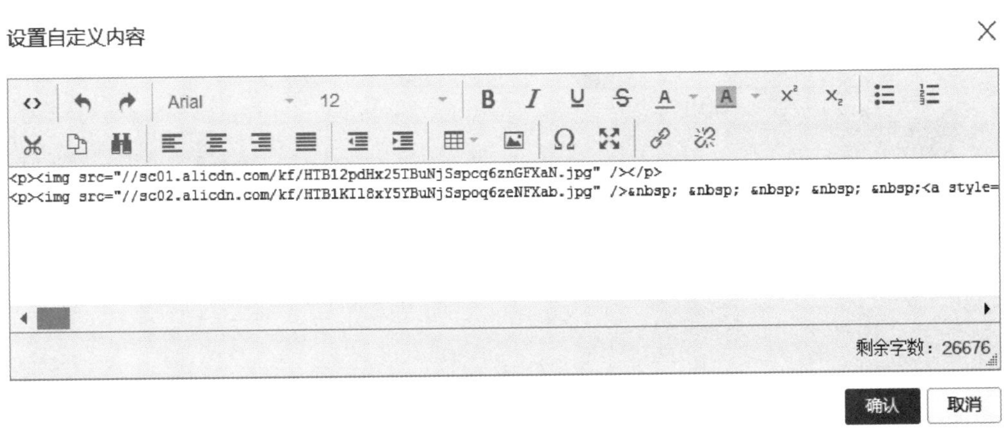

图 3－53　源代码页面截图

第八步，再次点击源代码按钮，实时查看效果，调整旺旺位置，修改旺旺名的文字颜色，如图 3－54 所示。

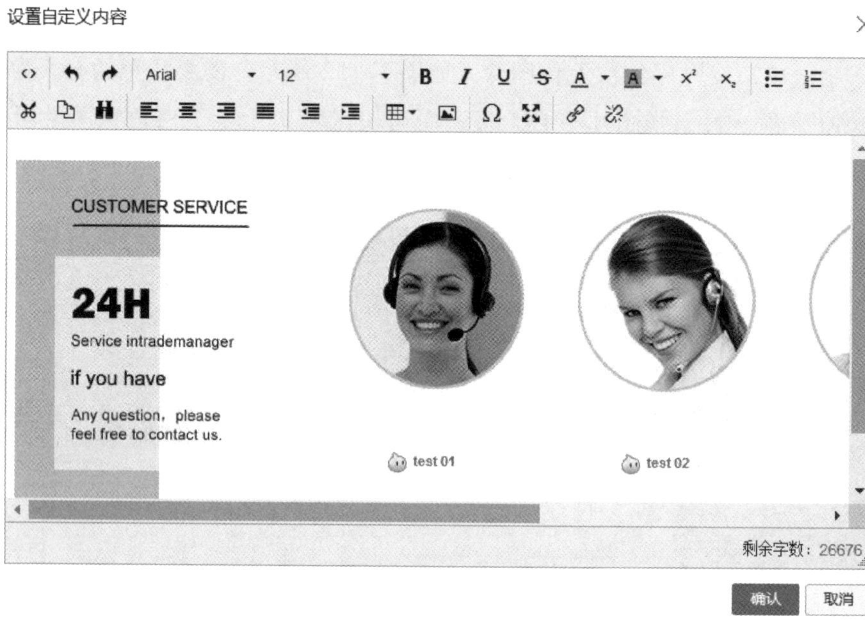

图 3-54　实时调整自定义内容页面截图

第九步，设置完成后，确认保存。预览无误后，便可发布了，预览效果如图 3-55 所示。

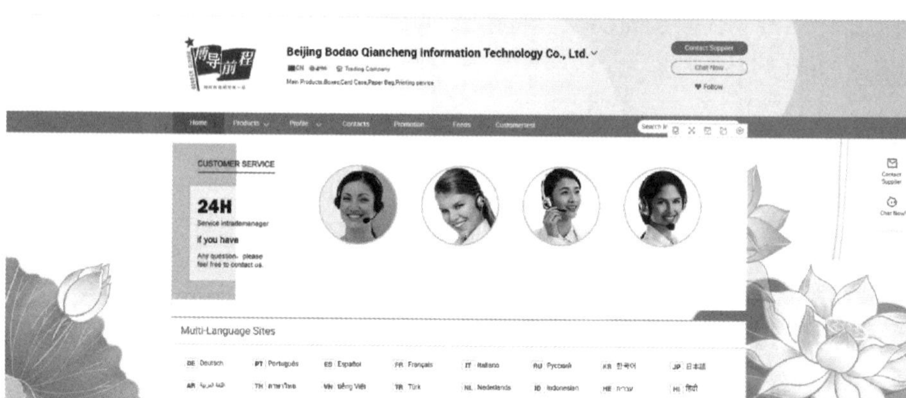

图 3-55　预览效果页面截图

子任务二　自定义模块设计（多语言切换）

和客服模块设计一样，添加多语言链接有两种方式：

①通过系统模块“多语言快链”直接添加；

②通过自定义模块设置。

“多语言快链”模块只能在通栏下进行添加，不支持编辑，直接添加即可，这里不做介绍。

自定义设置多语言快链的具体步骤如下：

第一步，在 Photoshop 中设计并制作一张包含多国国旗图标的图片，尺寸建议小于 1200×1000 像素，本例为 1200×280 像素，如图 3－56 所示。

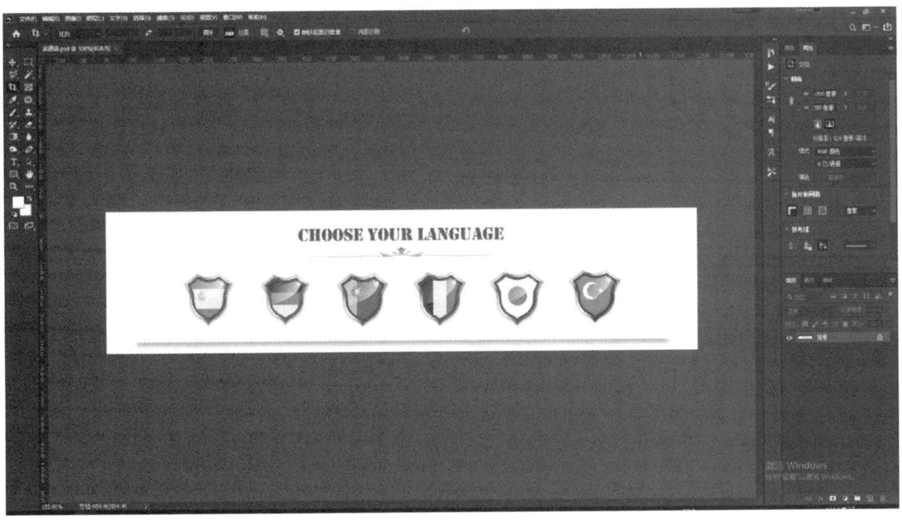

图 3－56　制作完成的图片页面截图

第二步，使用切片工具，将图片切分成块。从图片的左上角开始进行切分，以便在编辑 HTML 代码时可以对不同的国旗添加不同的链接地址，切分完一片即可在这块区域的左上角看到一个自动标记记号，如图 3－57 所示。

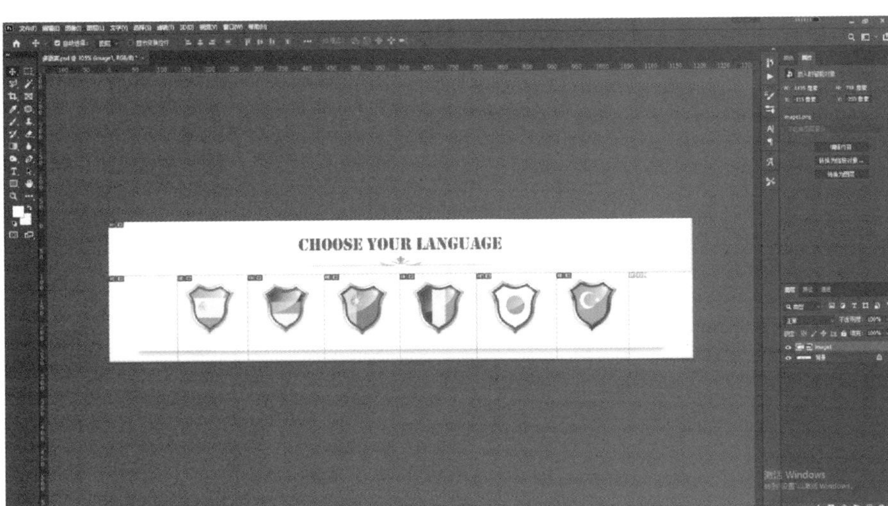

图 3－57　切片页面截图

第三步，选择文件→储存为 Web 格式，选取存储路径并对文件进行命名。根据存储路径找到 images 文件夹，打开可以看到所有已经切分完成的图片，Photoshop 默认为其编号，如图 3－58 所示。

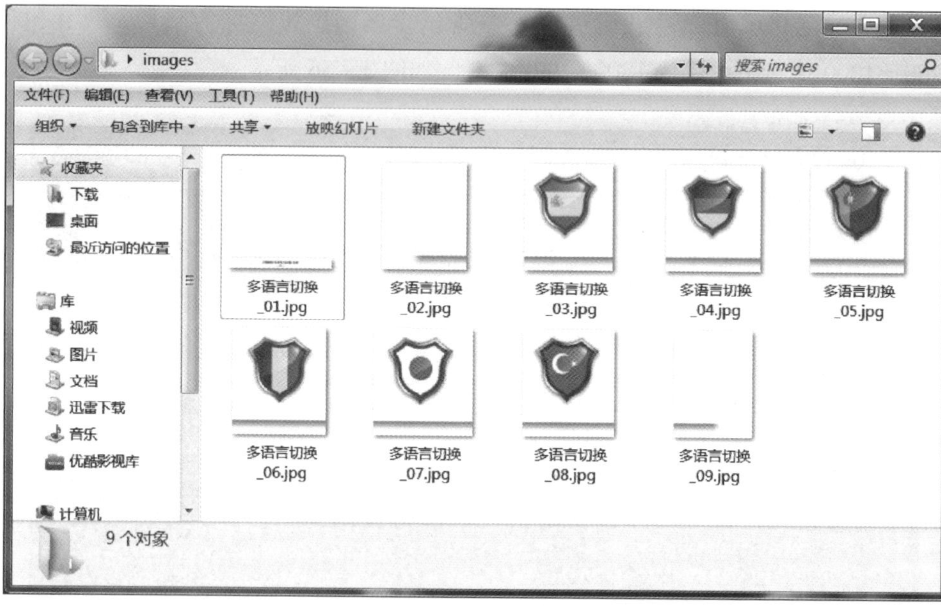

图 3－58　images 文件夹页面截图

第四步，进入旺铺 Home 页编辑器，添加“自定义内容”模块（以通栏为例），点击展开编辑表单，按顺序依次上传图片，如图 3－59 所示。

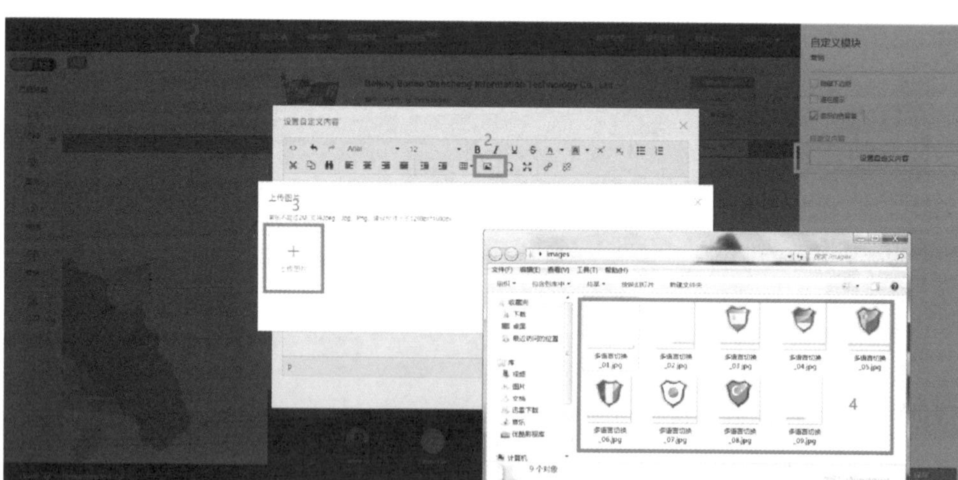

图 3－59　上传图片页面截图

第五步，进入旺铺 Home 页编辑器，添加“多语言站点”模块，如图 3－60 所示。点击下方预览，会得到这个语言站点的相应公司的链接，如图 3－61 所示。切换市场，可以得到对应语言站点的公司链接。

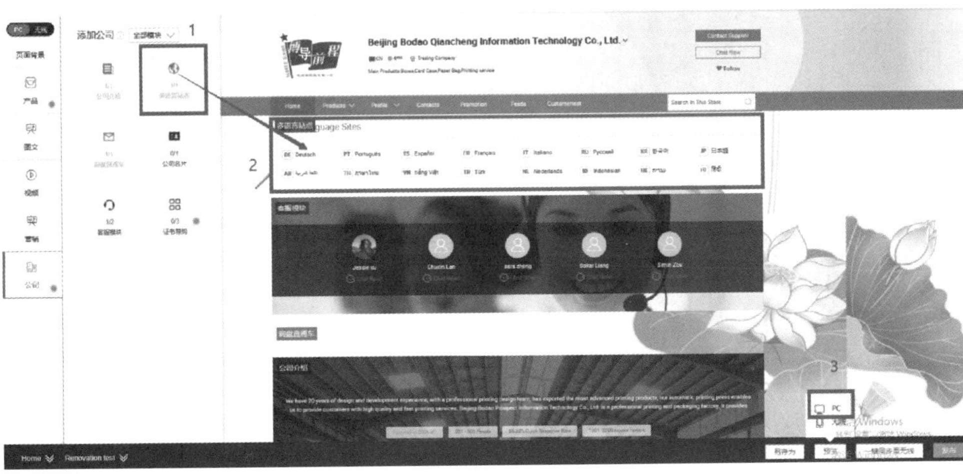

图 3－60　添加多语言站点模块页面截图

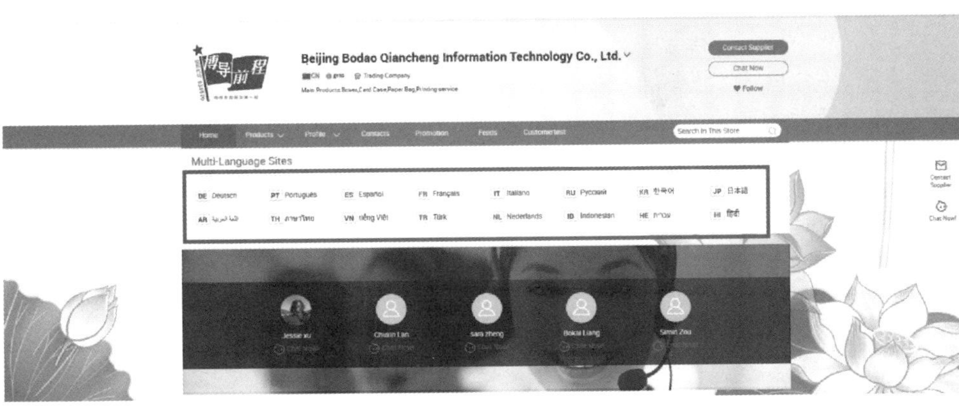

图 3－61　得到多语言网站链接页面截图

第六步，返回编辑器页面，选中其中一张图片，点击“插入链接”按钮，在弹出的对话框中输入或粘贴相应的链接，然后输入标题，如图 3－62 所示。

第七步，依次完成其他国家的语言链接图片设置，然后调整图片位置，确认保存。点击预览，除了检查视觉效果，还需要测试语言链接是否有效，确认无误后便可以发布了，预览效果如图 3－63 所示。

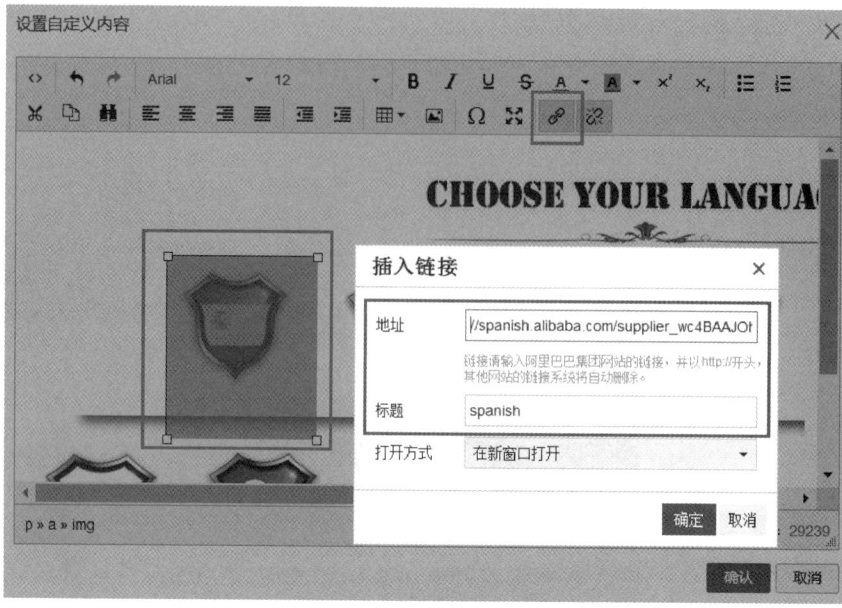

图 3－62　插入链接页面截图

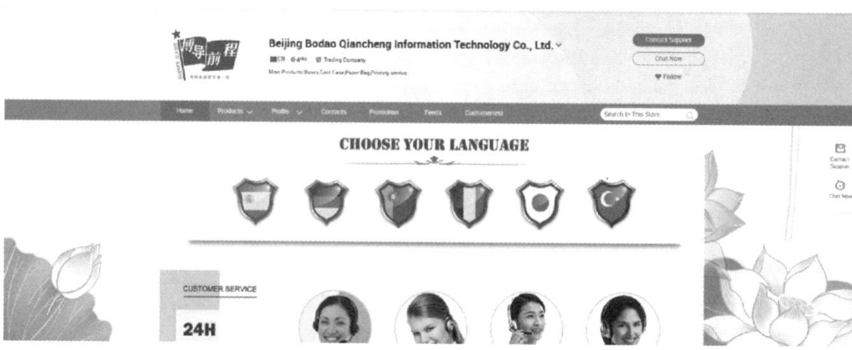

图 3－63　预览效果页面截图

任务五　无线端装修

知识储备

装修后台介绍

装修全球旺铺 2.0 页面装修后台，有 PC 端和无线端两套编辑器，可一键切换。未升级旺铺 2.0 的用户，需要进入网页端 My Alibaba 后台点击“管理全球旺铺”—“立刻升级”（点击立刻升级后旧版旺铺前台页面不会变化，仅编辑后台升级为新版旺铺的后台，有发布动作后前台页面才会生效）。

旺铺 2.0 无线端自上线并支持独立装修后，充分借助多媒体、自定义等工具，帮助商家更好地在无线端展现公司实力与信誉，以获取高效的商机转化，无线旺铺的装修效果，如图 3－64 所示。

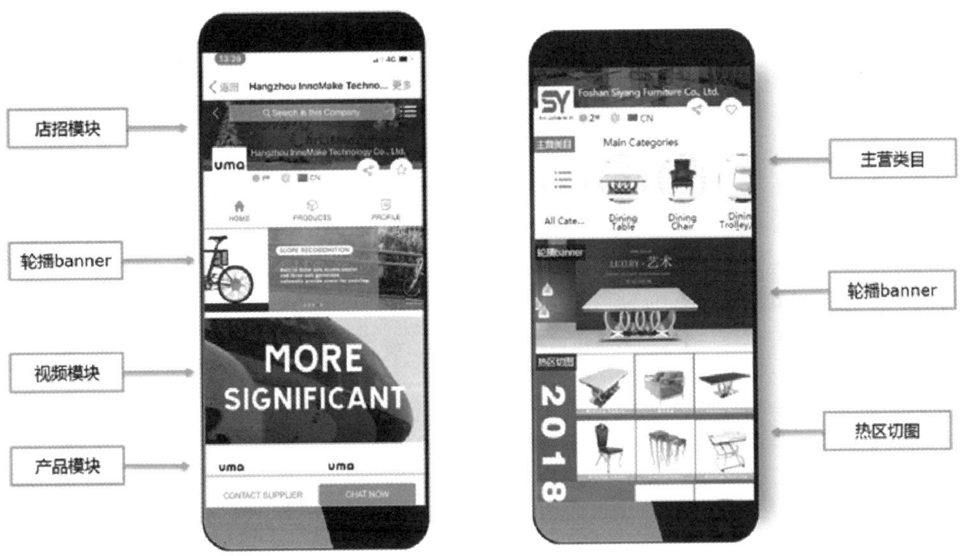

图 3－64　无线旺铺装修效果

任务实施

子任务一　无线旺铺装修步骤

（一）一键同步至无线端

旺铺 PC 端装修完成后，可将支持同步的模块一键同步至旺铺无线端，减轻无线旺铺的装修成本。

一般的产品模块均可同步，但店招模块是无法同步的。将鼠标移至编辑器（即装修界面）展示区的某个模块上，在模块左上角即可查看该模块是否可同步至无线端，可同步至无线端的模块有如图 3－65 所示的标志。需要注意的是可同步指的是模块类型及模块顺序可同步，内容无法同步，如轮播 banner 模块，模块类型和顺序可以同步，但图片内容不可同步。目前旺铺装修无线端店招尺寸要求为 750 × 300 像素。如果旺铺装修无线端店招图形不符合要求，则需要重新调整。

图 3－65　可同步至无线端的模块页面截图

（二）切换无线旺铺的编辑后台

编辑器界面左上角有切换按钮，可一键切换到无线旺铺的装修后台，装修手机端的旺铺页面，如图 3－66 所示。

图 3－66　切换至无线端装修页面截图

（三）添加模块进行编辑

无线端装修的方法和PC端相同，根据需要拖拽相应的模块至展示区，然后进行具体参数设置即可。

（四）预览发布

装修完成后保存，预览效果，确认无误后便可以发布了。

子任务二　自定义装修

（一）装修店招

店招底图在PC端和无线端的尺寸差别较大，需要分开设计并上传。在没有上传店招底图之前，无线端使用的是默认的店招图片。在无线端编辑器中点击店招模块，右侧展开“店铺招牌”编辑区，如图3－67所示。

图3－67　无线端店铺招牌编辑页面截图

无线旺铺的店招底图尺寸为750×300像素，由于展示空间有限，设计制作无线端店招图时不建议添加过多文字内容，可以使用符合公司形象、产品风格的图片。

添加已制作好的店招图，上传完成后将“使用默认背景”的勾选状态取消，以便显示新上传的店招图，如图3－68所示。

店招图设置完成后，点击保存，进行无线端效果预览，如图3－69所示。

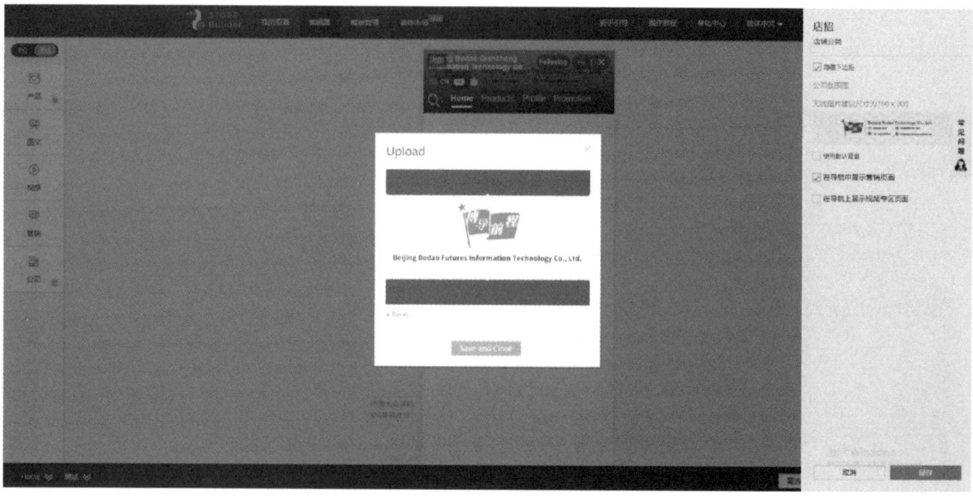

图 3－68　店招图上传页面截图

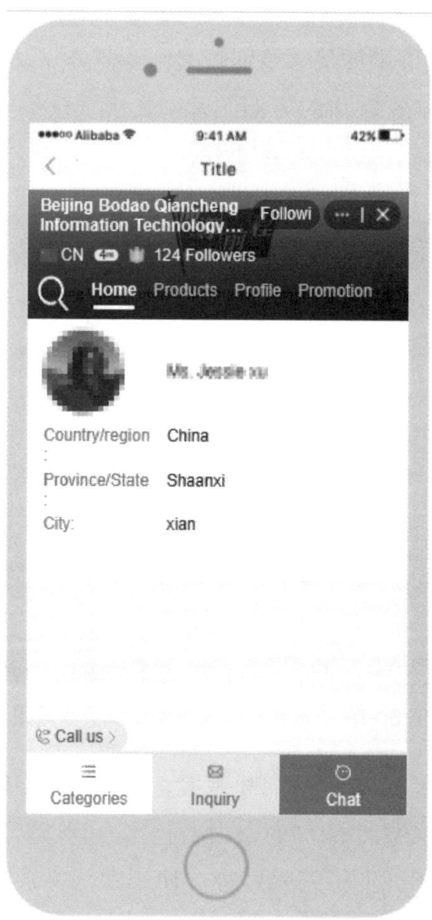

图 3－69　无线端效果预览页面截图

（二）添加主营类目

主营类目模块最多只能添加 1 个，主要根据产品系列向买家推送公司的主营类目及产品，让买家对旺铺产品一目了然。

在编辑器的模块区选择“产品”，拖拽“主营类目”至展示区完成模块的添加，如图 3－70 所示。

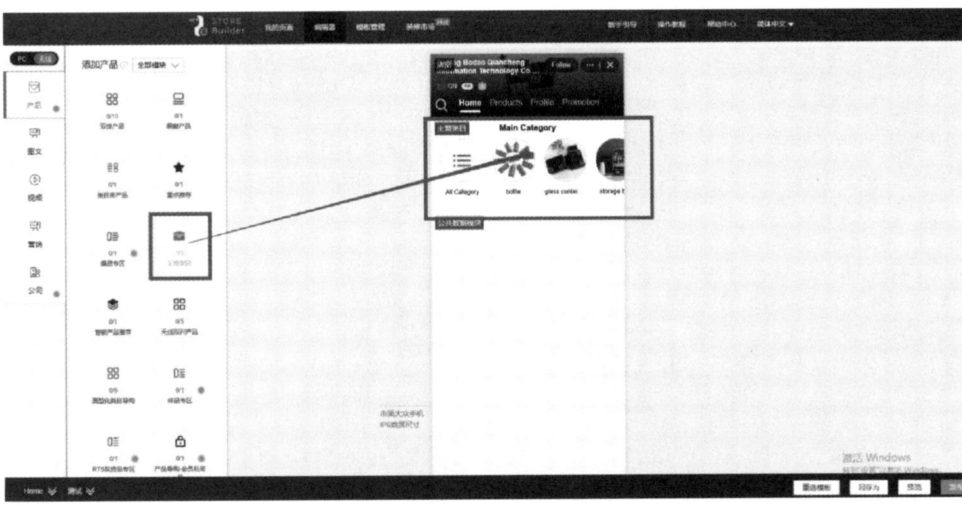

图 3－70　主营类目模块添加页面截图

添加完模块后，点击展示区的“主营类目产品”，在右侧弹出的编辑表单中即可设置该模块的内容，如图 3－71 所示。

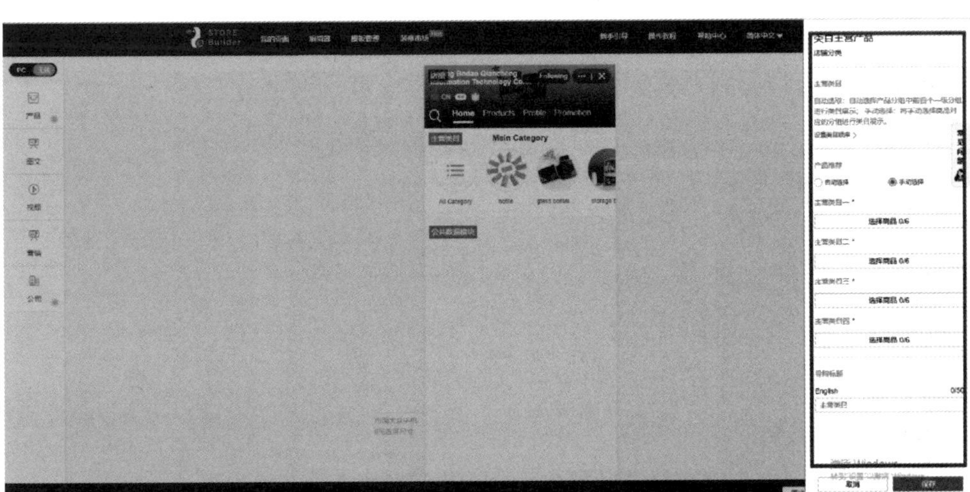

图 3－71　主营类目产品模块编辑区页面截图

主营类目产品模块中，可以展示 4 个主打的产品分类，每个分类下又能展示 6 个产品，是旺铺中比较清晰的产品导购模块。针对需要推荐主营类目的产品，系统提供了“自动选择”及“手动选择”两种方式。“自动选择”方式下，由系统按更新时间自动选择产品分组中前 4 个一级分组进行类目展示，可点击主营类目下方的“设置类目顺序”预先进行产品分组管理与排序，如图 3－72 所示。

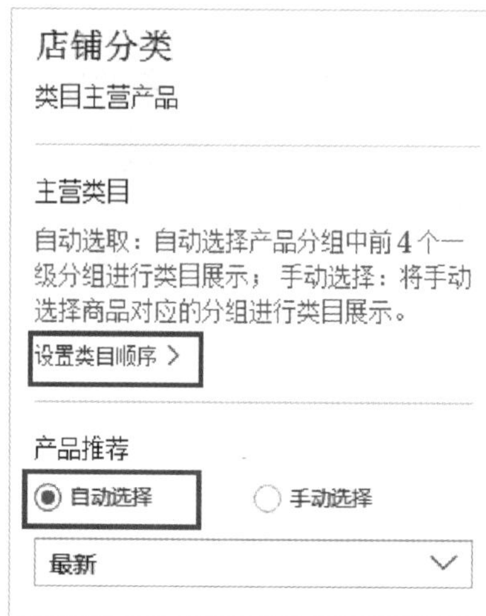

图 3－72　自动选择产品页面截图

“手动选择”方式下，需要自行选择想要展示的产品，可展示 4 组，共 24 个产品。点击“选择商品”选择框，在弹出的对话框中选择产品分组，将需要展示的产品一一选中，确认完成，如图 3－73 所示。拖动产品图片可调整展示顺序。

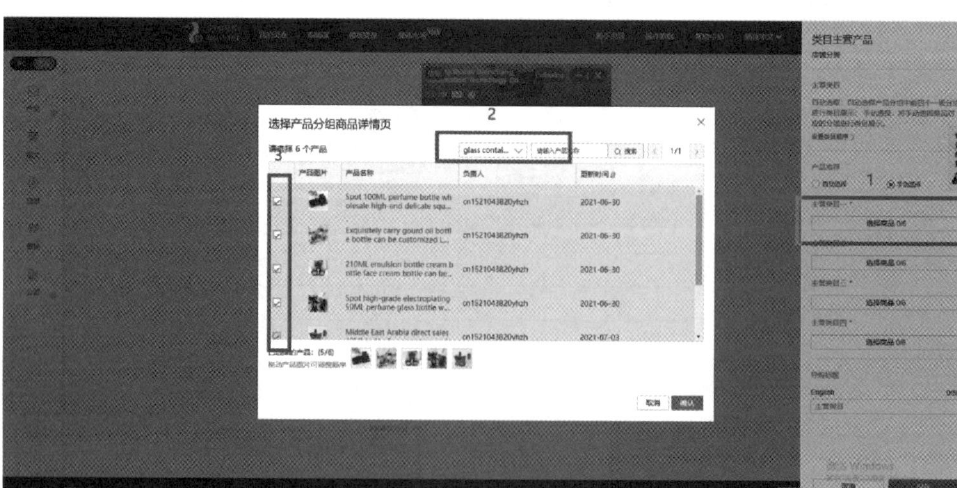

图 3－73　手动选择产品页面截图

依次完成其他主营类目商品的添加，输入模块标题，设置完成后保存。发布后，访客在无线旺铺页面点击类目可跳转到该类目下所有产品列表页。

（三）添加旺铺视频

无线端首页支持添加视频，且最多只可添加 1 个。具体的操作方法如下：

1. 上传视频至视频银行

拍摄高质量的企业或产品宣传视频，上传至视频银行。时长 10 分钟以内，大小为 500M 以内。

2. 添加视频模块

在编辑器的模块区选择“视频”，拖拽“视频模块”至展示区即可完成模块的添加，如图 3－74 所示。

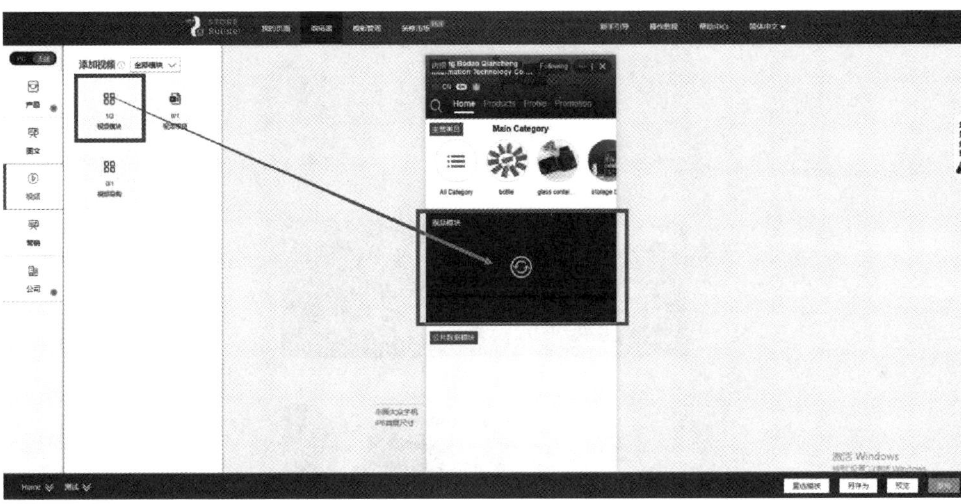

图 3－74　添加视频模块页面截图

3. 编辑内容

如图 3－75 所示，点击展示区的“视频模块”，在右侧的编辑框中对视频内容进行设置：

首先，点击“选择视频”从视频银行选取视频上传；

其次，如果需要自定义视频封面图，可设置上传 750×563 像素的图片；

最后，调整视频宽高比，无线旺铺支持 3 种视频尺寸：16∶9、4∶3、1∶1。

4. 预览及发布

完成编辑后，点击保存—预览—发布，旺铺视频就添加成功了。目前旺铺视频不支持无线端预览，发布后可查看实际效果，预览效果如图 3－76 所示。

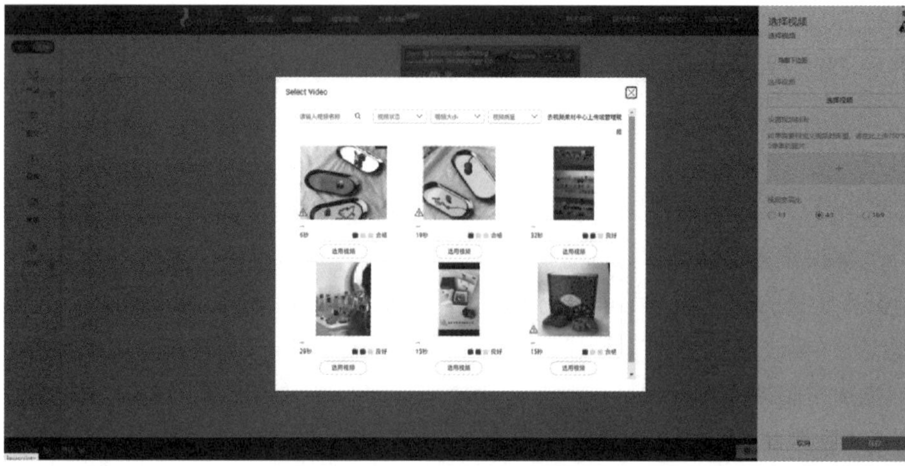

图 3 – 75　编辑内容页面截图

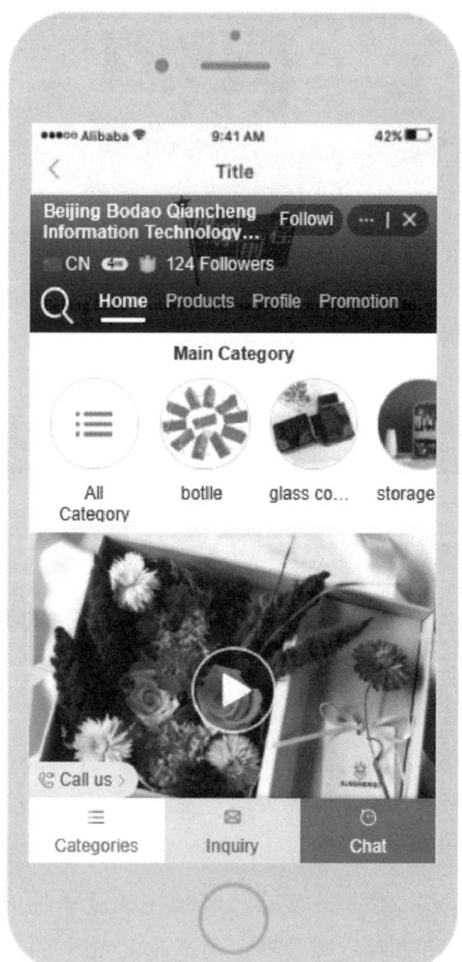

图 3 – 76　预览效果页面截图

Wi-Fi 环境下，访客从 Alibaba. com 买家 App 进入旺铺，视频会自动静音播放，访客可自行调节音量。如果从手机浏览器进入网址，则视频需点击后才可播放，且暂时无法播放声音。

（四）设置轮播图

轮播图仅支持在 PC 端首页、自定义页和无线旺铺的首页添加，无线旺铺首页共可添加 2 个轮播横屏模块，每个轮播模块可添加 5 张轮播图，轮播图宽固定为 750 像素，高度则可设置为 250 像素、350 像素或 450 像素，仅支持 JPG/PNG 格式。

在编辑器的模块区选择“图文”，拖拽“横屏”至展示区完成添加，点击该模块即可看到编辑表单，如图 3 – 77 所示。

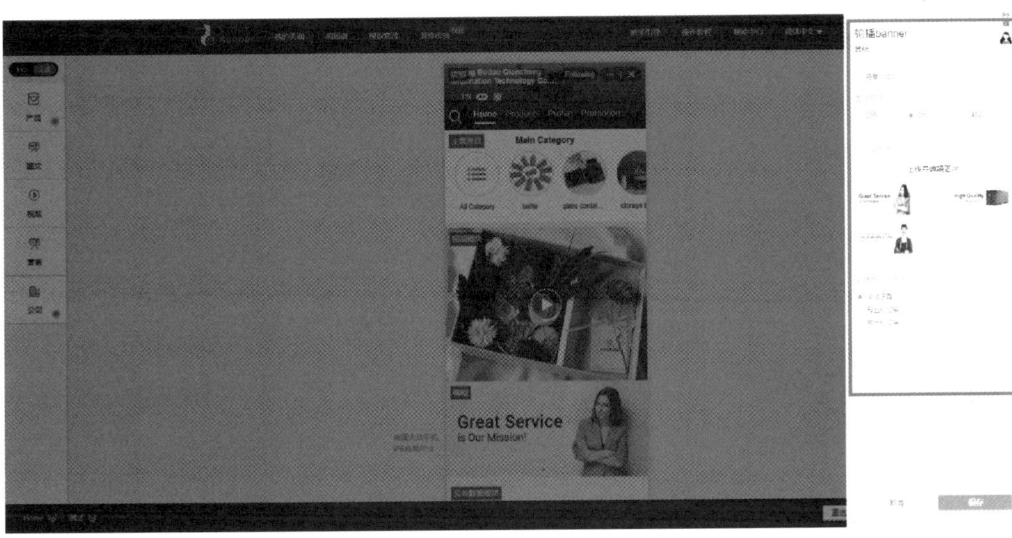

图 3 – 77　轮播 banner 编辑表单页面截图

其中，“图片高度”为必选项，根据实际情况可设置为 250 像素、350 像素或 450 像素；“图片设置”为必选项，主要用来添加轮播图片及为其配置链接；“轮播时间设置”为必选项，可以设置为“手动设置”“每 5 秒切换”或“每 10 秒切换”。

点击“上传并编辑图片”发现，系统已默认配置了 3 张 banner 图。点击“图片缩略图”替换轮播图片，选择链接页面类型，为其配置跳转链接，如图 3 – 78 和图 3 – 79 所示。

依次完成其他图片的上传及链接设置后，确认保存。点击预览，查看预览效果，确认无误后，便可发布了，预览效果如图 3 – 80 所示。

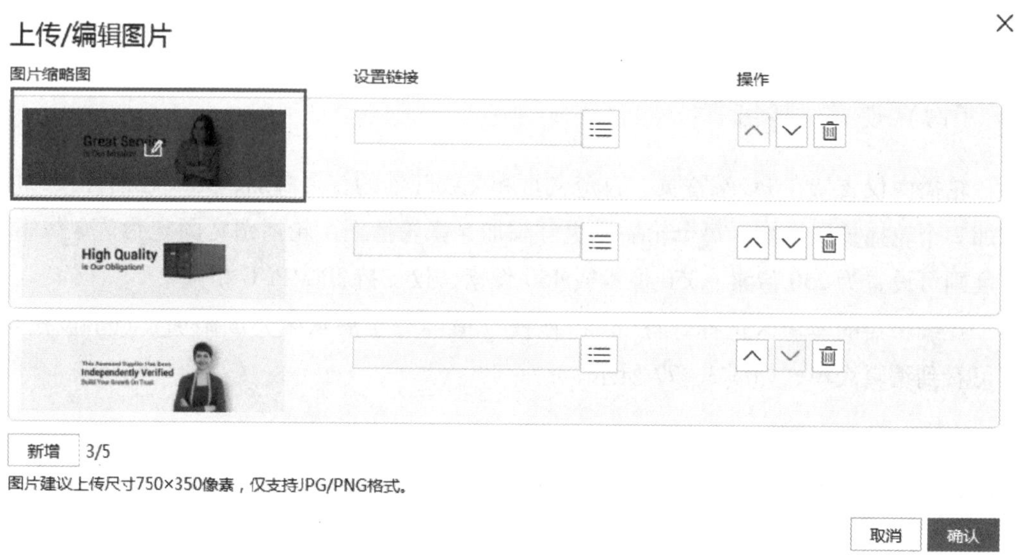

图 3-78　替换轮播图片页面截图

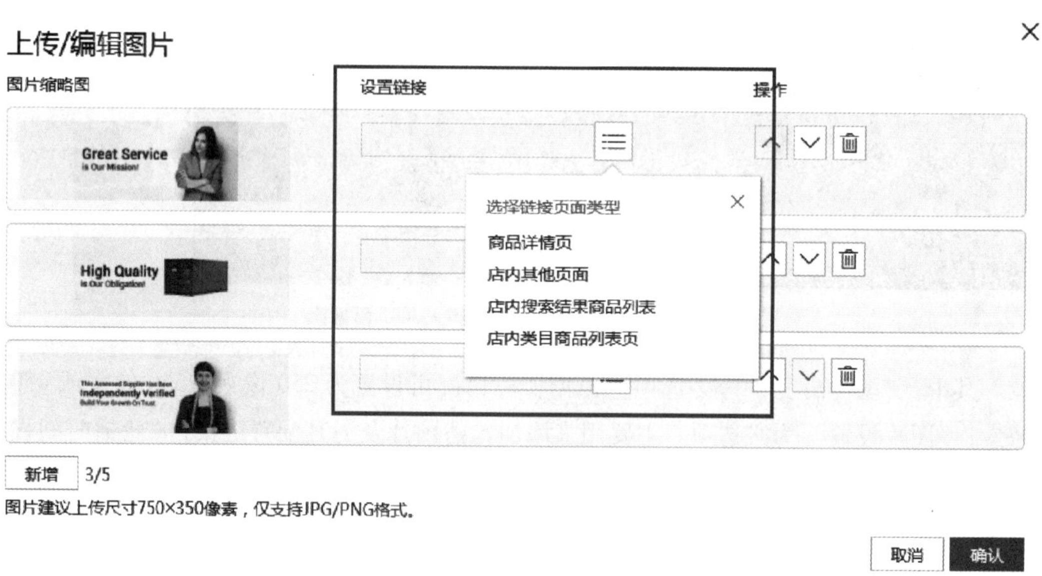

图 3-79　设置链接页面截图

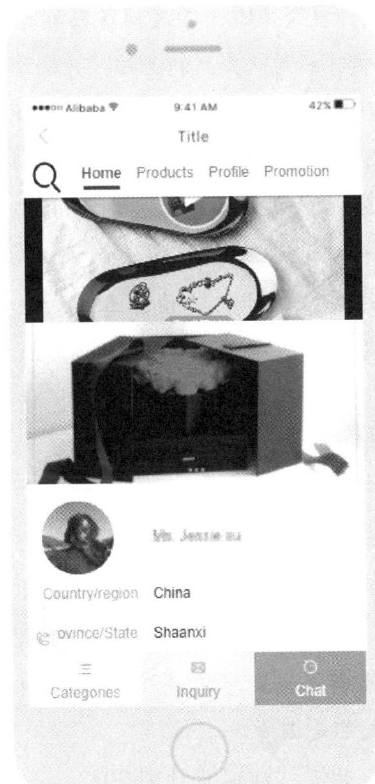

图 3－80　轮播 banner 预览效果页面截图

（五）其他无线模块的装修说明

除上述常用模块，无线旺铺还有其他更多模块可供选择，具体的操作方法大同小异，这里便不做详解。

思政小课堂

王致和阿里巴巴国际站平台上线 351 年老字号将打造全球 IP

在很多人心目中，非物质文化遗产总是和“传承”“保护”这样的词语挂钩，老字号更是被很多人以“倚老卖老”看待。351 岁的王致和在国人心中是腐乳的代名词，今年 6 月，当王致和在阿里巴巴国际站平台上线，也标志着王致和的新目标：在全球打造 IP，加入国货“出海”行列乘风破浪。

2020 年，突如其来的疫情席卷全球。疫情防控期间，传统企业受到冲击，当线下接触人人自危时，互联网成为度过危机的支撑，而众多中小企业也在此次对抗调情的过程中意识到，线上全球化是企业发展的必然趋势。据了解，2020 年上半年，王致和营收和利润额增幅均超过 10%。其中，电商渠道一季度销售额翻番。疫情防控期间，公司推出了单块腐乳、黄酒型料酒、复合调味料等一系列新产品，并给予销售政策和渠道资源倾斜。

但此次疫情产生的“物理隔离”，也让王致和没有放下危机意识。根据目前全球疫情的情况，想要“出海”，王致和决定搭载阿里巴巴国际站数字化能力，直接触达海外用户。王致和的市场负责人表示，在危机中，要打开新思路、拓展新领域、抓住新商机，线上跨境电商就是这样一个商家必争的“新地盘”，而阿里巴巴国际站就是一道桥梁。基于对阿里巴巴国际站的实力认可和依赖，王致和也希望通过这次合作，能够借助阿里巴巴大数据资源的优势，把握年轻消费者的喜好及货币，帮助品牌对消费者进行分析，确定目标消费群体，从而进行精准营销，并提供符合海外消费者个性化需求的产品与服务。希望通过与阿里的深度合作，充分开发和利用双方的资源，携手开拓调味品消费市场，实现双赢。

作为中国最大的熔化跨境贸易综合服务平台，阿里巴巴国际站一直致力于帮助中国中小企业拓展海外市场、解决在贸易中的痛点问题。疫情防控期间，国际站推出针对中小企业的特殊扶持政策，从商机、运营、履约和金融四方面着手，搭建数字化外贸“抗疫”全链路。根据阿里研究院发布的《2021 中国消费品牌发展报告》显示：中国人的购物车里装着的有八成都是国货。

4 月 22 日，阿里巴巴宣布升级“新国货计划 2022”，从门店直播、国潮跨界、线下展会、新品研发等多个领域打通国货品牌的数字化升级通路，帮助老字号转型、新品牌孵化。个性化消费正在引领新国货浪潮，电商平台是国货品牌换道超车的最大机会。

（资料来源：腾讯网）

项目小结

在本项目学习任务中，以实际运营旺铺装修为实例导入，选取旺铺装修过程中常用的模块操作进行全方位的学习，包括旺铺模板设计、店招图设计、产品模块设计、自定义模块设计和无线端装修等。每个任务下又以任务导向的方式，由浅入深，完整地讲述了各模块从设计到上传直至细节设置的全套装修过程，帮助学生掌握旺铺各模块的设计及编辑方法，最终实现个性化的旺铺装修效果。

项目四　营销中心

阿里巴巴国际站平台有外贸直通车、顶级展位、橱窗和平台活动等营销方式；同时，可以结合平台外部的其他方式进行多维度营销，如搜索引擎、社交媒体和EDM（电子邮件营销）等。

学习目标

知识目标

1. 了解阿里巴巴国际站的营销方式。
2. 了解阿里巴巴国际站的店铺自主营销方式。
3. 了解阿里巴巴国际站的P4P基本规则。
4. 了解阿里巴巴国际站平台限时活动。

技能目标

1. 掌握P4P方案设计与推广的方法。
2. 掌握顶级展位操作的方法。
3. 掌握橱窗设置的方法。
4. 掌握实时营销的方法。
5. 掌握店铺自主营销操作的方法。

思政目标

1. 通过学习阿里巴巴国际站不同的营销工具，培养学生具备较强的市场敏感度。

2. 了解目标国家的特点、偏好，建立国际营销活动中尊重、理解、包容、合作、互鉴的跨文化交际理念。

项目情境

在店铺经营过程中，已完成产品上架、旺铺无线端装修工作，正式开始上线运营。

这个阶段，如何营销才能获得高曝光、高流量、高点击，从而吸引客户下单。营销工作在这个环节起着至关重要的作用，阿里巴巴国际站的营销推广方式有哪些并如何进行运用呢？这一系列知识将在本项目中得到系统的学习。

项目分解

本项目将对阿里巴巴国际站营销方式进行全方位的讲解，其中包括直通车推广、顶级展位和橱窗设置、活动营销，让初学者能够以卖家身份深入了解平台的营销方式和操作方法，最终达到能够独立完成网店营销推广的工作。

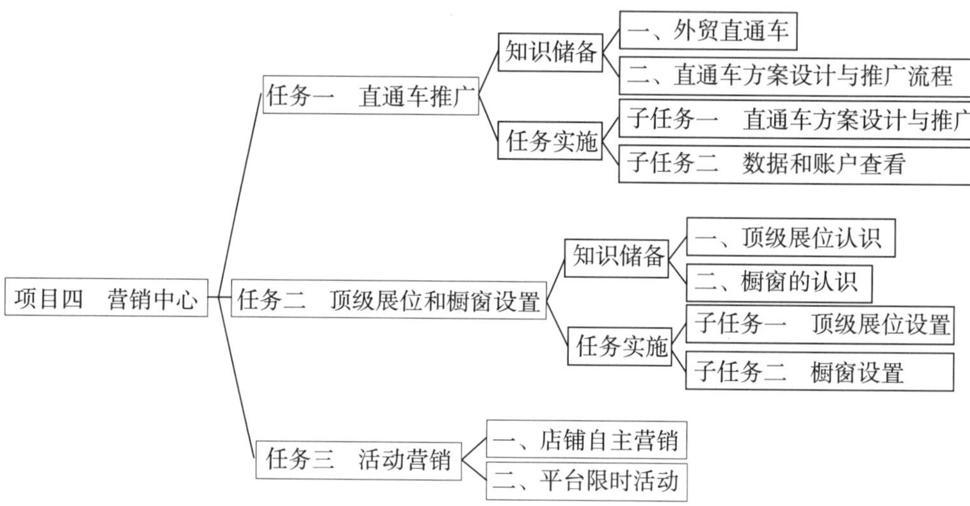

任务一　直通车推广

微信扫描
视频讲解

知识储备

一、外贸直通车

（一）认识 P4P 及其优势

外贸直通车（P4P）是阿里国际站的推广资源位，免费展示产品信息，通过大量曝光产品来吸引潜在买家，并按照点击付费的全新网络推广方式进行推广。

P4P 的 5 大优势：

1. **流量大**

根据阿里巴巴国际站下属子站点的流量占比排序，P4P 所占流量为总流量的 61.54%，已经超过阿里巴巴国际站主站的一半。

2. **排名靠前**

根据阿里巴巴国际站的产品排序展示，P4P 产品位置都相对比较靠前，主搜区域除了第一个是顶级展位外，后续 5 个都是 P4P 产品。如果没有顶级展位排名前五位就是 P4P 产品，右侧边栏也是 P4P 产品展位，和排名第一的产品并列。

3. **展示免费**

P4P 产品的特点是免费展示，点击扣费。阿里巴巴国际站平台流量的逻辑是“曝光—点击—反馈”，而免费展示可以让企业用户获得大量的数据累积。通常情况下当产品获得大量曝光后，点击量一般与之成正比，进而才会有反馈，这一系列就会成数据累积；当单个产品的数据累积较好时，整个平台权重就会提升，权重提升后对 P4P 出价产品影响、价格的变动又会对流量产生新的作用，外贸直通车流量逻辑如图 4－1 所示。

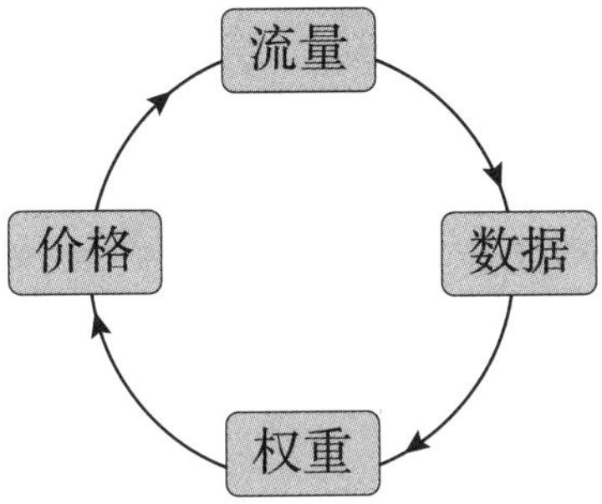

图 4－1　外贸直通车流量逻辑

4. **全面覆盖流量**

P4P 是通过添加多维度关键词来进行全面推广，无论买家搜索热度高的关键词还是热度低的关键词，只要进行相关搜索，就会有卖家的产品展示，这种推广方式称之为“撒网模式”。

5. **精准推广**

卖家可以灵活地设置想要推广的产品，也可以根据客户市场的时段手动开启、关闭 P4P 推广服务来精准把控 P4P 推广时间段。

（二）直通车展示规则

阿里巴巴国际站的展示界面分为 PC 端、App 端和无线端浏览器三种。

1. **PC 端**

在搜索结果下方，第一名是顶级展位产品，后面是直通车展示产品。根据行业买家偏好，最多展示直通车 7 个广告位，最少展示直通车 3 个广告位，一般是 5 个直通车广告位。险些之外，在页面最下方“Related Products”也是直通车广告产品，如表 4 - 1 和图 4 - 2 至 4 图 - 3 所示。

表 4 - 1　　外贸直通车 PC 端展位

外贸直通车 PC 端展位
顶级展位（1 个）
外贸直通车（3 ~ 7 个）
自然排名（40 个）
底部外贸直通车

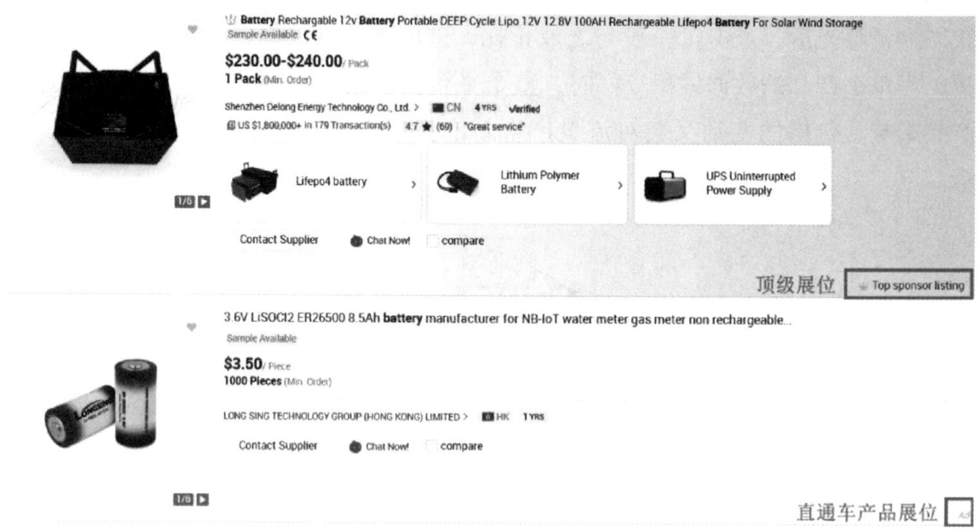

图 4 - 2　顶级展位后 P4P 产品展示位页面截图

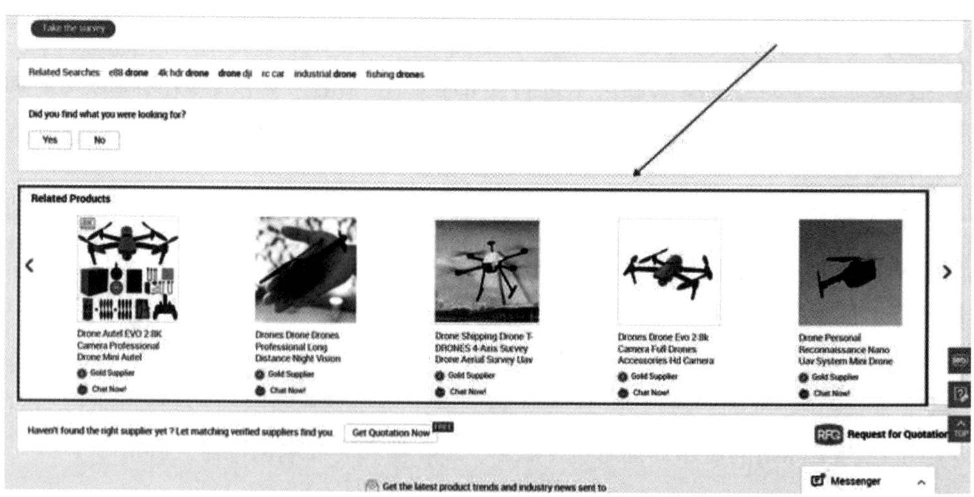

图 4 - 3　底部 P4P 产品展位页面截图

2. App 端

手机 App 端上，除顶级展位产品，首位展示广告品，根据不同行业买家偏好，每隔 2 个/3 个/4 个自然品，展示一个广告品，最多展示 14 个广告位，最少 8 个广告位，如图 4－4 所示。

图 4－4　App 端 P4P 产品展示页面截图

3. 无线端

对展示的 P4P 广告（和顶级展位）和自然搜索结果进行打散展示，每 2 个广告中间掺入 1 个自然搜索的产品，最多展示 15 个直通车产品。如表 4－2 和图 4－5 所示。

表 4－2　无线端浏览器直通车产品展位

1 个顶级展位
2 个 P4P 产品展位
1 个自然产品
2 个 P4P 产品展位
⋮
……直到排完 15 个 P4P 产品展位

图 4－5　无线端浏览器 P4P 产品展位页面截图

（三）P4P 排名规则

P4P 的排名是按照“关键词的出价 × 推广评分”进行排序。推广评分即产品星级，是指关键词和产品的相关度以及产品的信息质量，是影响产品展示区域以及排名的重要因素之一。点开关键词对应的推广产品的数字，可以看到关键词对应不同的产品会有不同的产品星级，只有 3～5 星级才有资格通过出价的方式在前五名展示，1～2 星的词只能展示在每一页右边或者下方的智能推荐位上。产品星级与关键词和买家喜好度的关系如表 4－3 所示。

表 4－3　产品星级与关键词和买家喜好度的关系

产品星级	产品与关键词的相关度	产品的买家喜好度
★	低	低
★★	低	较高
★★★	高	低
★★★★	高	较高
★★★★★	高	高

该企业的产品 A、B、C 的推广评分、出价和排名情况如表 4－4 所示。通过此表可以看出，推广评分的高低和出价金额的高低都会影响 P4P 产品的排名。其中，推广评分是系统根据产品星级给出的系统评分，产品星级越高评分越高，获得的加权越高。但卖家无法在后台看到该评分，只能查看到该关键词的产品星级。

表 4－4　排名规则案例

产品	推广评分	出价（元）	总分 = 推广评分 × 出价	排名
A	10	9	10 × 9 = 90	3
B	12	10	12 × 10 = 120	2
C	7	17.2	7 × 17.2 = 120.4	1

（四）P4P 扣费规则

P4P 产品被点击后，按照固定公式标准进行扣费。公式如下：

P4P 扣费 = 下一名出价 × 下一名产品推广评分 ÷ 该客户产品的推广评分 + 0.1；每天美国西部时间 0 点，实际北京时间下午 3 点（冬令时下午 4 点）更新，重新计算当天累积扣费。如果一个 IP 在一段时间内重复点击多次，P4P 扣费按一次计算。免费曝光只有在直通车的推广位上被点击了才会产生费用，即扣费不一定等于出价，扣费≤出价。当产品排在竞争该关键词客户的最后一名时，或者是这个关键词下曝光的唯一一个推广产品时，则所需要支付的点击价格改为产品关键词的低价，即最后一名扣费 = 出价。

该企业的产品 A、B、C 推广评分、出价、排名和扣费情况如表 4－5 所示。从案例中可以看出推广评分的高低直接影响扣费金额，所以提高推广评分是降低 P4P 花费的关键要素（注意：实际后台页面推广评分是以星级的形式展示）。

表 4－5　扣费规则案例

产品	推广评分	出价（元）	总分 = 推广评分 × 出价	排名	扣费
A	10	9	10 × 9 = 90	3	9
B	12	10	12 × 10 = 120	2	（9 × 10）÷ 12 + 0.1 = 7.6
C	7	17.2	7 × 17.2 = 120.4	1	（10 × 12）÷ 7 + 0.11 = 17.24

二、直通车方案设计与推广流程

某外贸公司在了解了 P4P 的排序和扣费规则后，开始设计直通车推广方案。定制推广方案不仅可以帮助新手卖家企业更好地管理 P4P 产品推广出价的调整，后期还可以更好地监控和管理数据。P4P 推广流程如图 4－6 所示。

图 4－6　P4P 推广流程

任务实施

子任务一　直通车方案设计与推广

（一）推广限额设置、推广产品设置

1. 推广限额设置

进入外贸直通车推广限额设置界面，管理员账号登录“My Alibaba”进入后台，在“营销中心”板块选择“外贸直通车”，进入首页，如图 4－7 和图 4－8 所示。点击“账户”进入页面，选择“账户直通车设置”进行账户金额设置，如图 4－9 所示。

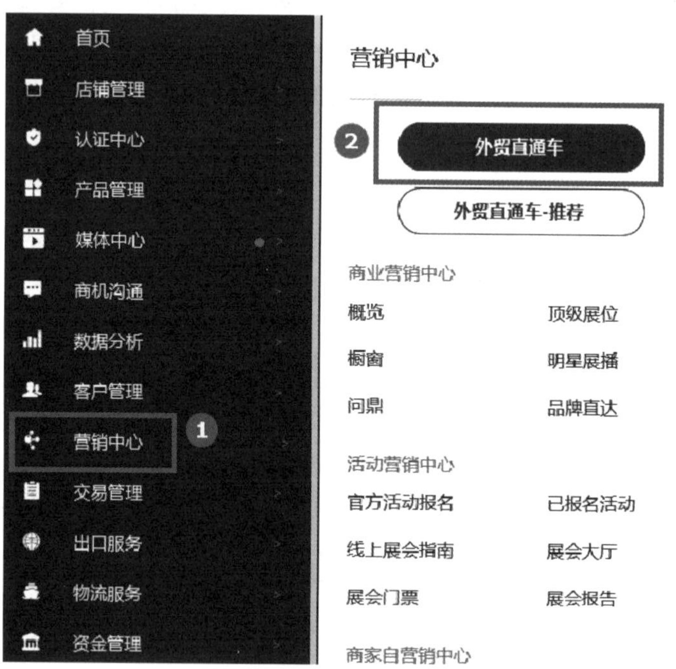

图 4－7　选择“外贸直通车”页面截图

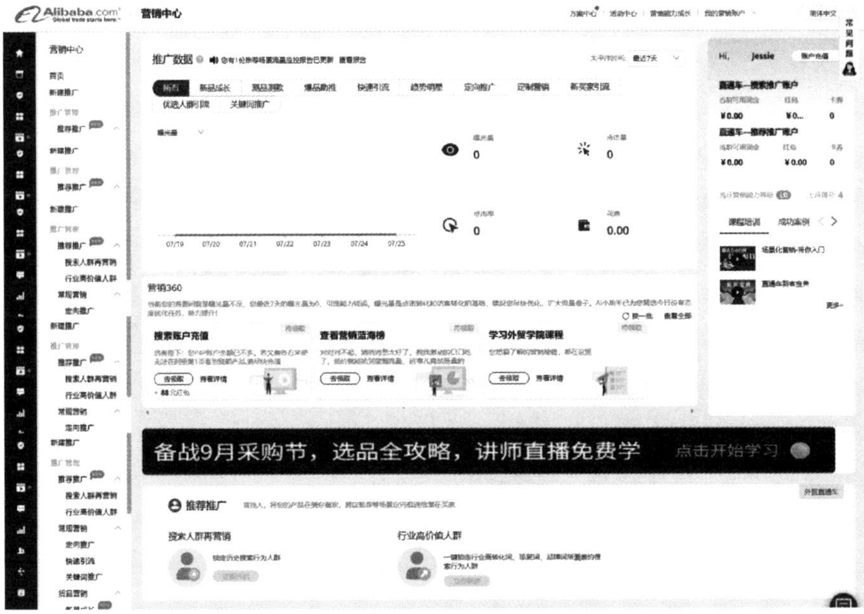

图4-8　外贸直通车首页展示页面截图

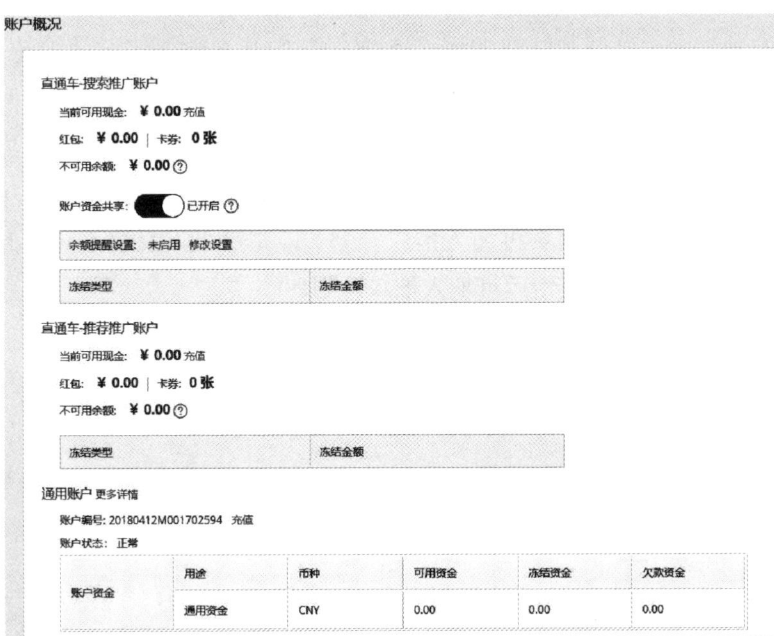

图4-9　账户直通车设置页面截图

2. 推广产品设置

在关键词推广设置中，进行“推广产品设置”，卖家可以自主设置想要推广的产品，或取消某个推广产品，方便快捷。

在外贸直通车首页选择“关键词推广”模块，点击“推广产品设置”进入推广产品选择界面，如图 4－10 所示。

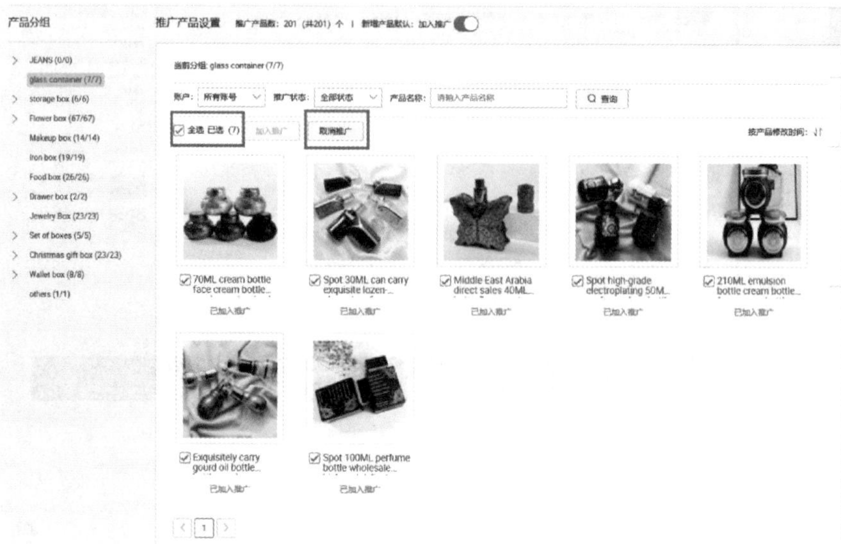

图 4－10　推广产品设置页面截图

推广产品选择有多种方式，如图 4－11 所示。①从卖家和买家的视角进行选择。卖家视角可以参考主推产品、盈利产品和新品的数据；买家视角可以参考网店的历史数据选择推广的产品。②将已上架的产品进行分类，参考点击率和反馈率进行多维度的选品。点击率高、反馈率高的产品可以直接加入直通车推广计划；点击率高、反馈率低的产品可以先优化产品内页再加入推广计划；点击率低、反馈率高的产品先优化产品标题和主图，得到数据反馈后可加入推广计划。

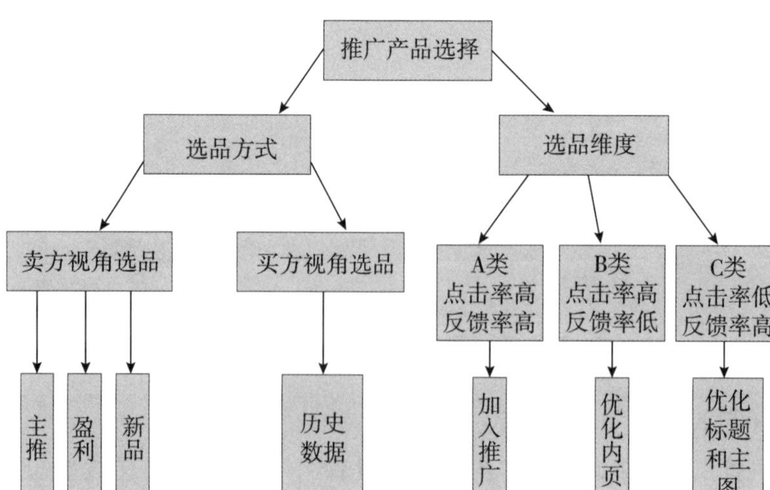

图 4－11　推广产品选择方式

（二）添加关键词

1. 关键词添加

在产品推广初期可以尽量多添加关键词，关键词的覆盖面越广，产品被展示的机会也就越大，能吸引的潜在买家也就越多。管理员登录“My Alibaba”进入后台，在“营销中心”选择“外贸直通车”，点击“关键词推广”中的“添加关键词”进行关键词添加，如图4－12所示。

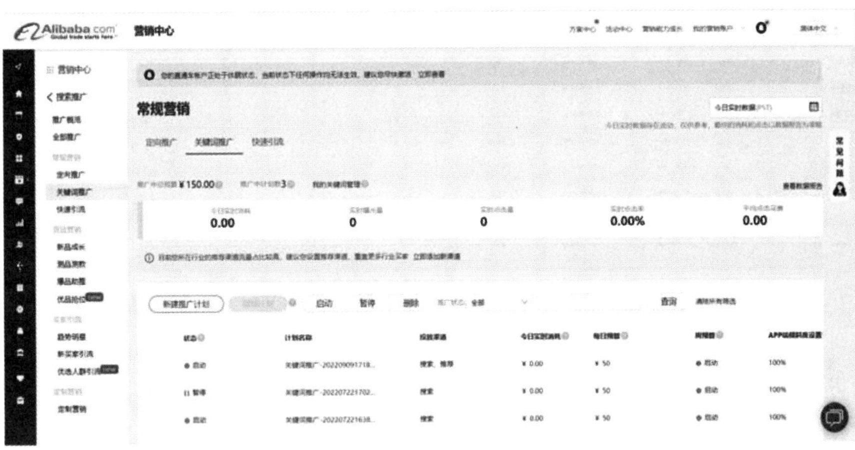

图4－12　关键词工具页面截图1

（1）系统推荐

系统会根据推广的关键词为卖家推荐相关维度的关键词，其中包括综合推荐词、网络热门、高转化词、低成本词、同行推词、我的效果词、新增商机、行业词表等，如图4－13所示。

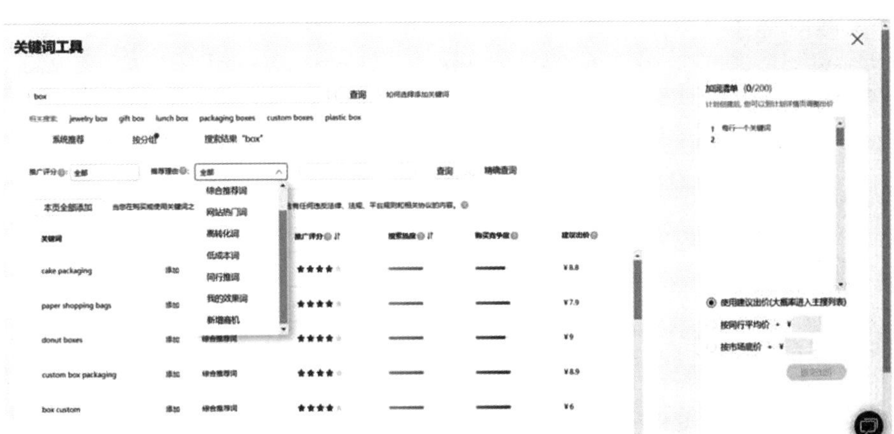

图4－13　系统推荐页面截图

（2）相关搜索

卖家可以用主打关键词进行搜索，通过搜索结果卖家可以根据需求添加关键词，如图 4－14 所示。

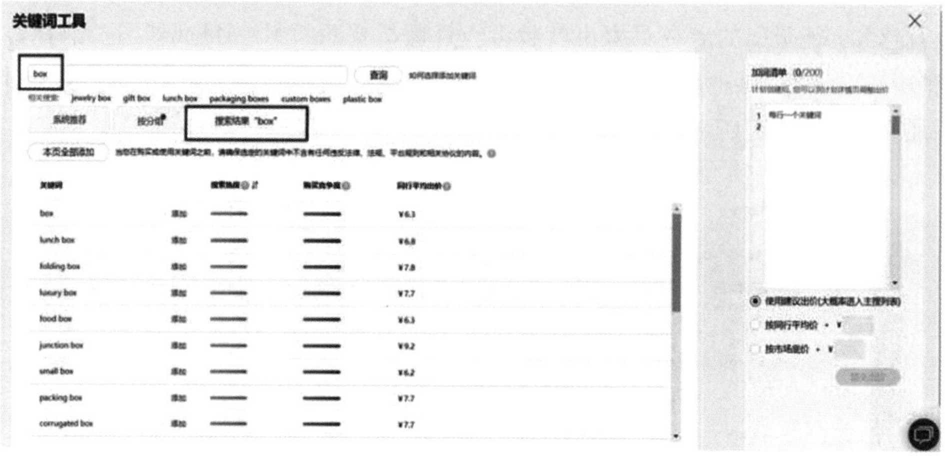

图 4－14　关键词工具页面截图 2

（3）批量添加

卖家可以在左侧的方框中填写想要添加的关键词，最多可添加 200 个，点击“确定”按钮出价即可，如图 4－15 所示。

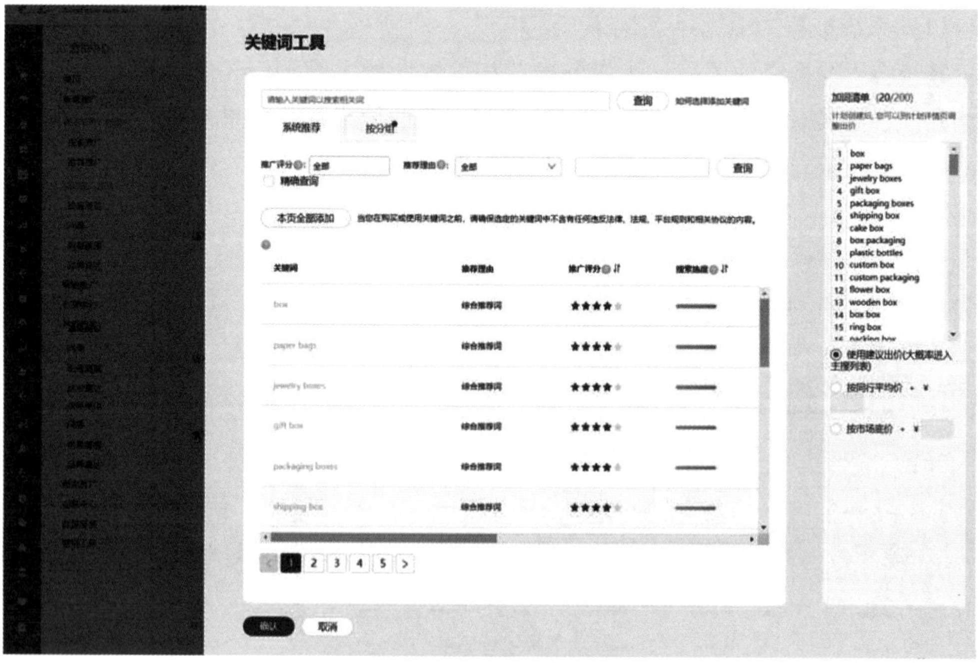

图 4－15　加词清单页面截图

2. 关键词分组

点击关键词推广页面“我的关键词”，进入页面之后，点击左上方“关键词组”旁边的“+”，输入关键词组名称，创建新的关键词组，如图 4－16 所示。

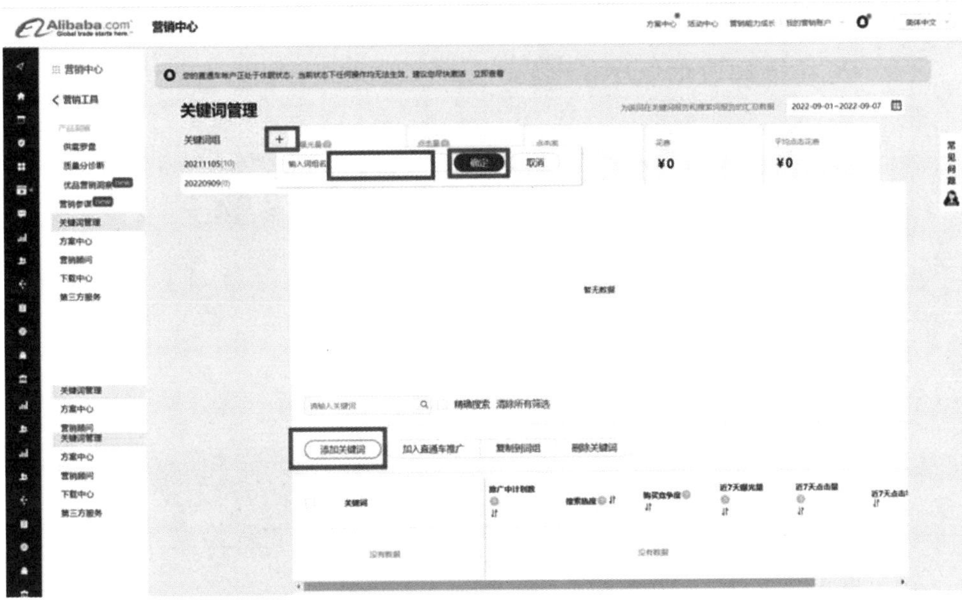

图 4－16　关键词管理页面截图

在页面下方点击“添加关键词”，将分好组的关键词复制粘贴进云即可，如图 4－17 所示。

图 4－17　添加关键词页面截图

3. 关键词出价

点开关键词对应价格可以对价格进行修改，如果是 3 星及以上的关键词，点开价格后直接能看到排进前五名所需要的价格，选择之后点击“确定”，预估排名也会随之变化，如图 4－18 所示。

图 4－18　修改价格页面截图

如果是 3 星以下的关键词，点开价格之后能看到同行的平均出价，但是不管卖家出多高的价格都不能出现在主搜索位置，那是因为关键词和产品的匹配度不够高，需要卖家优化对应的产品信息质量，如图 4－19 所示。推广评分的 5 颗星星全灰，表示该推广信息无法参与正常投放，需要为这样的词添加相关的产品，或者删除这些关键词。

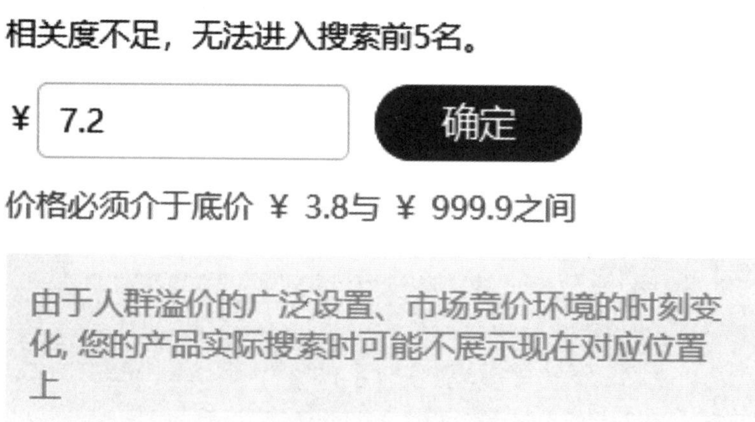

图 4－19　3 星以下的关键词参考同行出价

调整好出价后点击“完成”，会显示“加词成功”。若提示该关键词已存在，可能关键词已经添加在推广管理中，或者卖家可以直接点击“忽略”进入下一步的出价列表中查看该关键词，如图 4－20 所示。

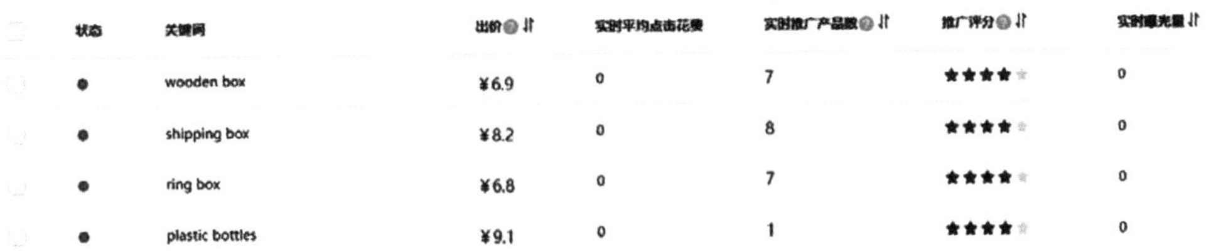

状态	关键词	出价	实时平均点击花费	实时推广产品数	推广评分	实时曝光量
●	wooden box	¥6.9	0	7	★★★★☆	0
●	shipping box	¥8.2	0	8	★★★★☆	0
●	ring box	¥6.8	0	7	★★★★☆	0
●	plastic bottles	¥9.1	0	1	★★★★☆	0

图 4－20　关键词添加成功页面截图

4. 质量分诊断

在“营销中心”的“外贸直通车”模块，点击左侧“营销工具”，选择“质量分诊断”进入页面。卖家输入目标关键词和目标产品 ID，点击“开始诊断”，系统将展示目标关键词对于目标产品的推广评分星级以及诊断结果，卖家可以根据系统给出的诊断结果进行优化调整，如图 4－21 所示。

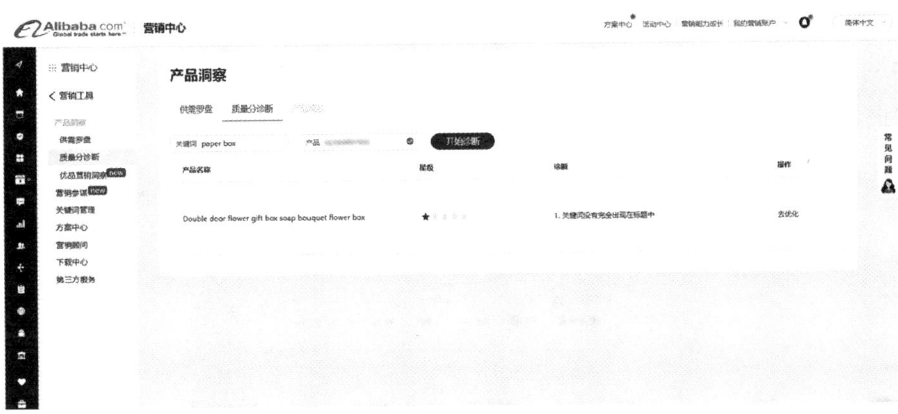

图 4－21　关键词优化页面截图

子任务二　数据和账户查看

外贸直通车的推广效果和使用数据，在“数据”模块进行查看。可查看账户报告、产品报告、关键词报告、操作记录对应的数据报告，目前“小时报告”和“地域报告”只针对 L4 顶级会员开放。默认展示最近 7 天的曝光表现，卖家可以筛选时间选择需要查看的数据，如图 4－22 所示。

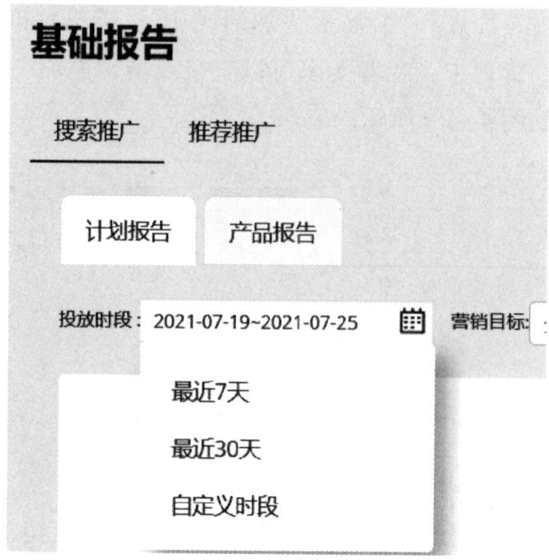

图 4－22　选择需要查看的时间段数据页面截图

（一）基础报告

在“基础报告”中可以查看每天的曝光点击花费情况，以及最近半年的历史数据，如图 4－23 所示。数据报告于中国时间每天凌晨更新，更新美国时间前一天的数据。“基础报告”中的数据可以导出，直接点击“导出”按钮即可。

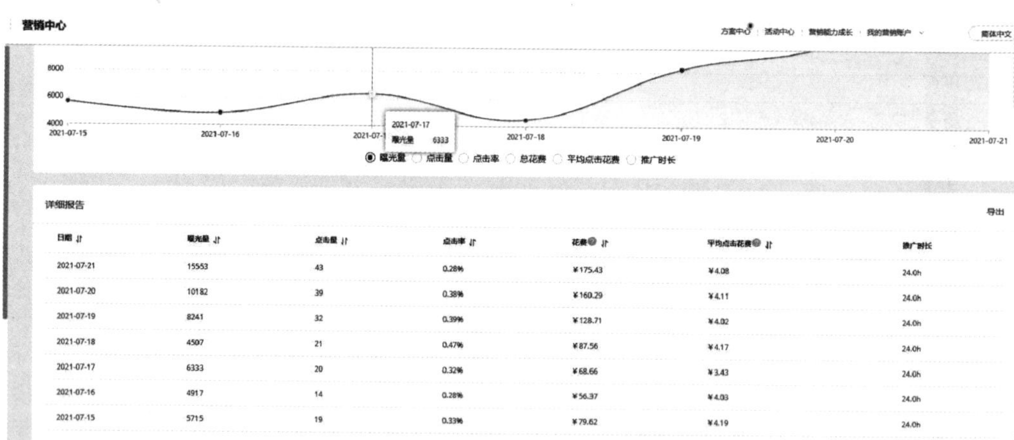

日期	曝光量	点击量	点击率	花费	平均点击花费	推广时长
2021-07-21	15553	43	0.28%	¥175.43	¥4.08	24.0h
2021-07-20	10182	39	0.38%	¥160.29	¥4.11	24.0h
2021-07-19	8241	32	0.39%	¥128.71	¥4.02	24.0h
2021-07-18	4507	21	0.47%	¥87.56	¥4.17	24.0h
2021-07-17	6333	20	0.32%	¥68.66	¥3.43	24.0h
2021-07-16	4917	14	0.28%	¥56.37	¥4.03	24.0h
2021-07-15	5715	19	0.33%	¥79.62	¥4.19	24.0h

图 4－23　“账户报告”页面截图

（二）产品报告

“产品报告”中可以查看产品扣费情况和推广效果。根据推广的数据结果优化或更换推广的产品，也可以根据买家的喜好进一步优化产品信息，选择适合产品推广的关键词，如图 4－24 所示。

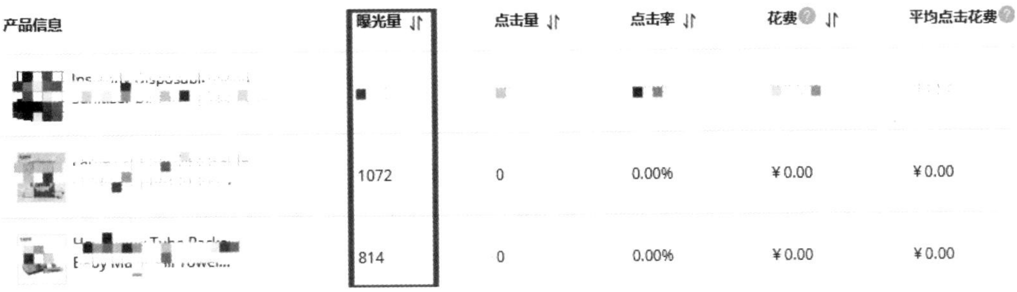

图 4－24　“产品报告”页面截图

（三）关键词报告

“关键词报告”中可以查看关键词的扣费情况和效果。数据默认显示“最近 7 天”，也可以筛选其他时间段，如图 4－25 所示。

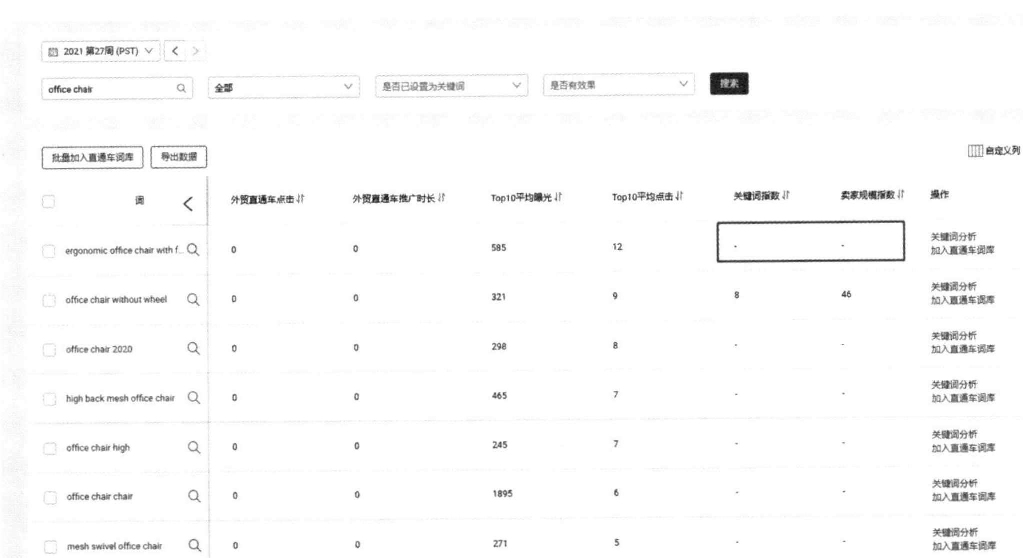

图 4－25　“关键词报告”页面截图

（四）操作记录

“操作记录”中可以查看网店最近 60 天的数据操作记录，包括启动或暂停推广、修改价格、添加新词等。页面显示的操作时间为美国西部时间，如果使用 P4P 工具软件，操作渠道会显示为 App 端，如图 4－26 所示。

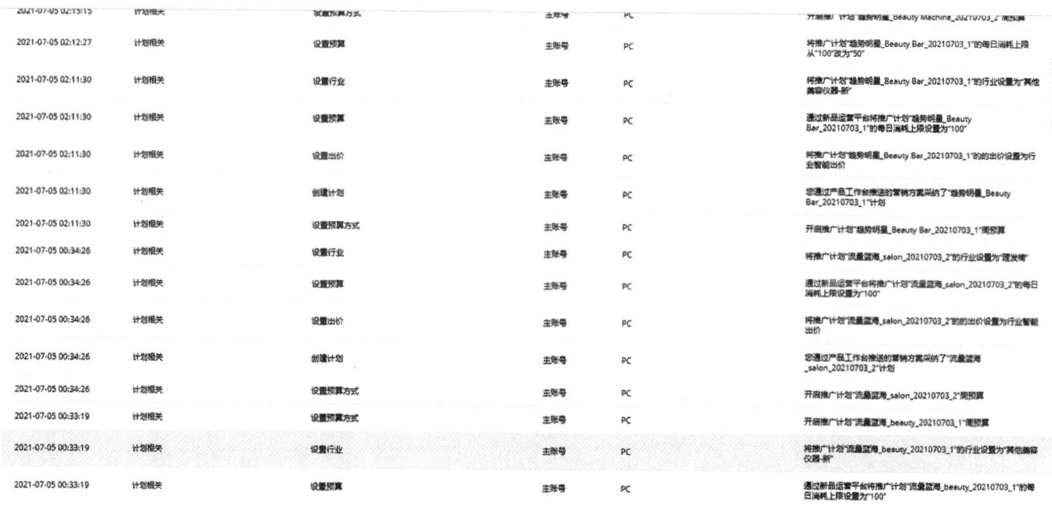

图 4－26　“操作记录”页面截图

（五）账户

“账户”中可以进行金额充值、账号授权、设置限额等操作，如图 4－27 所示。需要注意的是，只有主账号才可以使用外贸直通车功能；主账号可以授权制作员且只能是 1 个制作员；业务员账号和业务经理账号都无法使用外贸直通车。

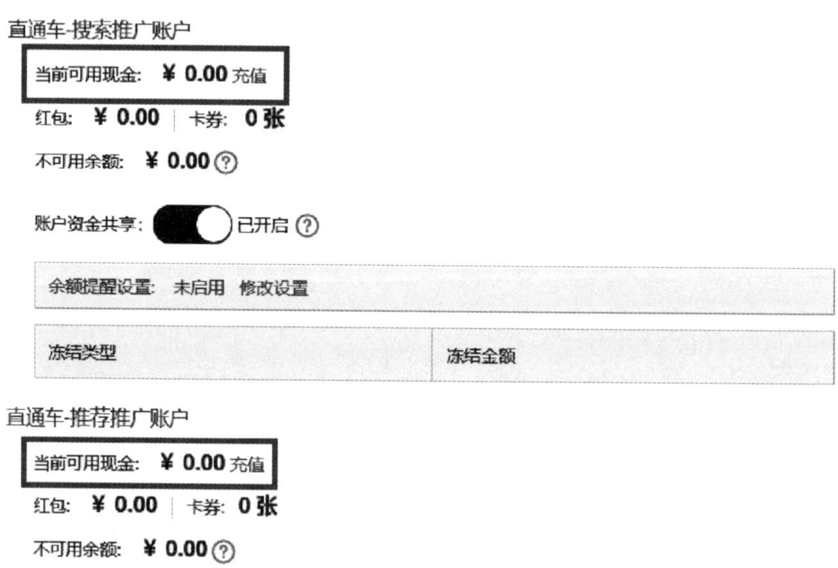

图 4－27　“账户”页面截图

任务二　顶级展位和橱窗设置

知识储备

一、顶级展位认识

1. 顶级展位的概念

顶级展位是阿里巴巴国际站提供的品牌营销产品，可将卖家购买关键词展现在搜索结果的第1位，并带有专属皇冠标志和“Top sponsored listing”的字样，如图4－28所示。

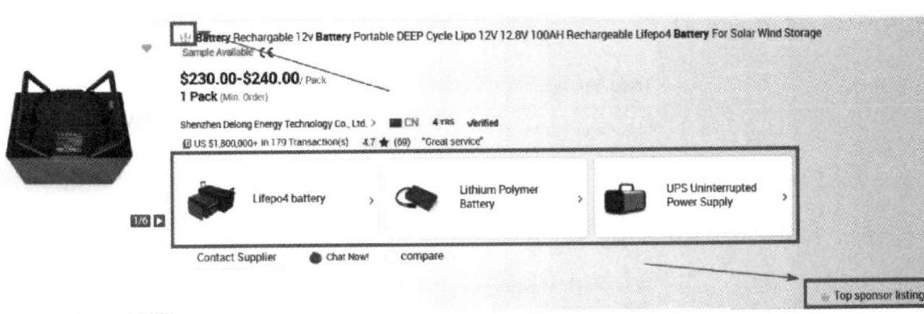

图4－28　顶级展位展示页面截图

顶级展位根据关键词近一年内的搜索量、曝光量和点击量三个维度综合考虑，因此售价也不同。此外，顶级展位售卖分为PC端和App端，两个端口互不相同，需要单独购买。例如，企业A购买了paper box在PC端的顶级展位，而paper box在App端的顶级展位是企业B购买的。

顶级展位合作流程，如图4－29所示。

图4－29　顶级展位合作流程

2. 顶级展位的价值

顶级展位采用更加合理化的产品投放，帮助卖家更合理地利用资源，同时也帮助买家提升搜索体验。

（1）针对卖家

顶级展位帮助卖家优化产品投放，通过醒目的标识帮助提升卖家在买家端的关注。

（2）针对买家

产品推广信息长期不变影响买家体验，顶级展位的推出为买家提供更丰富的产品信息，有助于提高买家体验度。

（3）针对网站

通过顶级展位对主搜区域的优化，从而提升产品转化率，使买卖双方利益都能得到很好的提升。

知识链接

True View

True View 视频是发布种草短视频的主阵地，优质视频将有更多公域展示场景。通过 True View 频道精准触达买家，获得买家关注、新人和二次回访，促进商机高效转化，如图 4-30 和图 4-31 所示。

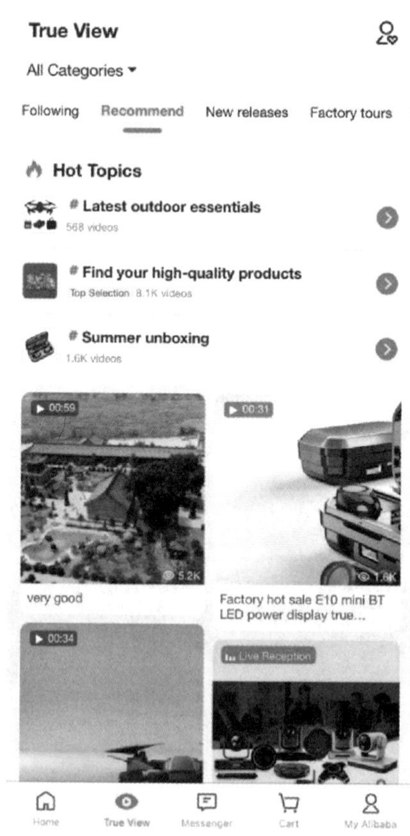

图 4-30　App 端“True View”页面截图

图 4-31　PC 端 True View 后台入口

卖家可以在 True View 后台查看发布的视频效果如何，以及设置视频内容分享的渠道，让更多人看到卖家展示的视频，如图 4-32 所示。

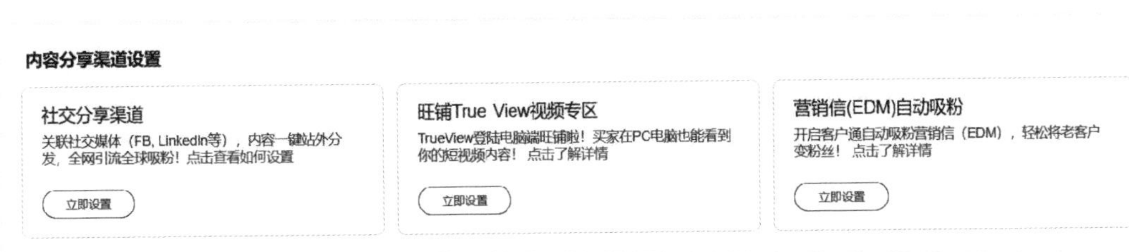

图 4-32　内容分享渠道设置页面截图

二、橱窗的认识

橱窗即橱窗展示位，是一种营销推广工具。卖家添加到橱窗的产品，在同等条件下享有搜索优先排名权益；同时可在卖家的全球旺铺中做专题展示。卖家可根据公司推广需求，自主选择需要推广的产品，如推广效果好的产品、新品或主打产品等，如图 4-33 所示。

橱窗产品优势有以下 3 点：

①享有搜索优先排名，在同等条件下，橱窗产品排在非橱窗产品之前；

②拥有公司网站首页推广专区，提升主打产品推广力度；

③自主更换橱窗展示产品，轻松掌握主打产品推广的主动权。

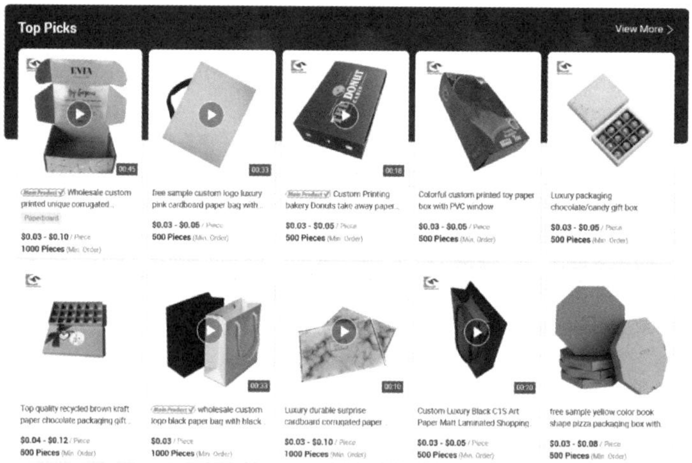

图 4－33　橱窗展示页面截图

任务实施

子任务一　顶级展位设置

（一）设置步骤

1. 选择关键词

主账号登录“My Alibaba”，在“营销中心”模块选择“顶级展位”进入界面，点击“已购买的关键词”模块，选择需要绑定的关键词，点击“立即绑定”按钮，如图 4－34 至图 4－35 所示。需要注意的是，“顶级展位”模块目前只有主账号和被授权的一个制作员账号可以进行操作，其他子账号暂时没有操作权限。

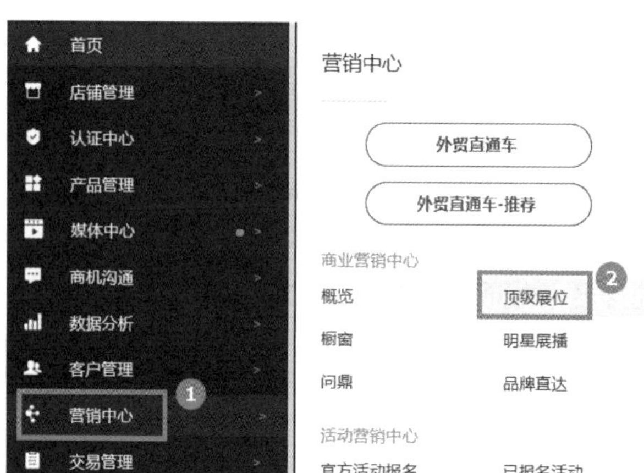

图 4－34　进入“顶级展位”页面截图

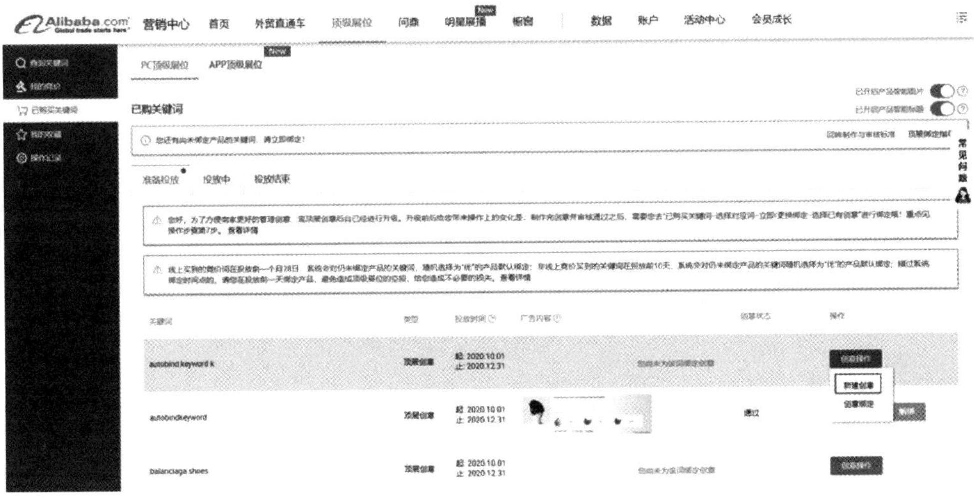

图 4－35　选择关键词绑定页面截图

2. 选择创意模板

在“新建创意”中，选择创意模板。顶级展位分为 PC 端创意和 App 端创意。PC 端创意模板包括经典顶展、视频样式、子链样式；App 端创意模板分为单品经典样式、多品创意样式、子链样式。

本案例以 PC 端视频模板为例，进行顶展创意模板绑定的展示，如图 4－36 所示。

图 4－36　选择创意模板页面截图

3. 绑定产品

绑定关键词后，再选择需要推广的产品，且信息相关性为“优”的产品，点击“保存并继续”按钮进入下一步，如图 4－37 所示。若需要绑定非“优”产品，建议卖家先优化其产品，再进行产品绑定。

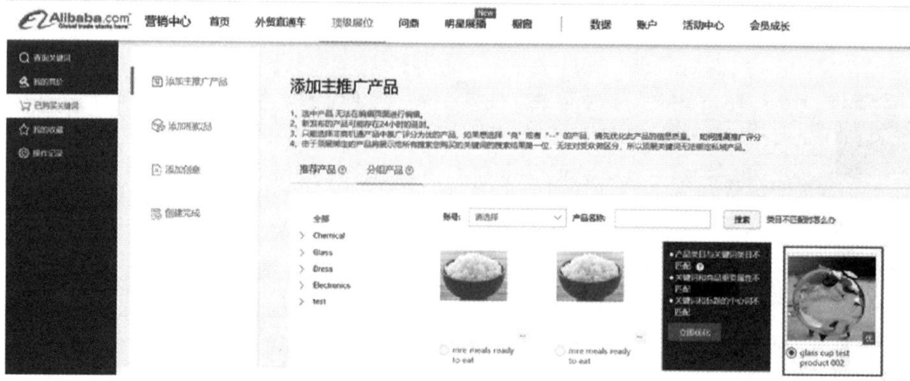

图 4－37　添加主推广产品页面截图

在添加相似品环节，可自行选择系统推荐、自主选择、不展示，如图 4－38 所示。

图 4－38　添加相似品页面截图

4. 添加创意

有三部分内容需要添加，分别是广告语，视频封面和视频，如图 4－39 所示。

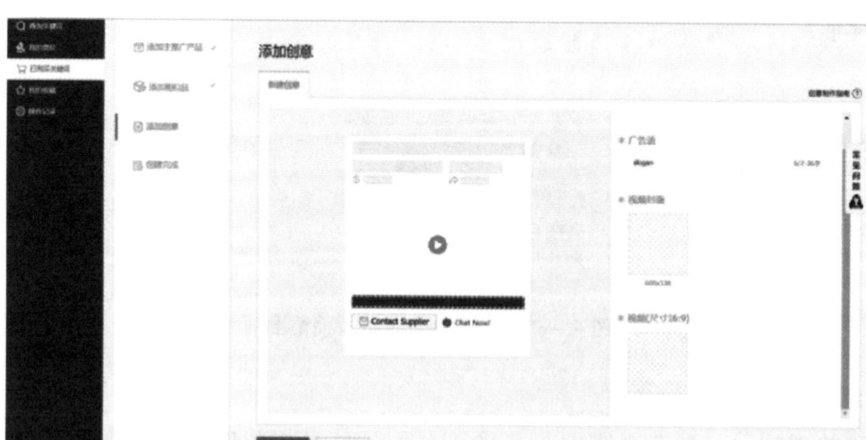

图 4－39　添加创意页面截图

视频封面和视频不支持本地上传，需要从图片银行和视频银行中选择已经审核通过的图片和视频，如图 4－40 所示。卖家将拍好的视频上传至图片银行和视频银行后，阿里巴巴国际站需要1个工作日进行审核，所以建议卖家添加创意前提前上传视频进行审核。

图4－40　从视频银行选取已经审核通过的视频页面截图

制作完成后可以在预览页面确认广告语、图片和视频是否都上传正确，确认无误之后点击“保存并提交”按钮完成上传，提交后点击“管理关键词”可以查看该创意的审核状态，如图4－41和图4－42所示。

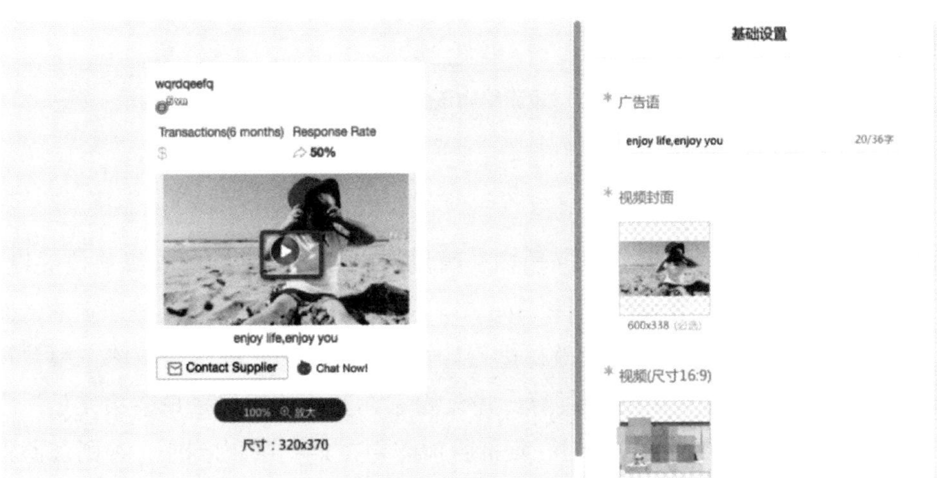

图4－41　预览创意页面截图

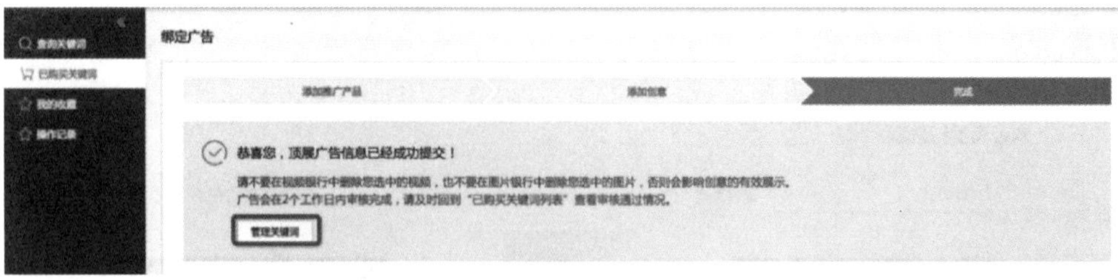

图 4－42　创意提交页面截图

5. 查看审核结果

提交完成后，可以在“已购买关键词”页面查看创意的审核结果。阿里巴巴国际站的顶级展位审核周期一般需要 3～5 个工作日。

如审核结果为未通过，可以在对应样式的右下角查看创意样式被拒绝的原因。卖家需要点击“编辑”按钮，重新对该创意进行编辑并再次提交，如图 4－43 所示。

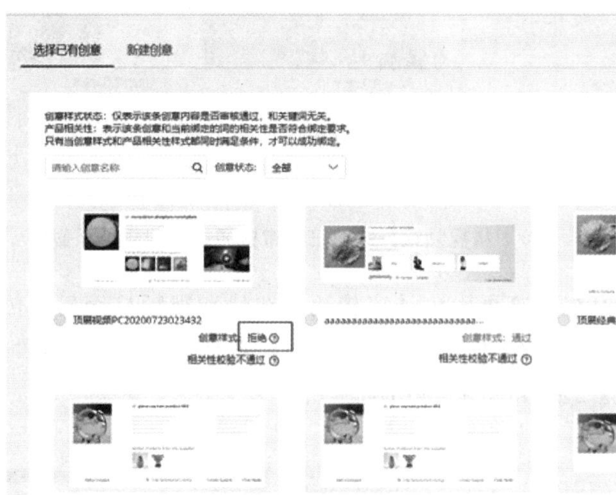

图 4－43　重新编辑该创意页面截图

（二）顶级展位竞价

顶级展位竞价是在每月特定时间段内，由用户自助线上抢购的顶级展位关键词。顶级展位竞价每月一次，分为 PC 端和 App 端。顶级展位竞价的价格不是固定的，而是根据“关键词”在上一个月的投放效果进行计算，在次月竞价时进行价格调整，顶级展位竞价是用直通车账户中的款项结算，建议卖家在竞价前确保账户余额充足；当竞价结束时账户款项不够支付竞价词时，竞价款项需要在 24 小时内到账，否则资源将被释放用作下次售卖。

1. 主账号确认协议

企业若是首次参与竞价，则需要先接受协议，且协议只能由主账号确认接受，确认协议后进入顶级展位竞价界面，如图 4 - 44 和图 4 - 45 所示。

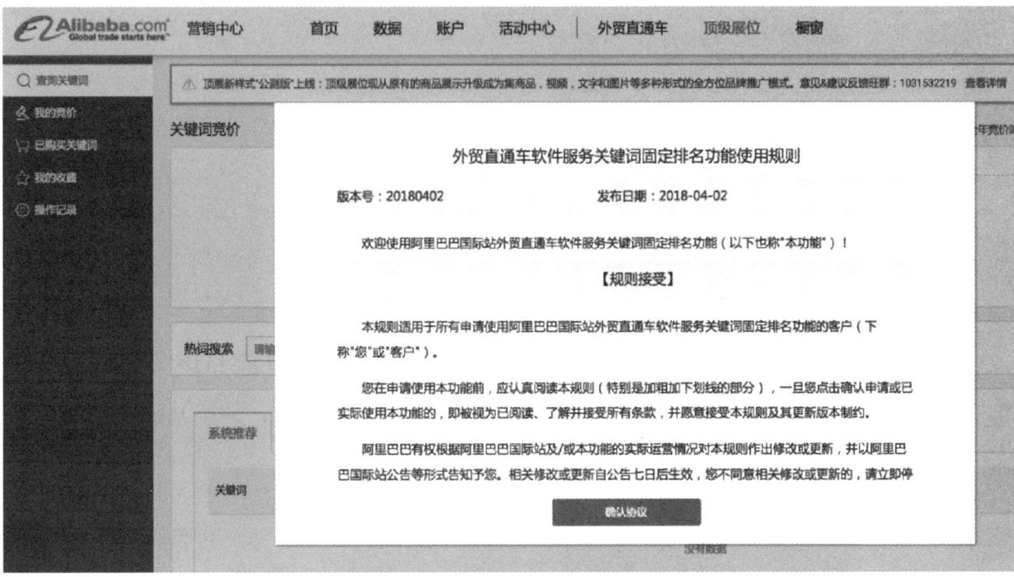

图 4 - 44　主账号确认协议页面截图

图 4 - 45　顶级展位竞价页面截图

2. 竞价前的准备工作

（1）收藏关键词

在竞价未开始前，卖家可以通过系统推荐提前收藏好需要参与竞价的关键词，如果系统搜索中没有想要的关键词，也可以通过搜索框搜索查找需要的关键词，如图 4 - 46 所示。

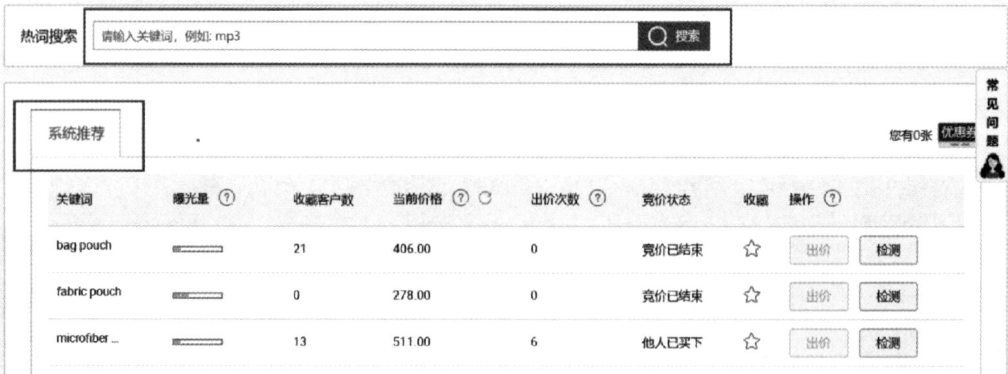

图 4－46　查找收藏关键词页面截图

（2）检测

卖家可以通过点击“检测”按钮，查看当前网站上是否有能和该关键词绑定为“优”的产品，如果没有合适的“优”产品，建议卖家提前发布，如图 4－47 所示。

图 4－47　检测页面截图

3. 售卖出价

当售卖开始时“出价”会变成黄色，点击“出价”按钮弹出“出价框”，出价提交之后即表示参与了该关键词的竞价，系统会自动冻结卖家的直通车账户金额，直到有其他用户出价领先，卖家的出价才会被释放。

当该关键词在本次竞价中第一次被出价，即出价为底价且无须加价，如图 4－48 所示。

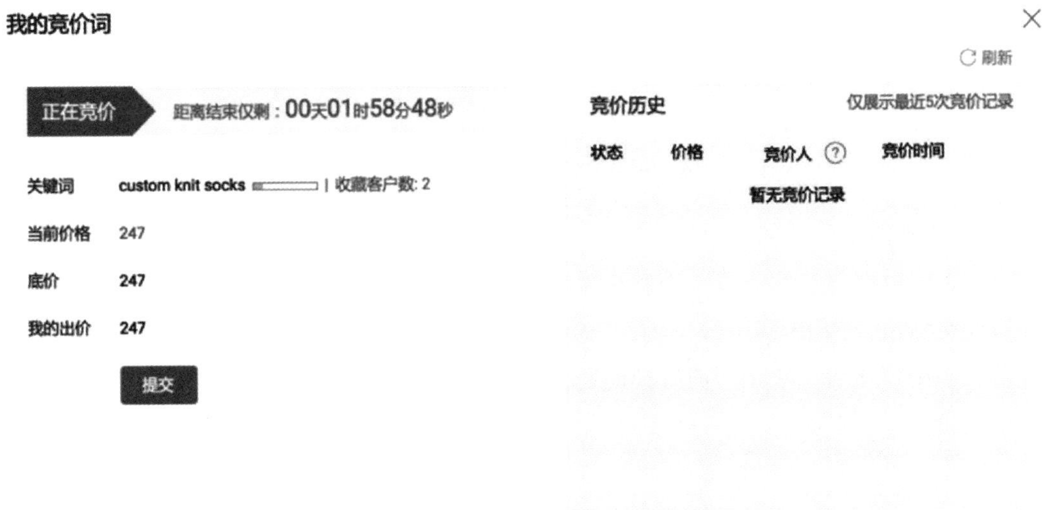

图 4－48　出价为底价无须加价页面截图

当该关键词在本次竞价中第二次及以上被竞价，加价幅度可自定义，自定义范围：50～1500 元的，金额为不含小数点的整数。出价框右侧可看到该词最近 5 次的竞价记录，如图 4－49 所示。

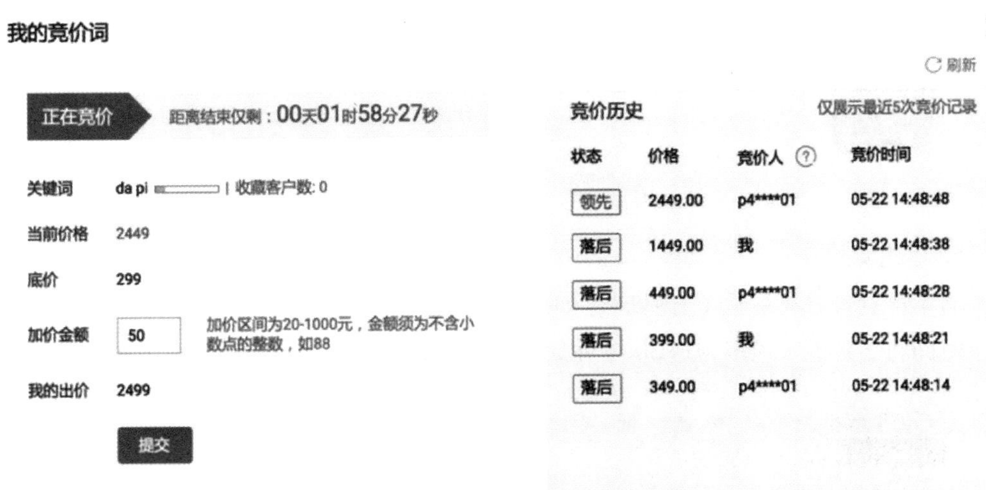

图 4－49　查看竞价记录页面截图

竞价结束后，卖家可以在“我的竞价”模块中的“竞价状态”查看该竞价是否成功，如图 4－50 所示。当关键词的状态是“我已买下”，代表该关键词卖家已经竞价成功；当关键词的状态是“他人已买下”，则代表该关键词竞价不成功。竞价结束 2 小时内，卖家可以在“已买关键词”中查看到已经竞价成功的关键词，并可进行创意绑定。

图 4 –50　查看竞价状态页面截图

4. **管理竞价**

卖家可以在“我的竞价”中管理本次已经参与过竞价的关键词，进行监控竞价状态以及重新出价，如图 4 – 51 所示。竞价状态中“领先”表示卖家当前出价为第一；竞价状态中“落后”表示当前有其他卖家出价高于自己，可以重新点击“出价”进行新的出价。

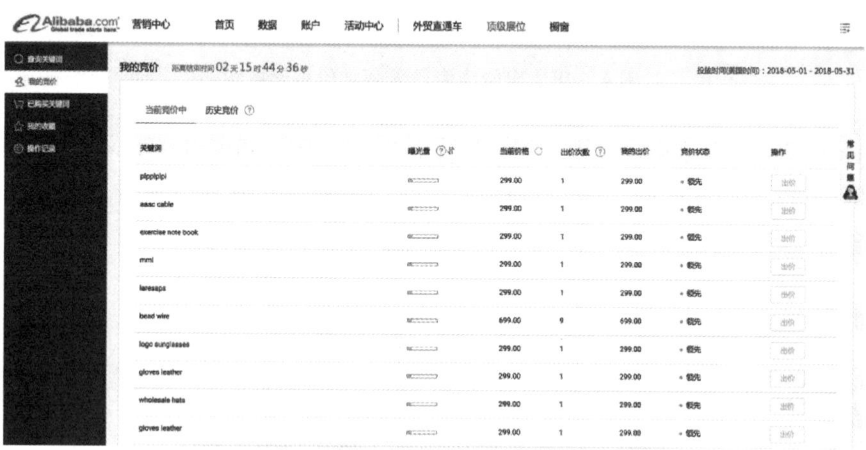

图 4 –51　管理竞价页面截图

5. **延迟竞价**

当本次竞价只有最后 1 分钟时，如果有客户仍然在继续出价，那么对应关键词的结束时间将会延迟。最多延迟 30 分钟。具体每个词的延时情况，如图 4 – 52 所示。

图 4 –52　延迟竞价页面截图

子任务二　橱窗设置

（一）开通橱窗

一般付费会员自带2组共10个橱窗，不需要额外操作开通，但以下几种情况需要卖家在My Alibaba后台单独操作开通：

①找客户经理单独购买的橱窗产品；

②赠送的橱窗产品；

③金品诚企橱窗产品共40个组，其中只有10个橱窗无须额外开通，其他30个需要额外开通。

案例中的企业是普通付费会员，所以只有10个橱窗。管理员账号登录“My Alibaba”后，在“营销中心”板块选择“橱窗”进入页面，点击“橱窗订单管理”在“待开通订单”中查看需要开通的订单，点击“开通”并在下拉日期中选择开通日期点击“确认”即可，如图4－53和图4－54所示。

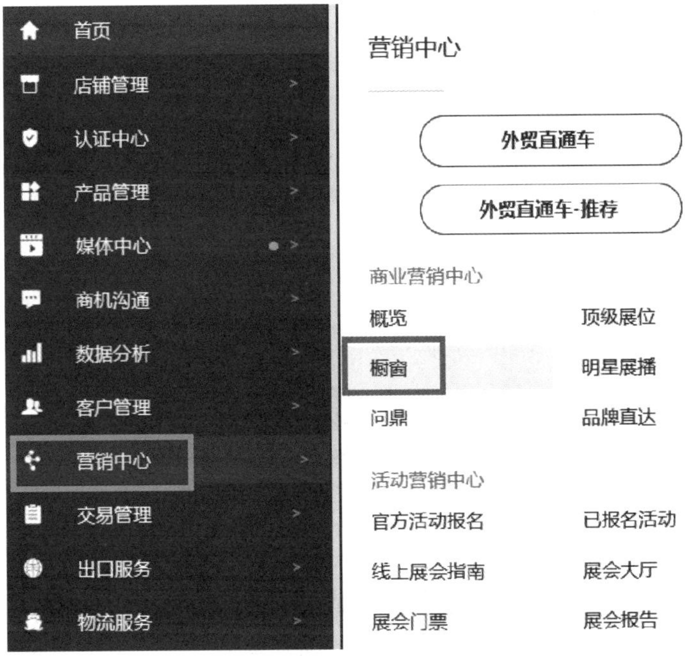

图4－53　“橱窗”模块页面截图

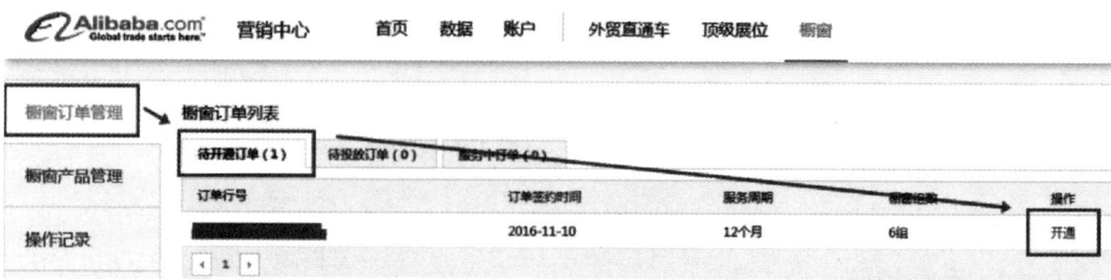

图 4－54　开通订单页面截图

（二）管理橱窗

1. 橱窗产品修改顺序

在"橱窗产品管理"页面中的"服务中橱窗"模块下，鼠标移动至需要修改排序的橱窗产品右侧，点击"排序"后系统弹出排序框，填写修改调整后的排序数字，点击"确认"按钮完成修改，如图 4－55 和图 4－56 所示。

图 4－55　橱窗产品排序页面截图

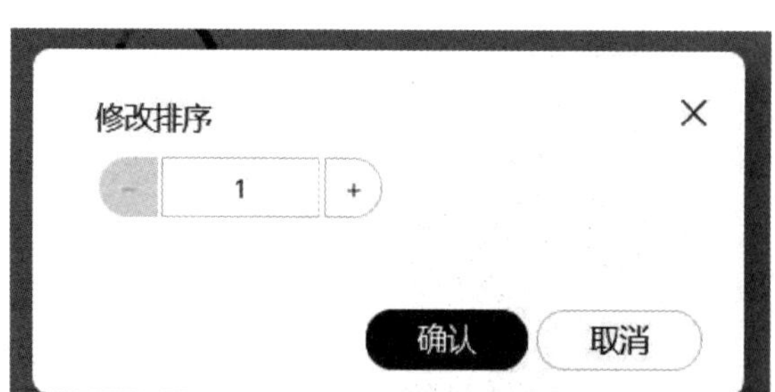

图 4－56　修改排序页面截图

2. 橱窗产品移除

在"服务中橱窗"模块，鼠标移动至需要移除的橱窗产品右侧，点击"更多"，选择"移除"，如图 4－57 所示。该橱窗产品即被删除，该橱窗位后面的橱窗产品会依次前移。

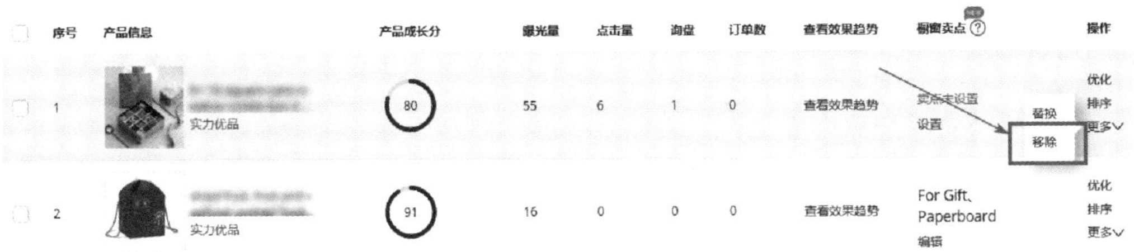

图 4－57　选择“移除产品”页面截图

3. 橱窗产品替换

橱窗产品替换的修改次数没有限制，修改完成后需要 24 小时同步时间。在“服务中橱窗”模块中，选择需要更换的橱窗产品，在右侧点击“更多”，选择“替换”，系统会弹出选择产品框，卖家可以自主选择需要替换的产品，点击“确定”按钮系统会自动替换并保存，如图 4－58 和图 4－59 所示。

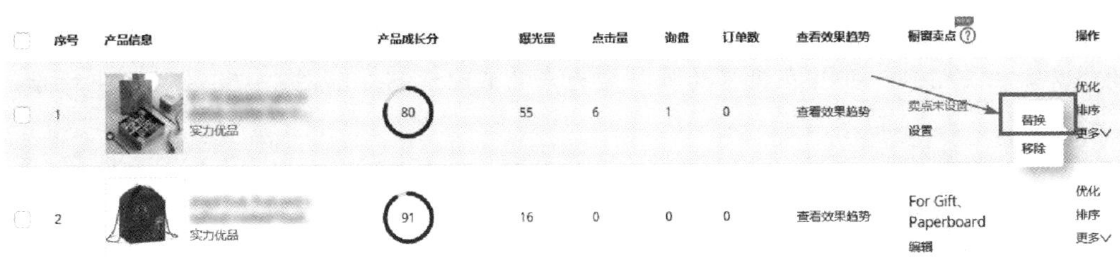

图 4－58　点击“替换产品”页面截图

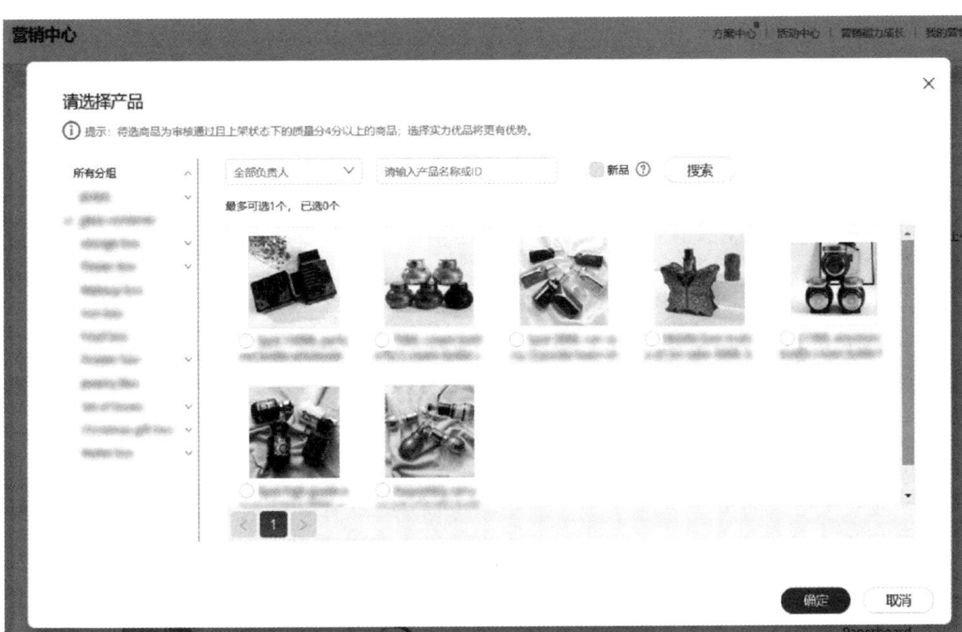

图 4－59　选择新产品替换页面截图

知识链接

如何充分发挥橱窗优势

（一）优化选择橱窗产品

橱窗有排名优先权的特点，所以卖家在选择橱窗产品时需要从多个角度进行筛选。

①主打产品：橱窗产品优先选择最能为企业带来利润和赢得口碑的产品信息。

②热销产品：优质店家都有一款热销产品，被称之为“镇店之宝”，通过这款产品来吸引更多的买家搜索到网店，进行浏览或点击相关的产品等操作，从而带动网店的盈利。

③新产品：与时俱进地呈现新产品，对于产品发展迅速的行业来说非常重要。

（二）巧用产品详细描述

设置为橱窗的产品需要有较高的信息质量。基于橱窗的高曝光性，在不影响产品信息的情况下，详细描述可以适当扩展公司的其他主打产品，也可以展示能凸显公司的优势等相关信息，并且在设置为橱窗后为产品匹配卖点，如图 4－60 图 4－61 所示。

图 4－60　设置橱窗卖点页面截图

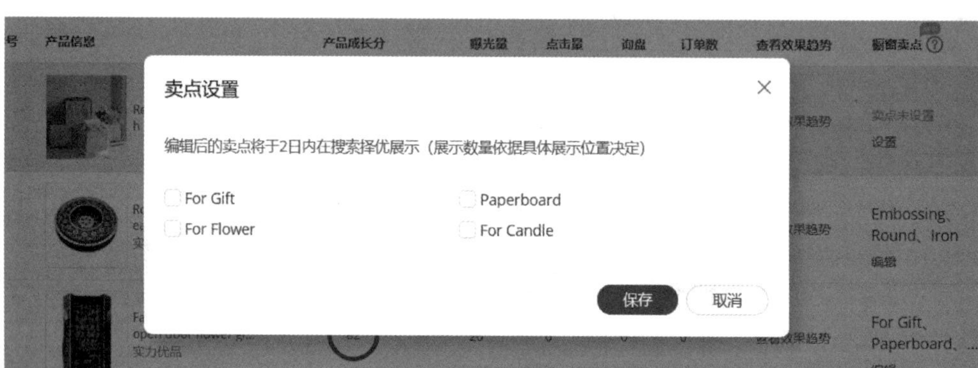

图 4－61　选择产品卖点页面截图

（三）选好买家搜索词

在同等排名的情况下，选择买家使用多的搜索词能带来更多的曝光。因此，橱窗可以选择热度高一些的词。但由于行业下热门词普遍竞争激烈，因此橱窗产品在使用买家搜索词时需要更加精准。

（四）充分利用图片

橱窗的曝光度非常高，因此图片除了展示产品外，还可以结合实际情况传递更多信息，如多角度展示产品细节、产品认证信息、产品卖点等。

（五）巧用橱窗排版

全球旺铺页面的橱窗产品有专门的展示区域，卖家在设置时需要注意橱窗产品的排列先后顺序，优化产品布局，更有利于买家的挑选，如图 4－62 所示。

图 4－62 全球旺铺页面橱窗专属模块页面截图

任务三 活动营销

微信扫描 视频讲解

一、店铺自主营销

（一）优惠券

优惠券有引流的作用。买家可以从多个渠道发现并获取优惠券。此后，通过优惠券的金额减免，可以提高买家的支付意愿，同时也为卖家提供更多的自营销渠道；卖家可以通过设置优惠券的领取时间和使用时间，为自己的网店引流蓄势、锁定成交，最终促进买家消费，提高网店的购买转化率。

1. **创建优惠券活动**

登录“My Alibaba”在“商家自营销中心”模块，选择“优惠券”进入页面，如图 4－63 和图 4－64 所示。优惠券活动创建流程如图 4－65 所示。

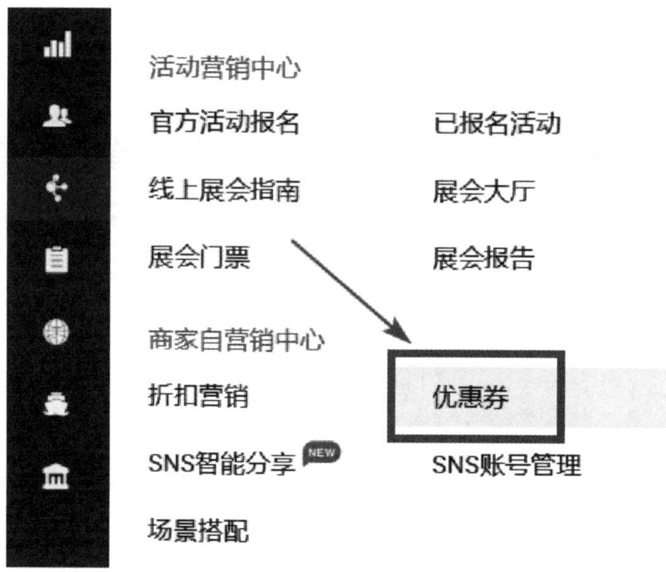

图 4－63 选择“优惠券”页面截图

图 4－64 “创建优惠券活动”页面截图

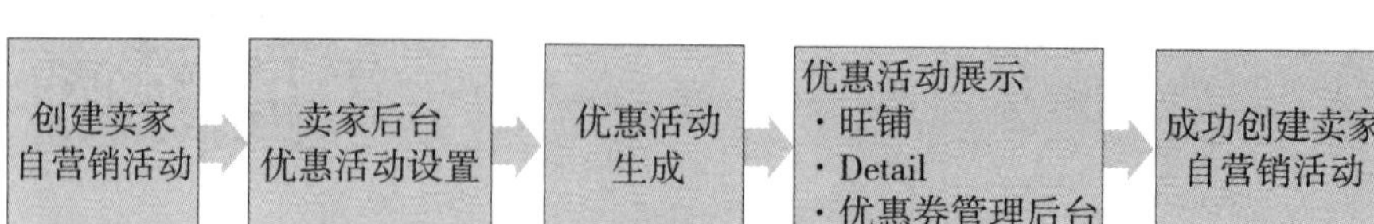

图 4－65 优惠券活动创建流程

在“创建优惠券活动”页面，点击“创建优惠券”按钮进行优惠券创建设置，填写的信息均为必填项。

（1）基本信息设置

需要填写券标题，选择使用场景，设置有效期。券标题只用于后台活动记录，不会在前台展示，可根据活动信息设置，不能超过60个字符，如图4－66所示。

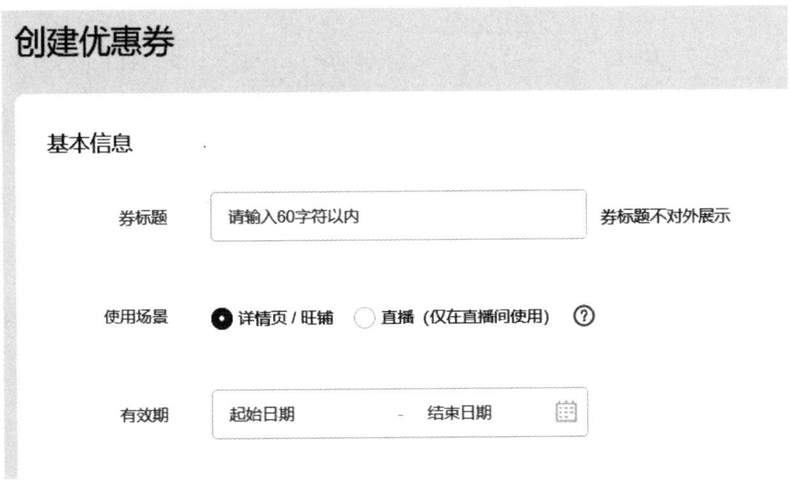

图4－66　优惠券基本信息设置页面截图

（2）面额信息设置

优惠券分为“满减券”和“满折券”。

①“满减券”的数量不能超过10000张，优惠的金额最低为5美元，最高为10000美元，优惠金额必须是5的整数倍。并且满减券需要设置使用门槛，当买家的金额大于等于设定的数值后，即可使用优惠券，如图4－67所示。

图4－67　“满减券”设置页面截图

②“满折券”的发放数量和使用门槛与“满减券”相同，优惠折扣可以设置在 0.1～9.9 以内，同时卖家也可以设置优惠上限，不超过 10000 美元，如图 4－68 所示。

图 4－68 “满折券”设置页面截图

（3）产品信息设置

卖家可以选择针对全店铺产品或是特定商品进行优惠券的活动，同时也可以设置发布时间，立即发布或是选择特定时间发布，如图 4－69 所示。优惠券创建信息完成后，点击“创建”按钮提交即可。

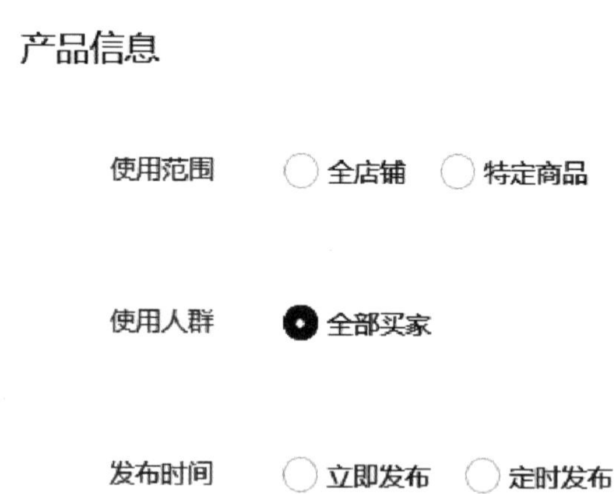

图 4－69 “产品信息”设置页面截图

2. 优惠券活动展示

当平台优惠券与商户自营销优惠券同时存在时，优先展示平台活动。

旺铺中导航栏有“Promotion”模块，对店铺活动进行统一展示，如图 4－70 所示；

旺铺首页也可添加单独的促销模块，如图 4 – 71 所示；产品页面优惠券展示，如图 4 – 72 所示。

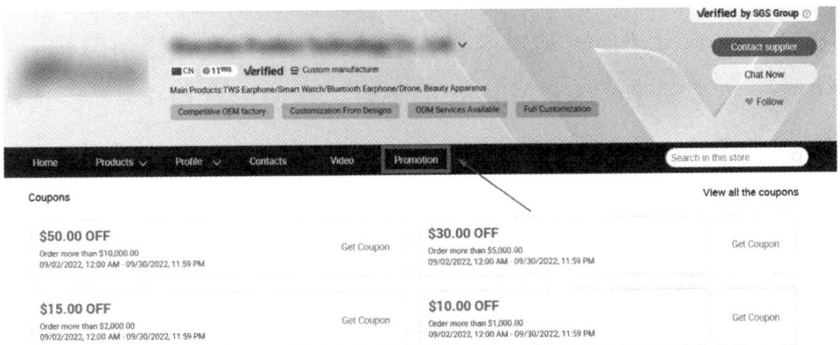

图 4 – 70　旺铺"Promotion"模块页面截图

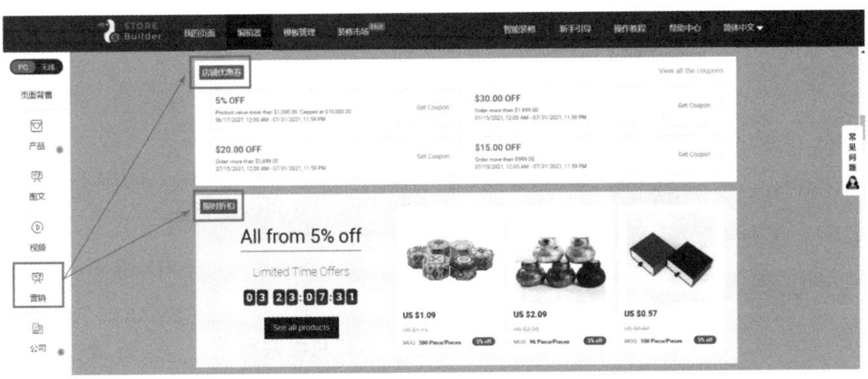

图 4 – 71　旺铺首页"店铺优惠券"与"限时折扣"模块页面截图

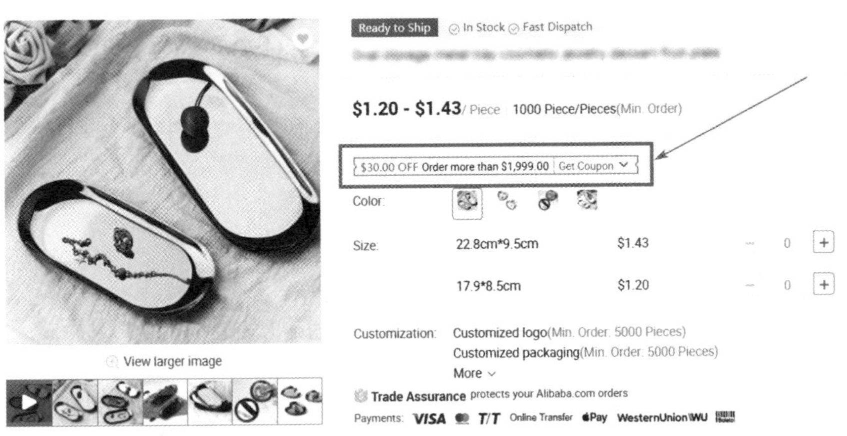

图 4 – 72　产品页面优惠券展示页面截图

（二）折扣营销

阿里巴巴国际站除了优惠券的营销活动，卖家还可以设置“限时折扣”活动，这类活动相比领取优惠券再使用，买家的操作更简单，并且没有使用门槛的要求。卖家在设置的过程中，需要进入“My Alibaba”后台，点击“营销中心”，选择“折扣营销”进行创建，如图 4－73 所示。

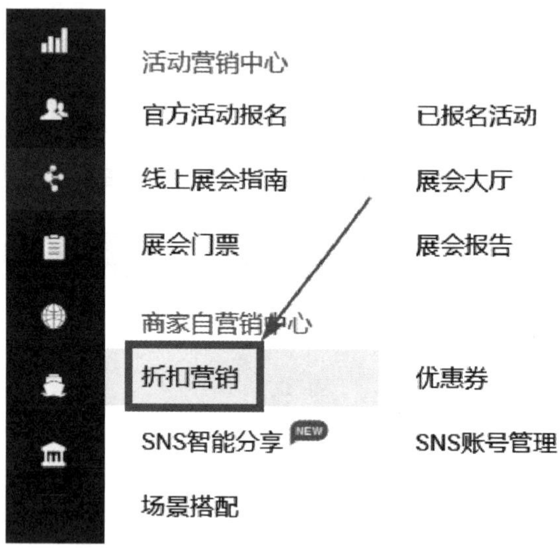

图 4－73 “折扣营销”入口页面截图

卖家进入“折扣营销”首页，点击右上角“新建活动”，即可创建活动，如图 4－74 所示。

图 4－74 “新建活动”入口页面截图

卖家填写活动的基本信息，包括活动名称、活动起止时间、活动人群和活动条件，并且卖家选择哪些产品参加该营销活动，单次活动最多支持 50 个商品进入活动，并为选出的产品设置优惠折扣，完成后即可创建活动，如图 4－75 至图 4－77 所示。

图 4 －75　填写活动基本信息页面截图

图 4 －76　选择商品页面截图

图 4 －77　设置活动商品的库存和折扣页面截图

二、平台限时活动

（一）三月新贸节、九月采购节

阿里巴巴国际站全年中最重要的两个活动分别是三月新贸节和九月采购节，也是卖家参与数最多的活动。

三月新贸节活动时间在每年 3 月，一般为期 1 个月。新贸节包括行业会场和特色会场两大会场，两大会场下设置不同的分会场活动，每个分会场均有各自的准入条件，卖家可以根据店铺情况进行报名。

九月采购节在每年 9 月开展，目前活动包括行业会场、特色会场和内容会场。在外贸行业，9 月是国外买家的采购高峰期，而与外贸相辅相成的物流更是整个交易中的重中之重。阿里巴巴国际站致力于促进中小企业的跨境贸易，菜鸟物流更是与阿里巴巴国际站直接合作，在大促期间也会推出采购节信保订单使用国际物流满返减活动，帮助中小企业获得更多订单。

根据活动的不同，活动对象和活动条件也有所不同，卖家可以根据具体的活动要求参与。一般来说，行业会场要求商家为 7 月 5 日评定星等级为二星及以上，或者星等级为一星的金品诚企商家；特色会场/内容会场要求商家为评定星等级在一星及以上。具体报名条件根据不同的活动有所不同。另外，若卖家累计惩罚分数达到 24 分或以上，阿里巴巴有权拒绝或限制卖家参加阿里巴巴国际站的各类推广、营销活动或产品/服务的使用。

（二）行业活动

“行业活动”是阿里巴巴国际站搭建的行业活动场景，在买家端每个行业活动都有单独的展示位置，若卖家符合报名活动的条件即可报名参与，如图 4 – 78 所示。

图 4 – 78 “行业活动”页面截图

卖家根据自己网店的实际情况选择需要参加的活动，点击“查看详情”进入活动介绍页面。在活动详情页，卖家仔细阅读活动详情和活动要求，查看是否通过资质，如图4－79所示。确认可以参加活动后，点击“下一步”按钮，进行协议签署，签署后即可提交报名。报名后，阿里巴巴会审核报名信息，审核通过即可参与活动。

图4－79　活动详情页面截图

针对需要商家主动报品的活动，在活动报名审核通过后，商家需要选择参加活动的产品，并且平台会针对产品进行再次审核。通常，参与折扣活动的产品在提交报名后不能修改报名信息，建议卖家在参加活动前，先优化产品等相关信息。选择后点击“提交所有已暂存的商品”按钮完成提交，如图4－80所示。

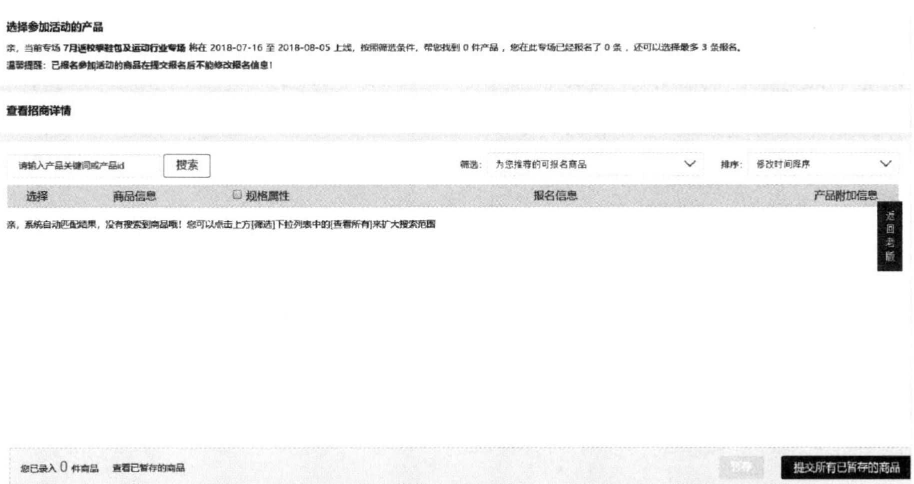

图4－80　提交产品报名活动页面截图

企业投放 P4P 产品，参与顶级展位的投放，针对部分商品还设置了优惠券，给买家更多优惠的同时有效地宣传了品牌形象，这样的营销方式不仅获得了更高流量，还提高了转化率。

思政小课堂

2022 跨境电商（东南）峰会成功举办 阿里巴巴国际站携手泉州加速品牌出海

3 月 1 日，由泉州商务局和阿里巴巴国际站联合主办的 2022 跨境电商（东南）峰会，在福建泉州举办。峰会以“丝路领航 · 品牌出海”为主题，中国品牌出海正当时，国货在海外的受欢迎程度日益提高。

泉州是全国重要的民生制造业大市、全国网商集聚区之一。自 2019 年获批跨境电商综试区以来，泉州大力推动传统产业与互联网创新融合发展，跨境电商贸易额实现迅猛增长。去年 12 月 22 日，泉州与阿里巴巴国际站签订跨境电商品牌出海合作框架协议。本届峰会将更进一步，为泉州跨境电商带来新理念、新机遇，促进跨境电商各个环节进行互动交流、融合，推动泉州转型升级、提质增效。

泉州是海上丝绸之路时代，中国放眼看世界的一个窗口。在新时代，阿里国际站提供给广大外贸商家一个线上沟通世界的平台和窗口。泉州外贸成绩喜人，进入了稳中提质的新阶段，这与阿里国际站坚持跨境电商的长期主义不谋而合。

目前，泉州已经拥有市场采购贸易、跨境电商、外贸综合服务企业、海外仓等一系列外贸的新业态的商业模式，跨境电商已经从规模到质量，实现了真正的转型。阿里国际站的数字新外贸助力品牌出海，助力闽汕商家从这里成为世界品牌，长期主义才是发展方向。

阿里巴巴国际站在助力中小企业品牌出海方面，一直有自身的方法论和成功经验。凡是有差异化竞争力的技术、产品、服务，都可称之为品牌，在阿里巴巴国际站上的商家中，主要有制造品牌、自有品牌，以及提供差异化优质服务的贸易品牌。他们很多都可能只是名不见经传的小工厂、小品牌、小贸易商，但都有潜力成为一个被全世界看到的品牌。在过去一年间，国际站不断加强海外买家的价值保障，卖家多履约赛道的价值升级，以及金流或物流等服务模式的转型升级，帮助中小企业在外贸综合服务能力上，打造可靠有保障的品牌形象。

（资料来源：雨果跨境网）

项目小结

本项目以阿里巴巴国际站网店营销工作为引导，进行阿里巴巴国际站的平台营销学习。通过本项目的学习，让学生了解平台营销和店铺自主营销的方式，掌握 P4P、顶级展位的推广技巧，以及店铺自主营销的操作方法。结合自身网店初期的实际情况，选择合适的营销方式，并能够进行相关的推广操作，监测推广效果。

项目五　数据分析

数据分析是阿里巴巴国际站详尽全面的数据分析模块，卖家通过数据管家能够诊断当前店铺存在的问题，包括产品、转化和流量等，了解店铺运营情况，同时能够针对现有的产品数据开展适合的营销活动。

学习目标

知识目标

1. 了解商家星等级。
2. 了解零效果产品的影响。
3. 了解数据分析各模块指标解释。

技能目标

1. 掌握分析访客来源的方法。
2. 掌握访客营销的方法。
3. 掌握行业视角数据分析的方法。
4. 掌握行业动态分析的方法。

思政目标

1. 引导学生深入研究产品和店铺，并使学生了解如何在工作中发挥工匠精神。
2. 在电商数据收集与获取过程中，严格遵守合法、正当、必要三原则，确保获取数据途径以及数据使用在法律规定的范围内。
3. 培养学生具备法律意识，在数据分析的过程中做到不侵权、不违法。

项目情境

某外贸公司在店铺运营前期，利用外贸直通车、顶级展位等营销方式推广产品，获得一定的推广效果。针对店铺运营和广告推广效果，结合数据分析中店铺数据分析，查看是否需要重新制定并改进产品推广策略。那么如何进行数据分析呢？这一系列知识及能力将在本项目中得到系统的学习和训练。

项目分解

本项目将对阿里巴巴国际站的数据管家进行全方位的讲解，包括商家星等级、店铺数据分析、访客分析与市场洞察四个板块。学生能够通过对店铺产品和关键词的数据分析，结合访客行为数据进行针对性访客营销，并能够以店铺运营者的身份进行店铺运营数据分析。

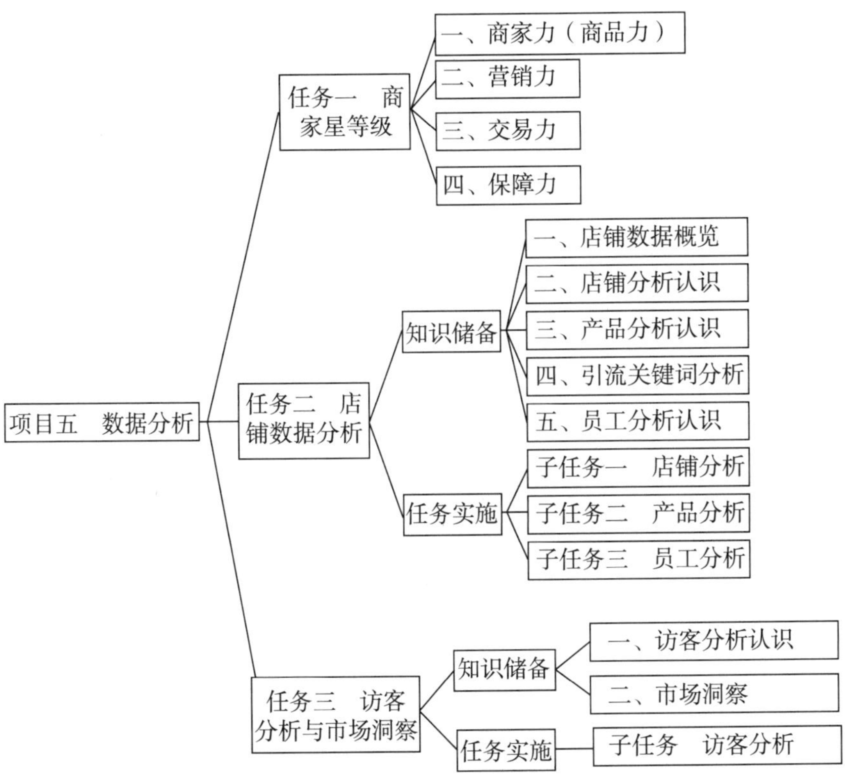

任务一　商家星等级

商家星等级是评估阿里巴巴国际站卖家服务买家能力和意愿的分层体系，通过推动卖家能力提升，帮助商家成长，获得更多商机。商家星等级分为定制星等级和快速交易星等级两个不同的评分体系，当店铺“RTS”品占比达到30%及以上或“快速发货保障”品有 100 个及以上时开启评定，未达到时默认商家星等级为 0 星。

商家星等级由商家四大能力项的表现所决定，分别是商家力（商品力）、营销力、交易力和保障力。四大能力项的分数由其项下多个指标共同影响，根据各指标项权重综合计算对应能力项的分数。各子项指标值越高，对应能力项分数越高。每个能力项满分为 100 分，四大能力项均须符合一定的标准且满足买家服务的基础要求时才能晋级为星级商家。

卖家点击“My Alibaba”—“商家成长”—“商家星等级”，可直接查看商家星等级，如图 5-1 和图 5-2 所示。

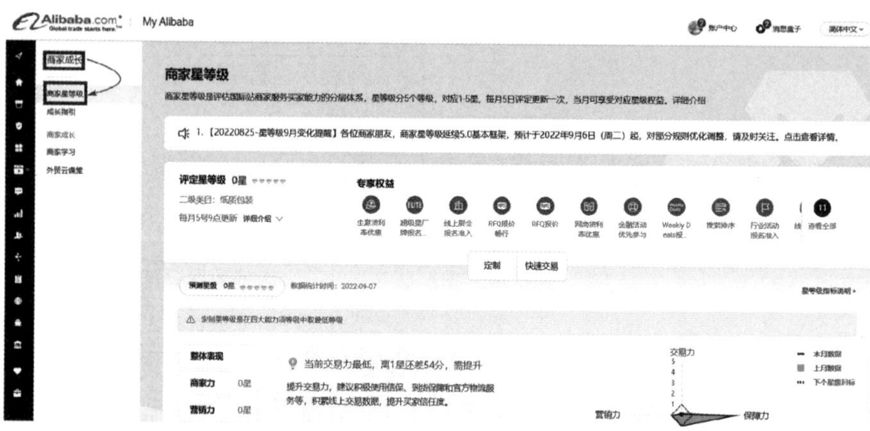

图 5-1　登录“商家星等级”页面截图

图 5-2　“商家星等级”数据展示页面截图

商家星等级的评定分为定制星等级和快速交易星等级两个维度，且各自细分为四大能力项，如下表所示。每个能力项的具体评分指标也有稍有差异，下文将展开讲解。

商家星等级评价程度

商家星等级	
定制星等级	快速交易星等级
商家力	商品力
营销力	营销力
交易力	交易力
保障力	保障力

一、商家力（商品力）

商家星等级的评定分为定制星等级和快速交易星等级。定制星等级中的第一大能力项为商家力，而快速交易星等级中的第一大能力指标为商品力。

（一）商家力

商家力包含 5 项具体评分指标，分别是 Customization 商品成长平均分、Customization 优品 & 爆品数、企业出口实力（加分项）、指定证书得分（加分项）、商标数（加分项）、专利数（加分项）、AEO 证书（加分项）、财富 500 强合作（加分项）、海外现货（加分项）、大牌代工商品数（加分项），如图 5－3 所示。

图 5－3　商家力分数展示页面截图

（二）商品力

包含 3 项具体评分指标，分别是 RTS 商品成长平均分、RTS 优品 & 爆品数，以及海外现货商品力（加分项），如图 5－4 所示。

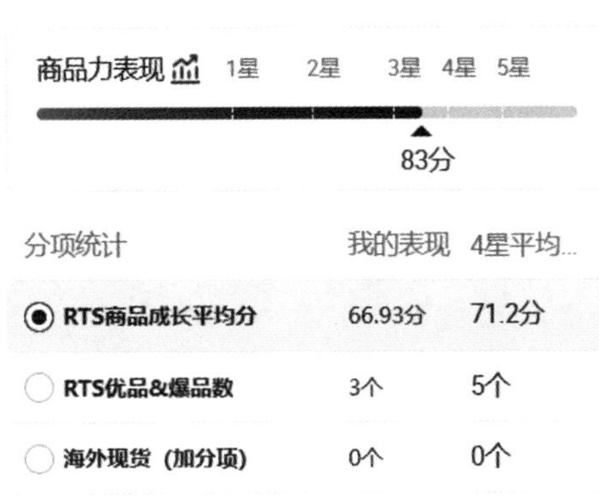

图 5－4　商品力表现页面截图

二、营销力

定制星等级的营销力由商机指数、平均回复时间、营销流量指数、营销商品商机转化率、商机转化率和 RFQ 服务指数（加分项）6 项评分指标进行衡量，如图 5 –5 所示。

分项统计	我的表现	1星平均...
商机指数	50	87
平均回复时间	5.35小时	5.3小时
营销流量指数	1	215
营销商品商机转化率	1.54%	7.03%
商机转化率	2.73%	5.6%
RFQ服务指数（加分项）	0档	0档

图 5 –5　定制星等级—营销力评分页面截图

快速交易星等级的营销力由 RTS 商品总访客数、平均回复时间、营销流量指数、营销商品商机转化率、极速回复率（加分项）共同进行打分，如图 5 –6 所示。

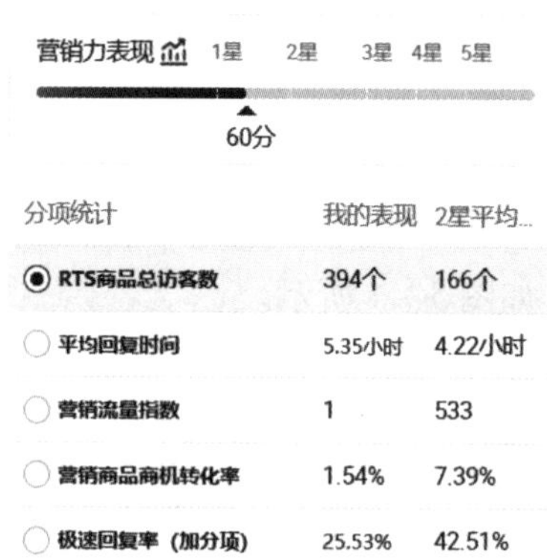

分项统计	我的表现	2星平均...
RTS商品总访客数	394个	166个
平均回复时间	5.35小时	4.22小时
营销流量指数	1	533
营销商品商机转化率	1.54%	7.39%
极速回复率（加分项）	25.53%	42.51%

图 5 –6　快速交易星等级—营销力评分页面截图

三、交易力

定制星等级的交易力由在线交易额、复购率和支付转化率 3 项评分指标进行衡量，如图 5 –7 所示。

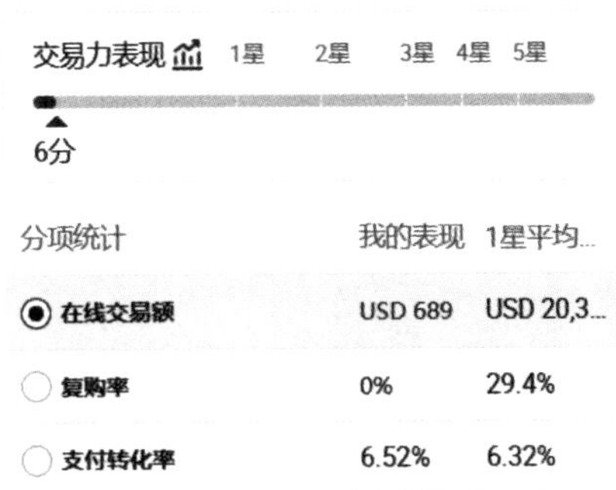

图 5－7　定制星等级—交易力评分页面截图

快速交易星等级的交易力由在线交易额、复购率、RTS 在线交易买家数、RTS 商品总转化率、RTS 在线交易额占比 5 项评分指标进行衡量，如图 5－8 所示。

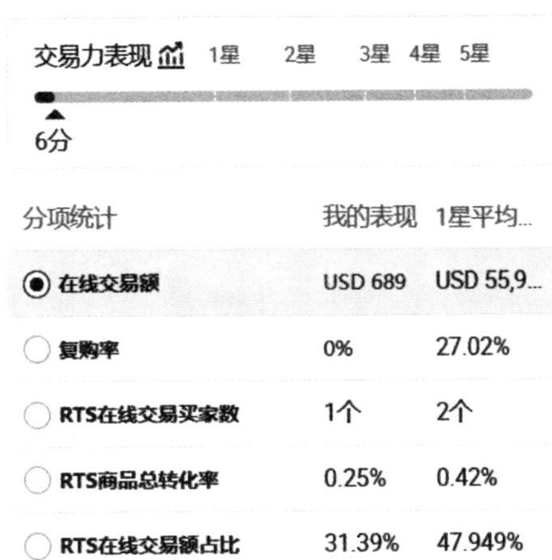

图 5－8　快速星等级—交易力评分页面截图

四、保障力

定制星等级和快速交易星等级的保障力均由风险健康分、按时发货率、买家评价分 3 项评分指标进行衡量，如图 5－9 所示。

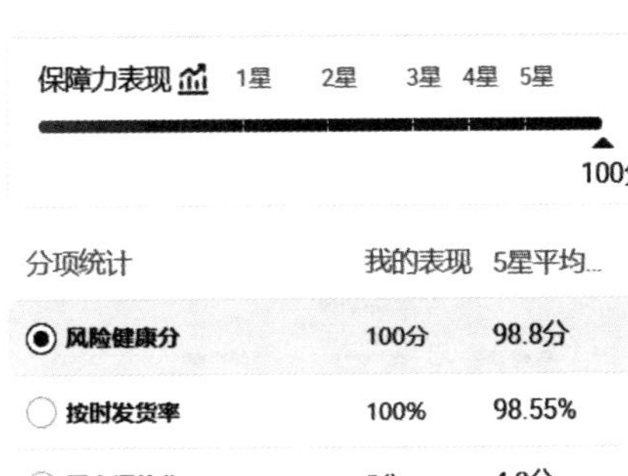

图 5－9　保障力评分页面截图

任务二　店铺数据分析

视频讲解 微信扫描

知识储备

一、店铺数据概览

数据分析中“数据概览”统计的是整个公司店铺的曝光量、点击量和反馈量，数据每天会进行更新，其中，“数据看板”和“数据总览”页页截图如图 5－10 和图 5－11 所示。

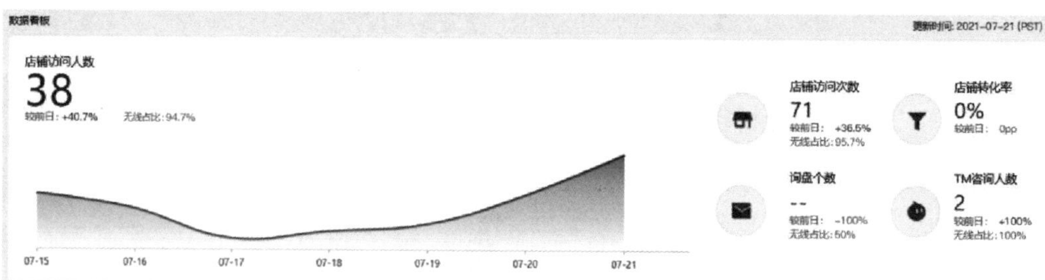

图 5－10　“数据看板”页面截图

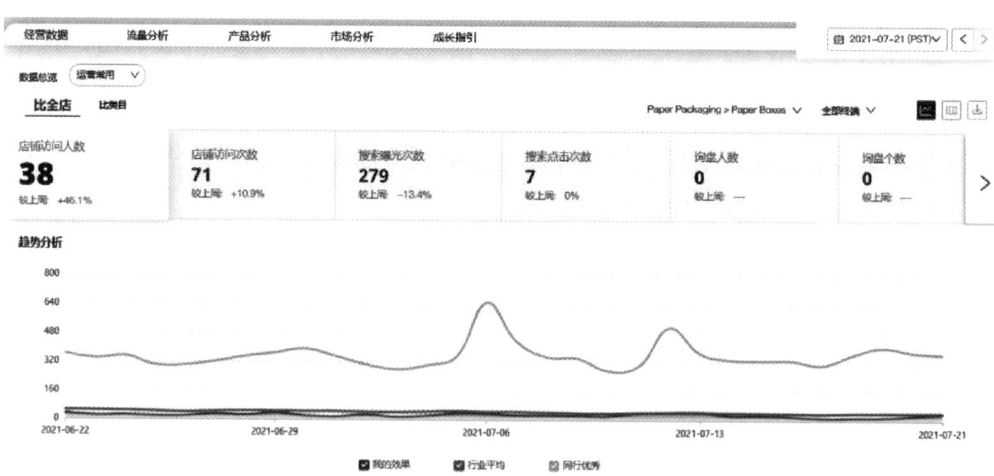

图 5－11　“数据总览”页面截图

①曝光量是指产品信息或公司信息在搜索结果列表页和按照类目浏览列表页中被买家看到的次数。

②点击量是指产品信息或公司信息在搜索结果列表页和按照类目浏览列表页中被买家点击的次数。

③反馈量是指买家针对卖家的产品信息和公司信息发送的有效询盘数量。

备注：效果统计中的曝光量、点击量和反馈量都是统计公司所有账号的总体情况，统计范围包含中国大陆的数据。

（一）界面概览

①默认打开的数据是按天统计，另外还有按周统计和按月统计，共三个时间维度；

②终端类型分为全部、PC 端和无线端；

③类目可查看当前店铺发布产品的主营类目及其他相关类目；

④比全店比的是这个平台整体的数据（不是指选定类目这单个类目下的）；

⑤比类目比的是这个类目下的产品数据。

（二）数据总览

如图 5－12 所示，页面显示店铺一天的店铺访问人数、店铺访问次数、搜索曝光次数、搜索点击次数、询盘人数、询盘个数、TM 咨询人数、信保交易订单个数、信保交易金额和平均回复时长等。

图 5－12　店铺数据总览页面截图

1. 分析维度

搜索曝光次数是指产品信息或公司信息在搜索结果列表或类目浏览列表等页面被买家看到的次数，同时展示当天的曝光量较上周同期曝光量的涨幅变化。通过同行平均比较，可以用来衡量店铺效果。点击展开曝光量数据详情，如图 5－13 所示。

图 5－13　搜索曝光次数数据详情页面截图

“数据总览”展示店铺自身曝光量与同行平均曝光量与 Top10 平均曝光量的对比折线图。

2. **国家及地区分析页面**

展示该店铺选择时间段内，国家及地区搜索曝光次数占比如图 5－14 所示。

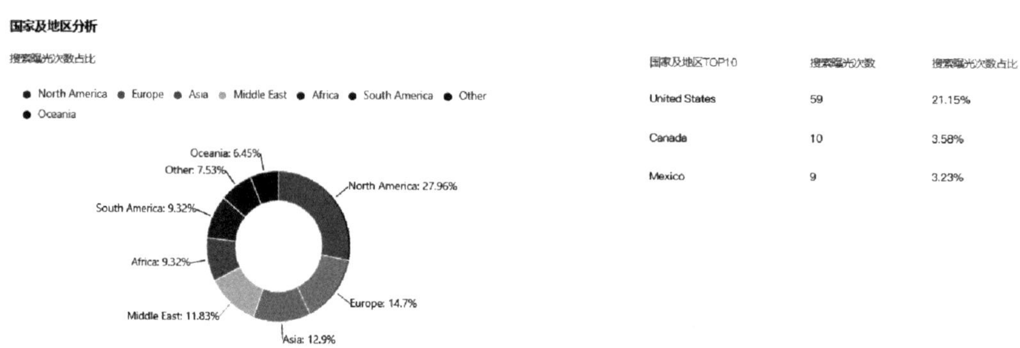

图 5－14　国家及地区分析页面截图

“国家及地区分析”则可以看到北美的流量是最大的，欧洲流量次之，亚洲流量居第三。那么可以根据当前店铺的主营情况分析：如果店铺的产品主要推广地区不是北美，实际搜索来源却恰好为北美，卖家需要及时进行推广区域的调整。同理，上图可以看到北美的 Top3 国家分别为美国、加拿大和墨西哥。

如果店铺主要营销地区非上述区域，那么推广时需要屏蔽掉当前地区的推广，尤其是 P4P 推广设置时可以进行目标国家及地区选择推广。

3. **流量分析页面**

展示该店铺选择时间段内，流量来源 Top4 的渠道，如图 5－15 所示。

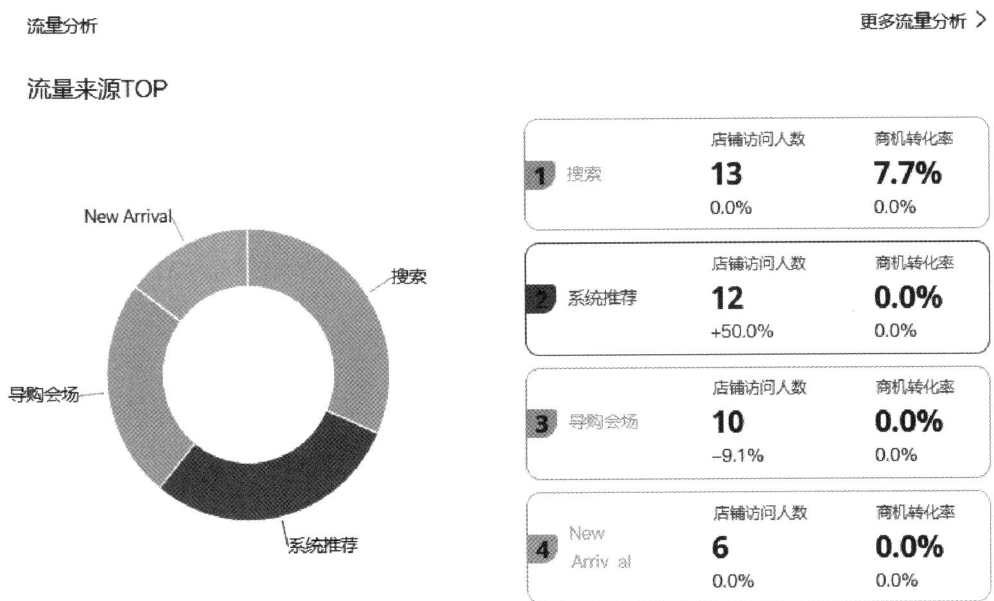

图 5－15　流量分析页面截图

4. **产品分析页面**

展示该店铺选择时间段内店铺人气 Top4 和店铺询盘品 Top4，如图 5－16 所示。

图 5－16　产品分析页面截图

5. **市场分析**

展示该店铺选择时间段内进店买家国家及地区 Top4，以及进店搜索关键词 Top4，帮助卖家梳理出目标国家及地区和引流关键词，如图 5－17 所示。

市场分析 仅统计近30天数据　　更多买家分析 >

进店买家国家及地区Top4

排名	国家及地区	买家数量
1	美国	158
2	沙特阿拉伯	124
3	英国	56
4	澳大利亚	38

进店搜索关键词Top4

排名	关键词	引流买家数量
1	gift box	5
2	cake box	4
3	paper boxes	3
4	flower boxes	3

图 5－17　市场分析页面截图

二、店铺分析认识

“店铺分析”中数据展示维度可以分别按 PC 端和无线端进行查看，时间维度包括按天统计、按周统计和按月统计，可以查看的指标包括店铺访客数、店铺浏览量、人均浏览量、人均访问时长、首页浏览人数、店铺 TM 咨询人数和店铺询盘人数，如图 5－18 所示。

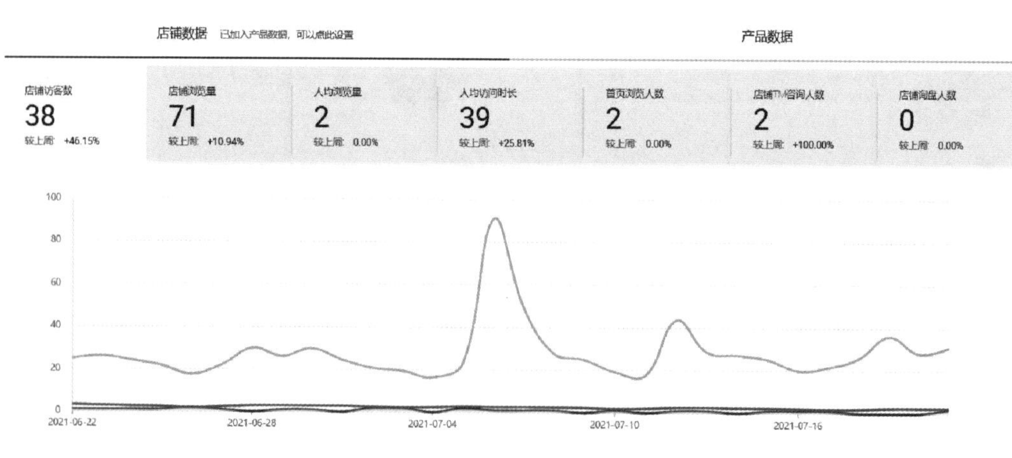

图 5－18　店铺数据页面截图

（一）店铺效果总览

店铺效果总览主要从店铺的访客数、浏览量、询盘人数和 TM 咨询人数等方面进行数据统计，展示统计范围内卖家的店铺效果趋势，与同业平均和 Top10 平均数据对比，便于卖家分清优劣，扬长避短。

（二）访客行为分析

“访客行为分析”包括人均访问时长和人均访问页面数，如图 5 - 19 和图 5 - 20 所示。其中，人均访问时长指在统计周期内，买家访问店铺页面时长的总和/买家数量；人均访问页面数指在统计周期内，买家访问店铺页面数的总和/买家数量。

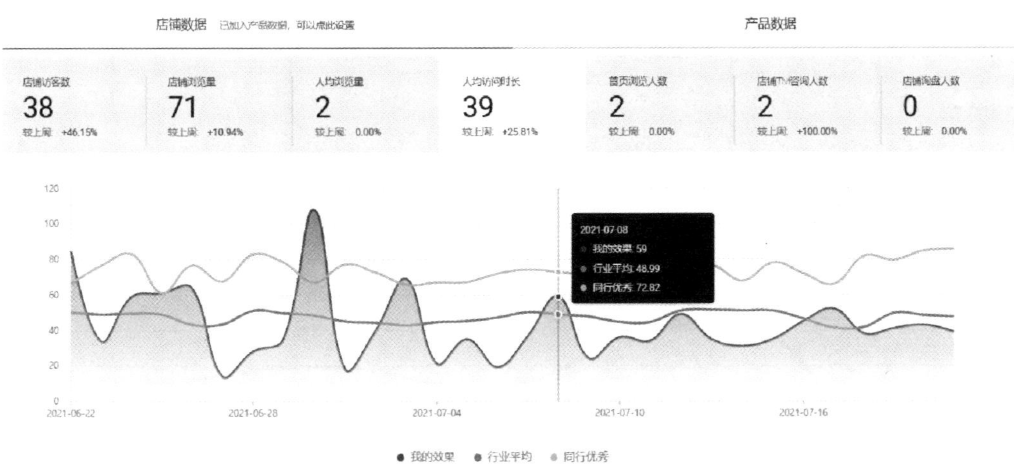

图 5 - 19　人均访问时长页面截图

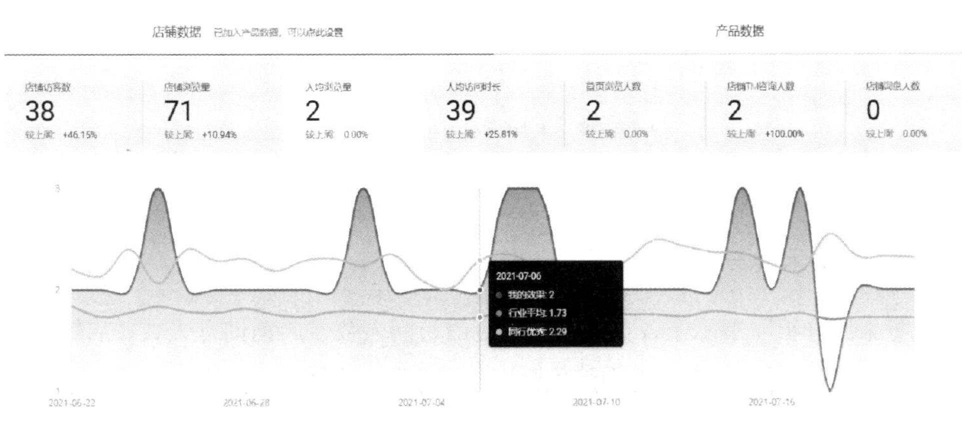

图 5 - 20　人均访问页面数页面截图

（三）店铺访问详情

“店铺访问详情”记录了店铺首页、产品页、Contacts 页面等的访问详情。点击对应页面右侧的“趋势详情”可以查看更为详细的访问数据，如图 5－21 和图 5－22 所示。

店铺访问详情

页面类型	访问人数	人均访问时长(秒)	点击次数	TM咨询人数	询盘人数	页面详情
首页	11	46	26	4	1	趋势详情 数据分布
产品页	8	108	45	2	0	趋势详情
contacts页面	1	0	5	0	0	趋势详情
promotion页面	0	0	0	0	0	趋势详情

图 5－21　店铺访问详情页面截图

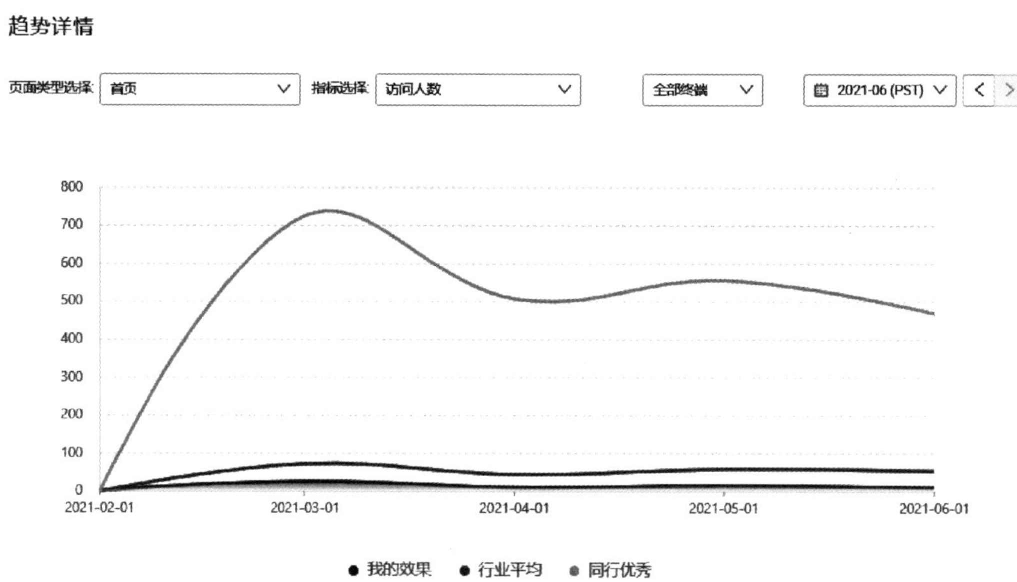

图 5－22　趋势详情页面截图

（四）流量来源分析

“流量来源分析”展示了各页面来源的店铺访问人数、店铺询盘人数、店铺 TM 咨询人数及商机转化率，并提供搜索趋势查询，如图 5－23 所示。

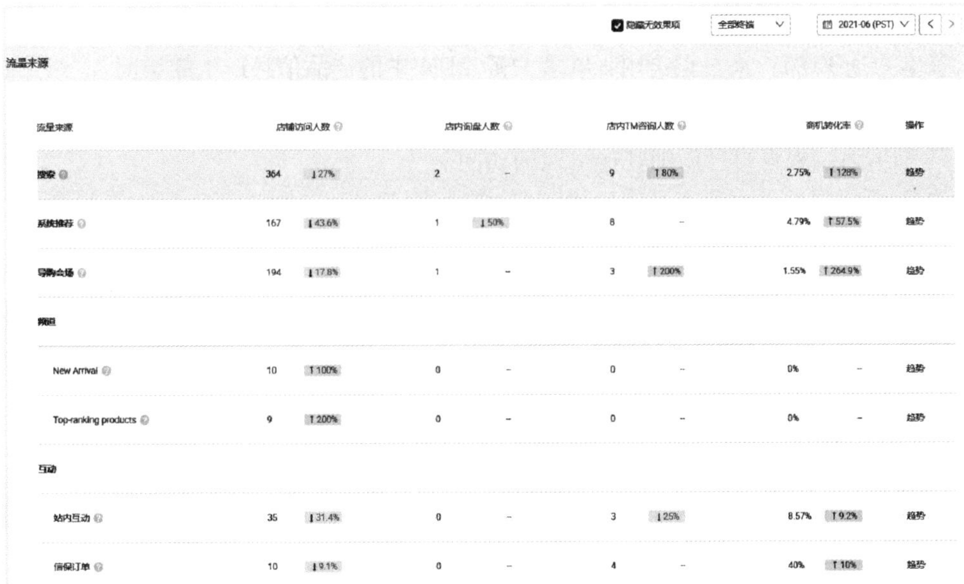

图 5－23　流量来源分析页面截图

流量来源解析如下：

1. 流量来源目前归类整理为 10 个大类（顺序固定，暂不支持客户调整顺序）

（1）搜索：来自搜索（文字搜索、图片搜索、类目导航）的访问

（2）系统推荐

①首页推荐：(原“首页”)，并入到系统推荐中，更名为“首页推荐”，路径不变，仍是“包括阿里巴巴国际站旗下各域名网站首页 www. alibaba. com 和 m. alibaba. com”。

②消息盒子：来自买家 App（alibaba. com）消息通道的访问。

（3）导购会场：来自日常会场及大促会场的访问

（4）频道

①Weekly Deals：来自无线 Weakly Deals 频道的访问。卖家通过每周报名 Weekly Deals 专场活动，根据活动要求设置商品折扣及库存，在 PC 端、App 端被买家看到后带来的流量。

②Top－ranking Products：来自买家 App 端首页 Top－ranking Products 频道的访问。

③Top－ranking Suppliers：来自买家 App 端首页 Top－ranking Suppliers 频道的访问。

（5）互动

①询盘：来自点击询盘中产品信息产生的访问。

②信保订单：来自点击订单系统中产品信息产生的访问。

③站内互动：来自“买家收藏、购物车、对比、分享”中的访问。

（6）自营销

①RFQ：来自点击附加在 RFQ 中的产品信息产生的访问。

②True View：来自点击附加在 True View 频道中的产品信息产生的访问。

③客户通 EDM：来自点击附加在客户通 EDM 中的产品信息产生的访问。

（7）直接访问：买家直接访问或无上一级页面的访问

（8）店内：来自自己店铺其他页面的访问

（9）站外：上级页面来自外部网站（非 alibaba. com）的访问

（10）其他：剩余未知来源的访问

2. 店铺访问人数

访问卖家店铺页面的用户均被记为店铺访客，支持过滤中国大陆地区的数据。

3. 店铺询盘人数

在卖家店铺页面，给卖家发送询盘的客户数量。

4. 店铺 TM 咨询人数

在卖家店铺页面，给卖家发送 TM 咨询的客户数量。

5. 反馈转化率

反馈转化率为（店铺 TM 咨询客人数 + 店铺询盘客人数 + 订单人数）去重/店铺访问人数。

6. 搜索趋势分析页面

以图表的形式从“我的效果”“行业平均”“同行优秀”三个维度进行趋势分析，如图 5 – 24 所示。

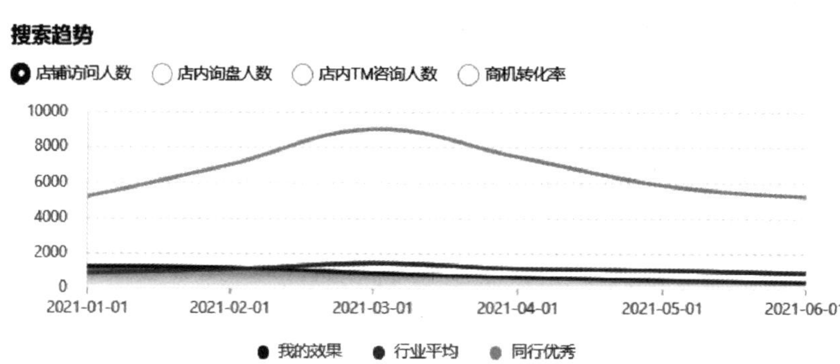

图 5 – 24　搜索趋势分析页面截图

三、产品分析认识

（一）产品分析

通过“数据分析”—“产品分析”模块，可查看单个产品的搜索曝光次数、搜索点击次数、反馈量数据及词来源（即买家通过哪些关键词找到该产品）等信息；可按天、周、月统计查看，同时也可以筛选负责人查看单个账号的产品效果，如图 5 – 25 所示。

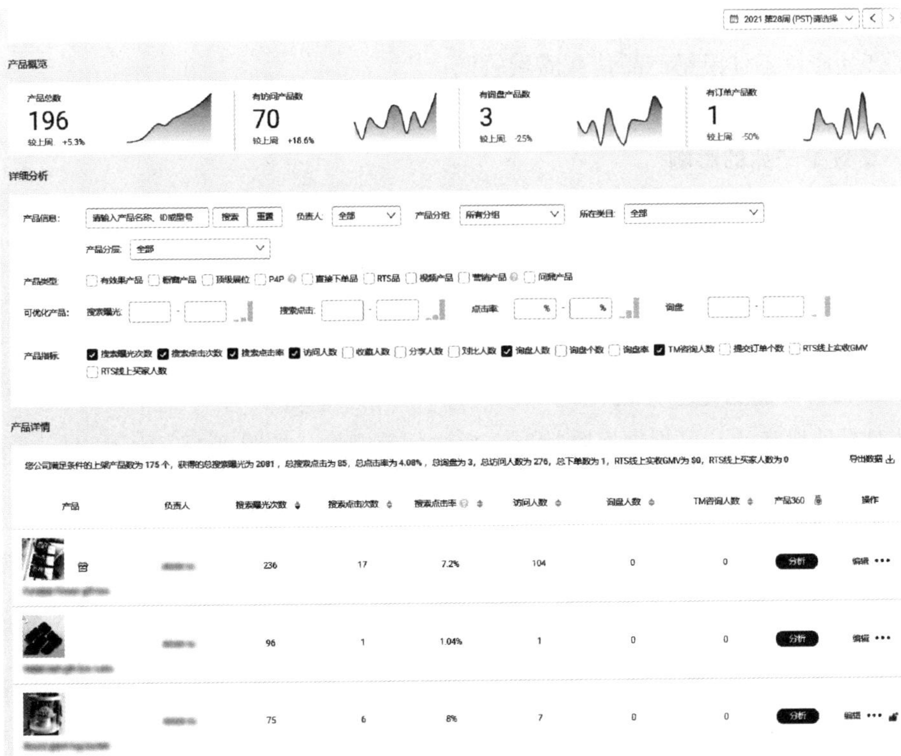

图 5－25　产品效果页面截图

（二）零效果产品分析

通过“数据管家”—“零效果产品”模块，可查看零效果产品。

零效果产品是指持续 15 天或 15 天以上，搜索曝光次数、点击次数、询盘数及 TM 咨询人数均为 0 的产品或只有曝光没有其他任何行为（点击、反馈、访客、收藏、下单等）的产品，如图 5－26 所示。

图 5－26　零效果产品页面截图

1. 零效果产品产生的原因

①产品质量不佳或是产品信息质量较低；

②买家搜索关键词选择和使用有偏差。

2. 零效果产品的影响

①对产品本身而言：若产品为公司的主打产品，则必定是日常维护的重点，零效果数据打击了卖家操作的积极性。

②对于公司整体而言：若有较多零效果产品，说明公司整体的信息质量不高，不利于公司整体的曝光。

3. 零效果产品的处理方式

针对零效果产品，可根据实际情况选择优化或删除，如图 5－27 所示。

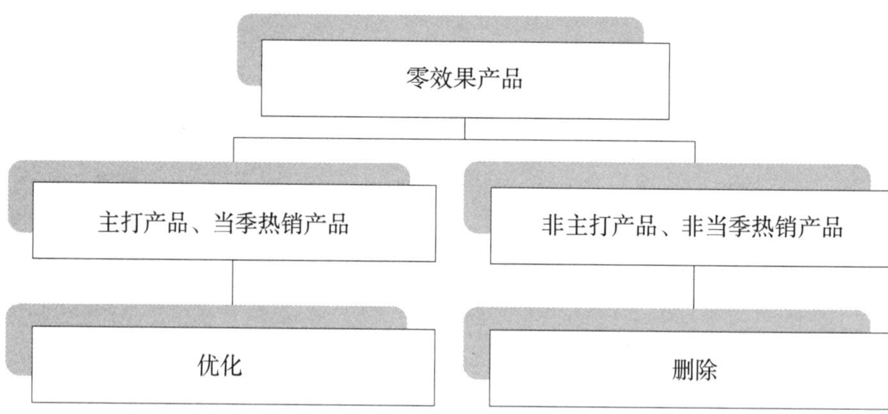

图 5－27　零效果产品的处理方式

（1）检查产品信息质量

检查产品信息是否填写完整、翔实，以及标题、关键词、简要和详细描述、属性等各方面内容是否符合国外买家的采购习惯。

（2）检查买家搜索词

例如，通过检查词的曝光量，来判断买家搜索词的选择是否合理，建议挑选有适当热度的词进行替换，如图 5－28 所示。

（3）检查买家搜索词

同一个词在不同产品上的效果是有差异的，一般而言是递减的。另外，在同一个词上，自己的产品之间也存在一定的竞争关系，如图 5－29 示。所以，不建议多个产品使用同一个关键词，建议使用不同的关键词，从而获得买家的关注。

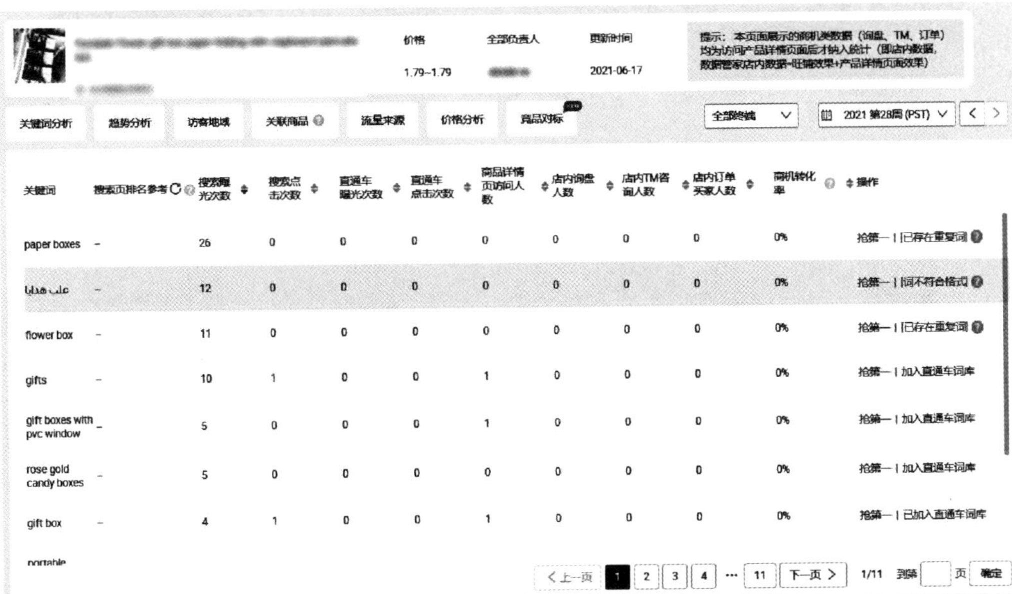

图 5－28　买家搜索关键词选择页面截图

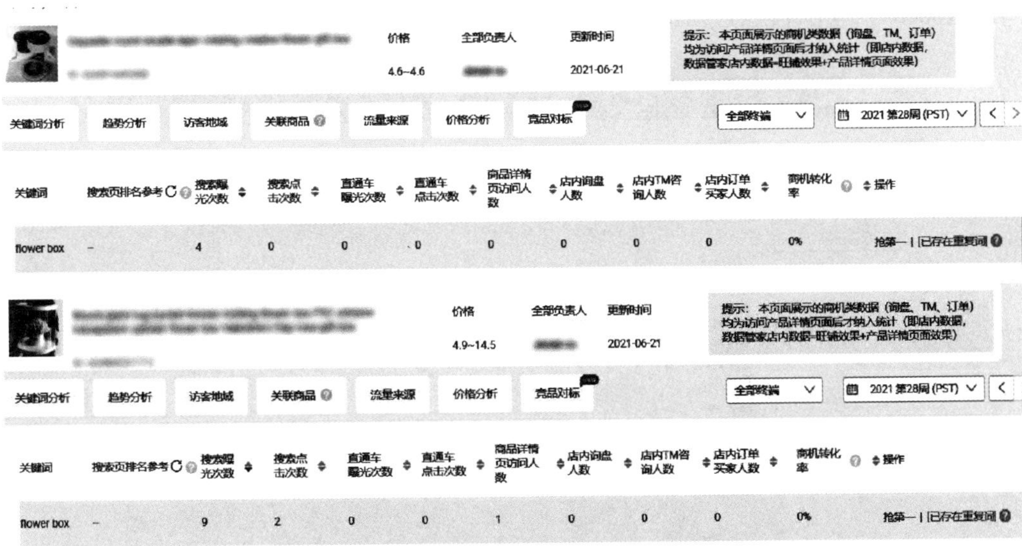

图 5－29　买家搜索关键词使用效果页面截图

（4）一键删除

对于长期零效果产品可以通过条件筛选，尤其是无效时长大于 180～365 天的零效果产品，卖家可根据情况进行一键删除，如图 5－30 所示。

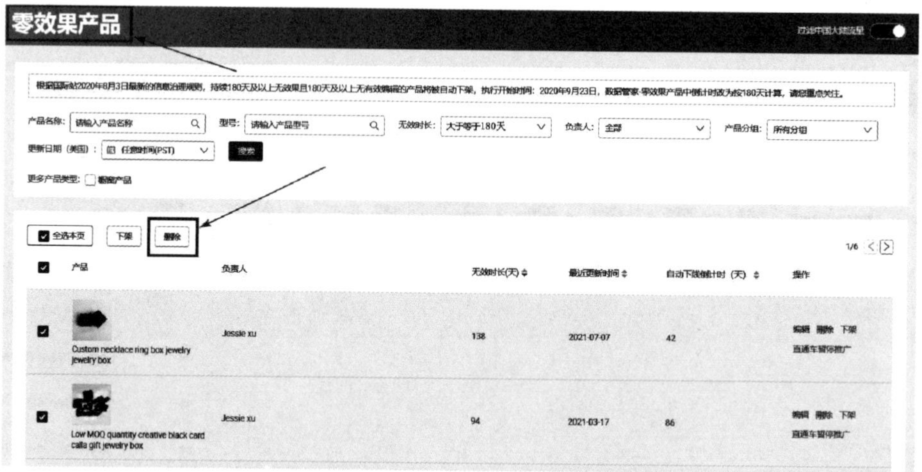

图 5－30　零效果产品一键删除页面截图

四、引流关键词分析

引流关键词是指店铺在所选时间段内，买家是通过哪些关键词进入店铺的以及该时间段内关键词的曝光次数、点击量、点击率、外贸直通车点击、外贸直通车推广时长、Top10 平均曝光次数、Top10 平均点击、卖家规模指数，如图 5－31 所示。

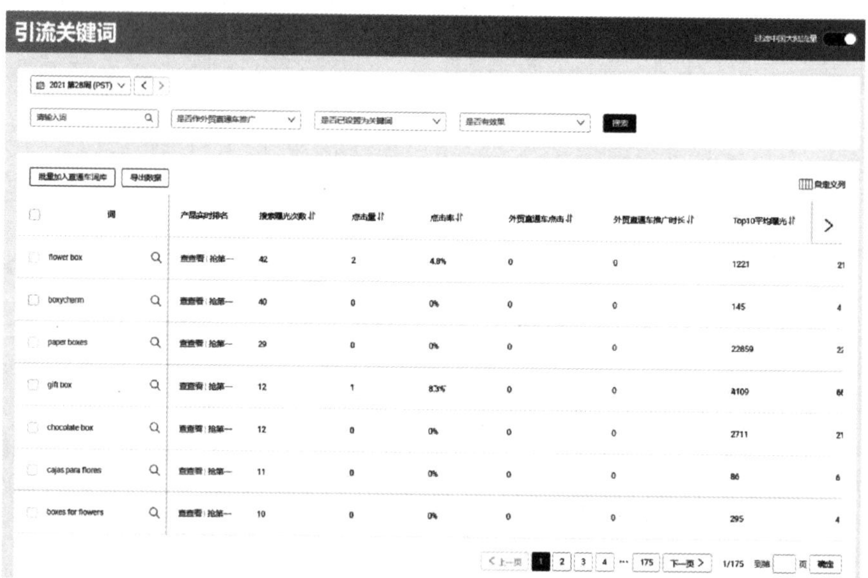

图 5－31　引流关键词页面截图

“引流关键词”可以通过输入关键词进行筛选，也可以按条件选择“是否作为外贸直通车推广”“是否已设置为关键词”“是否有效果”来进行筛选，如图 5－32 所示。

图 5－32　“引流关键词”条件筛选页面截图

点击“查查看”按钮可以查询当前关键词对应的阿里巴巴国际站前台产品的排名，如图 5－33 所示。其中“抢第一”代表展示位为顶级展位。

图 5－33　点击“查查看”按钮查看排名情况页面截图

找到需要关注的关键词，可以通过以下 4 方面来评估其效果，找到优化方向：

1. **曝光量**

首先查看曝光量大的关键词是否为主推产品。对于曝光量偏低的关键词，需要增加曝光机会。优化排名，可以先点“查查看”，查看目前的排名情况，如果排名需要提升，主要推广方式有设置为橱窗产品、参加外贸直通车、优化产品信息。

2. **点击率**

对于点击率较低的关键词，重点优化关键词对应的产品信息。影响点击率的主要因素是产品信息，包括产品图片、产品属性和交易条款、旺旺保持在线等。

对于点击率较高的产品，可以查看是否还需要提升关键词的曝光机会，以带来更多的点击。

3. **市场热度和竞争度**

对于效果不好但市场热度较高的词，说明仍然有市场机会，可以考虑增加推广力度，这时可以通过提升排名来增加曝光量，也可以通过优化产品信息来提升点击率。

对市场热度一般的关键词，说明市场机会有限，需要注意提升产品信息质量。

4. **已设置的关键词和买家找到产品关键词的一致性**

通过筛选，可以看到该关键词是否已经设置成功。对于那些没有设置但买家通过该关键词搜索到产品的，可以先进行评估，再尝试设置并查看效果，如图 5－34 所示。

图 5－34　筛选未设置为产品关键词页面截图

五、员工分析认识

通过“数据分析”—“员工分析”模块，可（分别查看单个子账号操作时长、管理效果、工作结果等信息）。目前员工数据提供按天、周、月统计，具体可以查看以下指标：阿里卖家 PC 端操作时长、阿里卖家 App 端操作时长、产品数、有效产品数、新发产品数、产品搜索曝光、产品搜索点击、询盘、TM 咨询客户数、及时回复率、平均回复时间等，如图 5－35 为部分截图。

“员工数据”中的曝光量、点击量是根据各子账号负责的产品获得的曝光量、点击量汇总得到，包含多语言站点原发产品的效果。

子账号的及时回复率是为公司内部管理提供参考数据，不会影响该子账号发布的产品排名。卖家展示在阿里巴巴国际站前台的及时回复率数据，统计的范围为公司整体数据。

需要注意的是，“我的子账号”主要是各账号阶段性情况的汇总，以周和月维度统计。

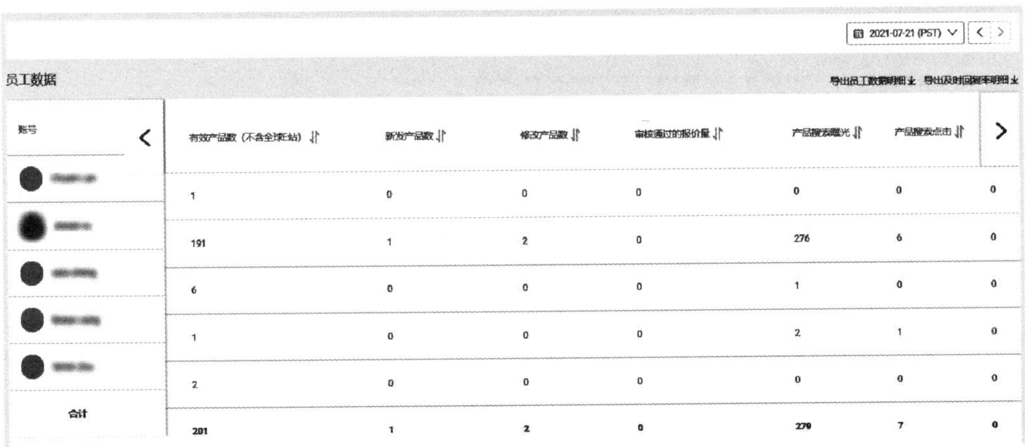

2021-07-21 (PST)

员工数据

账号	有效产品数（不含全球E站）	新发产品数	修改产品数	审核通过的报价量	产品搜索曝光	产品搜索点击	
	1	0	0	0	0	0	0
	191	1	2	0	276	6	0
	6	0	0	0	1	0	0
	1	0	0	0	2	1	0
	2	0	0	0	0	0	0
合计	201	1	2	0	279	7	0

图 5－35　员工数据页面截图

按周统计：美国时间每周六当天各账号所负责产品数进行统计；

按月统计：美国时间每月最后一天各账号所负责产品数进行统计。

若产品在数据统计期间或之后调整负责人，则与实际统计数据存在差异。

任务实施

子任务一　店铺分析

查看图 5－36，2021 年 8 月 31 日 PC 端当天的店铺访客数为 28，较上周上升了 47.37%，店铺的浏览量为 84，较上周增加了 5%，人均浏览量为 3，较上周降低了 25%，人均访问时长为 84，较上周降低了 54.84%，首页浏览人数为 2，较上周降低了 33.33%，店铺 TM 咨询人数及询盘人数为 0，综合以上数据对店铺进行分析（见图 5－37、图 5－38）。

通过图 5－36 的曲线图，从上到下可以看出时间轴上每个时间点同行优秀数据、行业平均数据和我的效果数据，比如 2021 年 8 月 15 日我的效果为 1，同行优秀的效果为 8，行业平均效果为 0.85，通过这个时间轴可以了解我们同优秀之间的差距值，进一步做出改善。

通过图 5－39 可以看出近三天店铺的访客人数呈上升趋势，结合图 5－36 可见店铺询盘人数呈下降趋势，说明店铺的产品没有转化率，产品详情页需要做进一步优化从而使客户在店铺的页面停留更多的时长。

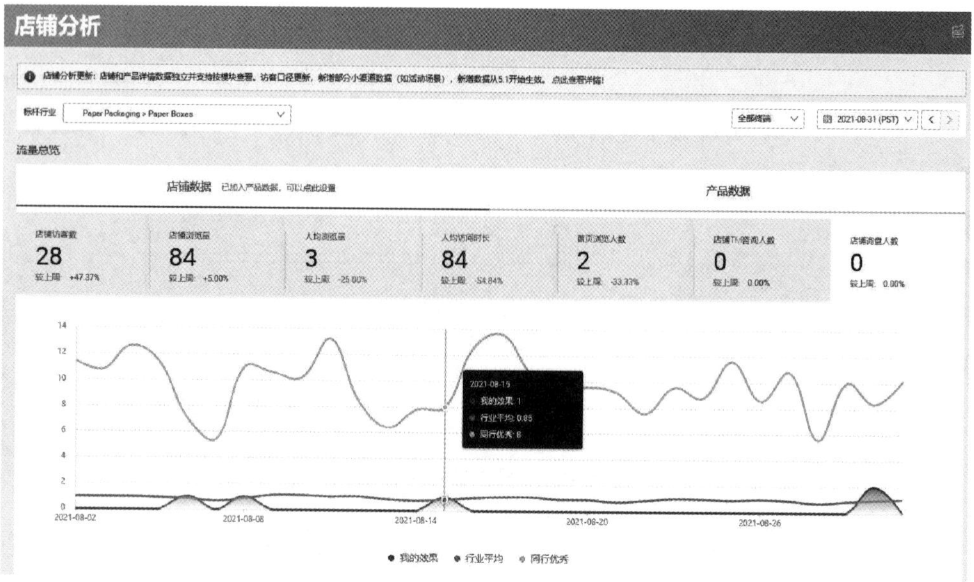

图 5－36　流量总览页面截图

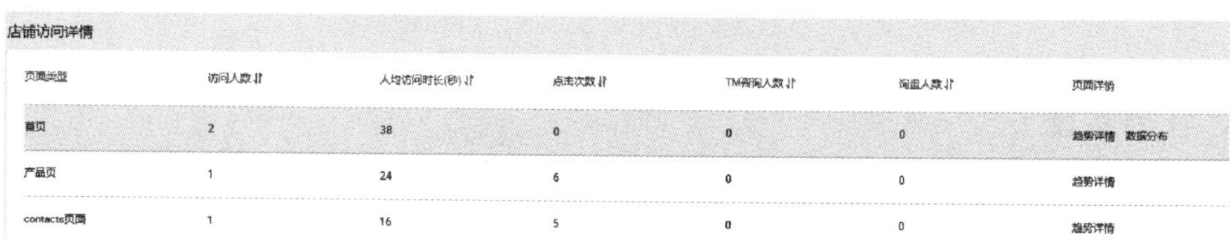

店铺访问详情

页面类型	访问人数	人均访问时长(秒)	点击次数	TM咨询人数	询盘人数	页面详情
首页	2	38	0	0	0	趋势详情　数据分布
产品页	1	24	6	0	0	趋势详情
contacts页面	1	16	5	0	0	趋势详情

图 5－37　店铺访问详情页面截图

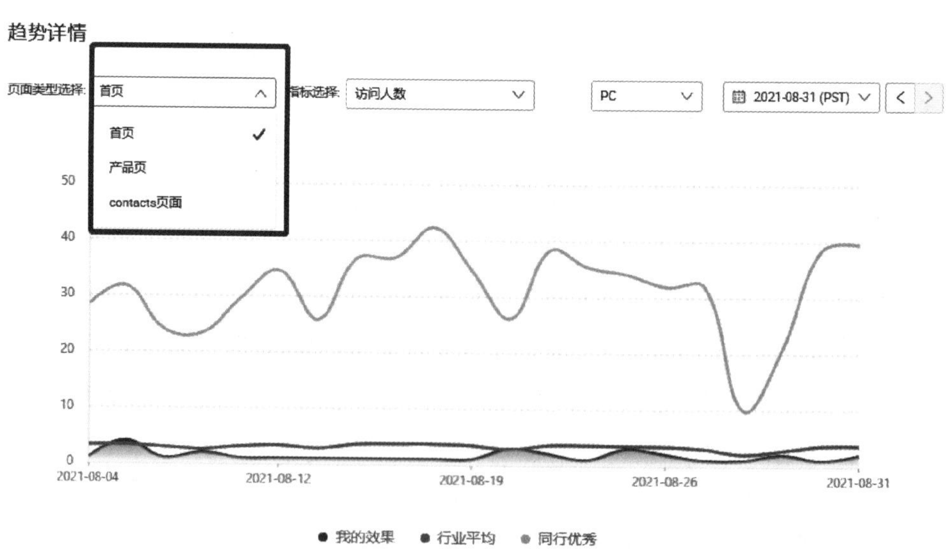

图 5－38　趋势详情—页面类型选择页面截图

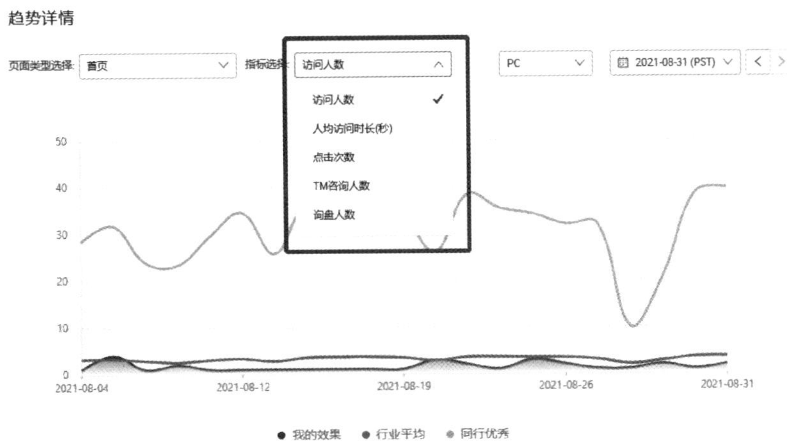

图 5－39　趋势详情—指标选项页面截图

图 5－36 可知 8 月 31 日无询盘且无 TM 咨询，并且通过图中趋势可知近期询盘人数都不高，说明产品关键词和标题需要优化或需要直通车推广，从而提升产品的排名，让客户看到店铺的产品，增加点击量，提升产品的转化率。

子任务二　产品分析

查看图 5－40，店铺选取了第 34 周的 10 款橱窗产品，第 34 周的产品总数为 248 个，较上周增长了 7.8%，有访问的产品数为 64，较上周增长了 4.9%，有询盘的产品数为 1，较上周降低了 50%，有订单的产品数为 1，较上周降低了 66.7%。综合以上数据及图 5－40 至图 5－43 所列数据对店铺进行分析。

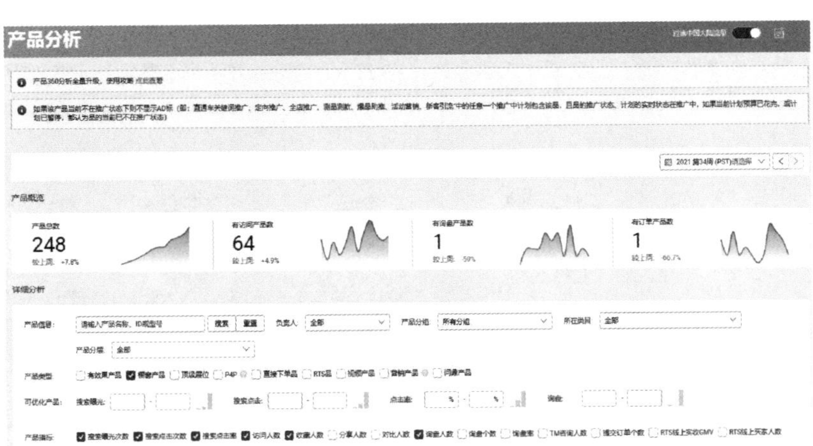

图 5－40　产品概览及详细分析页面截图

从图 5－41 可以看出 10 款橱窗产品中搜索曝光次数排名第 5 的产品，搜索点击次数、询盘人数和访问人数均为 0，说明此款产品整体转化率为 0，所以需要优化主图以及产品的标题、关键词和产品详情页，必要时增加直通车推广，从而提高产品的信息质量分及产品排名，进而增加产品的点击曝光量，提高产品转化率。关键词的优化可以参考图 5－42 的关键词排名顺序整理关键词表进行。

图 5－41 产品详情页面截图

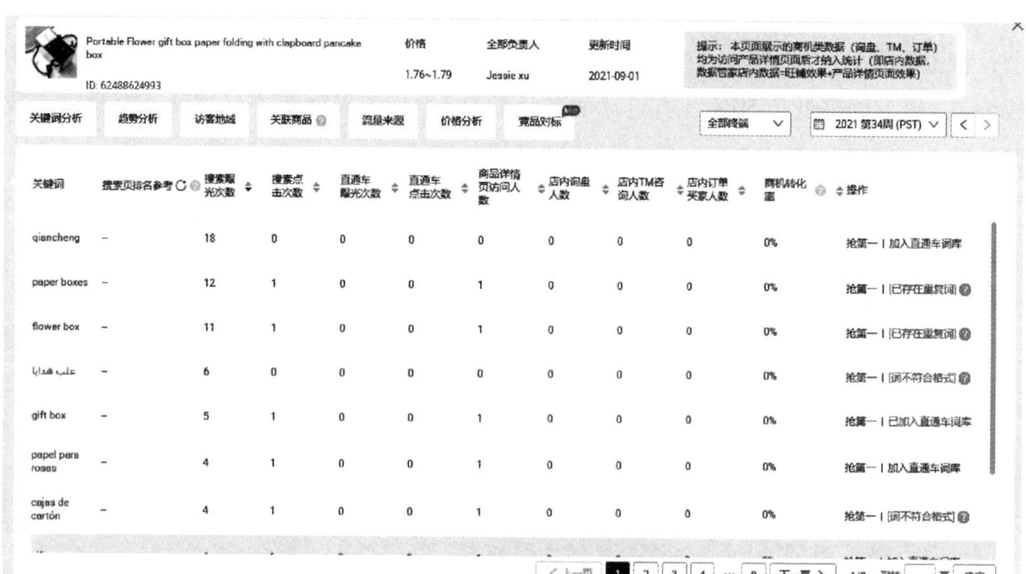

图 5－42 关键词分析页面截图

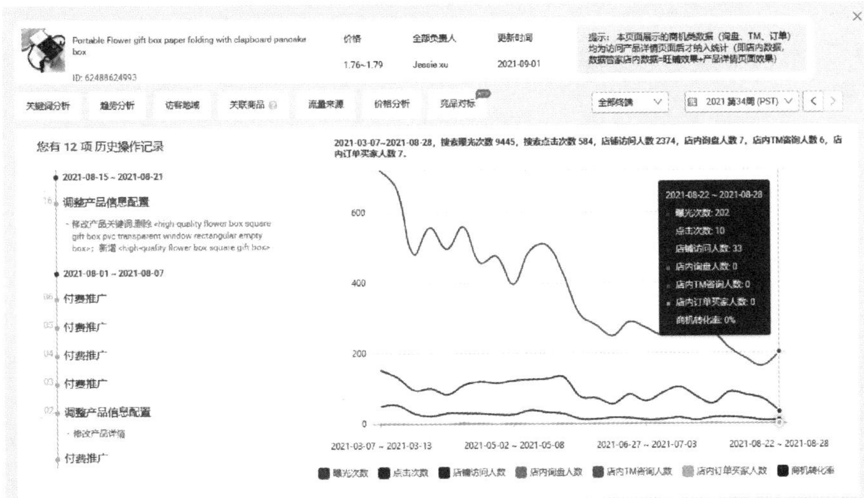

图 5－43　趋势分析页面截图

子任务三　员工分析

从如下店铺中的图 5－44 及图 5－45 可以看出这个店铺共 6 个账号，包括 1 个主账号和 5 个子账号，阿里卖家 PC 端操作时长为 0.22，阿里卖家 App 端操作时长为 0.42、产品数为 252、有效产品数为 252、新发产品数为 0、产品搜索曝光为 311、产品搜索点击为 12、询盘为 0、TM 咨询客户数为 2、及时回复率为 98.63%、平均回复时间为 2.62 小时，综合以上数据对店铺进行分析。

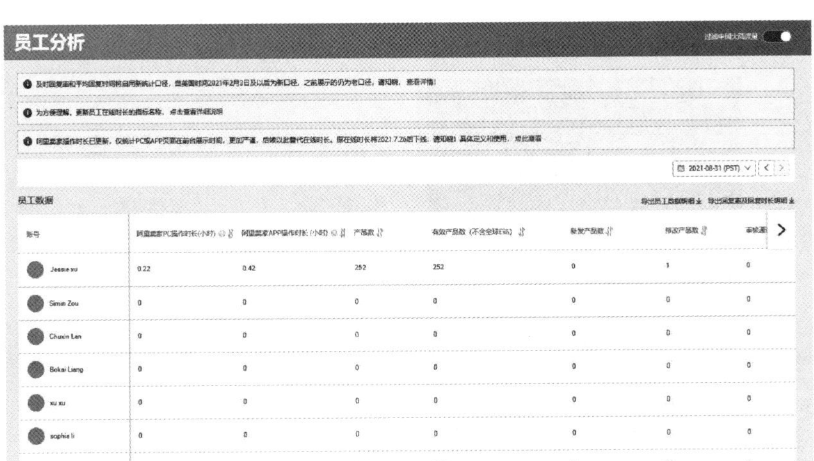

图 5－44　员工数据页面截图 1

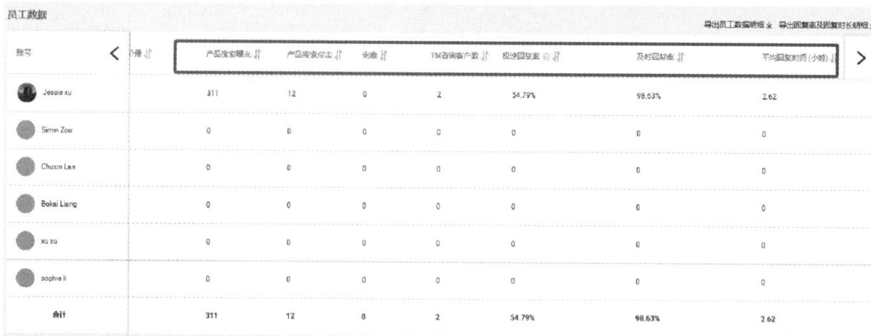

员工数据

账号	产品搜索曝光	产品搜索点击	询盘	TM咨询客户数	[illegible]回复率	及时回复率	平均回复时间（小时）
Jessie xu	311	12	0	2	54.79%	98.63%	2.62
Simin Zou	0	0	0	0	0	0	0
Chuxin Lan	0	0	0	0	0	0	0
Bokai Liang	0	0	0	0	0	0	0
xu xu	0	0	0	0	0	0	0
sophia li	0	0	0	0	0	0	0
合计	311	12	0	2	54.79%	98.63%	2.62

图 5－45　员工数据页面截图 2

通过图 5－44 和图 5－45 及相关数据可以看出目前进行店铺打理的账户为主账号“Jessie”，其他几个子账号没有操作动作。阿里卖家的 App 端比 PC 端操作时间更长，店铺主要用阿里卖家进行消息回复和订单起草。产品的及时回复率非常高，平均回复时间为 2.62 小时，但产品的曝光及询盘数据较低，需要持续对店铺进行优化，提高店铺营销力及交易力。

任务三　访客分析与市场洞察

知识储备

微信扫描　视频讲解

一、访客分析认识

“访客分析”分为“访客画像”和“访客详情”两个模块，如图 5－46 所示。

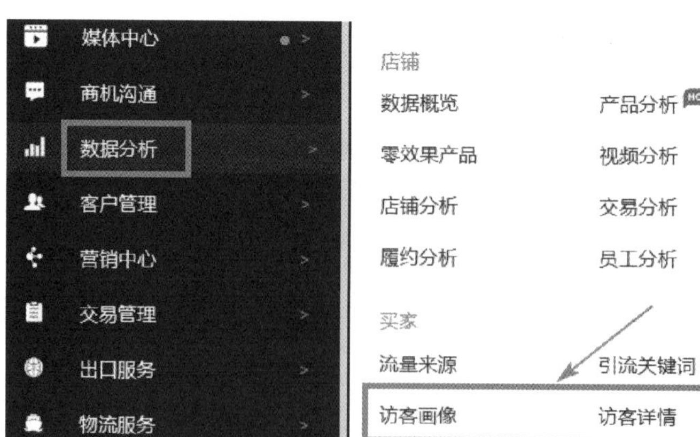

图 5－46　访客分析页面截图

（一）访客画像

1. 选择查看客户构成分析

可按照近 7 日、近 30 日或近 180 日切换，查看选定时间内蓝标买家、近 90 日交易买家以及新老访客占比情况，如图 5－47 所示。

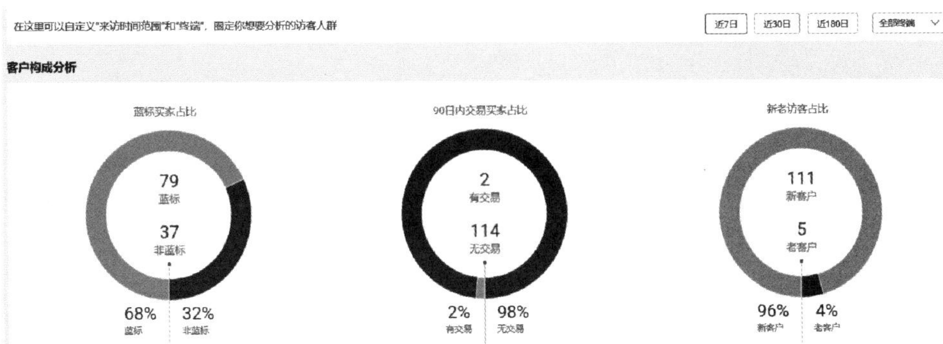

图 5－47　客户构成分析页面截图

2. 查看进店买家行为偏好

查看进店买家的具体行为偏好，包括买家的进店关键词、偏好关键词、本店访问产品，以及展示买家来源区域分布。如图 5－48 至图 5－50 所示。

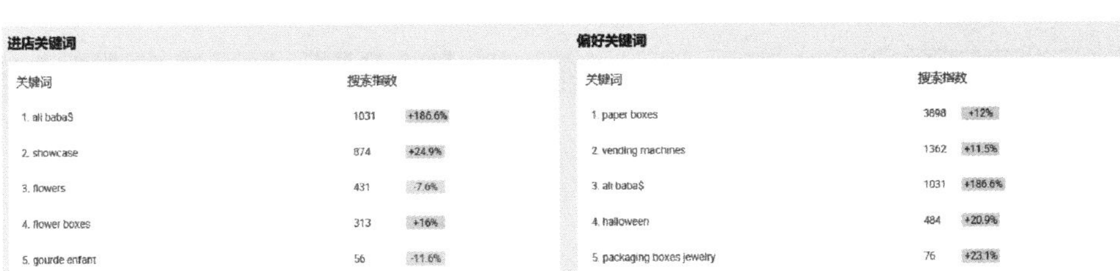

进店关键词

关键词	搜索指数	
1. ali baba$	1031	+186.6%
2. showcase	874	+24.9%
3. flowers	431	-7.6%
4. flower boxes	313	+16%
5. gourde enfant	56	-11.6%

偏好关键词

关键词	搜索指数	
1. paper boxes	3898	+12%
2. vending machines	1362	+11.5%
3. ali baba$	1031	+186.6%
4. halloween	484	+20.9%
5. packaging boxes jewelry	76	+23.1%

图 5－48　关键词偏好页面截图

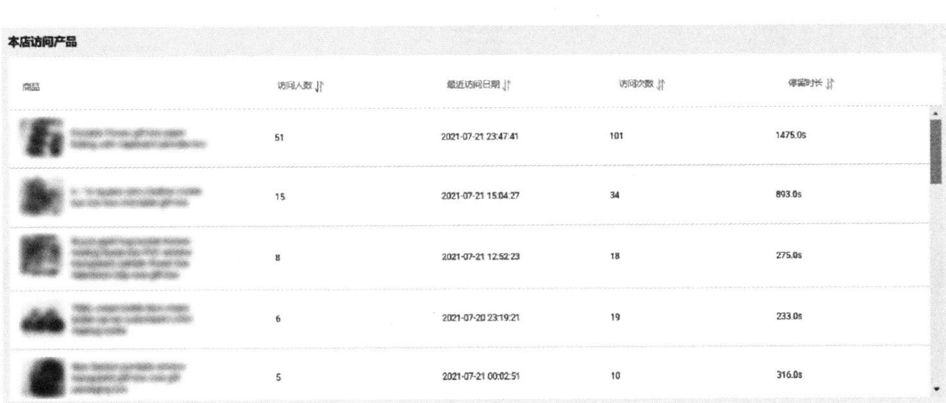

本店访问产品

商品	访问人数	最近访问日期	访问次数	停留时长
[illegible]	51	2021-07-21 23:47:41	101	1475.0s
[illegible]	15	2021-07-21 15:04:27	34	893.0s
[illegible]	8	2021-07-21 12:52:23	18	275.0s
[illegible]	6	2021-07-20 23:19:21	19	233.0s
[illegible]	5	2021-07-21 00:02:51	10	316.0s

图 5－49　本店访问产品页面截图

图 5－50　买家来源区域分布页面截图

（二）访客详情

访客详情如图 5－51 所示，主要有以下两个功能：

①汇总所选时间段内访问了店铺或产品页面的所有访客，展示访客的地域信息、浏览次数、停留时长、全站偏好关键词、旺铺行为、网站行为等信息。除此之外，还有访客在选择的时间段内访问的详细页面地址，是否有反馈或 TM 咨询等信息。

②可对访客及相似访客发起批量营销，以账号为维度每天最多营销 20 个访客，每次最多 5 个（相似访客是指浏览行为、产品搜索词、偏好行业等跟当前的访客大概一致，每个访客的相似访客最多显示 10 个）。

图 5－51　我的访客页面截图

“我的访客”中提供了时间筛选，可以按最近 7 天、最近 31 天自定义时间段进行查看以上所有的访客信息。

在地域筛选中，可以看到店铺的所有访客所在的国家及地域，可以根据需要筛选对应地域的访客，有针对性地研究不同地域访客的需求和行为特征，如图 5－52 所示。

图 5－52　地域筛选页面截图

此外，根据需要，按照询盘、TM 咨询、可营销访客、已营销访客和有备注访客进行筛选，如图 5－53 所示。

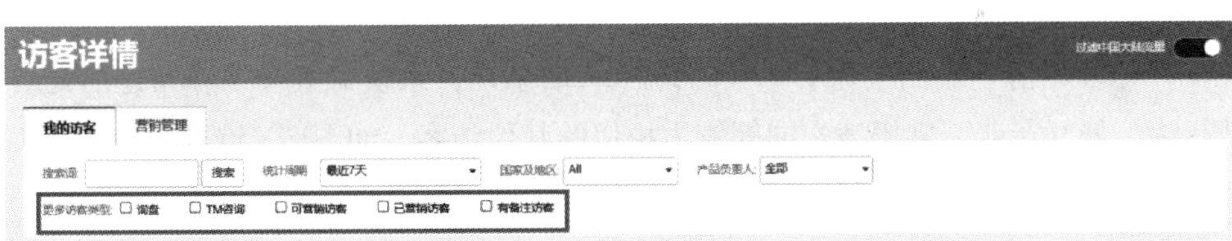

图 5－53　反馈筛选页面截图

（三）访客营销

卖家可以通过访客营销申请发送邮件，阿里巴巴国际站平台会帮其投递到买家端，若访客有意向，会直接发送询盘，同时系统会发送询盘通知信到卖家的邮箱。

选中“可营销访客”，发现部分访客在旺铺内停留时间较长，查看访客的访问明细，经过分析，得出结论。针对不同的访客，发送不同的邮件进行营销。比如，某一类访客在店内浏览的是蓝牙耳机，全站偏好的关键词也是与蓝牙耳机有关的词汇，对这类访客营销时应该推荐店铺主打的蓝牙耳机并介绍其优势，而不是推荐店铺其他品类的产品。如图 5－54 和图 5－55 所示。

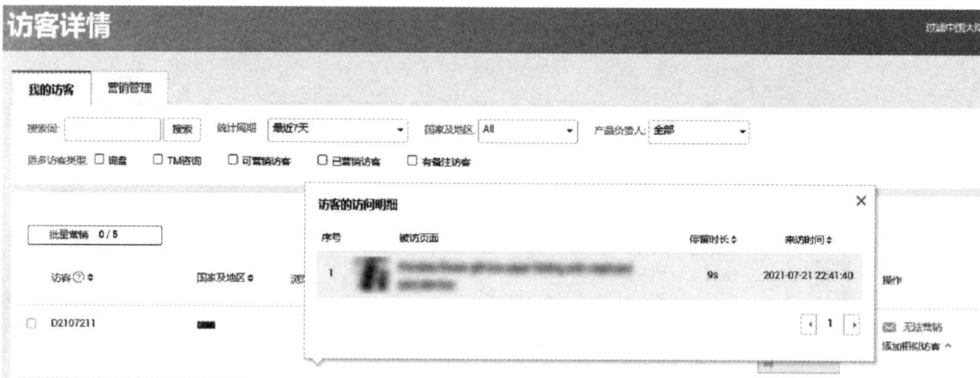

图 5 - 54　客户访问明细页面截图

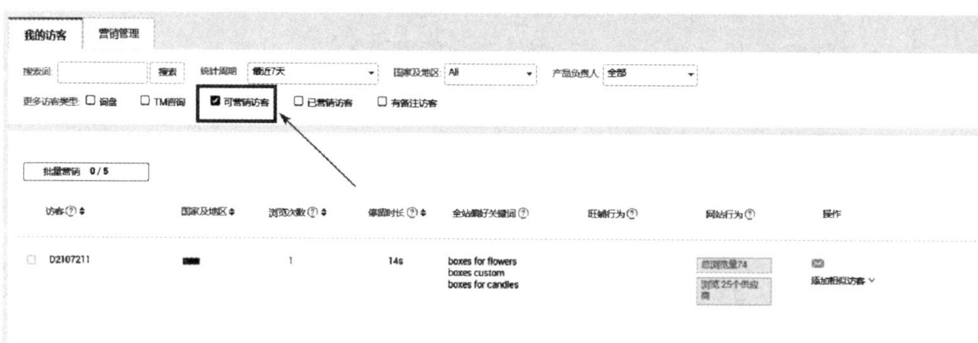

图 5 - 55　可营销访客页面截图

在“访客详情”页面中除了“我的访客”信息外，系统每天会推荐与进店访客在网站行为、偏好行业、常用搜索词等较为相似的其他访客，如图 5 - 56 所示。

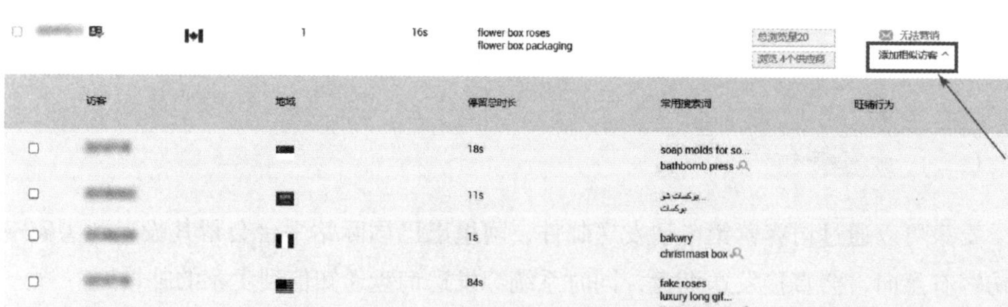

图 5 - 56　添加相似访客页面截图

通过访客数据，可以直接筛选出可营销的访客进行批量或单个邮件营销，以公司为纬度每天最多可以营销 20 个访客，批量营销每次最多可营销 5 个访客。

（四）营销管理

访客营销是卖家通过阿里巴巴国际站平台给意向访客发送营销邮件，主动出击。访客营销效果数据统计如图 5 - 57 所示。

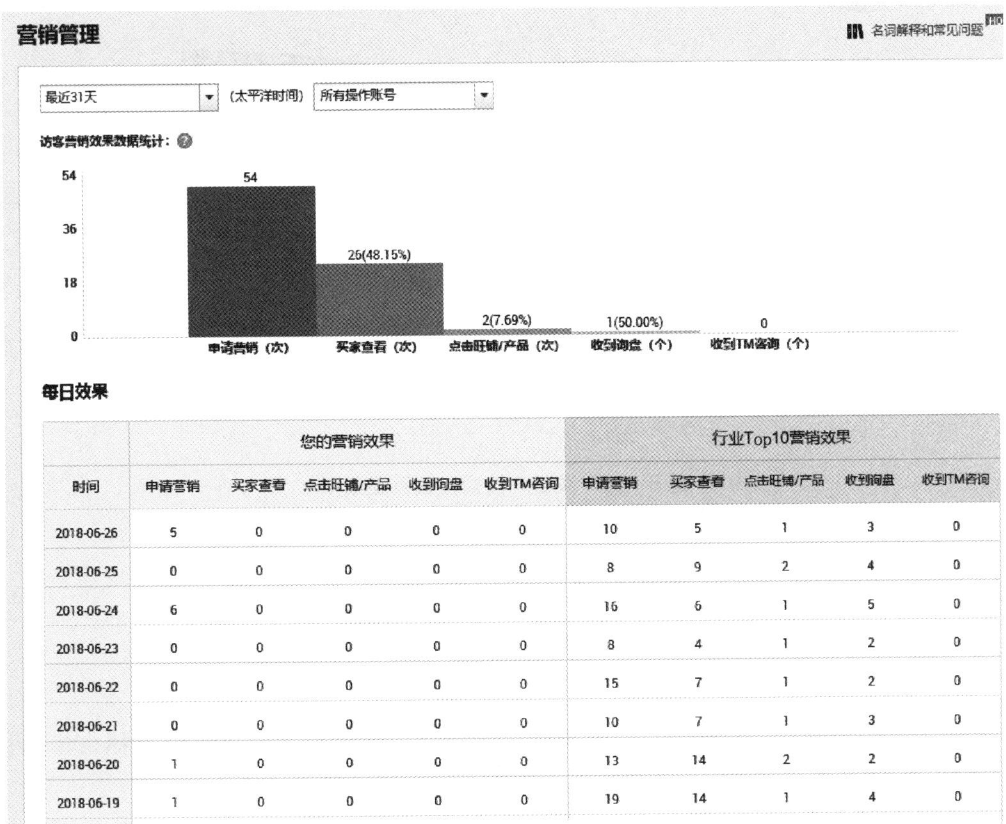

时间	您的营销效果					行业Top10营销效果				
	申请营销	买家查看	点击旺铺/产品	收到询盘	收到TM咨询	申请营销	买家查看	点击旺铺/产品	收到询盘	收到TM咨询
2018-06-26	5	0	0	0	0	10	5	1	3	0
2018-06-25	0	0	0	0	0	8	9	2	4	0
2018-06-24	6	0	0	0	0	16	6	1	5	0
2018-06-23	0	0	0	0	0	8	4	1	2	0
2018-06-22	0	0	0	0	0	15	7	1	2	0
2018-06-21	0	0	0	0	0	10	7	1	3	0
2018-06-20	1	0	0	0	0	13	14	2	2	0
2018-06-19	1	0	0	0	0	19	14	1	4	0

图 5 - 57　营销管理页面截图

二、市场洞察

（一）关键词指数

通过“My Alibaba”—“数据分析”模块，进入“关键词指数”页面。

在“关键词指数”页面输入关键词查看相关的搜索热度（搜索热度越高，代表越热门），仅做参考，并不代表搜索次数。如图 5 - 58 所示。卖家可以根据关键词指数提供的热门搜索词进行筛选，作为自己店铺的产品关键词。

热门搜索词主要包含了搜索指数、搜索涨幅、点击率和卖家规模指数。

图 5－58　关键词搜索指数页面截图

（二）市场洞察

通过：“My Alibaba”—“数据分析”模块，进入“市场洞察”页面。

1. 行业选择

进入“市场洞察”页面后，在右上角选择想要了解的行业，可了解目标市场的买家占比、搜索指数、Top 询盘品类和商品等信息，如图 5－59 所示。

图 5－59　市场洞察页面截图

2. 搜索偏好

查看不同地区人群对关键词的搜索量占比和热度排名，如图 5－60 所示。

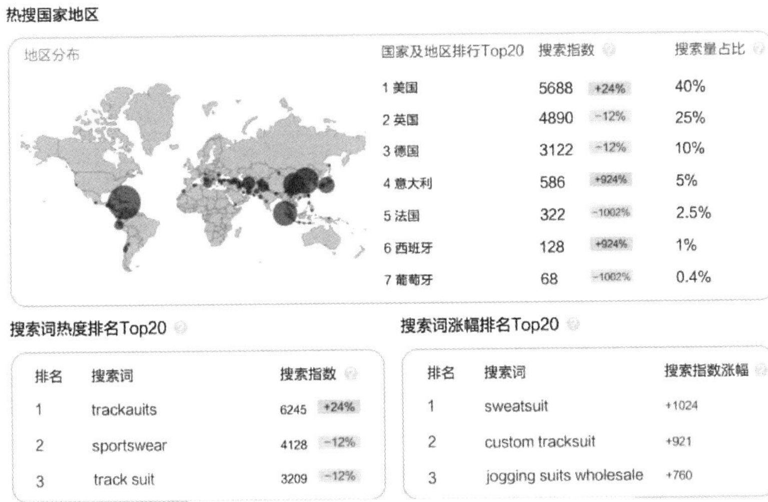

图 5－60　搜索偏好页面截图

3. 品类偏好

展示所选行业的客户品类访问热度 Top20、品类询盘热度 Top20、品类访问涨幅 Top20、品类询盘涨幅 Top20，指导卖家发现现在需求，如图 5－61 所示。

图 5－61　品类偏好页面截图

4. 热品分析

展示不同地区人群对商品的访问及询盘的排行榜，帮助卖家梳理商品的采购信息以及对产品信息进行优化，如图 5－62 所示。

5. 买家画像

不同国家及地区买家人数的占比、终端及 MOQ 偏好、企业类型及采购规模等分析数据，分析买家特征，帮助卖家分析市场，调整市场经营策略，如图 5－63 所示。

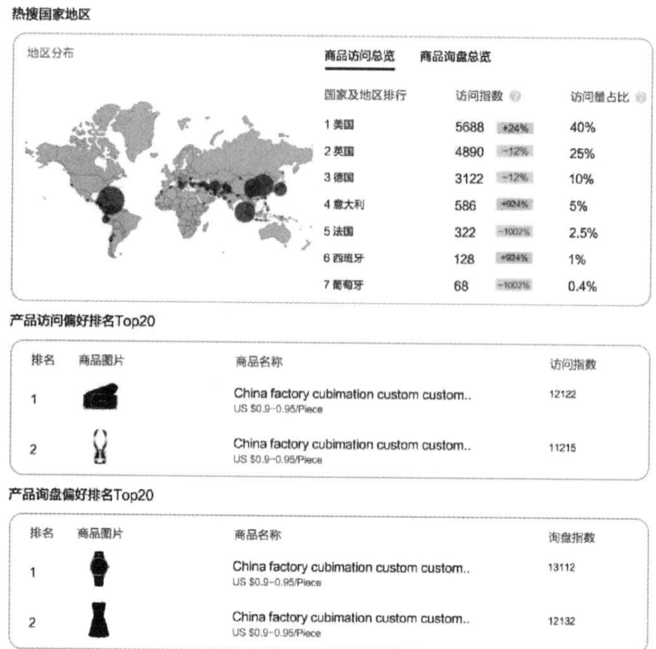

图 5－62　热品分析页面截图

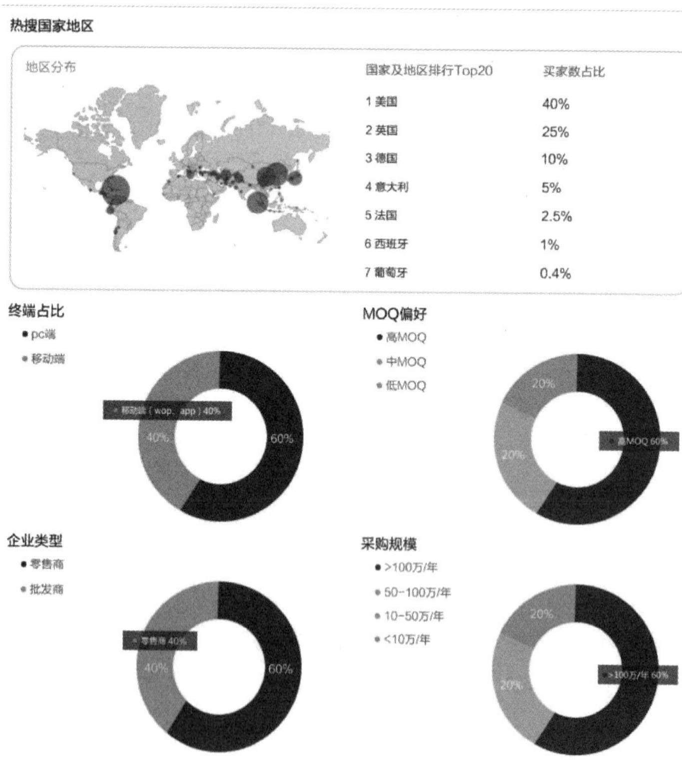

图 5－63　买家画像页面部分截图

（三）行业报告

依托于阿里巴巴国际站海量可靠的交易数据，旨在通过品类行业下多维分析，为卖家新品选型、海外市场选择、备货计划提供决策支持，如图 5－64 所示。

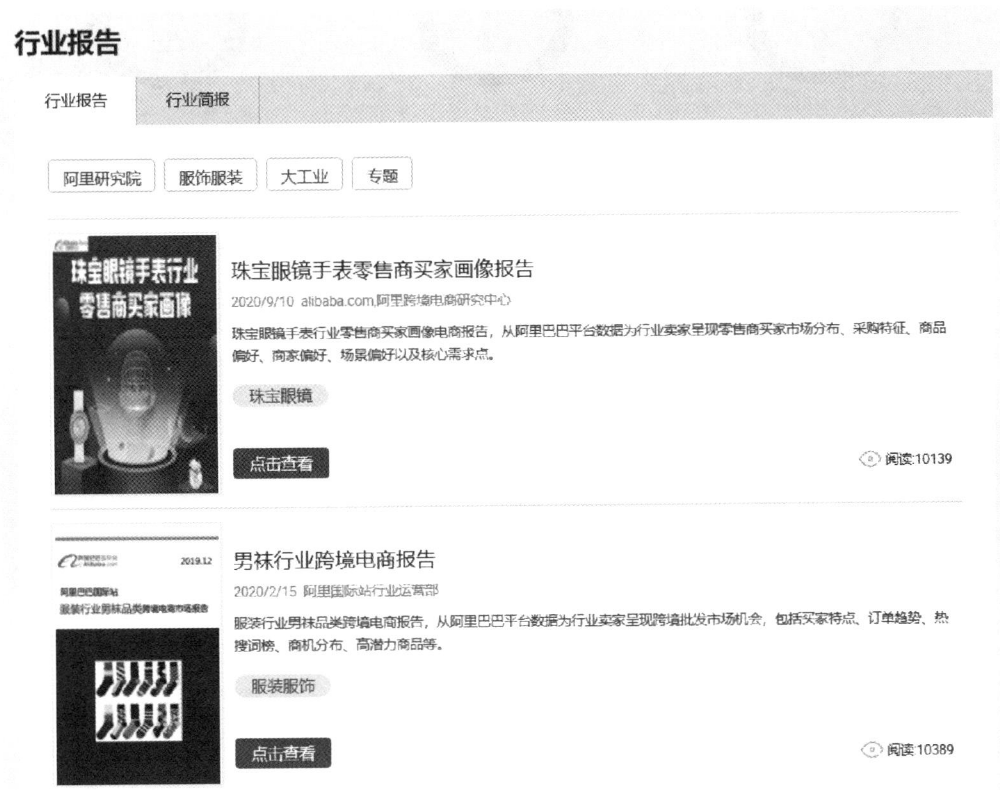

图 5－64　行业报告页面截图

任务实施

子任务　访客分析

查看店铺近 180 日的访客画像及访客详情数据，从客户构成分析、进店关键词、本店访问产品、买家来源区域分布、我的访客及营销管理数据对店铺进行分析（见图 5－65 至图 5－69）。

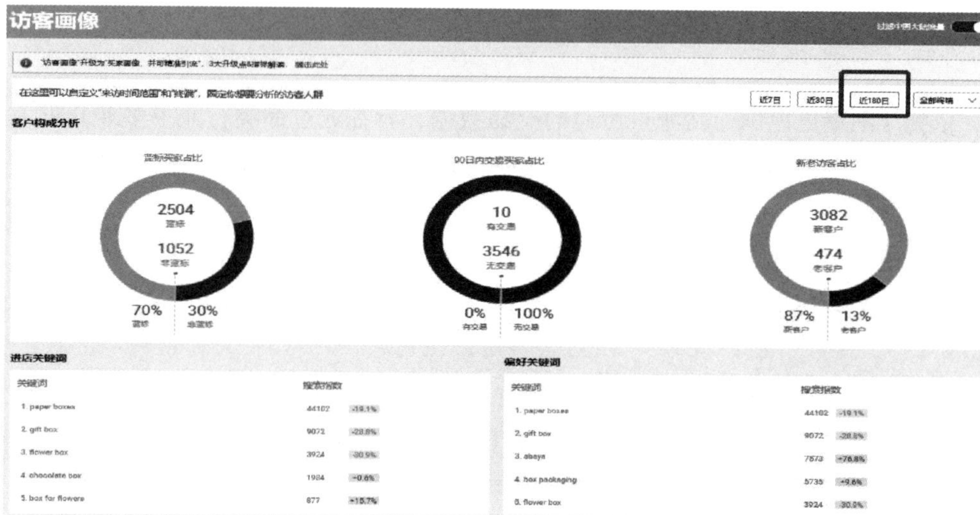

图 5－65　客户构成分析及进店关键词页面截图

图 5－66　本店访问产品页面截图

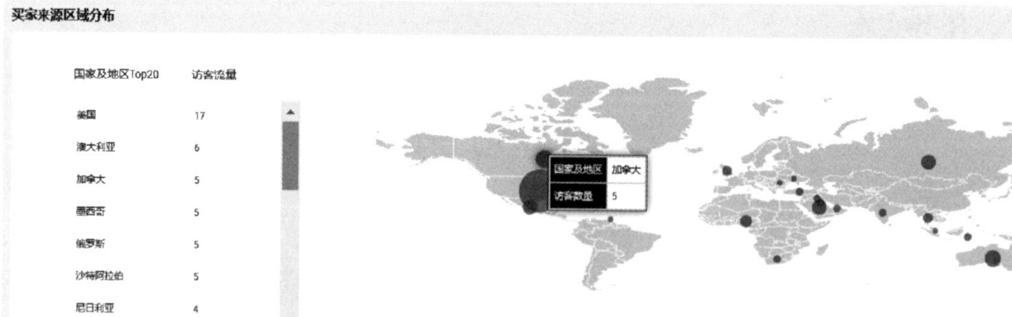

图 5－67　买家来源区域分布页面截图

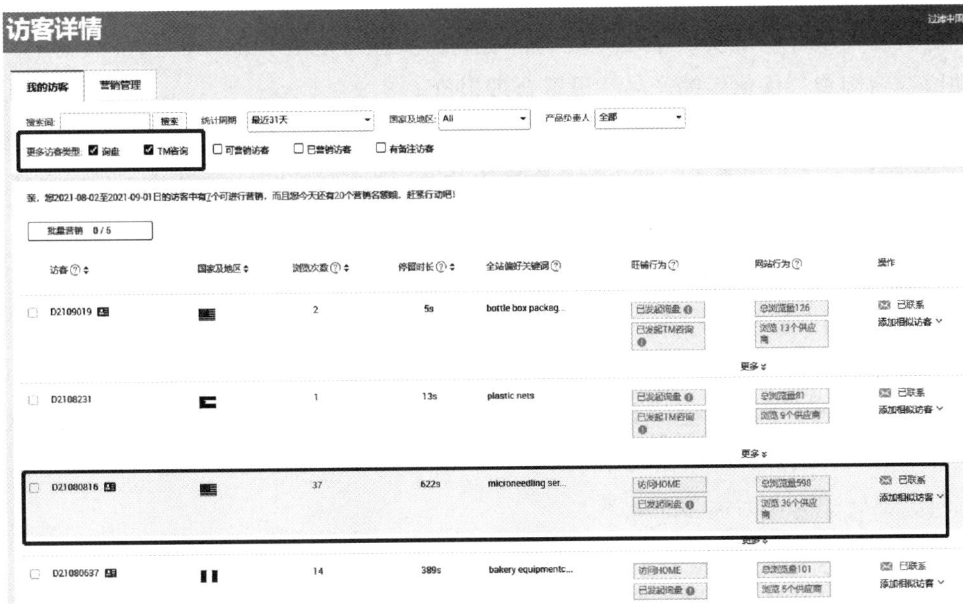

图 5-68 访客详情—我的访客页面截图

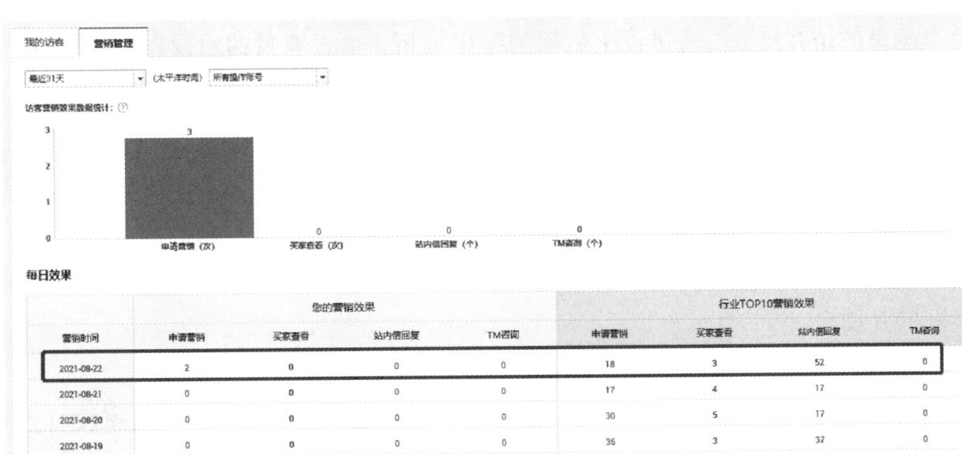

图 5-69 访客详情—营销管理页面截图

（1）客户构成分析

从以上数据可以看出，店铺蓝标买家客户为 2504 人，非蓝标买家为 1052 人，蓝标买家占 70%，非蓝标买家占 30%，70% 的买家为经过认证的相对诚信客户，所以店铺需要着力抓住蓝标买家，因为他们都是有定期采购计划和采购能力的客户。

有交易的客户为 10 个，无交易的客户为 3546 个，说明店铺的客户基本都未成交，流失掉了。因此，需要从店铺的商品力、营销力、交易力等维度进行店铺深层次分析，找出问题所在。

新客户为 3082 人，老客户为 474 人，新客户占 87%，老客户占 13%，说明本店铺有一定的复购率，但是复购率还需提高，店铺需要做好老客户的维护和召回工作，开发和留存新客户，优化店铺产品，设置合理报价。

（2）进店关键词

通过图 5－65 可以看出，排名前 5 的进店关键词为 paper boxes、gift box、flower box、chocolate box、box for flower，偏好关键词为 flower box、dried flower、cajas、chocolate box、explosion box，通过汇总进店关键词及偏好关键词的排序、搜索指数及店铺的实际情况，可以选出 4 项符合店铺的关键词为 paper boxes、gift box、flower box、chocolate box。

（3）本店访问产品

通过图 5－66 可以看出，本店访问的产品、访问人数、最近访问日期、访问次数以及停留时长，通过以上数据的排序分析，店铺可以合理安排橱窗产品，优化低分品，提高潜力品转化为实力优品的概率。

（4）买家来源区域分布

通过图 5－67 可以看出，本店的 Top20 的买家分别为美国、澳大利亚、加拿大、墨西哥、俄罗斯、沙特阿拉伯、尼日利亚、英国、泰国、阿联酋、印度尼西亚、印度、伊拉克、科威特、土耳其、南非、罗马尼亚、新加坡、特立尼达和多巴哥、乌克兰以及每个国家的访客流量。通过以上数据的排序分析，可以有目的地设置店铺每款产品的目标售卖国家。

（5）访客详情

通过图 5－68 可以看出，编号为 D21080816 的客户为蓝标买家，他对店铺浏览了 37 次，停留时长 622 秒，偏好关键词为 microneedling，对店铺发起了询盘以及 TM 咨询，总浏览量为 81 次，浏览了 9 个供应商，店铺同时也对此客户做过营销，彼此保持了良好的互动。

（6）客户营销

通过图 5－69 可以看出，2021 年 8 月 22 日此店铺申请营销 2 次，买家没有查看，没有任何效果，而行业 Top10 申请营销了 24 次，买家查看了 3 次，站内信回复了 28 封，所以此店铺需要优化自己推荐的产品、营销的标题以及营销内容，吸引客户查看邮件内容，进而获取询盘及订单。

思政小课堂

阿里巴巴国际站中国商家会员数据安全管理合同条款

商家在阿里巴巴国际站进行数据收集、使用及共享时，应遵守阿里巴巴国际站现有的及更新的《阿里巴巴国际站中国商家服务合同条款》，且应当遵守现行的《电子商务法》及相关现行法律法规。

1. 用户须严格遵守网络安全与数据保护相关法律的要求，其中，用户在经营过程中收集、使用及共享的信息中涉及买方用户个人信息的，须遵循合法、正当、必要原则，不得违反相关法律的规定及与买方用户之间的约定。

2. 除用户依据相关法律有权进行商业性使用的数据外，用户同意不对阿里巴巴平台上其他任何数据作商业性使用，包括但不限于在未经阿里巴巴事先局面批准的情况下，以复制、传播或向他方披露等方式使用在阿里巴巴平台上其他用户展示的任何资料。

3. 禁止未经阿里巴巴许可将通过技术服务获得的各项数据内容向任何第三方披露、转让、出售、许可或其他方式提供给第三方使用。

4. 禁止采取任何措施或手段以规避阿里巴巴就技术服务设置的安全措施或安全策略，包括但不限于禁止通过第三方或自有工具记录、爬取或以其他不合法、不合规的方式获取技术服务中的各项数据内容。

5. 阿里巴巴或其第三方合作伙伴有权在本服务期间收集、留存、加工、分析、使用用户在阿里巴巴国际站的运营信息和数据，便于更好地为用户提供服务。运营信息和数据包括网站、外贸人员操作情况，以及阿里巴巴国际站产品使用情况等。

项目小结

在本项目学习任务中，围绕阿里巴巴国际站“数据分析”模块，从商家星等级入手，帮助学生梳理卖家实力的评价标准，然后通过查看店铺、产品、账号等数据，引导学生分析并做到知己、知买家、知行情，从而完成推广策略优化，获取更多的询盘和订单转化。

项目六　商机管理

卖家通过阿里巴巴国际站的工具营销推广店铺的品牌和产品，进而获得商机，达成交易。在此基础之上，卖家需要了解阿里巴巴国际站的商机规则，让自己的店铺吸引更多潜在买家。

学习目标

知识目标

1. 了解采购需求 RFQ 的权益规则。
2. 了解发布和获取 RFQ 的方式。
3. 了解询盘的分析方式。
4. 了解我的人脉的功能。

技能目标

1. 掌握 RFQ 发布的方法。
2. 掌握获取 RFQ 的方法。
3. 掌握询盘回复的操作技巧。
4. 掌握询盘设置的方法。
5. 掌握确认买家商业信息的方法。

思政目标

1. 培养学生具备开阔的全球化视野，能够处理国际客户询盘信息。
2. 增强学生“四个自信”意识，具备良好的思想观念、职业道德和世界各地区文化知识储备。
3. 加强跨文化礼仪教育，使文化、思想元素与跨境电商专业融合，获得综合看待和处理问题的能力。

项目情境

经过一段时间的运营，某外贸公司在阿里巴巴国际站的发展逐步趋于稳定。为了拓宽市场、加快发展，公司决定主动出击寻找商机。那么，如何在阿里巴巴国际站获得更多的商机，以及如何分析和管理这些商机呢？这一系列知识及能力将在本项目中得到系统的学习和训练。

项目分解

该任务下将对阿里巴巴国际站基本商机操作进行全方位的学习，包括发布和获取采购需求 RFQ、跨境电子商务询盘管理、我的人脉等，让初学者能够以卖家身份和买家进行技巧性的沟通，最终达成交易。

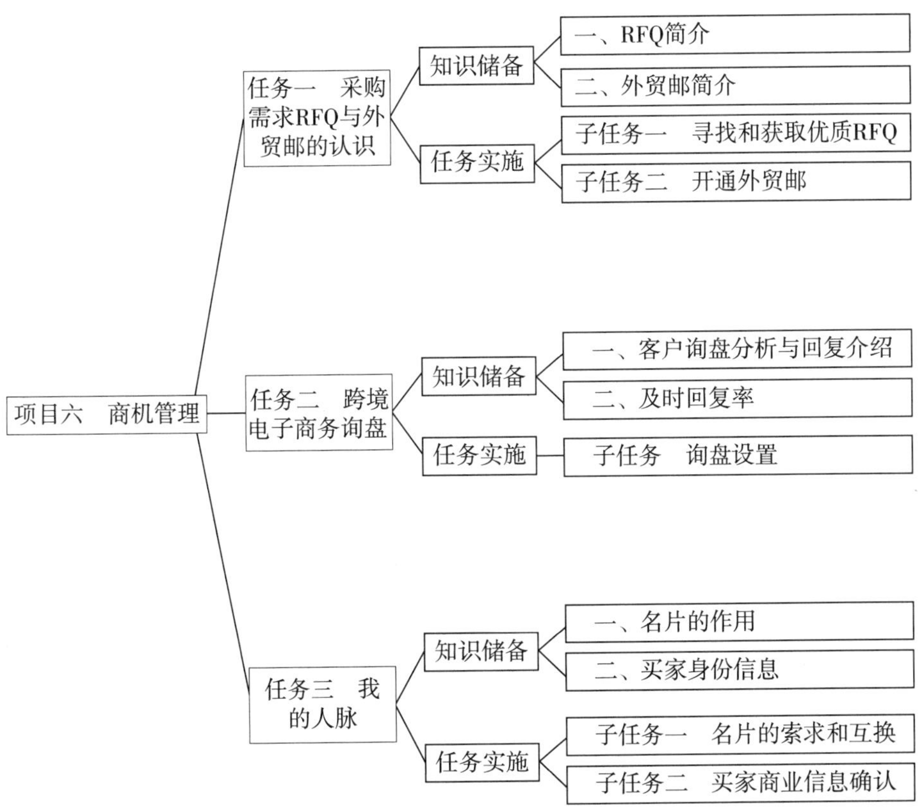

任务一　采购需求 RFQ 与外贸邮的认识

微信扫描视频讲解

知识储备

一、RFQ 简介

（一）定义

采购直达（Request for Quotation，RFQ）是买家主动发布的采购需求，在采购直达市场中，卖家可以自主挑选合适的买家进行报价。采购直达服务能够在大幅度提升买家采购效率的同时，帮助卖家更好地完成订单转化，并赢取更多高质量买家。

（二）商家服务分

1. 商家服务分

服务分是以分值形式来衡量卖家（公司维度）在 RFQ 市场里的报价数量、报价速度、报价质量、买家承接能力等综合表现的指标。卖家表现越佳，分值越高。分值越高就能获得越多的权益，也能获得越优质的 RFQ 优先报价权。具体评分因素和得分值可查看图 6－1。

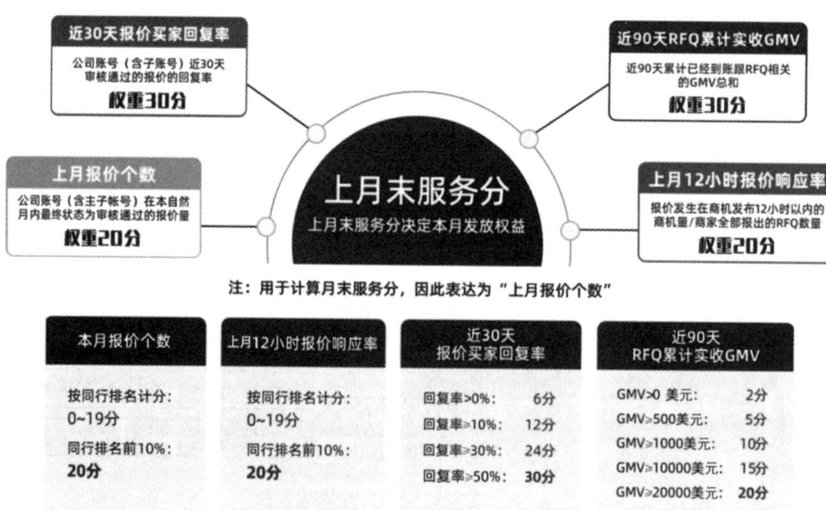

图 6－1　市场表现分影响因子

2. **商家服务分更新时间**

评定分数：以上个月最后一个自然日的商家服务分分值为准，并于太平洋时间每月 3 日更新。

当前分数：每日太平洋时间 0 点更新。

（三）权益发放

1. **基础权益**

①数量：付费卖家每月 20 条。

②时间：每月 1 日和 15 日各发放 10 条（太平洋时间）。

③有效期：每月 1 日发放的权益于本月 15 日 0 点过期，每月 15 日发放的权益于次月 1 日 0 点过期（太平洋时间）。

2. **奖励权益**

①数量：根据用户上个月最后一个自然日（太平洋时间）的报价服务力分值进行奖励权益的发放。

②时间：每月 3 日发放报价置顶和报价畅行条数奖励（太平洋时间）。

③权益有效期：次月 1 日 0 点过期（太平洋时间）。

- 服务分奖励规则 -

商家服务分分值	金牌商机报价权			畅行条数奖励	银牌商机提前报价权(6个工作小时)	星等级营销分
	金品诚企	出口通星等3星及以上	报价置顶条数奖励			
≥80分	无限制(消耗报价权益)	15	10	10	✓	≥90分+5分 ≥80分+3分
60-79分	15	5	5	5	✓	无
<60分	5	3	0	0	无	无
报价条数奖励将通过活动获取(具体见”GMV挑战赛“规则)						

图 6－2　报价服务力赠送权益页面截图

二、外贸邮简介

（一）外贸邮简介

外贸邮是阿里巴巴为广大中小外贸企业量身打造，集专属买家档案、企业邮件安全为一体的外贸专用企业邮箱。目前阿里巴巴中国付费卖家可使用此功能。若卖家已经有独立的企业域名，在阿里巴巴这边申请开通外贸邮不会产生其他费用。若暂无独立的企业域名，则需要先在万网、网易等域名提供商处购买、注册后，才能在阿里巴巴开通外贸邮。

外贸邮以账号为纬度，目前邮箱容量为 15G，外贸邮最多可以绑定 6 个账号（1 个主账号加 5 个子账号），一个账号最多绑定 5 个邮箱，如图 6－3 所示。

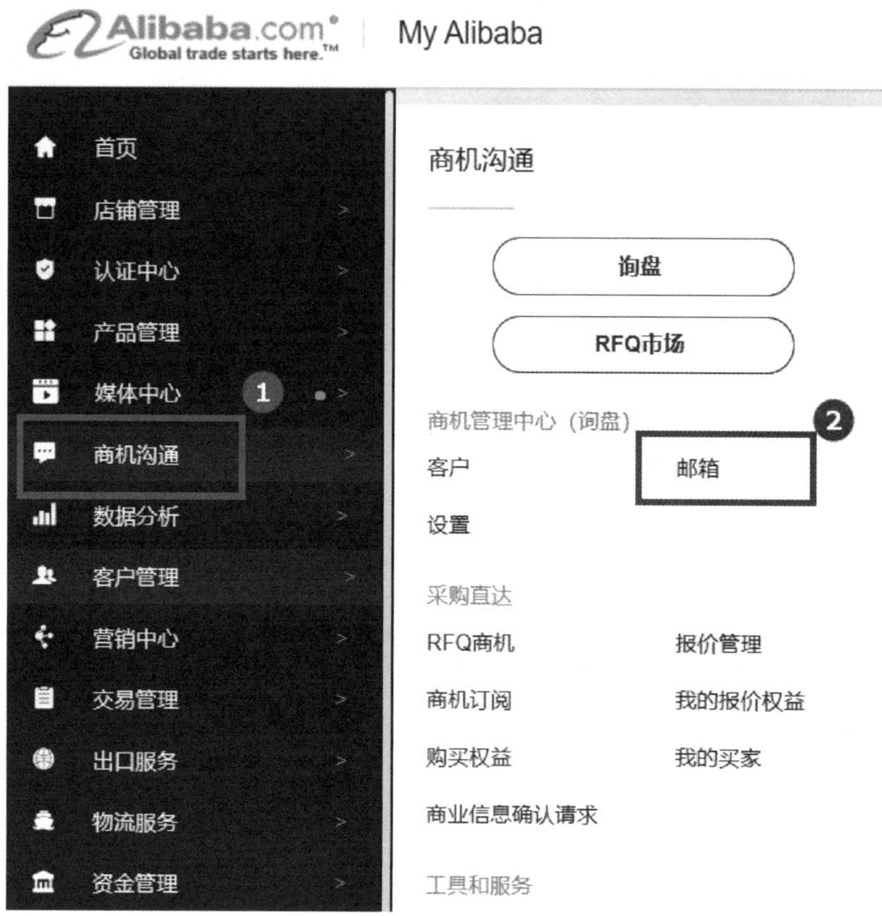

图 6－3　外贸邮入口页面截图

（二）外贸邮优势

①专业：企业邮箱树立企业形象，快速获得买家信赖。外贸邮统一企业邮箱后缀，更加彰显企业的专业性。

②安全：防止业务邮件流失，确保贸易邮件信息安全。外贸邮的企业回收站能保留所有被删除的企业邮件，误删邮件可以一键找回。

③易于管理：管理员可管理下属业务员邮箱，轻松掌控业务动向。管理员可以轻松管理所有公司邮件，掌握公司客户和询盘被跟进的状态，有效指导业务员回复客户邮件。

任务实施

子任务一　寻找和获取优质 RFQ

（一）获取 RFQ

获取 RFQ 的方式有商机订阅、定制搜索、RFQ 市场搜索。接下来将详细介绍这三种不同的获取方式。

1. 商机订阅（进入路径：“My Alibaba 后台”—“商机沟通”—“商机订阅”）

系统会根据设置的订阅类目及关键词，结合卖家在平台上展示的主营产品、主营类目以及报价行为等信息，为卖家匹配最新的、与其产品和所在地区相符的 RFQ。卖家可以在采购直达频道首页直接获取推荐的优质商机，同时能收到邮件通知服务，提醒卖家前来报价。商机订阅最多可以订阅 5 个类目和 24 个关键词，具体页面如图 6－4 所示。

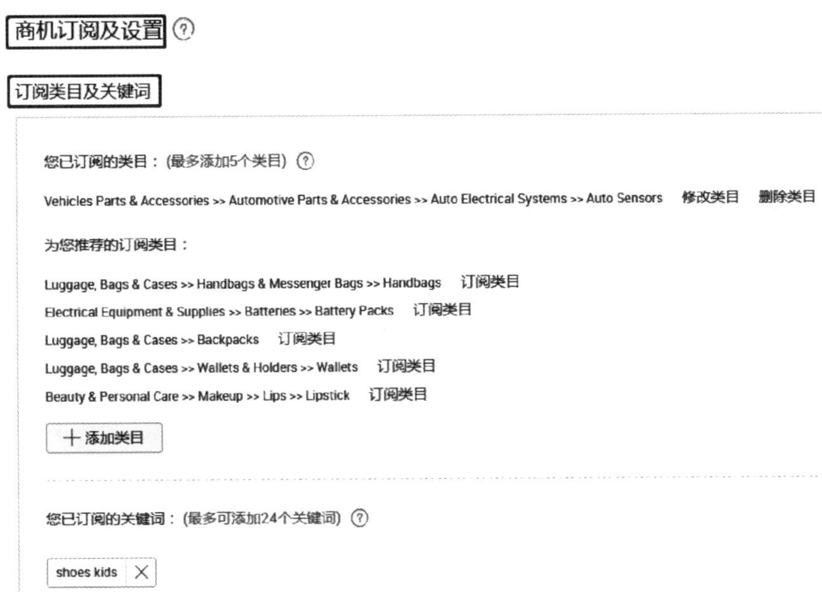

图 6－4　商机订阅及设置页面截图

2. 定制搜索（进入路径：“My Alibaba 后台”—“商机沟通”—“RFQ 市场”）

在采购直达首页中输入关键词搜索后，在搜索栏下方有个“加入我的定制搜索”按钮，点击即可新增，删除关键词可以单击“Delete”按钮。

（1）新增定制搜索

在 Sourcing RFQ 公开市场中输入关键词搜索后，在搜索栏下方有个“加入我的定制搜索”按钮，点击即可新增，如图 6－5 所示。

图 6－5　加入我的定制搜索页面截图

（2）查看定制搜索

已经添加的定制搜索可以在 Sourcing RFQ 公开市场首页及搜索 List 页面中查看。鼠标移至“我定制的搜索”后出现下拉列表，点击关键词即可查看对应 RFQ 搜索结果，如图 6－6 所示。

图 6－6　我定制的搜索页面截图

（3）删除定制搜索

在“我定制的搜索”下拉列表中，鼠标放到关键词上之后，右侧会显示“Delete（删除）”按钮，点击即可删除，如图 6－7 所示。若想对某个关键词进行修改，则删除后再重新搜索添加即可。

图 6－7　删除定制搜索页面截图

(4) 定制搜索通知

添加定制搜索后，如有相关的最新 RFQ 则会通过邮件或旺旺通知，便于卖家能够及时获取最新信息，以免错失商机。通知开启/关闭方式如图 6－8 所示。

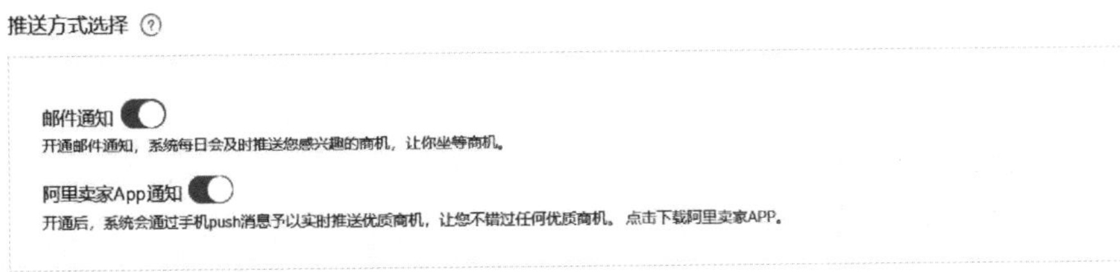

图 6－8　通知方式页面截图

3. RFQ 市场搜索（进入路径：“My Alibaba 后台”—“商机沟通”—“RFQ 市场”）

进入 RFQ 市场或者直接输入网址 sourcing. alibaba. com 查询适合的采购需求进行报价，如图 6－9 所示。

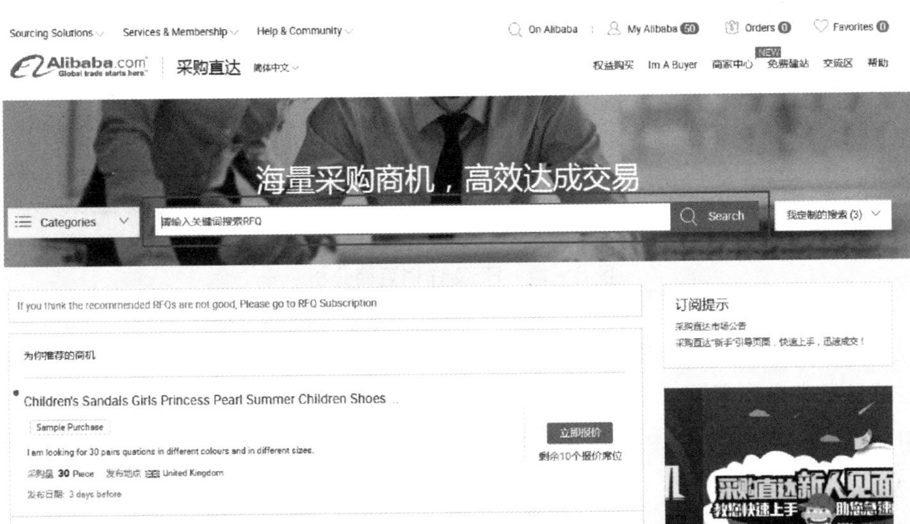

图 6－9　RFQ 市场页面截图

（二）分析 RFQ

1. RFQ 搜索页 List 分析，如图 6－10 所示

① 1 为卖家样品图（有些没有样品图）；

② 2 为标题，可以从这里判断客户的需求是否和卖家的供应相匹配；

③ 3 为该 RFQ 带有附件的标记（如果没有附件则不展示）；

④ 4 表示买家意向采购数量；

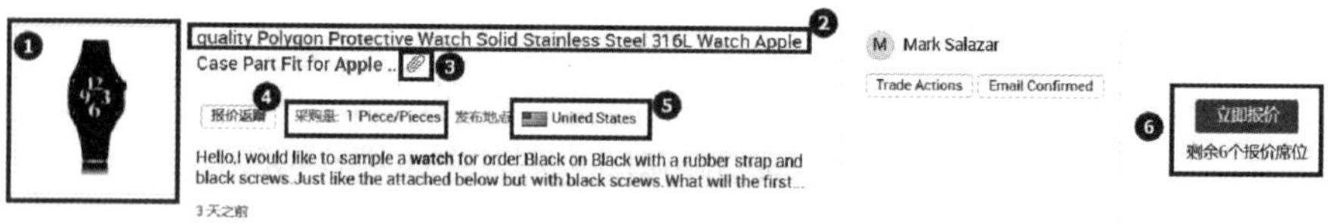

图 6－10　RFQ List 页面截图

⑤ 5 表示买家国别；

⑥ 6 表示剩余报价席位。

2. RFQ 详情分析，如图 6－11 所示

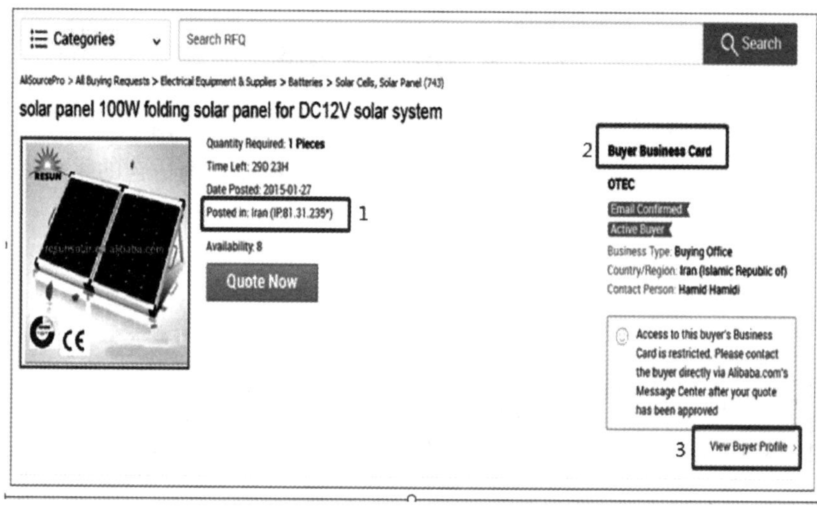

图 6－11　RFQ 详情页面分析

（1）贸易方式和 IP 地址

该处显示客户指定的术语和付款方式，如果客户没有填写，则不显示。所示 IP 地址，可以用 ip38. com 查询客户 IP 和位置是否一致，以规避套取报价的非正常竞争行为。

（2）公司名称

可以用谷歌浏览器搜索客户的公司名，初步判断客户公司是否真实存在，同时也了解一下客户的具体情况，为报价做好准备。

（3）详情介绍

RFQ 的细节部分由客户自主编写，一般会写清楚需求产品的描述、报价要求等，以及以附件形式附上产品图片或文档。通常，该部分内容越详细，RFQ 的质量就越高。

3. 买家行为信息分析

（1）买家基本信息

查看买家的基本信息，包括姓名、邮箱、电话、公司名称、商业类型、公司网址、公司地址、邮编、公司 Logo、公司证书等。如果在买家的姓名下方有“”的标识，则代

表该买家是在平台上的采购行为和个人信息确认后被系统进行认证的，阿里巴巴认为该买家是存在采购行为的真实买家身份，可信度比较高，如图 6－12 所示。

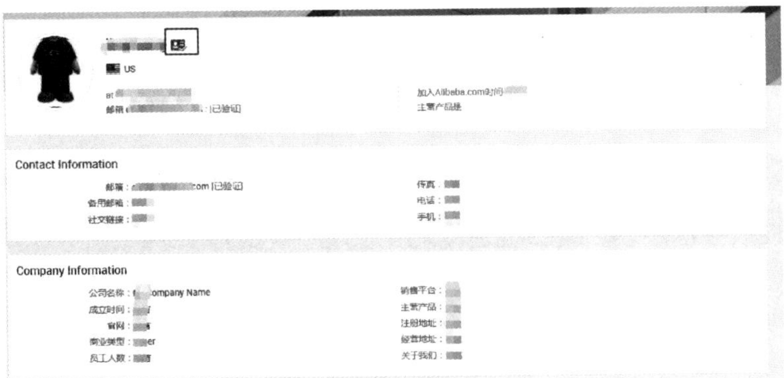

图 6－12　买家基本信息页面截图

（2）买家行为信息分析

分析买家最近 90 天网站行为信息、最近 90 天买家搜索词、最近 90 天买家询盘产品、采购信息、公司信息等，在检验买家真实性的同时进行需求匹配，如图 6－13 所示。

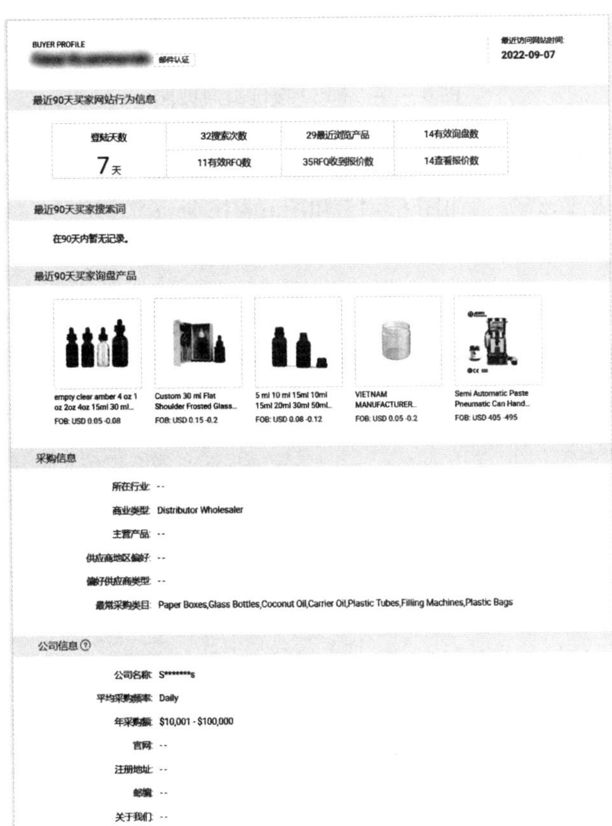

图 6－13　买家行为信息页面截图

（三）回复和管理 RFQ

1. 报价回复

在 RFQ 市场找到合适的 RFQ 之后，点击后面的“立即报价”进行报价回复，如图 6－14 所示。

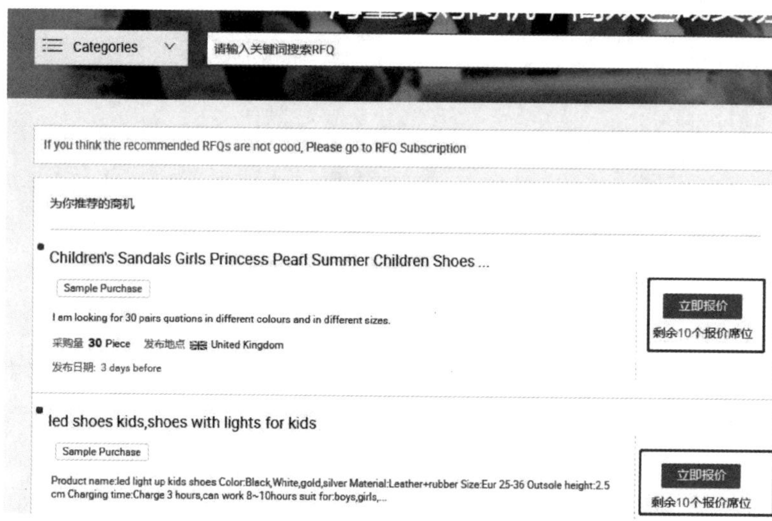

图 6－14　RFQ 报价页面截图

点击“立即报价”之后进入报价单的填写页面，主要内容包括产品名称、产品编号、产品细节、价格详情等，如图 6－15 和图 6－16 所示。

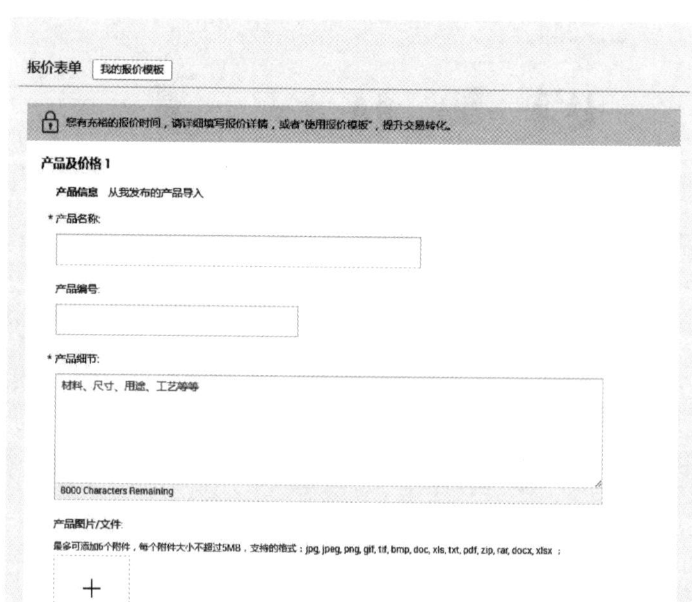

图 6－15　报价表单页面截图 1

图 6－16　报价表单页面截图 2

2. **报价管理**

已经报价完成的 RFQ，可以登录“My Alibaba 后台”—“商机沟通”—“报价管理”的页面进行查看，如图 6－17 所示。

图 6－17　进入报价管理途径页面截图

进入“报价管理”页面，点击对应的报价记录，然后在报价记录详情页面右侧点击“立即联系”，即可查看该条报价的 RFQ 信息。在“所有跟单”栏目下，只能查看到最近 3 个月的报价记录，如报价记录已超过 3 个月，请到“历史报价”栏目下查看，如图 6－18 所示。

图 6－18　报价管理页面截图

子任务二　开通外贸邮

（一）判断企业是否有自有域名

若没有外部域名，建议卖家联系域名提供商购买。若卖家的自有域名已开通，其他企业邮件且正在使用，用此域名开通了外贸邮，原来用该域名开通的企业邮箱将无法使用，建议卖家谨慎操作。

（二）针对已有域名进行 MX 解析

MX 记录是邮件交换记录，它指向一个邮件服务器用于电子邮件系统发邮件时根据收信人的地址后缀来定位邮件服务器。使用自有域名开通外贸邮需要将 MX 记录修改为外贸邮的两条 MX 记录地址，设置后一般有 48～72 小时生效时间，记录地址如下表所示。

MX 记录地址

主机名	类型	对应 mail 主机名	优先级
不填写	MX 记录	mx01. mail. alibaba. com	5
不填写	MX 记录	mx02. mail. alibaba. com	10

（三）申请开通域名

卖家主账号登录“My Alibaba”—“商机 & 客户中心”—“设置”—“邮箱域名管理”。点击添加后进入域名验证，验证完成后即可针对对应账号添加域名邮箱，如图 6－19 所示。

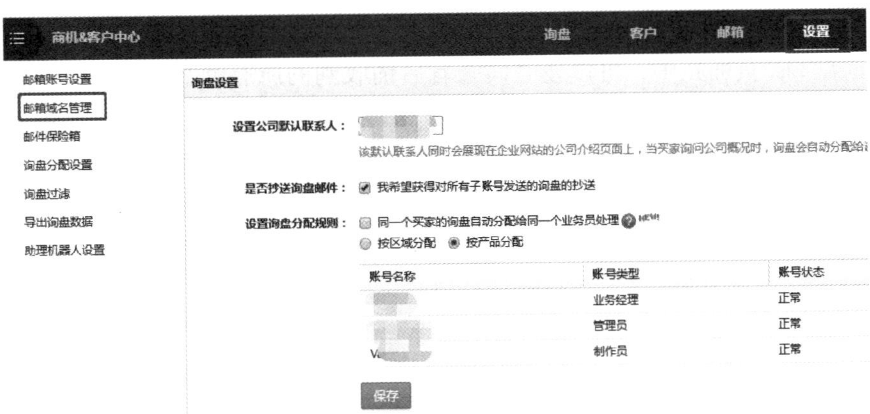

图 6－19　邮箱域名管理页面截图

（四）添加域名邮箱

完成域名验证后，可由主账号针对对应账号添加域名邮箱，如图 6－20 所示。

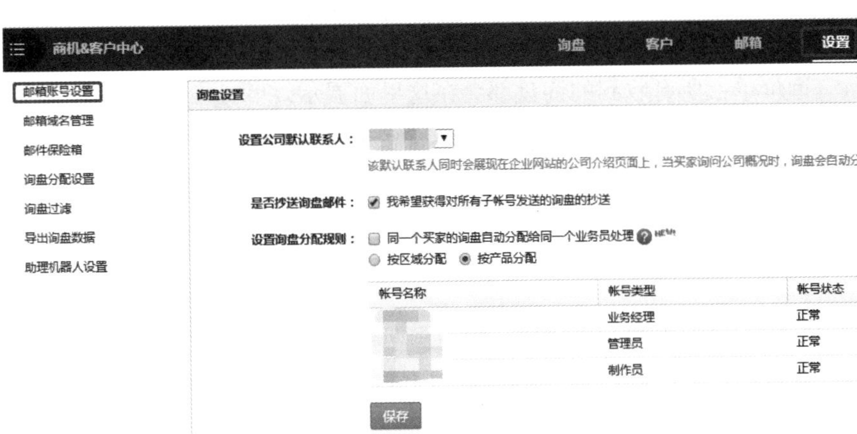

图 6－20　添加域名邮箱页面截图

任务二　跨境电子商务询盘

微信扫描
视频讲解

知识储备

一、客户询盘分析与回复介绍

（一）询盘分析

1. 询盘 List 页面分析

在询盘 List 页面正中，可以按时间查看店铺收到的所有询盘。在页面的左侧是询盘管理的导航栏，包括询价单管理、接待设置、服务数据看板、消息管理和常用功能等模块，如图 6－21 所示。

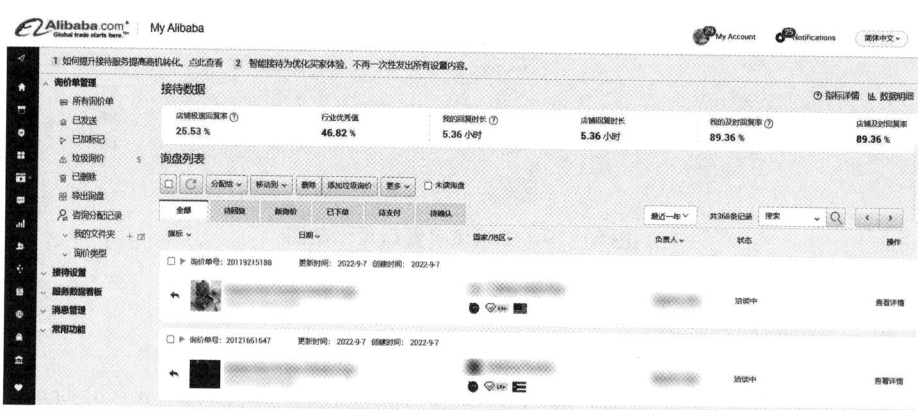

图 6－21　询盘 List 页面截图

①所有询价单：所有收到的询盘都会在这里面展示。

②已发送：所有回复的消息都会在这里面展示，已发送无法删除。

③已加标记：设置旗标，根据需求来设置不同的旗标。

④垃圾询价：垃圾询盘，卖家设置了黑名单或者是开启了询盘过滤机制，系统判断是垃圾询盘。

⑤已删除：客户自行删除的会在已删除里面，彻底删除的是无法找到的。

⑥导出询盘：卖家可以申请导出询盘数据，但是一年只能申请一次询盘导出，仅支持申请导出之日起最近 365 天的询盘数据。

⑦我的文件夹：卖家自己设置的文件夹，用于归类自己的询盘。

⑧询价类型：不同渠道和不同对象的询价类型。

⑨智能接待设置：可以设置欢迎语及常见问题回答。

⑩我的合同模板：新建订单模板，节约时间，提高外贸跟进效率。

⑪起草意向合同：可同时向 20 个客户起草意向合同，并且客户之间可以看到此邮件。

2. 询盘详情页面分析

询盘详情页右侧展示客户基本信息，包含客户的姓名、联系方式、公司信息、邮箱、阿里巴巴国际站的注册时间、过去 90 天的客户行为数据等信息等。左侧是双方询盘交流的对话视窗，卖家可以对询盘进行移动、分配和删除等操作，如图 6－22 所示。

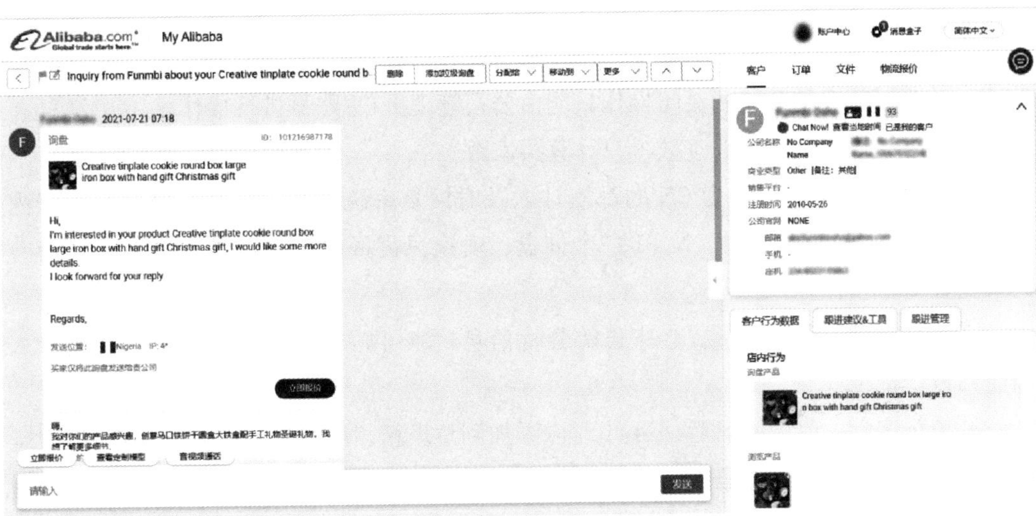

图 6－22　询盘详情页面截图

（二）询盘回复

询盘回复时，找到对应的询盘，在询盘的详情页面左侧聊天视窗进行回复。在对客户的信息进行回复时，需要把握客户的心态，明确客户需要了解的内容，以便进行针对性的回复。

询盘回复要求：

①格式简单，版面整洁，高效回复；

②开头注意称谓，简单地问好和自我介绍；

③对客户询问的问题，有条理地回复，并适当增加公司的信息，展示公司实力。

二、及时回复率

1. 及时回复率

过去 30 天卖家在 24 小时内响应买家当天首条咨询的占比。及时回复率的计算公式如图 6－23 所示。

$$及时回复率 = \frac{过去30天24小时内回复的咨询买家数}{过去30天每天收到的咨询买家数} \times 100\%$$

图 6－23 及时回复率公式

2. 注意事项

①当日咨询买家数：当日发过有效消息（不区分询盘或 TM）的买家数。

②自动回复不计入及时回复率统计。

③及时回复率是卖家店铺整体的回复率情况，不看单一子账号。

④及时回复率的开通和关闭操作只能由公司管理员/主账号进行操作。

⑤及时回复率不计算询盘数，只计算买家数。

⑥注册国家和发送 IP 为 CN 的都不计入及时回复率统计。当 1 个买家在同一天内（美国时间的一天）发了 N（N＞1）个询盘，卖家只需回复买家其中一封，保证有一封询盘在 24 小时内回复即可。

⑦垃圾消息：若收到货代、广告等骚扰信息，24 小时内直接添至黑名单，不计入及时回复指标统计。

⑧垃圾询盘：收到询盘后，24 小时内添加到垃圾箱，该询盘不计入有效消息统计。若卖家后续将垃圾询盘拖出至收件箱，则该询盘重新计入有效消息，统计时长起点为买家发出询盘的时间。

知识链接

①询盘：交易的一方有意购买或出售某种商品，向对方询问买卖该商品的有关条件。

②询盘及时回复率：过去 30 天卖家在 24 小时内响应买家当天首条咨询的占比。

③有效询盘：买家针对产品信息和公司信息发送的询盘，不包括垃圾询盘和退回询盘。同时会去掉同一买家 24 小时内发来的询盘，去除在垃圾箱、询盘为删除状态、被退回的询盘，去除注册地和发送地为 CN 的询盘，去除买家账号在 24 小时内被 disable 的询盘。

任务实施

子任务　询盘设置

（一）询盘过滤

1. 过滤询盘

在“商机沟通”—“设置”—“询盘过滤”页面，点击开或关进行设置，过滤开关开启后，系统会针对恶意行为、可疑内容、广告等容易引发钓鱼欺诈的风险询盘进行过滤，过滤的询盘会在垃圾询价中展示，如图 6－24 所示。

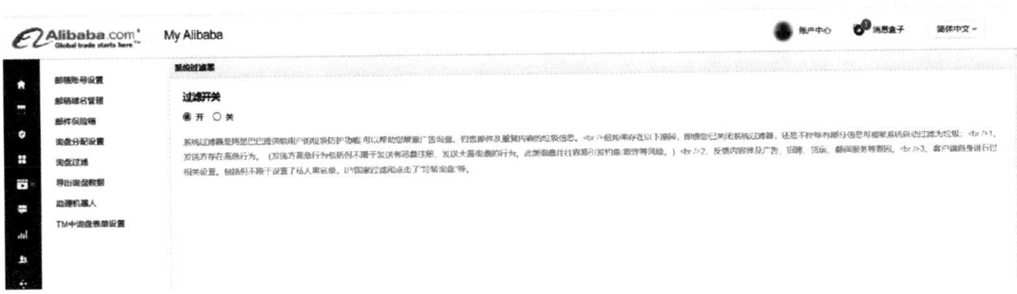

图 6－24　询盘过滤设置页面截图

2. 设置黑名单

在“商机沟通”—“客户”—“黑名单设置”页面可以支持多维度设置黑名单客户的功能，也可以进行个性化选择。设置不希望收到的国家/地区列表，可以点击下拉列表框，选择国家/地区，并结合过滤类型（国家/地区、发送者 IP 地址、两者均可）进行添加，如图 6－25 所示。当添加成功后，意味着该买家的邮箱地址或所在国家/地区后期进来的询盘，将进入垃圾询盘。

（二）公司默认联系人

默认联系人可以设置成公司任意一个账号，但只有管理员账号可以进行此设置。设置后针对公司的询盘会发送到该账号，公司默认联系人信息修改提交后，页面变为灰色且不能再修改，需经过 24 小时审核时间后可以再次修改，如图 6－26所示。

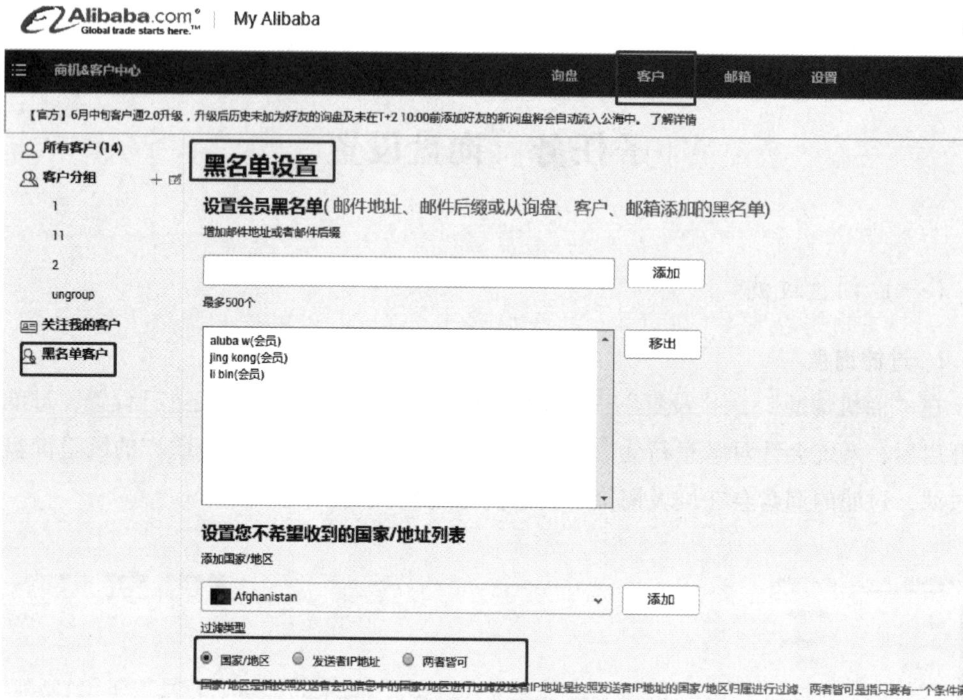

图 6－25　询盘黑名单设置页面截图

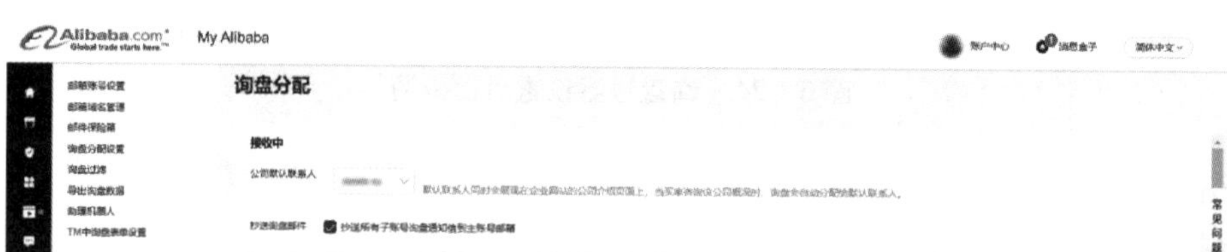

图 6－26　设置公司默认联系人页面截图

（三）询盘分配规则

询盘分配规则包括按区域分配和按产品分配，如图 6－27 所示。所有询盘分配及规则设置都由管理员/主账号或业务经理进行操作，管理员/主账号分配整个公司的询盘，业务经理分配下属业务员的询盘。若管理员账号勾选了“同一个买家的询盘自动分配给同一个业务员处理”（客户第一原则），则后续该买家对不同业务员负责的产品发询盘，都会自动分配给同一个业务员处理，避免撞单。

1. 按区域分配

按区域分配好后，对应区域的买家发来的询盘分配到对应区域的负责人。一个区域只能分给一个账号，若没有负责人的区域，则该区域的买家发来的询盘直接分配到公司联系人，此时和产品属于哪个账号没有直接关系。

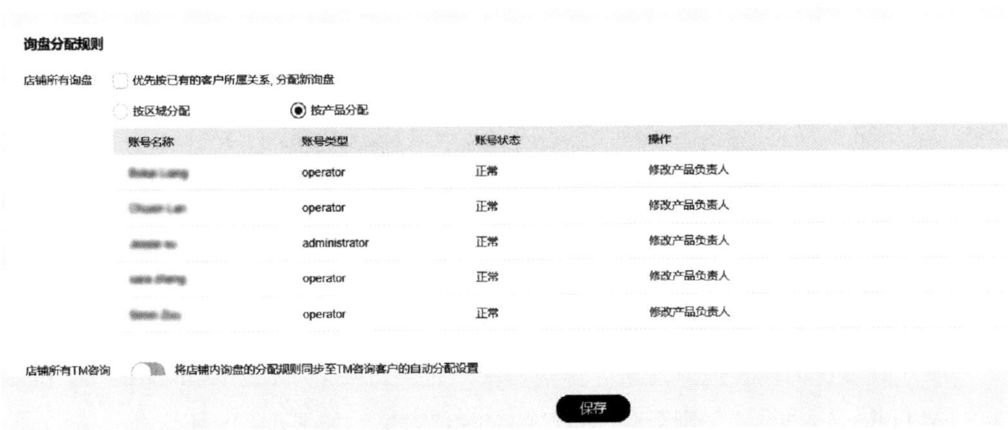

图 6－27　设置询盘分配规则页面截图

2. 按产品分配

买家针对某一个产品发来的询盘，分配给该产品对应的负责人，若买家是针对公司发来的询盘，则会分配到公司默认联系人。此时不管买家来自哪个区域，产品属于某个账号，买家询盘则会分配给该账号。

任务三　我的人脉

知识储备

一、名片的作用

阿里巴巴国际站后台可以进行买卖双方名片索求和互换，不仅可以方便地管理客户关系，增加买卖双方的沟通交流，还可以加深买卖双方之间的信任，推动交易的进程。

二、买家身份信息

买家身份信息包含客户姓名、认证类型、国家、公司名称、商业类型、注册时间、公司官网、详细地址、邮箱、IP 信息及手机号码。

确认买家身份信息，可以对买家进行客户分层及分类，有目的性地进行定向营销。对于一些有潜力、有价值的关键客户进行识别，可以了解各个地区及各个分类客户的兴趣偏好，从而建立发展客户关系的机会，同时规避风险。

任务实施

子任务一　名片的索求和互换

（一）名牌的交换场景

①买家在发送询盘时选择发送名片给卖家，如果勾选了“I agree to share my Business Card to the supplier.”，则会分享自己的名片给卖家，如图 6－28 所示。

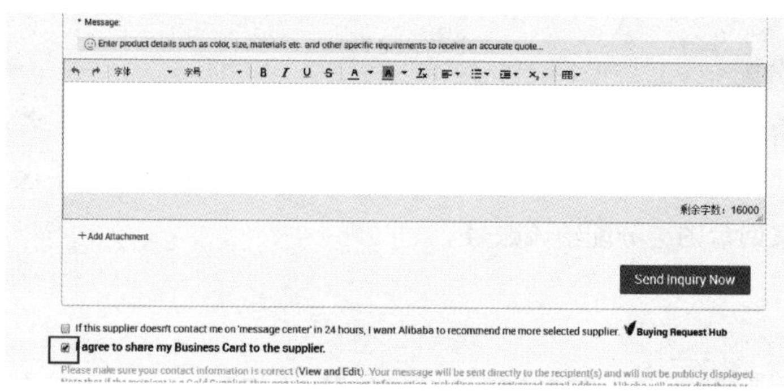

图 6－28　在发送询盘页面勾选发送名片给卖家页面截图

②买家在发送 RFQ 时可以选择发送名片给卖家，如图 6－29 所示。

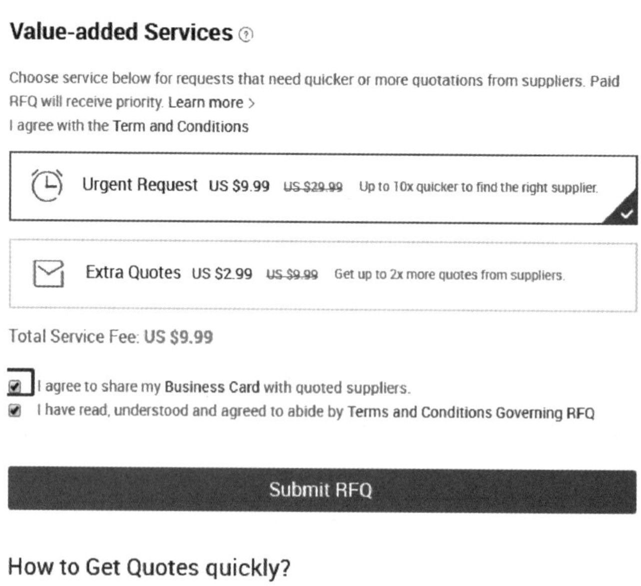

图 6－29　在发送 RFQ 页面选择发送名片页面截图

③当卖家在询盘后台或 RFQ 后台向买家申请查看名片后，若买家同意发送名片，卖家也可以收到名片，如图 6－30 所示。

图 6－30　RFQ 后台买家名片申请页面截图

④买家在管理后台“商圈－Connections”场景直接发送名片，如图 6－31 所示。

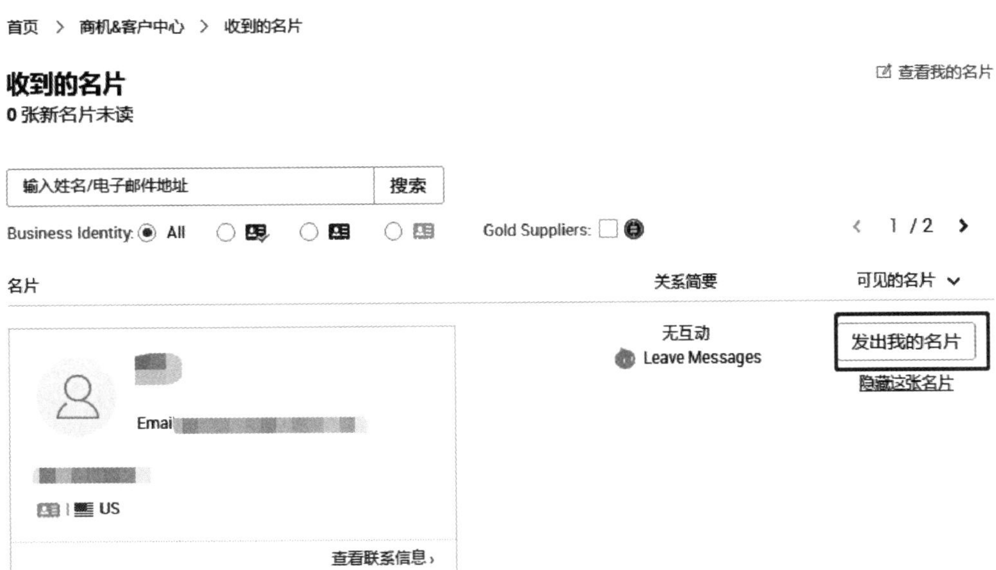

图 6－31　卖家发出我的名片页面截图

（二）查看名片来源

①“From Inquiry”名片来自询盘，如图 6－32 所示。

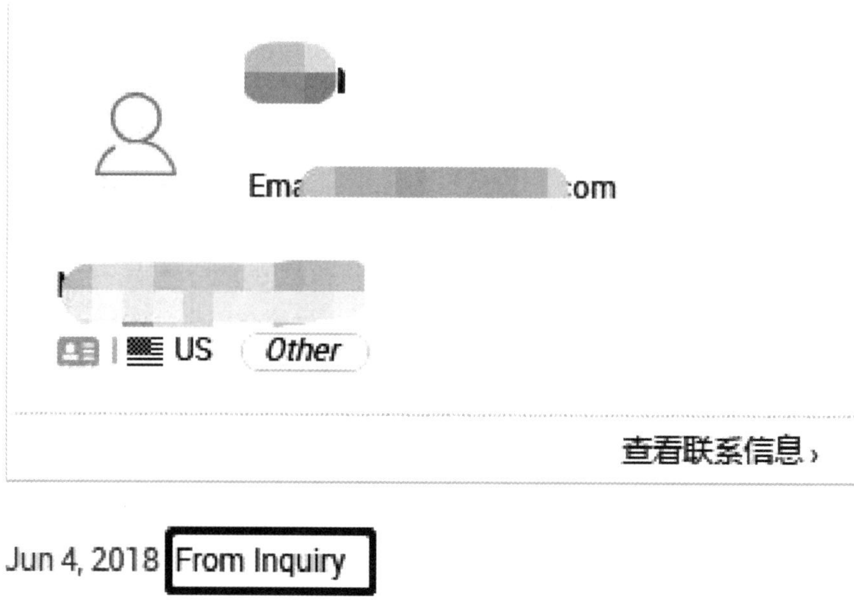

图 6－32　名片来自询盘页面截图

②“From AliSource”名片来自 RFQ，如图 6－33 所示。

图 6－33　名片来自 RFQ 页面截图

③“From Connections”名片来自商圈交换，如图 6－34 所示。

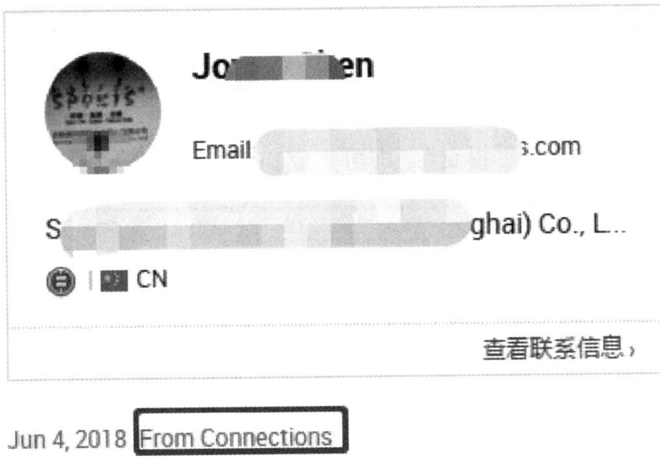

图 6 – 34　名片来自商圈交换页面截图

（三）名片的分享、隐藏和撤回

①分享：若卖家收到客户名片并愿意分享企业名片给客户，可以发出名片。交换名片后双方即成为商业伙伴，买家也可以看到卖家的联系方式。

②隐藏：买家名片没有删除功能，若卖家不想让该名片展示在名片列，可以隐藏该名片，名片隐藏后刷新页面即可；若想查看隐藏名片可以在名片筛选项里选择查看隐藏的名片。

③撤回：若卖家分享名片后想撤回该名片，点击撤回按钮，买家在收到的名片页面不能查看到卖家的联系信息。

（四）查看我的名片

①在阿里巴巴国际站后台，点击“My Alibaba”—“账户中心”—“商业信息”可以查看卖家自己的名片，如图 6 – 35 所示。

图 6 – 35　点击查看“我的名片”信息页面截图

②我的名片信息中主要包含了公司的基本信息、联系方式、采购信息及运营人员个人联系信息四部分，如图 6－36 所示。可以对运营人员个人联系信息、公司联系方式和采购信息三部分修改，若需要对名片中的信息进行修改，点击右上角的“编辑”进行编辑，修改完成后点击“提交”，即可完成。

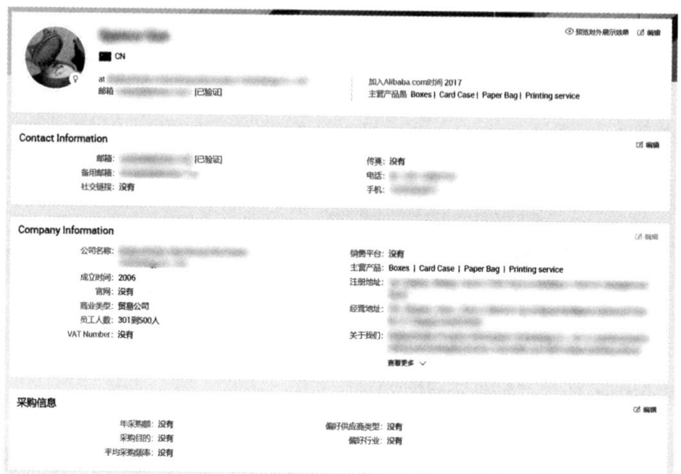

图 6－36　企业名片信息展示页面截图

（五）发出的名片

卖家对买家发出名片后可以撤回，也可以向买家发起索要名片的申请，双方互发名片后可以建立商业伙伴关系，如图 6－37 所示。

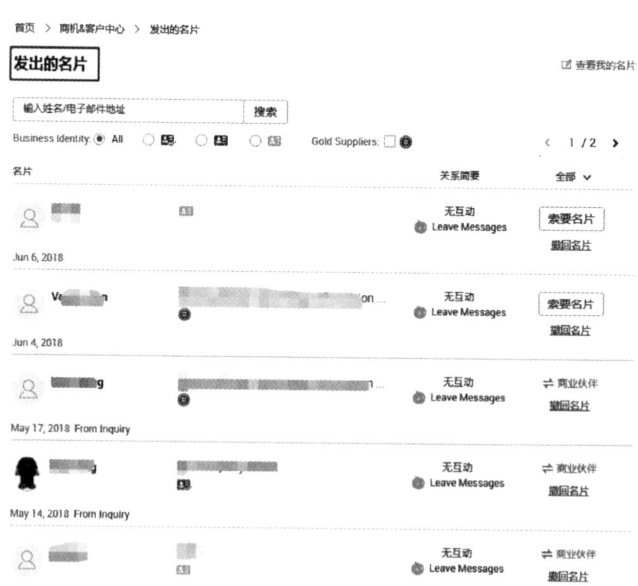

图 6－37　发出的名片页面截图

子任务二　买家商业信息确认

卖家确认买家身份信息是否真实可信，一方面可以通过买家的商业身份进行验证，另一方面可以邀请商业伙伴给自己验证身份。

若买家想验证自己的身份，可以通过邀请商业伙伴进行身份验证，买家在线上向自己的商业伙伴发起身份验证的邀请，被邀请人对买家身份进行确认，买家身份会根据被邀请人的验证结果标识，如图 6－38 所示。

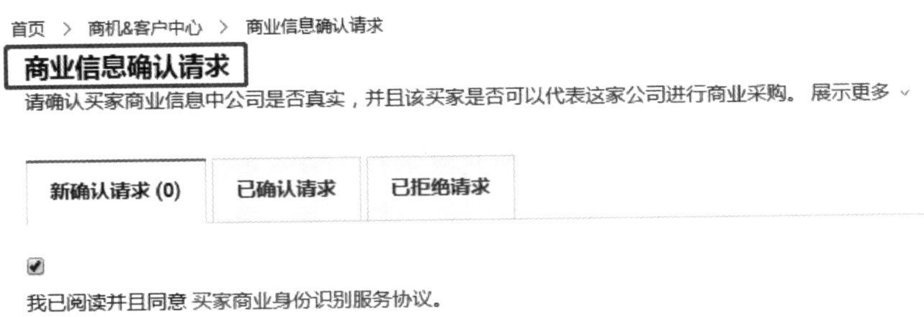

图 6－38　买家商业信息确认请求页面截图

思政小课堂

阿里巴巴国际站为中国外贸企业带来数字化外贸商机

2020 年伊始，新冠疫情突如其来，外贸行业持续承压，众多外贸企业无法正常复工、无法按时履约，订单流、物流、现金流均受到巨大挑战，其中抗风险高能力较低的中小企业更是面临严峻危机。

秉承在外贸领域“让天下没有难做生意”使命的阿里巴巴国际站向中国商家推出数字化外贸综合解决方案，通过提供高质量定向商机引入、流量精准匹配，交易履约保障，以及数字化运营工具、跨境贸易金融支持等举措，助力外贸商家实现生意的平稳过渡和发展，提升中国中小企业数字化运营、数字化管理的能力，打开转危为机、行业升级的新局面。

- 海量流量＋场景营销：三月新贸节将成线上商机新增长点

阿里巴巴国际站开启了数字化定向流量双倍引入，面向全网商家进行海外高质量流量增投，并与即将到来的三月新贸节进行有效融合，以超过 40 个营销场景作为承接，为平台商家开辟线上商机增长机遇。

● 数字化工具体系：支持商家远程办公、高效运营

基于广大中小外贸商家线上办公的需求，阿里巴巴国际站已联合钉钉为国际站商家提供专属线上办公支持通道。除此之外，阿里巴巴国际站还联合生态服务商为新入驻商家提供快速建站、商品发布、平台基础培训等上手服务“无忧起航”，以便让商家快速开启外贸之旅。

● 数字化交易履约全程保障：高确定、低成本确保商家货通全球

阿里巴巴国际站从物流、资费、代办、纠纷快速处理等方面出发，针对发货延迟、运力紧张，物流、供应链确定性降低、履约难度大的问题地给予针对性解决方案。比如在物流方面，国际站物流协同菜鸟及生态，为客户提供高确定性全链路可视化的物流解决方案。目前国际快递覆盖 20 多条线路，30 多个国内仓。

● 企业金融服务全生命周期扶持：降低企业资金压力

国际站推出疫情防控期间企业金融服务扶持计划，企业金融和网商银行为国际站商家提供诸多金融权益。其中 2 月 21 日—3 月 31 日，企业金融为商家提供低至 7.65 折的超级信用证融资利率优惠；并已会同建设银行下调诚 e 税贷款利率，年化利率由 5% 下调至 4.5%。

（资料来源：雨果跨境网）

项目小结

在本项目中，通过商机管理中心的学习，让学生全方位了解采购直达 RFQ 和询盘的基础知识，掌握回复询盘的方法和名片管理的技巧，培养学生独立完成与客户报价和沟通的能力。

微信扫一扫 ★电商课堂随时看
★名企案例轻松学★阅读笔记线上晒

项目七　信用保障与纠纷处理

调研显示，大多数卖家在订单达成环节都遇到了买家对交易安全的担忧问题，为了解决这一难题，阿里巴巴推出信用保障服务，将卖家在阿里巴巴国际站上的行为以及真实贸易数据等信息不断沉淀，并作为其信用保障额度的累积依据。阿里巴巴国际站在额度范围内帮助卖家向买家提供贸易安全保障，帮助买卖双方解决交易过程中的信任问题，快速达成订单。

学习目标

知识目标

1. 了解信用保障服务开通的条件。
2. 了解信用保障额度的提升和影响因素。
3. 了解信用保障订单的合同规则。
4. 了解信用保障订单的交易流程。
5. 了解不同的贸易纠纷类型。

技能目标

1. 掌握信用保障订单下单的方法。
2. 掌握不同的付款种类操作。
3. 掌握发货和报关技巧。
4. 能够熟练操作账户提现。
5. 掌握处理不同贸易纠纷的方法。

思政目标

1. 教育、指导和培养学生保障资金的安全意识、求真务实、按订单合同实施的契约精神。

2. 了解交易中的信用风险、资金风险、流动性风险等，增强学生积极主动处理纠纷、不怕困难的信心。

项目情境

某外贸公司在入驻阿里巴巴国际站经营了一段时间之后，店铺管理趋于稳定，跟客户之间的沟通技巧愈发成熟，可是在交易过程中与买家之间的纠纷不断，该公司对此感到非常困扰。那么，如何在阿里巴巴国际站平台与买家进行交易，以及如何去处理交易中遇到的纠纷呢？这一系列知识及能力将在该项目中得到系统的学习和训练。

项目分解

该任务下将对阿里巴巴国际站信用保障贸易操作进行全方位的学习，包括开通信用保障服务、查看及提升信用保障额度、信用保障订单交易和贸易纠纷处理等，让初学者能够以卖家身份去和买家进行跨境贸易活动。

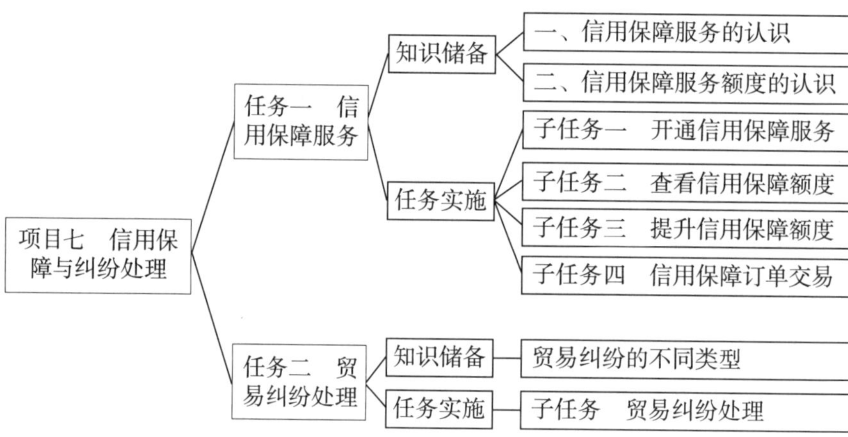

任务一　信用保障服务

知识储备

微信扫描
视频讲解

一、信用保障服务的认识

（一）信用保障服务简介

信用保障服务（Trade Assurance，TA）是全球第一个跨境 B2B 中立的第三方交易担保服务平台。由阿里巴巴根据用户真实贸易数据为使用者评估一个信用保障额度，帮助买卖双方解决交易过程中的信任问题，为买卖双方提供贸易安全保障及服务。

一旦买卖双方交易过程中在资金、交货时间或质量等方面出现问题，阿里巴巴将会在额度范围内根据合同约定为卖家背书，给买家保障；同时通过对卖家交易等级、交易评价等数据及展示靠前等方式，为买家全方位、多维度地展示信用保障服务卖家的综合实力，促成订单的快速转化。

信用保障服务标识，如图 7－1 至图 7－4 所示。

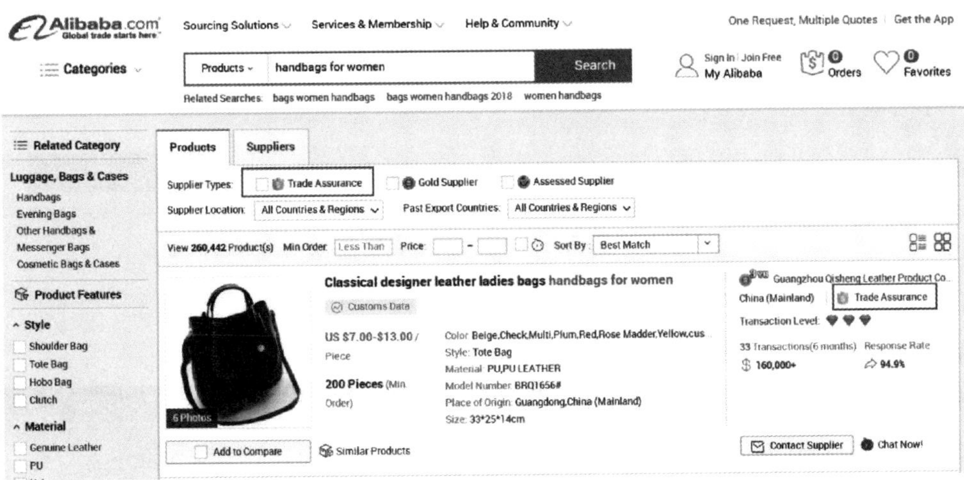

图 7－1　阿里巴巴国际站搜索信用保障服务筛选项页面截图

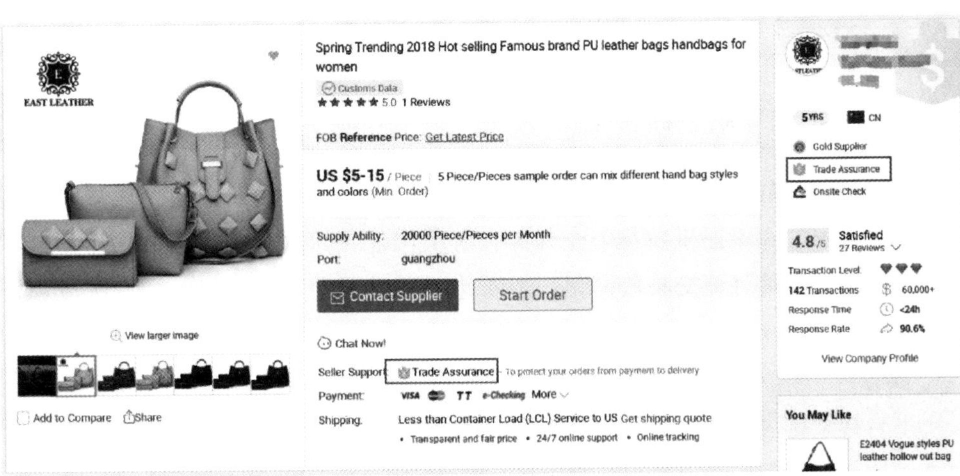

图 7－2　产品详情页面截图

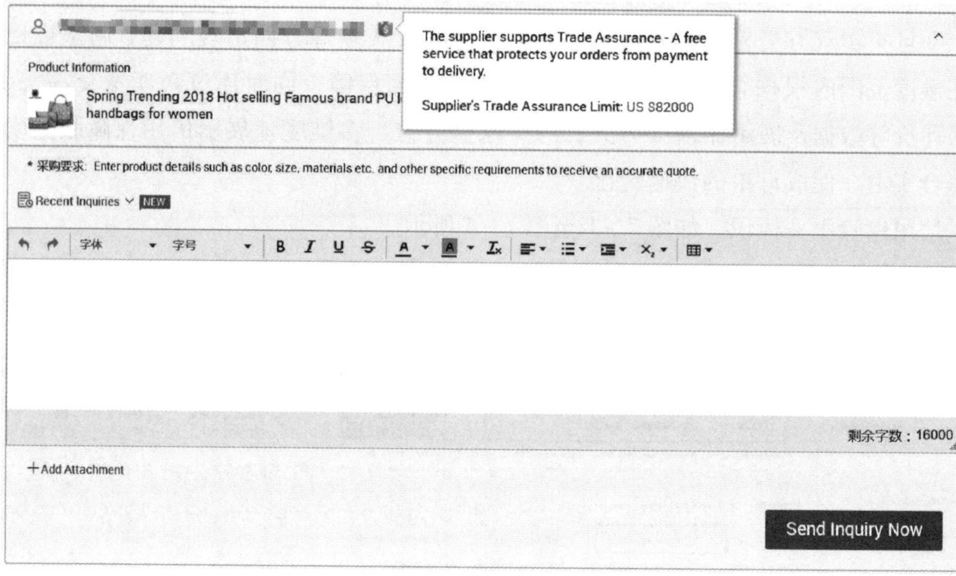

图 7－3　询盘页面截图

图 7－4　全球旺铺首页截图

（二）信用保障服务的价值

信用保障服务的价值在于它能通过外贸大数据为中国外贸企业向全球买家做信用背书，帮助卖家向买家提供贸易安全保障，解决国外买家对国内卖家的信用质疑，促成交易快速达成，使外贸交易数据化、透明化，形成网上交易信息流、货物流和资金流的完整闭环。

1. **卖家**

①平台搜索排名：提高排名并有更多机会展示在目标客户眼前。

②信用彰显：信用彰显可以获得更多品牌代理机会，并取得买家的信任。

③信用极速贷款：阿里巴巴提供信用保障订单贷款服务，以提高卖家资金周转率。

2. 买家

①资金安全：第三方平台担保，保证线上钱款交易安全，促成交易。

②按时发货：监督卖家按时发货，保证商品及时送达客户手中。

③货物质量：提供多重质保措施，货物品质有保障，提高购物体验满意度。

（三）信用保障服务的范围

信用保障服务范围如表7－1所示。

表7－1　信用保障服务范围

保障范围	保障截止到"买方收货"后的第30天（含第30天） "买方收货"的定义： （i）买家手动确认收货 （ii）若买家不手动确认收货，则订单系统在下列情况下判定自动收货： 1）快递：发货后15天； 2）空运：发货后30天； 3）海运/陆运/邮政包裹：发货后60天
保障金额	订单实收金额
纠纷后最大赔付金额	订单实际收到的全款

（四）开通信用保障服务的条件

开通信用保障服务，不收取任何服务费用。符合以下条件的会员可以开通或使用信用保障服务：

①公司法人或实际控制人及关联公司无其他不良诚信记录。

②网站累计违规扣分小于48分，若同一公司合作多个主账号，一个账号大于等于48分，则所有账号均不能开通信用保障服务。

③网站严重侵权行为累计被投诉大于3次，若同一公司合作多个主账号，一个账号累计大于等于3次，则所有账号均不能开通信用保障服务。

④免费会员也可以免费开通信用保障服务，但需要进行企业或者法定代表人的支付宝实名验证。

⑤无其他潜在风险。

二、信用保障服务额度的认识

（一）信用保障额度简介

信用保障额度是阿里巴巴根据卖家在国际站上的行为以及真实贸易数据等信息给

卖家背书的额度，阿里巴巴在额度范围内帮助卖家向买家提供贸易安全保障，帮助买卖双方解决交易过程中的信任问题，快速达成订单。

额度是一个虚拟的数值，信用保障额度作为信用保障交易订单的额度授予及先行垫付的限额。信用保障额度评估的主要参考因素是卖家经营能力和资信状况，中国时间每月 10 日进行更新。

（二）影响信用保障额度的因素

信用保障订单保障条款统一为保障收货后，保障金额是订单的实收金额。信用保障额度的评估基于阿里巴巴风险测算模型，考量系数较多，会根据出口行业的变化和信用评估渠道的拓展而不断调整。

①卖家公司的基本情况，如工商认证信息、阿里巴巴合作年限、平台操作表现等。

②卖家的经营能力，目前参考贸易流水评估，包括以下几点：

a. 通过信用保障订单产生的流水。

b. 仅通过一达通完成出口的流水。

c. 平台通过可信途径获得的企业自营出口数据。

③卖家的资信状况，目前参考阿里巴巴国际站违规处罚累计扣分。扣分会导致信用保障额度降低，超过一定分值或其他重大违规行为则无法享受该服务。

④其他风险因素，如企业和法人代表征信情况、纠纷处理等。

知识链接

信用保障订单是阿里巴巴根据每个供应商在国际站上的基本信息和贸易交易额等其他信息综合评定并给予一定的信用保障额度，用于帮助供应商向买家提供跨境贸易安全保障的一种服务。

任务实施

子任务一　开通信用保障服务

主账号登录“My Alibaba”后，在左侧导航中点击“交易管理”—“交易服务准入”，找到信用保障交易，点击“免费开通”按钮，如图 7－5 所示。

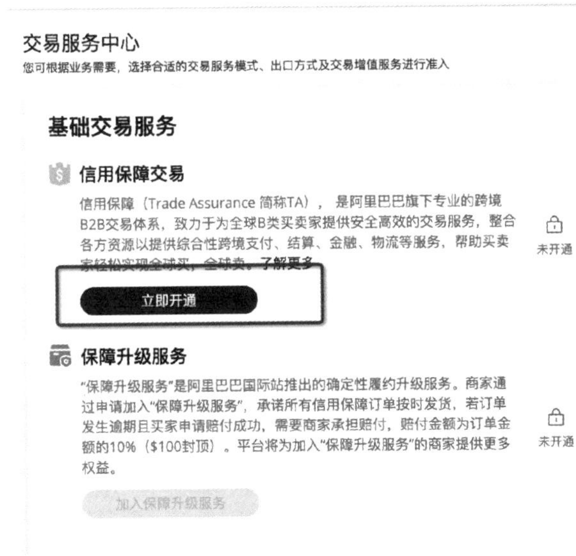

图 7－5　开通信用保障服务页面截图

进入申请页面，阅读并确认信用保障合作协议，勾选"我已仔细阅读并确认同意上述协议及《信用保障服务规则》"，点击"立即开通"按钮开通服务即可，如图 7－6 和图 7－7 所示。

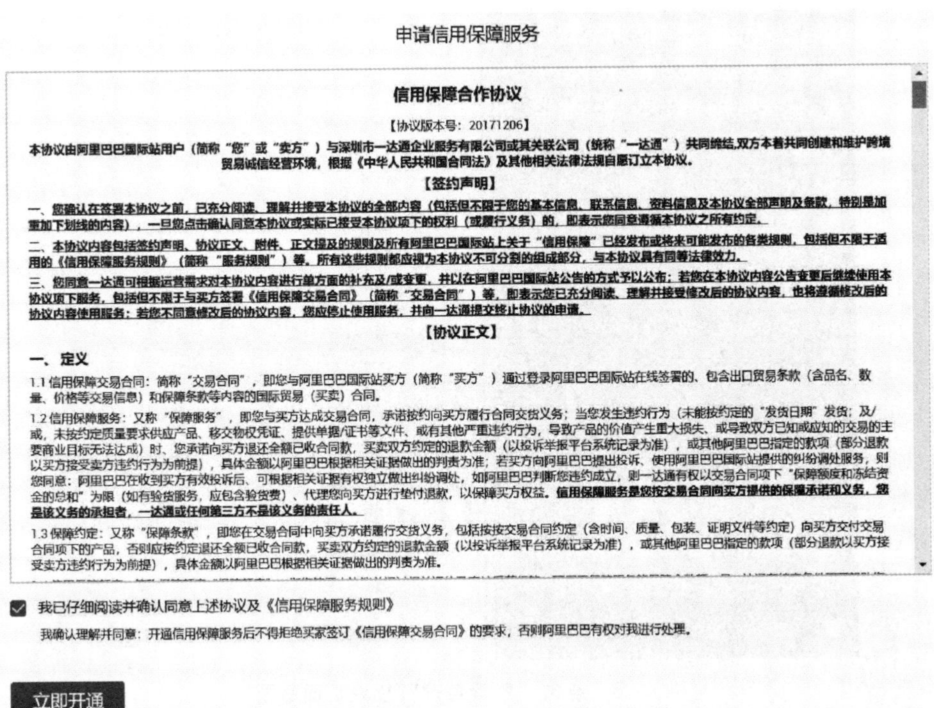

图 7－6　阅读并确认信用保障合作协议页面截图

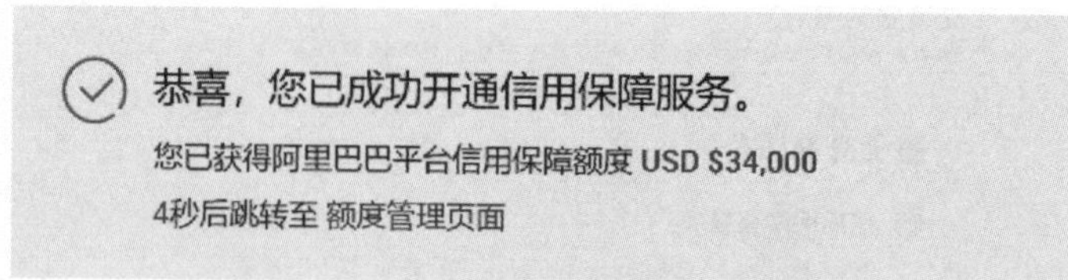

图 7－7　信用保障服务开通成功页面截图

子任务二　查看信用保障额度

主账号登录“My Alibaba”后，在“交易管理”模块点击“额度管理”进行查看，如图 7－8 和图 7－9 所示。

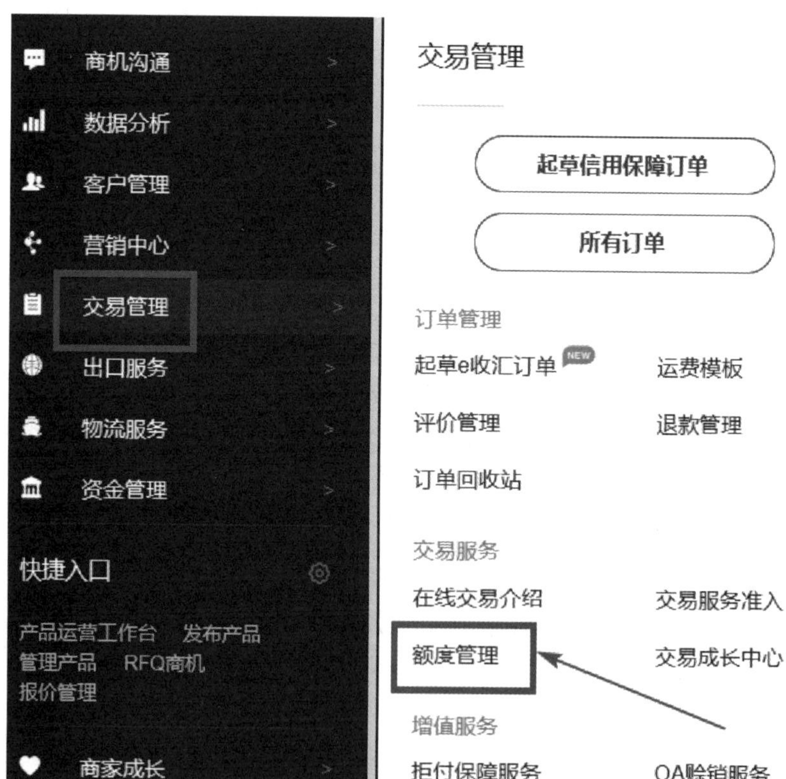

图 7－8　点击“额度管理”模块页面截图

图 7－9　“额度管理”页面截图

其他卖家的信用保障额度可以在产品搜索页面和其公司旺铺主页查看，如图 7－10 和图 7－11 所示。

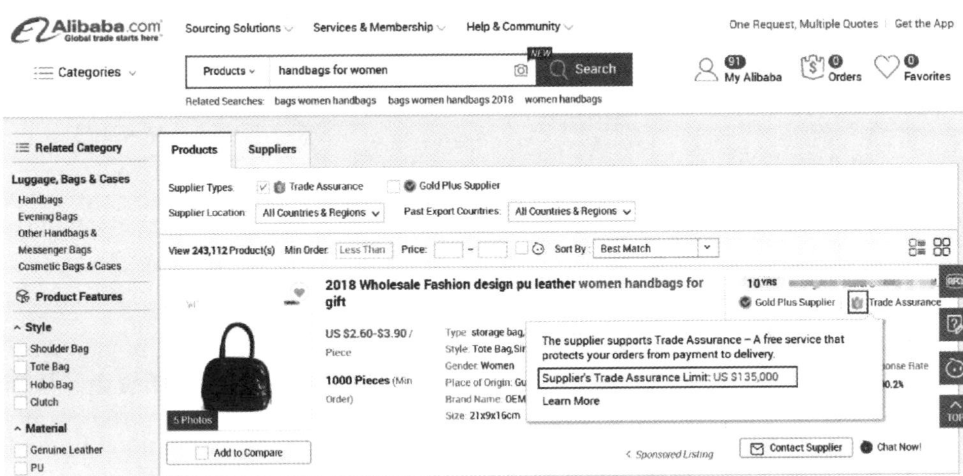

图 7－10　产品搜索页面查看额度页面截图

图 7－11　公司旺铺主页查看额度页面截图

子任务三　提升信用保障额度

（一）提升信用保障额度

信用保障额度的提升是一个循序渐进长期积累的过程，无法通过单个行为或事件迅速提升。正常情况下，注重诚信经营的卖家可以通过额度评估机制获得相对较高的额度。

阿里巴巴国际站有多种提额方式，卖家可以根据实际情况在额度管理页面选择使用。提升额度的方式分为极速额度、法定代表人担保提额以及成交订单，如图 7－12 所示。

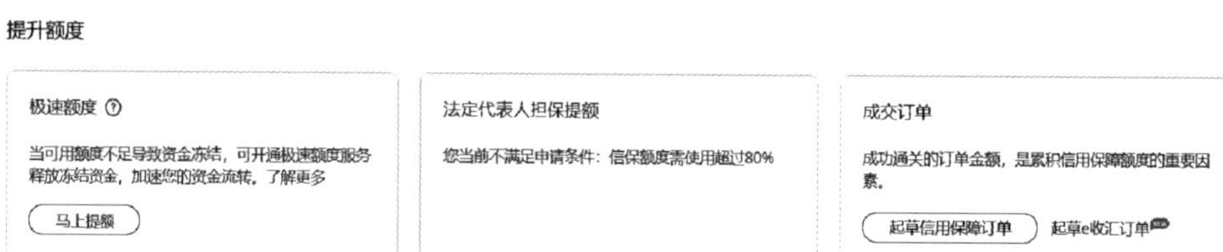

图 7－12　提升额度页面截图

（二）信用保障额度冻结和解冻

买家汇入资金时，将冻结额度释放资金，当可用额度不足时将冻结资金；该冻结明细仅展示当前主账号下冻结的额度和资金。

1. 额度冻结时间

款项到账后冻结额度，若买家使用 T/T 支付则挂账后冻结额度。

2. 额度解冻时间

（1）报关订单

①订单申报金额≥订单合同金额的 80%，订单状态为“发货完成”，释放订单全部额度。

②订单申报金额＜订单合同金额的 80%，订单状态为“部分发货”，仅释放本次报关金额的额度，并需要继续新增发货批次（当订单状态为“部分发货”时，买家无手动确认收货的按钮。请继续发货直到满足累计报关金额达到订单金额的 80%）。

（2）非报关的信用保障小额订单（≤5000 美元，非一达通出口）

①使用阿里物流发货：“已发货”释放全部额度。

②使用第三方物流发货：“确认收货”释放全部额度。

知识链接

TT：电汇，全称 Telegraphic Transfer，是汇款人将一定款项交存汇款银行，汇款银行通过电报或电传给目的地的分行或代理银行（汇入行），指示汇入行向收款人支付一定金额的一种汇款方式。电汇又分为前 T/T 和后 T/T 两种。

子任务四　信用保障订单交易

（一）起草订单

信用保障订单的起草时间，必须早于发货时间，否则无法关联物流单。起草信用保障订单有以下两种方式。

PC 端：登录“My Alibaba”后，在“交易管理”模块点击“起草信用保障订单”进入页面，如图 7－13 所示。

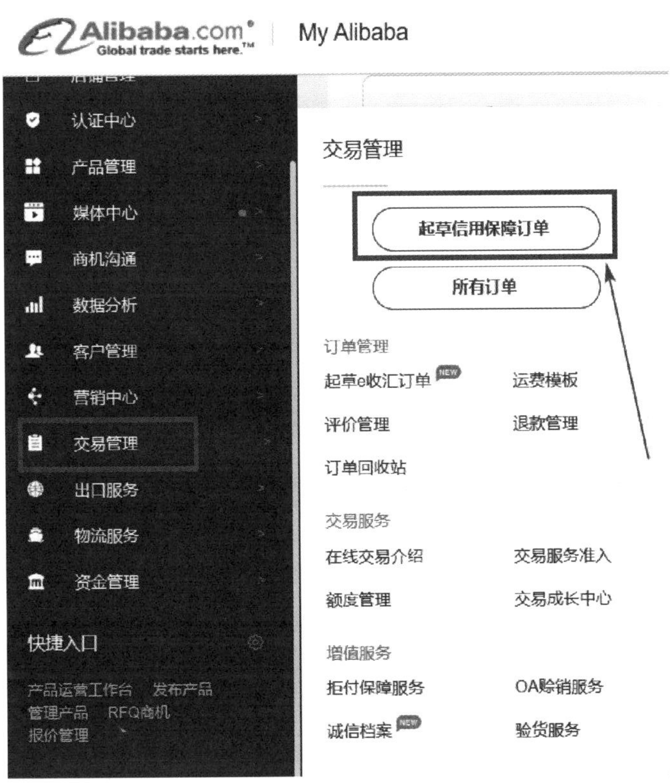

图 7－13　点击“起草信用保障订单”模块页面截图

App 端：卖家登录阿里卖家 App，在“首页”选择“起草信用保障订单”，如图 7－14 所示。

图 7－14　App 端起草入口页面截图

（二）填写订单信息

根据选项填写买家信息、产品信息、运输条款和支付条款等信息，信息必须真实有效，且订单起草后买家信息无法修改。

1. 选择支付方式、填写买家信息

支付方式分为银行卡和信用证两种方式。买家的邮箱必须是海外邮箱，国内的邮箱无法作为买家邮箱起草订单，如图 7－15 所示。

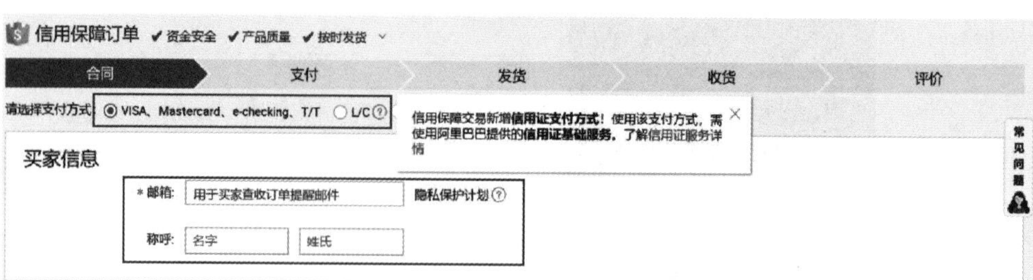

图 7－15　支付方式和买家信息页面截图

2. 添加产品/合同

卖家可以选择添加产品和上传合同两种方式。

①选择“添加已发布的产品”直接在产品页面选择产品即可，如图 7－16 所示。

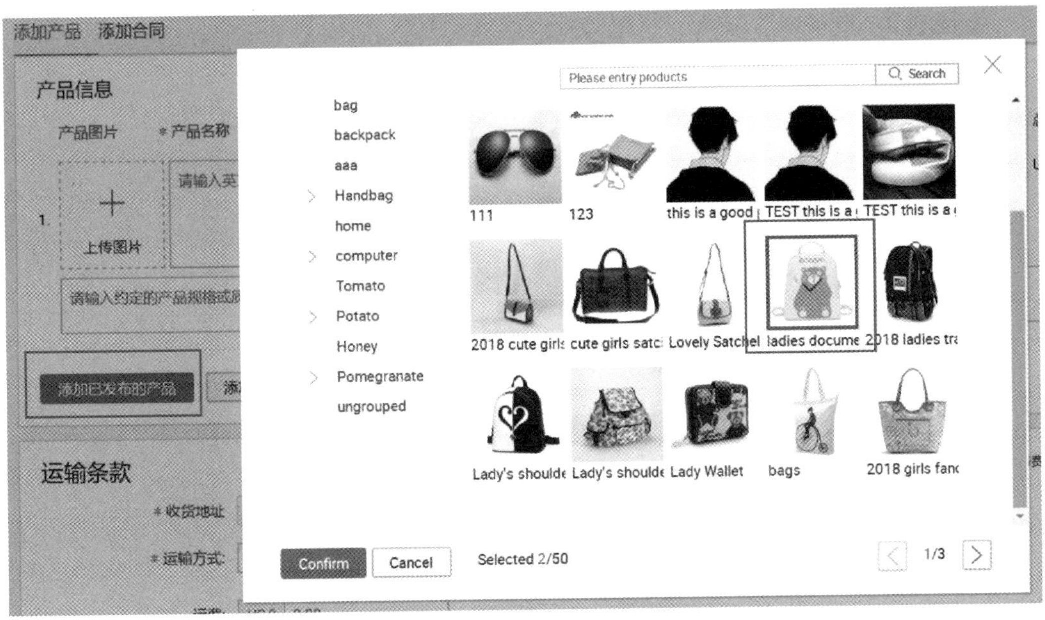

图 7－16　添加已发布的产品页面截图

②选择“添加未发布产品”填写产品完整的信息即可，如图 7－17 所示。

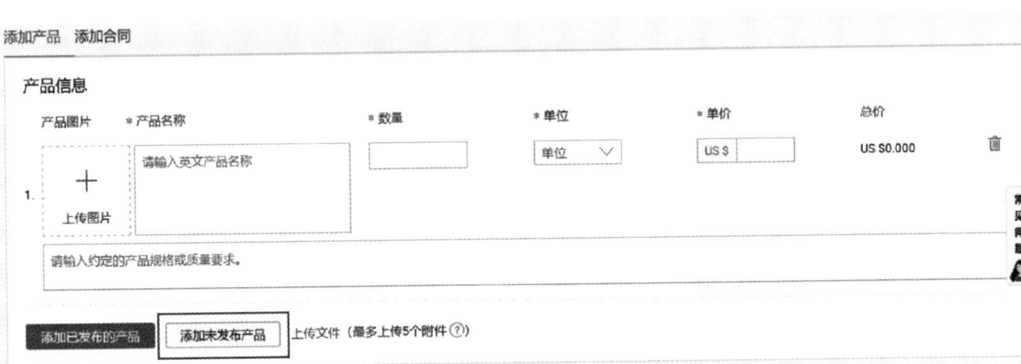

图 7－17　添加未发布产品页面截图

③添加合同中上传的文件最多不能超过 5 个，如图 7－18 所示。

3. 运输条款

运输条款包含收货地址、运输方式、物流承运商、发货日期、出口方式等，如图 7－19所示。

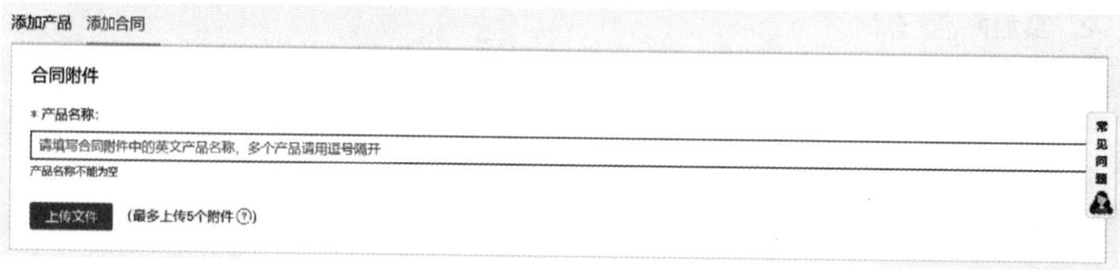

图 7－18　添加合同页面截图

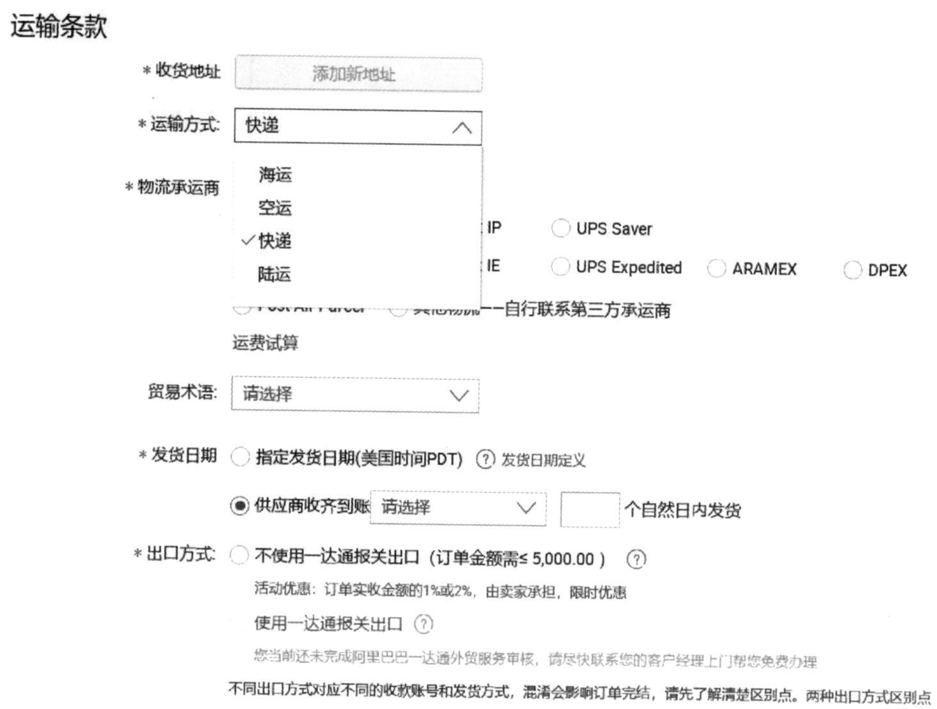

图 7－19　运输条款设置页面截图

收货地址建议卖家提前跟买家确定清楚，若订单未付款，买卖双方都能够修改收货地址；若订单已付款，卖家无法修改任何信息，但可以与买家沟通，让买家修改并同意其修改请求。

运输方式支持海运、空运、快递和陆运四种。

物流承运商有阿里巴巴推荐物流和自有第三方物流可供选择。

填写发货日期时，需要把周末和节假日计算在内，且填写确定的日期数，若填写 "about 20～35days" 系统会按照最短的时间计算发货日期。

订单总金额在 5000 美元以下时使用信用保障订单，起草订单时可以自主选择 "使用一达通代理出口" 或者 "不使用一达通代理出口"。订单发货可选择阿里物流，交易服务费为订单到账金额的 1%（如实收 1000 美元，则手续费为 10 美元），100 美元封顶；或使用第三方物流并上传物流凭证，需收取订单到账金额的 2% 作为交易服务费，100 美元封顶。

4. **支付条款**

起草订单时统一用美元核算，且买家预付款必须大于等于 1 美元。信用保障订单目前支持的支付方式有 5 种，需要根据实际情况选择支付方式，点击“费用和到账时间介绍”可以查看各种支付方式的具体介绍，如图 7－20 和图 7－21 所示。

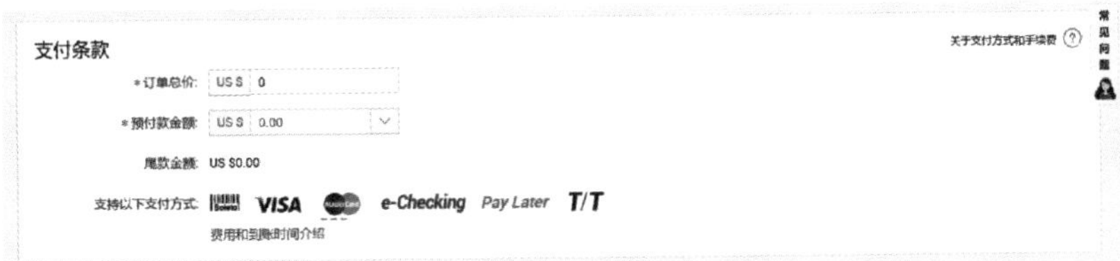

图 7－20　支付条款设置页面截图

支持的支付方式	资金账户	单笔支付限额	预计到账时间	支付手续费	退汇手续费	预计退汇时间
T/T	103账户	无	3-7工作日	20-80美元（付款银行收取）	250RMB/笔	3~7工作日，具体受中间行及发卡行处理时间
	1029账户	无	3-7工作日	20-80美元（付款银行收取）	250RMB/笔	3~7工作日，具体受中间行及发卡行处理时间
	1566账户	无	2~3工作日	0-25美元左右（付款银行收取）	未知	3~7工作日，具体受中间行及发卡行处理时间
VISA MasterCard	不涉及	1.2W美金	2~4工作日	2.95%（2018年6月1日之前下的订单仍然按照2.4%收费）	无	7+(12~30)工作日，具体受中间行及发卡行处理时间
e-Checking	/	5W美金	4~5工作日	15美元/次（活动期间无手续费）	无	4~5工作日日左右，具体受中间行及发卡行处理时间
	/	1W美金	9~10工作日	15欧元/次（活动期间无手续费）	无	4~5工作日日左右，具体受中间行及发卡行处理时间
Boleto	/	5000美金/月	3~4工作日	订单支付金额的1.35%	无	10-15工作日，具体受Boleto 处理时间
Pay Later	Kabbage 资金账户	具体受您的授信额度确定	2~4工作日	无	250RMB/笔	5~7工作日，具体受中间行及 Kabbage 服务处理时间

图 7－21　支付方式的费用和到账时间介绍页面截图

5. **增值服务和订单备注**

买卖双方可以根据实际情况添加增值服务，如产品检验服务，产品由“Bureau Veritas”和“China Certification & Inspection Group”两大权威验货服务商进行验货，如图 7－22 所示。

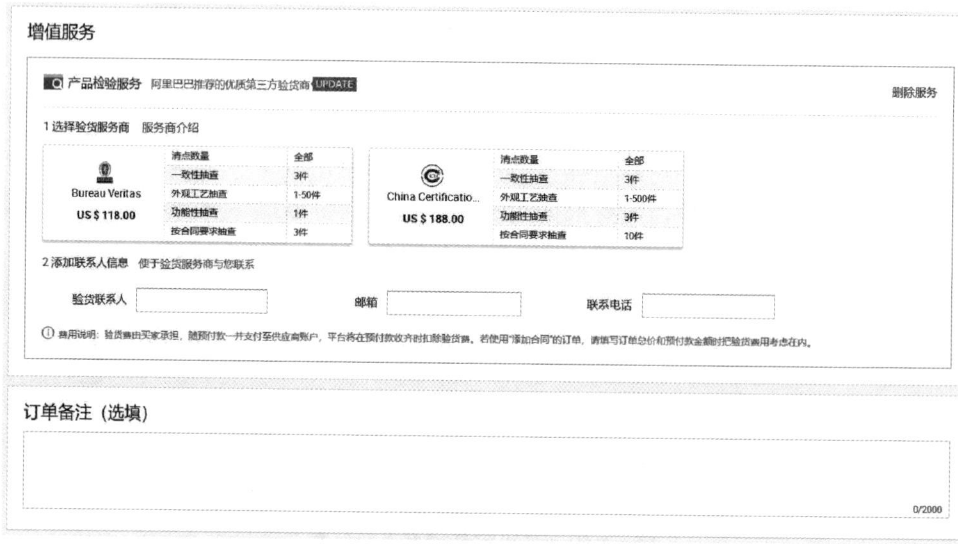

图 7-22 增值服务和订单备注页面截图

（三）买家付款

信用保障订单仅支持“T/T”“信用卡”“e-Checking”三种方式支付，目前不支持使用 PayPal 或国际支付宝支付，需要注意的是买家若通过点击一口价产品“buy now”起草的信用保障订单仅支持信用卡和 e-Checking 支付，如表 7-2 所示。

表 7-2 信用保障订单支付方式

付款方式	T/T	信用卡	e-Checking
使用限制	（1）支付无限额 （2）支持多币种支付（RMB/USD/HKD/GBP/EUR/SGD/AUD/CAD/JPY）	（1）单笔限额 1.2 万美元 （2）仅支持 Visa 和 MasterCard （3）仅支持美元支付 （4）系统检测到有风险的订单，无法使用信用卡支付	（1）单笔限额 5 万美元 （2）仅拥有美国支票账户（US checking account）的买家可使用 （3）仅支持美元支付
到账时间	约 3~7 个工作日	2~4 个工作日（英国银行工作日）	扣款后 4~5 个工作日（美国工作日）
付款手续费	不同银行的转账手续费不同，建议提前向银行咨询，一般在 30~50 美元	应付金额的 2.8%	15 美元/次
手续费承担方	买卖双方协商支付，若买家同意支付手续费，需要和银行核实，并在汇款时额外扣除	买家	买家

知识链接

e－Checking：简称ACH，是阿里巴巴信用保障服务提供的一种新的在线支付方式，支付流程全程网上进行，操作便捷（类似信用卡在线支付，填写账户信息授权后等待捐款即可），目前仅面向持有美国支票账户（US checking account）的买家进行美元支付。

信用保障订单买家付款账户必须是境外账户，国内账户不能付款。信用保障订单买家付汇账户的要求如下：

①信用保障服务支持买家自行指定付款人及付款账号，将来对资金的赔付会以该账户作为退款的账户。

②信用保障服务业务不限制买家通过指定卖家境外收款账户作为信用保障订单的付款账户，但会告知买家这样操作造成的后续退款风险。

③若操作过程中，买家在信用保障订单上指定的是买家账号付汇，而打款的是卖家的境外账号或其他账号的情况，阿里巴巴国际站会通过系统通知买家要求确定付汇账号，买家可以选择如下两种方式：

其一，买家认可通过卖家的境外账号或者买家的其他账号进行首付款付汇，并认可未来可能产生的退款风险，买家将信用保障订单上的付汇人信息修改为卖家的境外账号或者买家自行指定的其他账号，保持两个账号一致。

其二，买家不认可通过卖家的境外账号进行付汇，则买家可以选择取消并重新发起订单，或者按照订单上约定的买家账号进行付汇操作，卖家的代付行为无效。

买家付款后卖家可以在“资金 & 管理”模块的“资金明细”查看具体的汇款记录，如图7－23和图7－24所示。

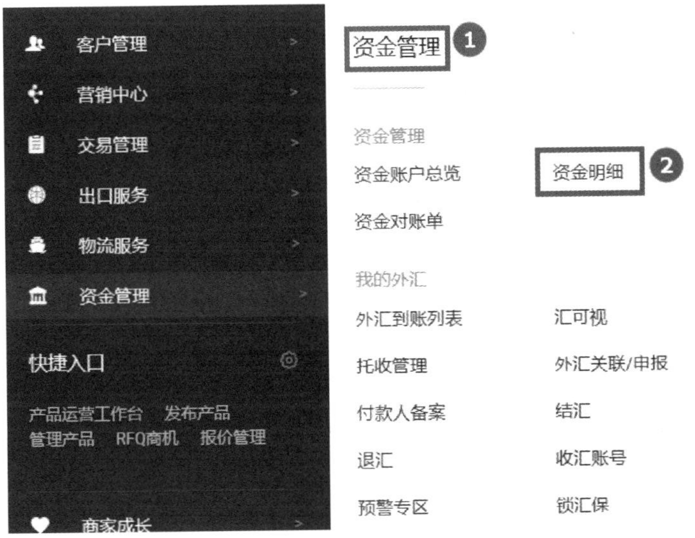

图7－23　选择“资金明细”模块页面截图

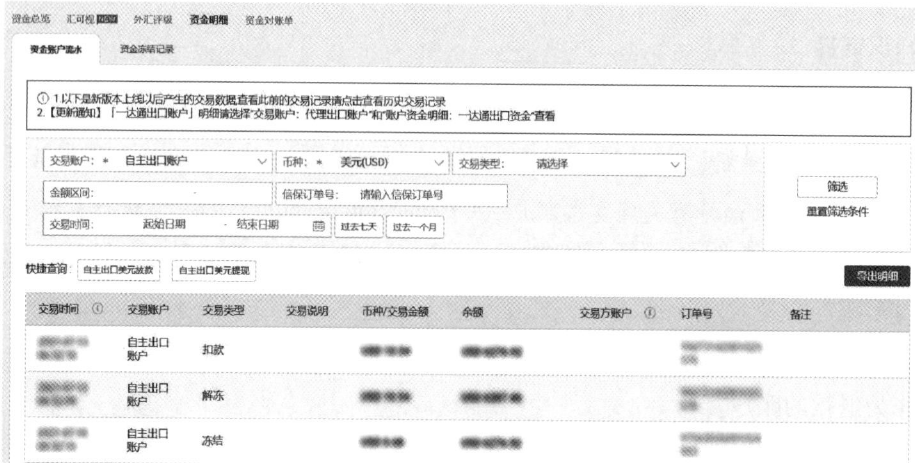

图 7－24　资金明细页面截图

（四）卖家挂账

目前仅通过电汇（T/T）方式付款的外汇需要卖家手动关联到信用保障订单，因为电汇是一种线下支付的方式，指卖家线下通过银行将款项汇至指定的信用保障专用账户中，款项到账后由于系统无法识别该款项对应的是哪笔信用保障订单，所以需要卖家手动在后台操作挂账；信用卡与 e－Checking 是线上直接点付款按钮支付，专款专项无须卖家手动操作挂账。

卖家使用主账号或对应订单负责人登录“My Alibaba”后台“交易管理”模块下选择“所有订单”，找到对应需要操作关联的订单，点击关联外汇即可，操作挂账后刷新订单状态会更新，如图 7－25 和图 7－26 所示。

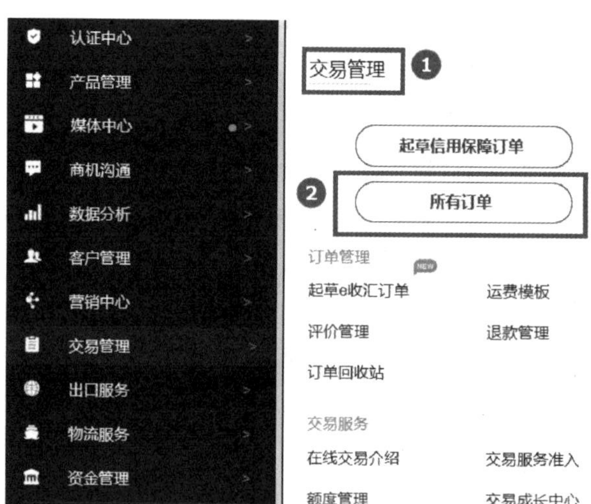

图 7－25　选择“所有订单”进入页面截图

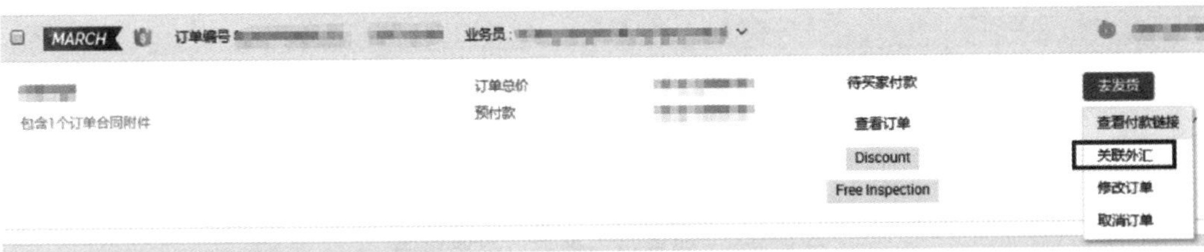

图 7－26 点击“关联外汇”页面截图

选择准确的外汇进行关联，需要注意的是关联的外汇金额跟信用保障金额相关，因为一旦关联无法取消或更改，所以卖家要确保选择准确。外汇关联后，系统会确定订单保障金额和可以转账的金额，3 小时后可操作转账，如图 7－27 所示。

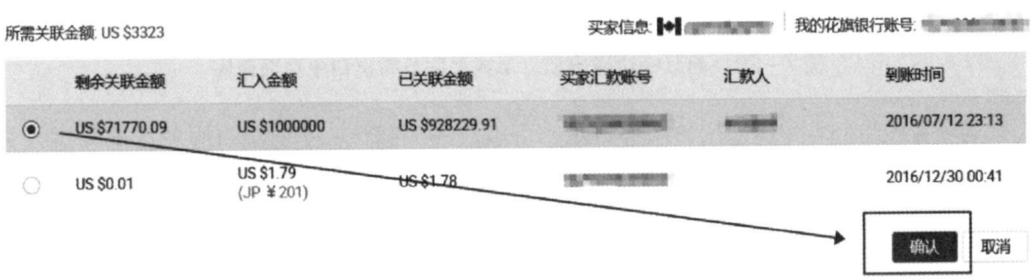

图 7－27 关联外汇金额页面截图

信用保障订单的 T/T 外汇到账，卖家若不及时关联会影响资金转款以及订单状态：

①系统不会自动匹配该笔外汇，该信用保障订单会一直处于待付款状态，可能会引起买家误会、影响买家体验。

②未匹配订单的外汇将被冻结、无法转款，导致影响卖家的资金流。

（五）卖家发货

不同金额的信用保障订单可选择的发货方式不同，主要分为“一达通正式报关出口”和“小额信用保障订单”两种。

1. 一达通正式报关出口

凡是 5000 美元以上的信用保障订单，需使用一达通出口代理出口。卖家使用主账号或对应订单负责人登录“My Alibaba”后台在“出口服务”模块中“所有订单”页面，找到对应的订单后点击“去发货”，进入起草或关联一达通出口服务订单页面，如图 7－28 至图 7－29 所示。需要注意的是，系统不会自动创建一达通出口服务订单，买家确认订单后，供应商可以起草或者关联出口服务订单。

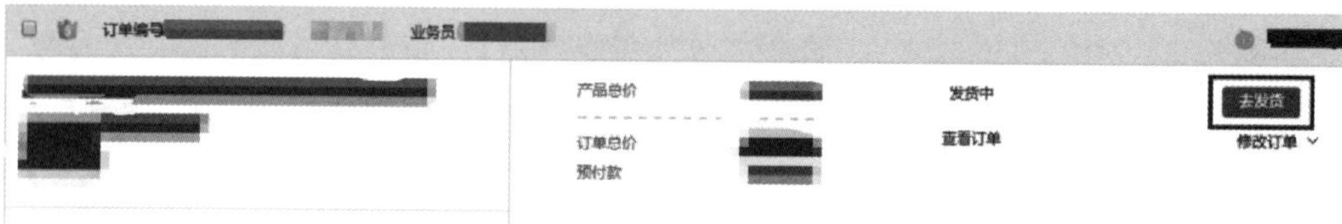

图 7-28　点击“去发货”页面截图

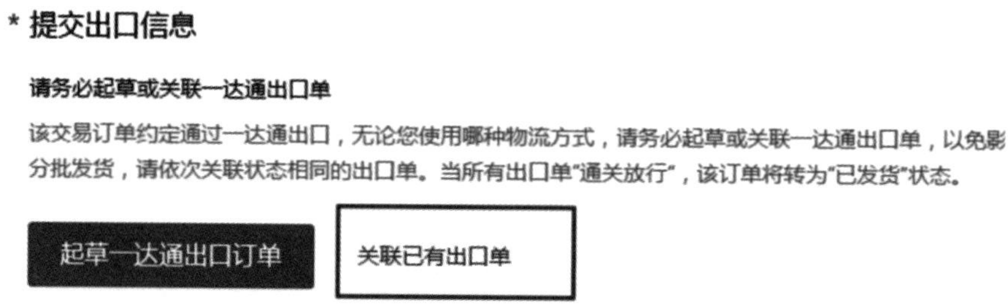

图 7-29　起草一达通出口订单或关联已有出口单页面截图

若卖家没有起草一达通出口服务订单，可以点击“起草一达通出口服务订单”进入页面选择合适的订单类型并填写信息。起草出口订单成功后，刷新发货台页面或订单详情页面，系统自动将该笔一达通出口订单关联到此笔信用保障订单中。当一达通出口订单通关完成后，信用保障订单状态会更新为待买家确认收货，如图 7-30 至图 7-33 所示。

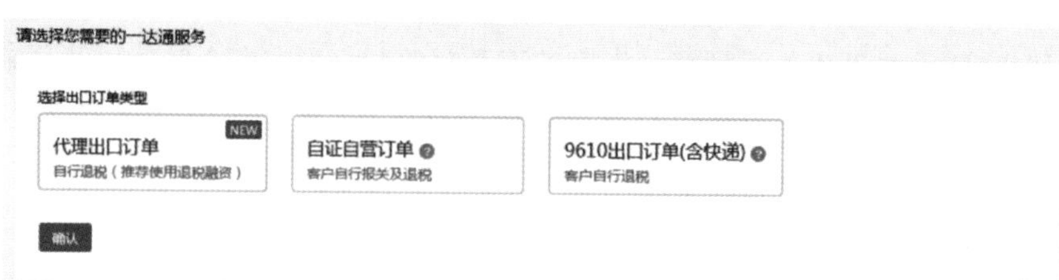

图 7-30　选择出口订单类型页面截图

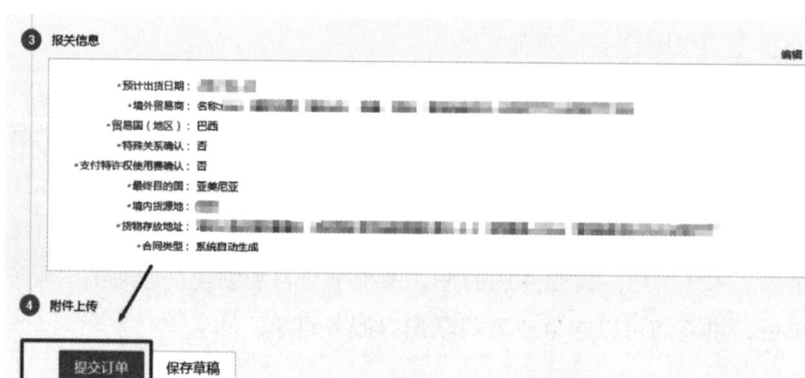

图 7-31　填写信息后提交订单页面截图

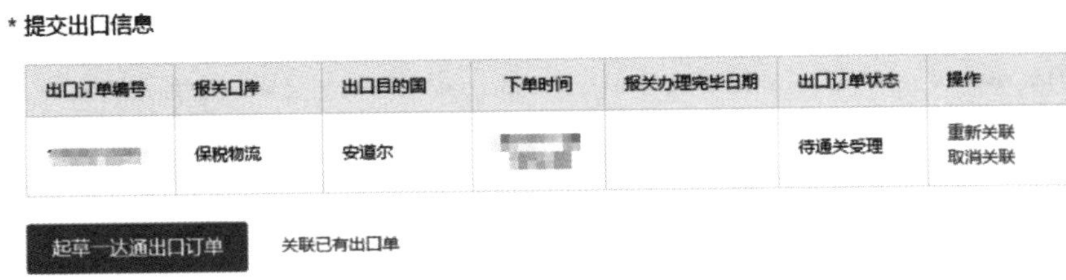

图 7 – 32　提交出口信息页面截图

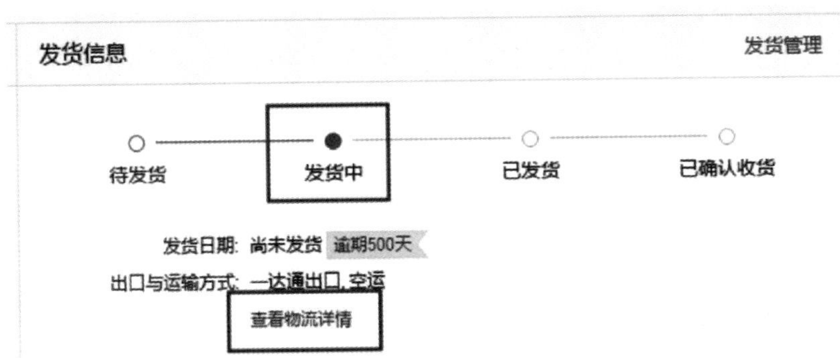

图 7 – 33　查看物流信息详情页面截图

若卖家已有一达通出口订单可直接点击“关联订单”按钮，选择相应的一达通出口订单后点击“确认关联”即可绑定到当前信用保障订单，订单状态更新为“发货中”，当一达通出口订单通关完成以后，订单状态更新为“待买家确认收货”，如图 7 – 34 至图 7 – 36 所示。

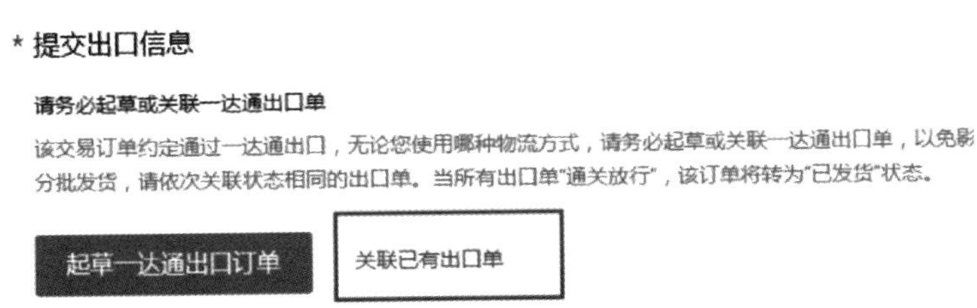

图 7 – 34　点击“关联已有出口单”页面截图

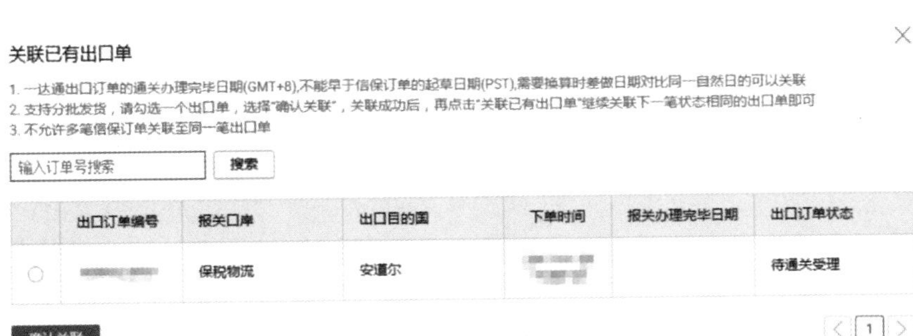

图 7 – 35　选择对应的订单页面截图

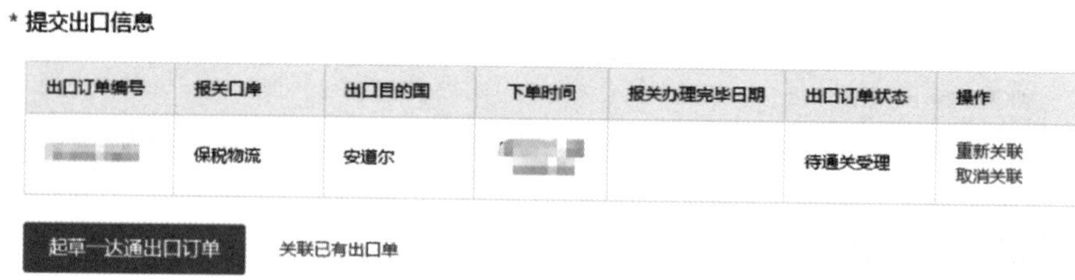

图 7－36　提交出口信息页面截图

2. 小额信用保障订单

发货方式主要有“一达通代理出口发货”“阿里物流发货渠道发货”和“自有物流渠道发货”三种。其中“一达通代理出口”发货方式与“一达通发货”方式相同。

（1）阿里物流发货渠道发货

主账号或对应订单负责人登录“My Alibaba”后台在“交易管理”模块选择需要发货的订单，点击“去发货”按钮进入发货台操作页面。

①若物流订单已经存在可直接点击“关联订单”选择可关联的物流订单，点击“确认关联”后订单页面自动刷新为“发货中”或“已发货”，如图 7－37 和图 7－38 所示。

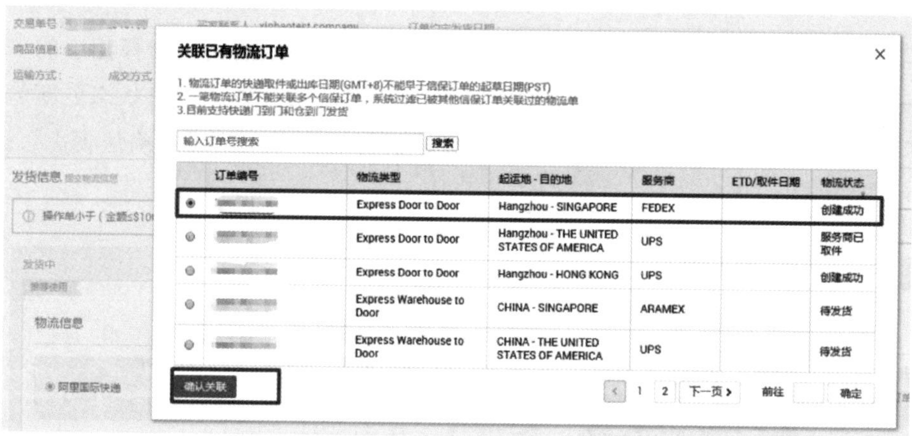

图 7－37　关联已有物流订单页面截图

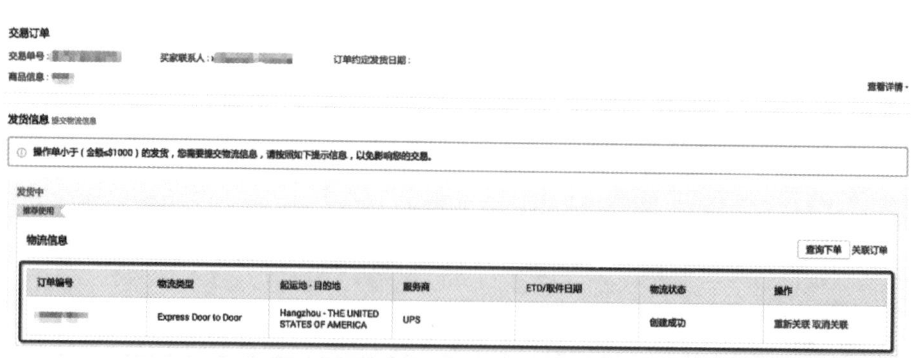

图 7－38　订单关联成功页面截图

②若卖家尚未起草物流订单，可点击“起草快递订单”按钮并选择对应的物流方式，查询并选择合适的物流方案下单即可。

订单提交成功后卖家可手动刷新页面，查看成功关联的物流订单。当物流订单支付成功且物流状态为“服务商已取件”，则表示发货完成，如图 7－39 所示。

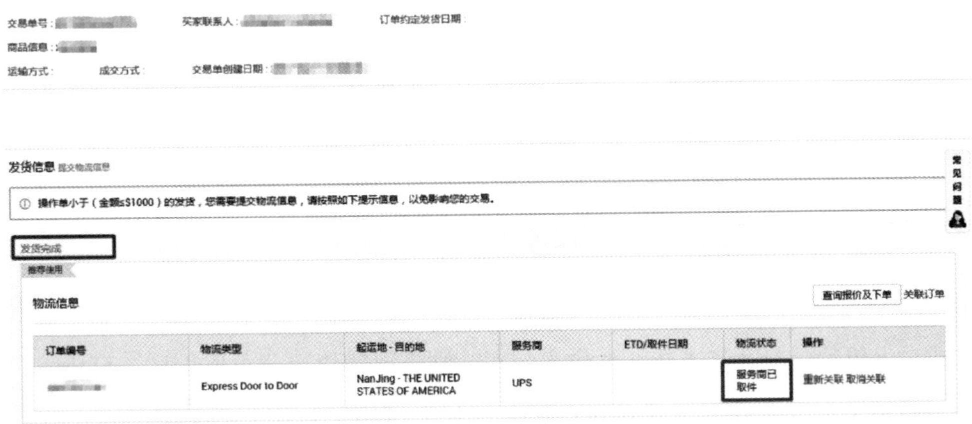

图 7－39　发货完成页面截图

③若物流订单关联错误，点击“重新关联”替换为新的物流订单，或点击“取消关联”删除当前物流订单，如图 7－40 所示。需要注意的是，当信用保障订单已发货且已释放保障金额，则无法重新关联尚未取件成功的国际快递订单。

图 7－40　发现订单关联错误后的操作页面截图

（2）自有物流渠道发货

自有物流渠道发货选择所使用的发货方式，并填写对应的物流单号即可，如图 7－41 所示。若卖家选择“快递”则需要选择对应的快递公司，并填写对应快递单号；若选择“海运”则需要选择对应船公司，并填写对应提单号或订舱号。

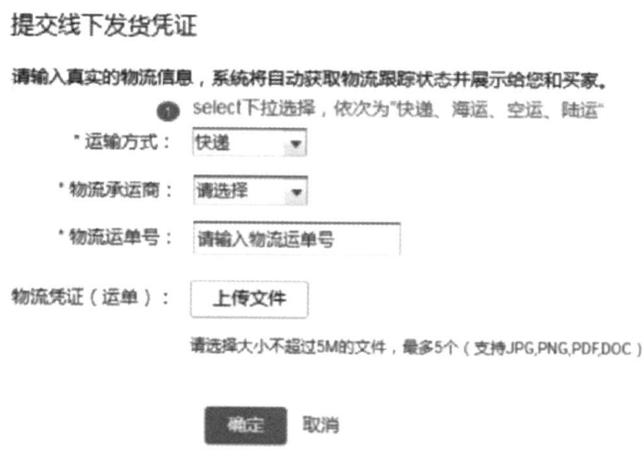

图 7－41 自有物流渠道发货信息填写页面截图

成功上传后，若卖家选择五大快递公司，则需要等快递公司取件后，订单才更新为已发货状态；若非五大快递公司，则上传物流信息后更新为已发货状态。当选择“船运”时，若为系统推荐的 53 家船公司且系统可读取到物流信息，则重箱离港后订单显示为已发货；若非推荐的船公司，则上传物流信息后更新为已发货状态。当选择“空运”或“陆运”时，则上传凭证后更新为已发货状态。

（六）买家收货

1. 信用保障订单确认收货

买家登录“My Alibaba”后台点击“订单管理”—“全部订单”进入页面，找到对应需要确认的订单，点击“Confirm”按钮即可，如图 7－42 所示。

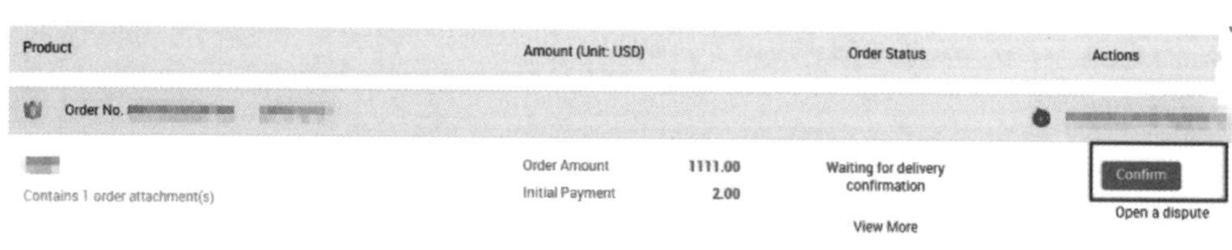

图 7－42 点击“Confirm”按钮确认收货页面截图

2. secure payment 订单确认收货

买家登录“My Alibaba”后台点击“Order management－All Orders”，找到对应需要确认的订单，点击“View More”进入收货确认页面，点击“Confirm：Order Received”按钮即可，如图 7－43 和图 7－44 所示。

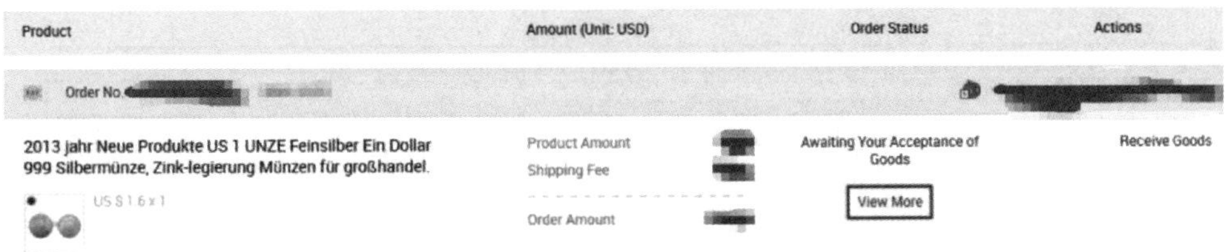

图 7－43　点击“View More”页面截图

图 7－44　“Confirm：Order Received”按钮确认收货页面截图

一般信用保障订单与 secure payment 订单，在买家不确认收货且超过规定时间后，系统会自动确认收货。具体规定时间如下：

①快递：发货后 15 天。

②空运：发货后 30 天。

③海运/陆运/邮政包裹：发货后 60 天。

（七）信用保障订单评价

信用保障订单状态为“交易完成”后的 60 天内，买家可对该信用保障订单进行评价或修改评价，同时卖家也可邀请买家对尚未评价的订单进行评价。买家评价产生后的 30 天内，买家可以且仅可对评价进行一次修改。评价内容如下：

①买家评价内容包括买家对该笔订单环节中的货物、物流、服务等进行的主观评价。

②卖家回评内容包括卖家针对买家评价所做出的感谢及解释等。

③订单保障内容的买卖双方约定内容包括，网站对信用保障服务在该笔订单中所保障的“如期发货”和“货描一致”两点进行客观评价。

买家登录“My Alibaba”后台进入订单详情页面，点击“Write a review”按钮对该订单进行评价，如图 7－45 和图 7－46 所示。

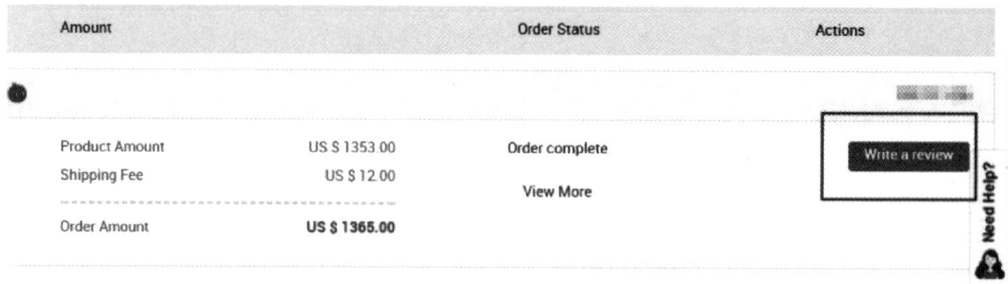

图 7－45　点击“Write a review”进入评价页面截图

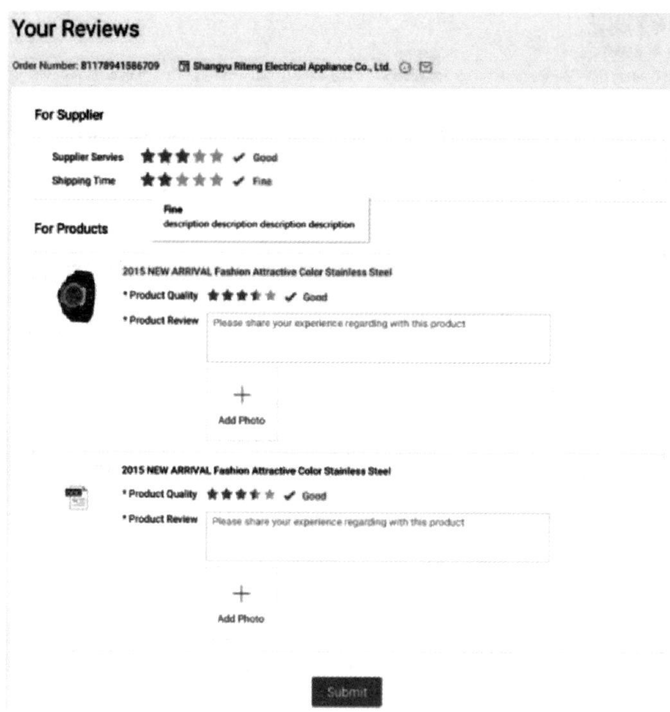

图 7－46　对订单进行评价页面截图

在线批发产品产生的评价内容，在交易商品详情页和企业旺铺公司信息页下的 Feedback 模块展示，如图 7－47 和图 7－48 所示。

图 7－47　交易商品详情页评价展示截图

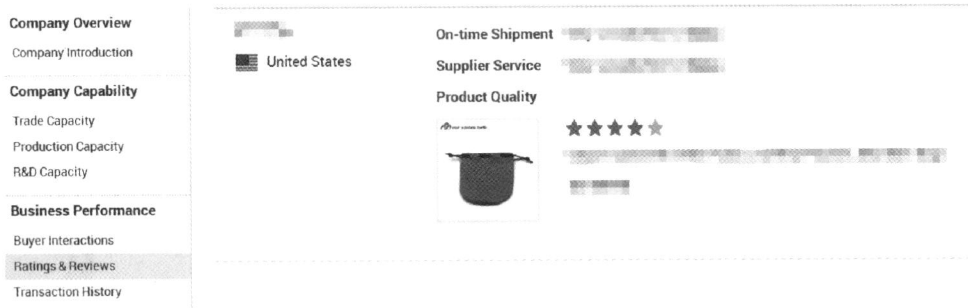

图 7－48　旺铺详情页评价展示截图

（八）资金账户管理

信用保障订单在买家款项挂账后，并且额度充足的情况下可操作提现，无须等待买家确认收货。主账号登录“My Alibaba”后台“资金管理”模块，选择“资金账户总览”模块进入页面操作提现，如图 7－49 和图 7－50 所示。

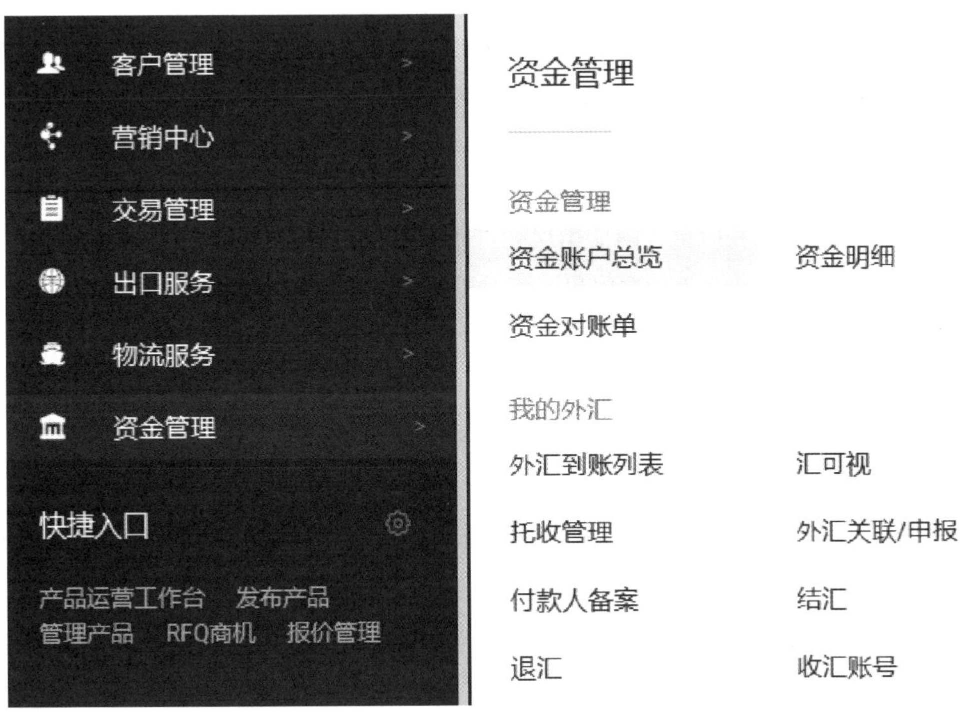

图 7－49　进入“资金账户总览”页面截图

当账户余额达到 50 美元时，卖家可自行提现。若提现为美元，提现到账时间大致需要 2～4 个工作日，当遇到周末和法定节假日时，到账时间将顺延，提现手续费为 15 美元/笔，银行收取；若提现为人民币，提现到账时间大致需要 3～4 个工作日，人民币提现费＝结汇金额（美元×汇率）×0.17%＋1（人民币）。

图 7－50　提现页面截图

（九）纠纷处理

收到买家投诉后，卖家需在 3 个自然日内响应买家发起纠纷。买家可以在后台申请由阿里巴巴纠纷团队介入协助处理；若 7 个自然日内买卖双方没有自行协商确认退款方案，则阿里巴巴纠纷团队介入协助处理。

若未如期发货，根据信用保障服务规则及合同约定的发货期判定双方责任。若产品存在质量问题，可以向阿里巴巴验货平台提起验货查验请求，根据信用保障服务规则、合同约定的产品质量标准及第三方验货公司（BV、TUV、SGS）出具的验货报告判定买卖双方责任。

若发生产品质量纠纷，仲裁时验货费用先由买家垫付，后由责任方承担。若合同约定为保障发货前货物质量，则信用保障订单质量保障到发货日当天，买家收货后如发现质量问题，需要与卖方协商解决，或通过阿里巴巴线下贸易纠纷仲裁处理。

任务二　贸易纠纷处理

微信扫描 视频讲解

知识储备

贸易纠纷的不同类型

（一）贸易纠纷产生原因

1. 货物

（1）未收到货物

（2）延时发货

（3）收款未发货

（4）货不对版，存在数量、质量问题

2. 款项

（1）未收到款项

（2）尾款支付不足

3. 其他纠纷：违背合同承诺

（二）纠纷类型

1. 信用保障 & 在线批发贸易纠纷

信用保障 & 在线批发贸易纠纷是指在阿里巴巴国际站平台进行交易的过程中，买卖双方针对货物、款项等意见不合产生的争执，并由买家提起的贸易纠纷。在线批发订单和信用保障订单融合后，所有的订单贸易纠纷均按照信用保障订单的贸易流程进行协商判责。

2. 线下贸易纠纷

通过线下付款/发货的方式与阿里巴巴的会员做交易，交易过程中发生的纠纷主要包括未收到货、未收到款项、货不对版和其他贸易纠纷等。对比于线上贸易，线下贸易的风险程度较大，缺乏相应的保障。

（三）预防贸易纠纷

交易过程中需要解除买卖双方贸易误解进而规避纠纷投诉，以下是常见案例及注意事项：

1. 贸易洽谈期

（1）交货日期约定

①明确备货期的起止时间以及交货条件。

②与买家确认交期时，请确认工厂可以完工的交货日期，并加上可能会影响交货日期的风险时间，并非承诺最快的交货日期。

（2）产品约定

①熟悉自己公司的产品以及产品的最新功能，及时更新阿里巴巴网站产品页面的介绍。

②与买家沟通产品性能时约定产品的使用场景以及适用范围，以规避不同使用环境带来的影响。

（3）价格约定

①不同的质量等级有着不同的价格，要保证买家的知情权，并非根据买家的目标价格擅自决定质量等级备货。

②出现价格误报的情况，第一时间告知买家实情、与买家真诚沟通，而非临发货期擅自涨价。

③价格中明确约定交易条款，交易条款不能与收费项目矛盾。（案例：EXW 价格

不应该另外再收运费；CIF 价格不应该另外再收保险费等）。

④明确约定首付款、尾款支付条款，详细支付条款应包含且不限于下列因素：支付金额、支付币种、支付日期等。

（4）物流约定

在拿到第三方物流明确消息前，勿随意承诺客户不确定的信息。

（5）售后约定

详细的售后条款应包含且不限于下列因素：保障时间（含开始时间与期限）、保障范围、保障方式、期间买家责任、期间卖家责任、免责条款及鉴定方式。

2. 备货期

①确认颜色、款式时，最好同步到所有关联部门，如仓库、采购、船务等，保证买家的要求能够得到完整落实。

②打样过程中每一环节都做好留样，买家确认样品后，样品务必保留，并建议留存样表单。

③若需更换新工厂，需要多加考察、重新打样，确认工厂的生产水平可以达到买家的要求；同时，建议将买家的特殊要求记录，并抄送新工厂，保证新工厂能获取一致信息；除此之外，如需外包时，建议仅外包到一个工厂，以保证产品质量的统一性。

④备货期内，与买家及上游供应商之间定期保持沟通、汇报备货进展情况，若出现任何异常情况，及时与买家沟通。

⑤备货完成后，出货前与买家确认再发货。

3. 发货后

①第一时间同步物流信息或者海运信息给买家，并提供相关单据。

②ETA 快到的时候，提醒买家注意收货。

③买家收到货物后第一时间主动跟进买家，了解买家对货物的反馈。

4. 发生纠纷后

①以解决问题为目的，积极与买家沟通，主动提供可行的解决方案。

②与上游供应商协商解决方案的过程，要实时同步给买家，以获得买家理解。

③若要求买家退货，在退货前应调查清楚自身是否有能力完成进口清关。

知识链接

虚假交易

（一）虚假交易简介

虚假交易指的是用户不以真实交易为目的，采取虚构或隐瞒交易事实，规避或恶意利用平台规则等不正当方式提高账户的商品销量、交易量、网站会员积分或信用累计等信息，并以此获得平台竞争排名又或是骗取平台权益的行为。

虚假交易包含的行为有以下几种：

①交易订单信息不匹配，包含但不限于线上交易订单或信用保障合同载明的商品品名、价款、收货地、收发件人、物流信息等与其他交易记录记载内容不一致且与真实贸易情况不符的。

②存在非真实卖家支付行为，如卖家自己注册或操作其他账号（如炒作团伙账号、亲朋好友账号、公司同事账号等）购买自己发布的商品，或者卖家使用自有资金进行订单支付等自买自卖行为。

③订单商品价格明显低于同类商品的合理市场价格，比如 1 美元的电脑等。

④订单物流信息虚假或与订单无实际关联，如卖家提供的商品寄送或签收凭证系伪造、变造、合成等。

⑤提供与订单履行相关的凭证不符合法律法规或阿里巴巴国际站的相关要求，如伪造、冒用进出口报关资料等。

⑥其他国际站有合理理由认定为虚假交易的行为。

（二）虚假交易处罚规则

虚假交易处罚规则如表 7－3 所示。

表 7－3　　虚假交易处罚规则

虚假交易严重程度	虚假交易订单情况	处理方式
一档	订单累计金额 < 1 万美元，且订单量为 1～3 笔	搜索降权 3 天 + 禁止参加营销活动 30 天
二档	1 万美元 ≤ 订单累计金额 < 10 万美元，或者订单量为 4～10 笔	搜索降权 7 天 + 禁止参加营销活动 90 天
三档	订单累计金额 ≥ 10 万美元，或者订单量为 10 笔以上	搜索降权 14 天 + 禁止参加营销活动 180 天

任务实施

子任务　贸易纠纷处理

（一）信用保障贸易纠纷

1. 买家提起纠纷

信用保障规则升级后，信用保障范围统一保障到收货后，资金收到后至买家手动确认收货或系统自动确认收货后 30 天，买家均可在后台发起信用保障纠纷。

卖家登记后台，进入信用保障订单页面，找到对应订单，直接发起纠纷。注意：目前只有买家可以在线提起纠纷，卖家的订单页面没有提起纠纷的入口，如图 7－51 所示。

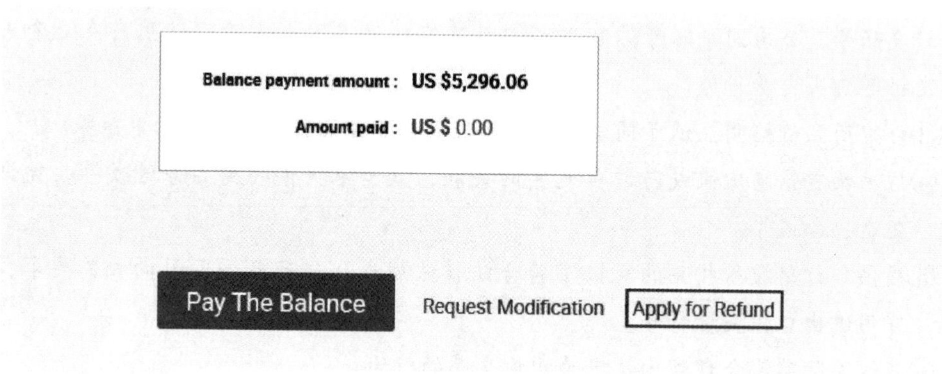

图 7－51　提起纠纷页面截图

2. **卖家处理纠纷**

买家提起纠纷后会先进入到协商期，卖家需要在 5 天内做出响应（“同意”或“提出新方案”），如卖家超过 5 个自然日未响应，将自动升级至平台。

当卖家在退款订单中提出新方案后，买家同样须在 5 个自然日内针对卖家方案给出响应（“同意”或“修改退款申请”或“升级仲裁”或“撤销退款申请”），如买家超过 5 个自然日未响应，平台将取消退款请求。

卖家应及时到后台提交反馈，订单负责人或主账号可以进入“My Alibaba”—“出口服务”—“所有订单”，找到对应的纠纷中订单，点击“查看纠纷详情”，如图 7－52 所示。

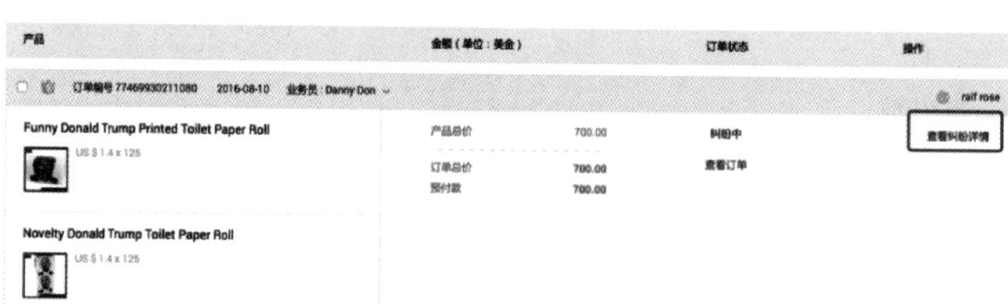

图 7－52　“查看纠纷详情”页面截图

在“进行协商”页面，卖家可以“同意买家方案”，若不同意则可以“提交新的方案”或“拒绝”，如图 7－53 所示。

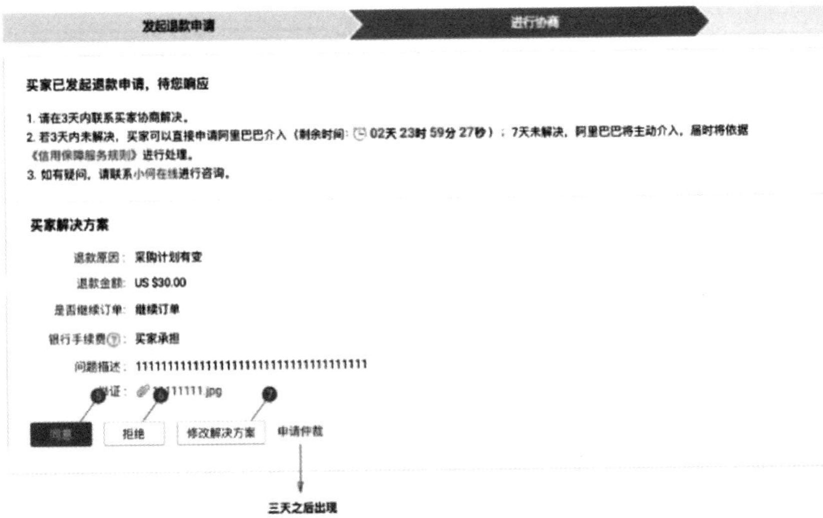

图 7－53　“进行协商”页面截图

3. 阿里巴巴处理原则

阿里巴巴负责纠纷团队介入后，处理原则参考如下：

（1）针对未如期发货问题

根据信用保障服务规则及合同约定的发货期判定买卖家责任。

（2）针对产品质量问题

若在收货后 30 天内对产品质量仍有疑义（收货是指手动确认收货或系统自动确认收货），可以向阿里巴巴验货平台提起货物查验请求，根据信用保障服务规则、合同约定的产品质量标准及第三方验货公司（BV、TUV、SGS）出具的验货报告判定双方责任。验货费用先由买家垫付，后由责任方承担。

备注：针对历史遗留的保障到发货前的信用保障订单，若在发货前（逾期发货则在发货后 15 天内）买家对质量有疑义则可在平台提起纠纷。

阿里巴巴负责纠纷团队介入后，若卖家有更多证据需要上传，可在后台纠纷页面通过点击“Upload Evidence”按钮上传相关证据，上传时效一般是 3 个工作日内，如图 7－54 所示。

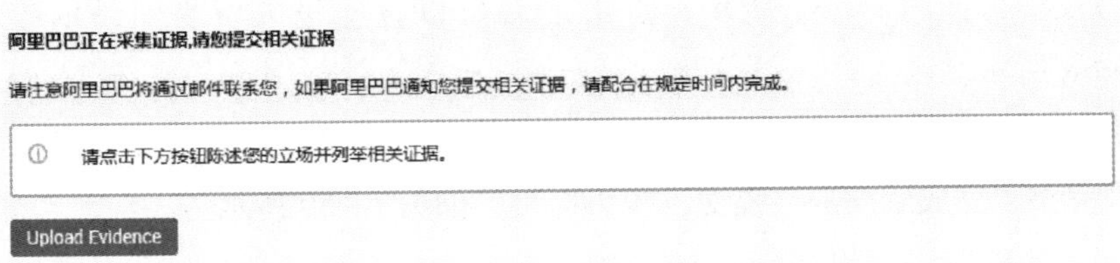

图 7－54　“上传证据”页面截图

4. **买家撤销投诉**

在纠纷没有升级仲裁前，买家可以点击“Cancel Rufund Application”按钮撤销投诉，则纠纷关闭，如图 7－55 所示。若买家提起纠纷后，卖家拒绝买家方案，则需要买家在后台响应纠纷，若从卖家拒绝起买家超过 7 天不响应，则纠纷自动关闭。

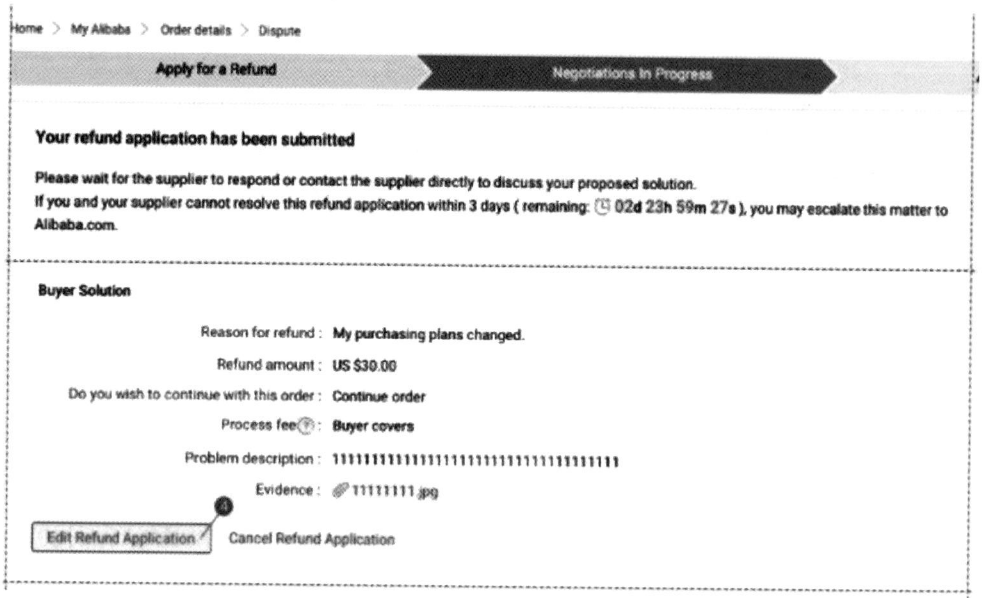

图 7－55　“撤销投诉”页面截图

一旦纠纷升级仲裁，则买家页面没有“Cancel Rufund Application”按钮，需要等待平台仲裁。而在升级仲裁后，若要取消纠纷，则需在结案前双方达成一致，阿里巴巴平台介入核实情况后会关闭纠纷。

（二）线下贸易纠纷

1. **提起纠纷**

主账号进入“My Alibaba”—“卖家频道”—“投诉违规中心”进行投诉，如图 7－56 所示，或直接点击阿里巴巴国际站首页页面上“Summit a Dispute”发起贸易纠纷投诉，如图 7－57 所示，点击之后可以直接进入贸易纠纷的投诉页面，如图 7－58 所示。

点击“发起投诉”之后，进入投诉表单的页面，在操作过程中务必按提示将投诉表单填写完整，完成后点击“提交”投诉即可，如图 7－59 所示。

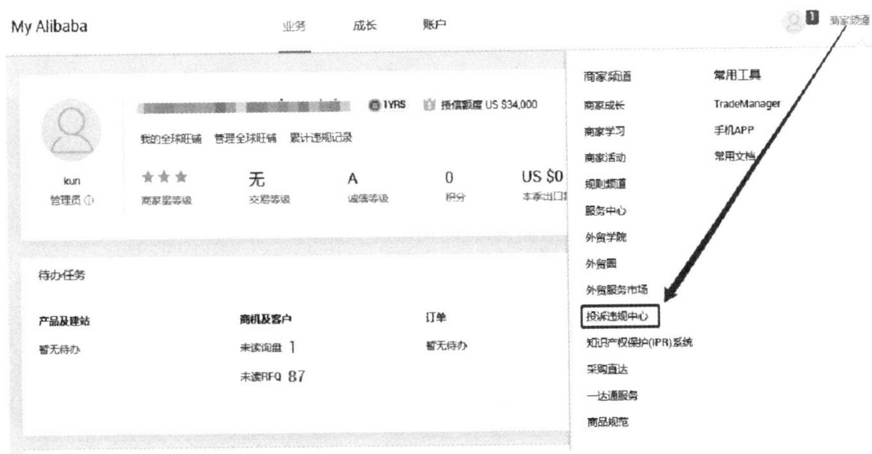

图 7－56　“投诉违规中心”页面截图

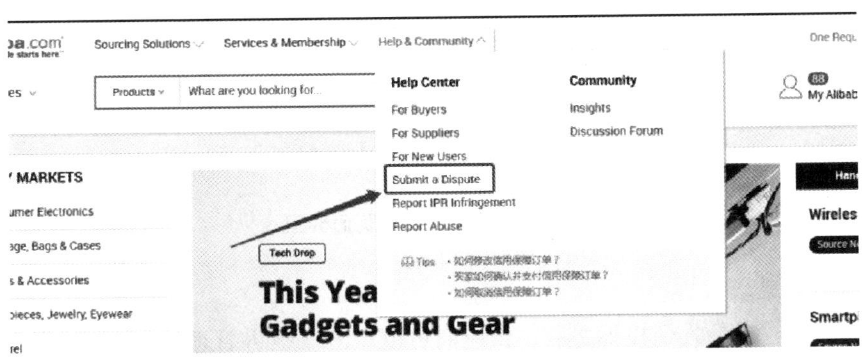

图 7－57　“Summit a Dispute”页面截图

图 7－58　“贸易纠纷”页面截图

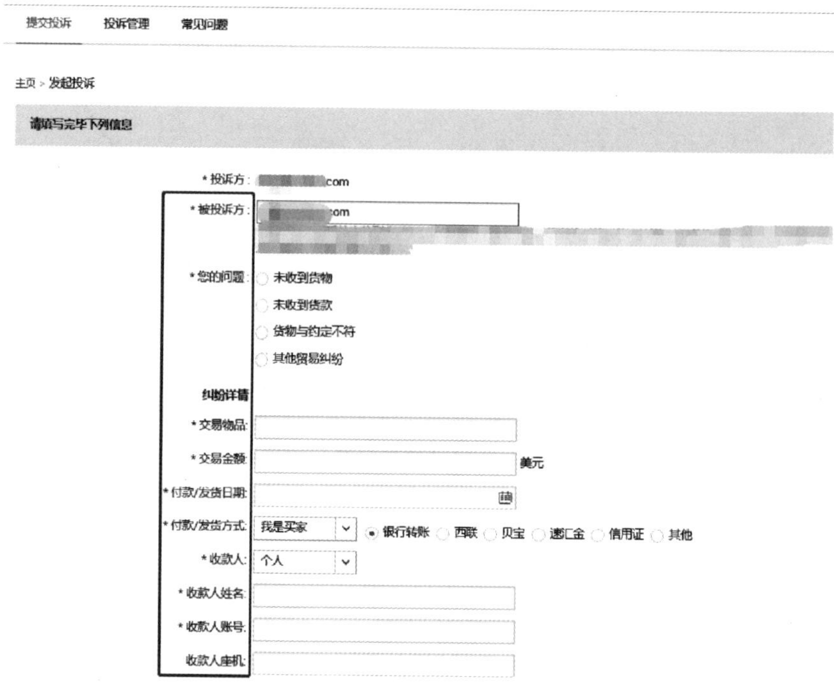

图 7－59　发起投诉页面截图

2. **管理和处理投诉**

发起投诉或者是收到投诉之后，供应商可以点击“投诉管理”进入页面，“管理我的投诉”，查看投诉详情，如图 7－60 所示。

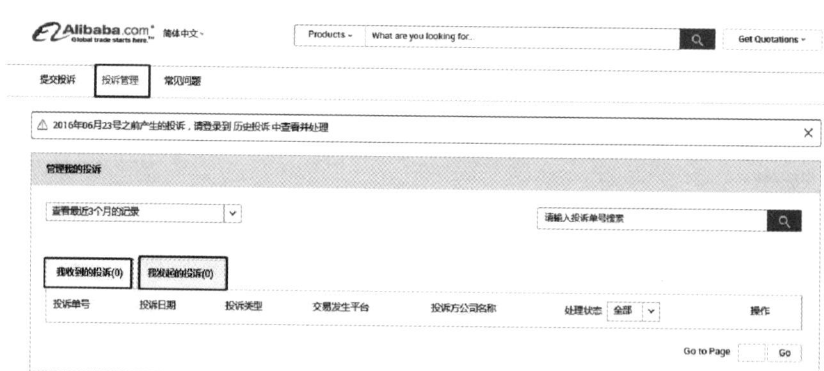

图 7－60　“投诉管理”页面截图

收到投诉后，被投诉方需在 5 个自然日内响应纠纷，第 6 天投诉方后台页面出现“Escalate the complaint”按钮点击该按钮直接申请由阿里巴巴纠纷团队介入协助处理。如果投诉方没有点击“Escalate the complaint”按钮，则 11 个自然日之后，投诉自动升级仲裁，由阿里巴巴纠纷团队介入处理。

3. 阿里巴巴处理纠纷原则

阿里巴巴国际站作为网络贸易交易平台，会在收到投诉方发起的投诉后第一时间与被投诉方进行联系与确认，如情况属实，阿里巴巴纠纷团队会敦促被投诉方在一定期限内积极解决与投诉方之间的纠纷，一旦纠纷得到顺利解决，投诉方发起的投诉将会被系统关闭。若在一定期限内，经协调与沟通，被投诉方依旧不配合处理，阿里巴巴纠纷团队会视具体纠纷情况对被投诉方予以处理，情节严重的阿里巴巴纠纷团队将会关闭被投诉方在平台上的账号，具体可以参考《阿里巴巴国际站虚假交易违规处罚规则》。

（三）贸易纠纷的影响

用户在贸易履行过程中产生交易争议时，应先考虑自行协商解决，若双方无法协商或协商不能达成一致意见，可通过投诉举报平台申请阿里巴巴介入处理。其中，发起贸易纠纷投诉、主动提出诉求的用户为投诉方，另一方为被投诉方。

阿里巴巴纠纷团队将依据投诉双方提交的相关证据材料做出不予受理、判责或关闭投诉等处理决定。任一方未在规定时间内提交证据材料，虽提交但不能充分说明其主张，或有涂改、伪造、变造证据材料情形的，阿里巴巴纠纷团队有权直接做出不利于该方的决定。

用户应在约定交货期之日或付款之日（以二者中较晚者为准）起一年内向阿里巴巴发起投诉处理申请，阿里巴巴有权拒绝处理逾期后发起的纠纷，如表 7－4 所示。

表 7－4 阿里巴巴交易违规罚分标准

违规场景	处理方式	违规场景	处理方式
收款不发货	纠纷解决扣 6 分，未解决扣 48 分	订单达成后不发货	协商阶段处理平台未介入的扣 1 分； 仲裁阶段提供解决方案的扣 2 分； 未提供解决方案的扣 4 分
虚假发货	纠纷解决扣 6 分，未解决扣 48 分		
退货不解决	纠纷解决扣 6 分，未解决扣 48 分		
成交不卖	一般纠纷未解决扣 3 分		
其他	纠纷解决扣 6 分，未解决扣 48 分	/	/
/	/	延迟发货	平台判责卖方且有解决方案的扣 1 分； 未提供解决方案的扣 3 分

（续表）

违规场景	处理方式	违规场景	处理方式
/	/	不履行和解约定或者阿里巴巴国际站纠纷调处决定	扣 3 分
收货不付款	纠纷解决扣 6 分，未解决扣 48 分	欺诈（买方）	关闭账号
严重质量问题	纠纷解决扣 6 分，未解决扣 48 分	交付货物不符合约定	平台判责卖方且有解决方案的扣 1 分； 未提供解决方案的扣 3 分
一般质量问题	一般纠纷未解决扣 6 分		
严重短装	纠纷解决扣 6 分，未解决扣 48 分		
一般短装	一般纠纷未解决扣 6 分		
假货	纠纷解决扣 12 分，未解决扣 48 分	销售假冒商品	按照阿里巴巴国际站知识产权规则及相关规则进行处罚
其他违背承诺	一般纠纷未解决扣 3 分	违背承诺	卖方赔付或双方和解的不扣分，否则扣 3 分
/	/	恶意串通	扣 12 分
/	/	提供虚假凭证	扣 12 分
违反诚信、合法合规原则的行为	视过错程度、造成损失扣 3 ~ 48 分	欺诈（卖方）	卖方提供有效解决方案的扣 6 分，否则扣 48 分

除上述违规场景外，在整个交易过程中，若用户有其他违反诚信以及不合法合规等交易行为的，阿里巴巴有权视其过错程度、造成的损失情况等给予 3 ~ 48 分的罚分。

思政小课堂

阿里巴巴国际站平台针对信保交易违规行为的处罚规则

为了确保买家体验及供应商的公平性，阿里巴巴国际站将加大对信用记录良好且交易服务能力强的卖方的激励，同时也对信保交易过程中的违规行为予以不同程度的处罚。

1. 终止信用保障服务资格

卖方信保违规引起买方投诉且成立，主要违规类型如下：

（1）卖方无理由拒绝起草或确认信保订单行为达到 2 次及以上；

（2）卖方引导或误导买方未按交易合同制定付款路径支付所有款项；

（3）卖方违反信用保障合同约定，收到货款后未使用一达通服务，或有其他违反信用保障交流流程或规则的行为；

（4）供应商逾期 1 个月以上未归还信用保障相关垫付款项；

（5）其他请见信用保障服务规则（http：//rule. alibaba. com/rule/detail/2131. htm）。

2. 暂停信用保障服务资格

最近 180 天累计买方发起信保订单达到 10 笔及以上但成交为 0 的卖方。（“暂停信用保障服务资格”将导致搜索结果页等均不展示信保标识且部分权限被暂停。）

3. 冻结保障额度

供应商同意退款逾期未退（要求 5 个工作日内完成汇款至一达通）或信用保障订单纠纷成立，阿里巴巴垫付款后供应商未按时还款，根据逾期时间实施如下处罚：

（1）0～15 天冻结额度；

（2）16 天以上冻结额度：并根据《阿里巴巴国际站交易违规处罚规则》处以 3～48 分罚分。

项目小结

在本项目的学习任务中，首先选取阿里巴巴国际站为范例，以信用保障订单为引导进行学习，在运营前期，告知学生基本的运营规则和处理思路；其次以任务导向的方式讲述了该项目的重点内容，包括开通信用保障服务、查看及提升信用保障额度、下单、付款、提现等内容。最后讲述贸易纠纷处理的流程，以及处理纠纷的操作方法，帮助学生了解跨境电子商务信用保障贸易的完整流程。

项目八　物流管理

阿里巴巴国际站平台帮助国内卖家和海外买家搭建具有信用保障的交易体系，在交易过程中，货物运输是其中非常重要的一环节。该环节常常涉及货物运输过程中的保障、费用和报关问题，关系到卖家的货物能否安全配送给买家。

学习目标

知识目标

1. 了解一达通相关服务。
2. 熟悉一达通客户准入条件。
3. 熟悉一达通供货企业准入条件。
4. 熟悉一达通的物流走单流程。
5. 熟悉一达通报关、结汇、退税相关知识。

技能目标

1. 掌握起草一达通物流，包括海、陆、空运输流程。
2. 掌握门到门快递的下单流程。
3. 能够完成仓到门快递的下单操作。
4. 能够设置一口价产品的物流模板。

思政目标

1. 了解我国出口监管的基本法规和程序，能够完成阿里巴巴国际站物流出口服务相关操作。

2. 培养学生“公平、爱国、敬业”的专业素养，在实际物流操作中保持精益、专注，发挥工匠精神。

项目情境

某外贸公司在与海外买家交易的过程中，经常会遇到运输过程中的运费、物流和报关等问题，导致和买家之间的贸易纠纷不断。那么，如何在交易的过程中起草适合的物流订单并能顺利通过中国海关，进而将货物快速完整地运输给买家呢？这一系列知识及技能将在本项目中得到系统的学习和训练。

项目分解

该项目将对阿里巴巴国际站基本物流操作进行全方位的讲解，包括一达通介绍、准入条件、一达通物流走单流程、国际物流和运费模板设置等，让初学者能够了解物流走单的下单方式和完整流程，更快、更安全地将货物运输给买家。

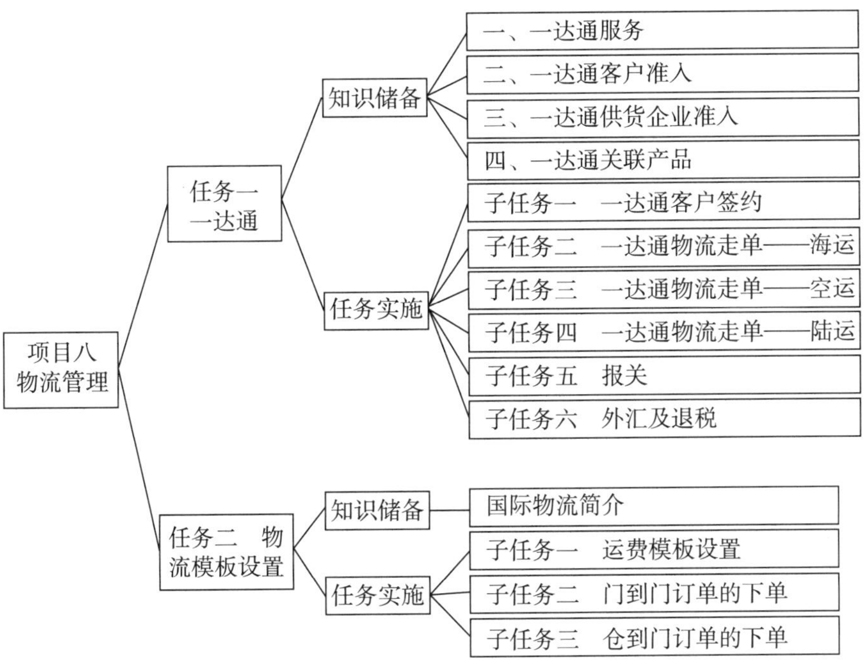

任务一　一达通

微信扫描讲解视频

知识储备

一、一达通服务

阿里巴巴一达通（OneTouch）是中国外贸服务创新模式的代表，也是全中国服务企业最多、地域最广的外贸综合服务平台。

阿里巴巴以集约化的方式，为外贸企业提供专业、低成本的通关、外汇、退税及配套的物流和金融服务，以电子商务的手段，解决外贸企业的服务难题，这种“一揽子”外贸服务解决方案即“一达通外贸综合服务”。

一达通出口综合服务（简称 3 + N），指在一达通为服务中通关、外汇、退税三项基础服务根据需要同时使用。

一达通代理出口服务（简称 2 + N），是指一达通受外贸企业或其他出口企业委托为其代办货物报关出口的一种业务。

二、一达通客户准入

（一）出口综合服务（3 + N）准入条件

①中国大陆国际站会员。

②可签约合作的企业类型：非境外、非港台地区、非个人或非出口综合服务尚未覆盖地区的企业（如福建莆田等）。

③出口产品在一达通可以出口的产品范围内。

④开票人、签约客户需完成备案且符合以下资质。

a. 与一达通签约企业注册地在山东的，开票人要求为生产型工厂，具有一般纳税人资格，开票人一般纳税人认定时间大于等于 6 个月。

b. 企业注册地在其他省份的，开票人要求为生产型工厂，具有一般纳税人资格，一般纳税人认定时间大于等于 2 年，且开票人注册地非内蒙古赤峰巴林右旗、福建莆田、天津武清区（武清区的自行车及其零配件、电动车及其零配件企业除外）、广东揭阳、河北保定高阳县和辛集市。

c. 各地委外加工型供货企业均不能准入。

注意：委托加工业务有以下两个特征：一是由委托方提供原料和主要材料；二是受委托方（加工工厂）只收取加工费和代垫部分辅助材料。

⑤禁止准入的供货企业：

a. 拒绝准入贸易型供货企业。

b. 禁止准入注册地与实地经营地不一致的供货企业。

（二）代理出口服务（2 + N）准入条件

①可签约合作的企业类型：非境外、非港台地区、非个人企业、非福建莆田地区企业。

②企业具有《出口退（免）税资格认定》。《出口退（免）税资格认定》是企业在出口后可自行办理退免税申报的资格认定，一般可在卖家当地的税务机关大厅办理。

③出口产品在一达通可以出口的产品范围内。

注意：一达通代理出口服务（2 + N）需要外贸企业代理其他企业出口后（除另有规定者外），在货物报关出口之日到次年 4 月 15 日前，凭出口货物报关单（出口退税专用）、代理出口协议，向直属税务分局综合管理科登记证明部门申请开具《代理出口货物证明》，并及时转给委托出口企业。出口企业未在规定期限内申请开具《代理出口货物证明》的出口货物，视同内销货物计提销项税额或征收增值税。

三、一达通供货企业准入

出口综合服务（3 + N）只准入生产型企业作为供货企业，供货企业的要求如下：

①供货企业注册地与实际生产地一致。

②供货企业需要有一般纳税人资质。

③已在税务局完成新政备案。

④一般纳税人时间根据不同子公司有不同要求，具体如下。

a. 天津、重庆、无锡、河北、常州、广州、宁波、安徽、南京、江苏、浙江一达通等：禁止准入取得一般纳税人资格认定在 2 年以内的供货企业；

b. 山东一达通：山东本地供货企业一般纳税人认定只需大于等于 6 个月，非山东本地供货企业需满足 2 年。

四、一达通关联产品

（一）一达通关联产品前台展示

①国外买家通过出口国筛选，快速找到具有出口实力的一达通客户。My Alibaba 首页产品 Customs Data 展示，提升订单量和询盘转化，如图 8 – 1 所示。

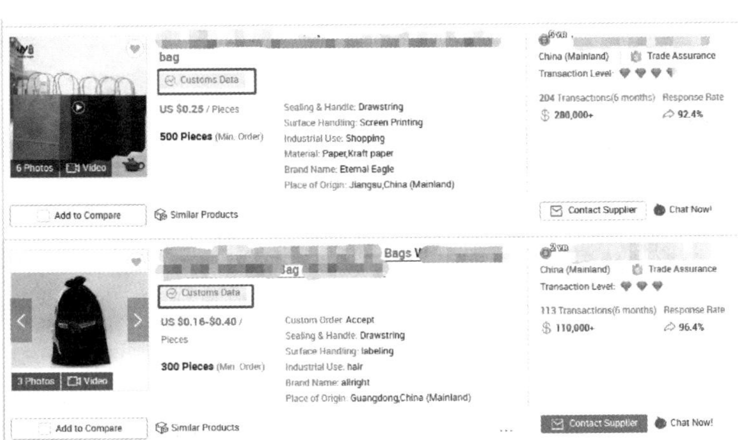

图 8 – 1　海关数据 Customs Data 展示页面截图

②产品详情页贸易数据展示，彰显企业贸易实力，如图 8－2 所示。

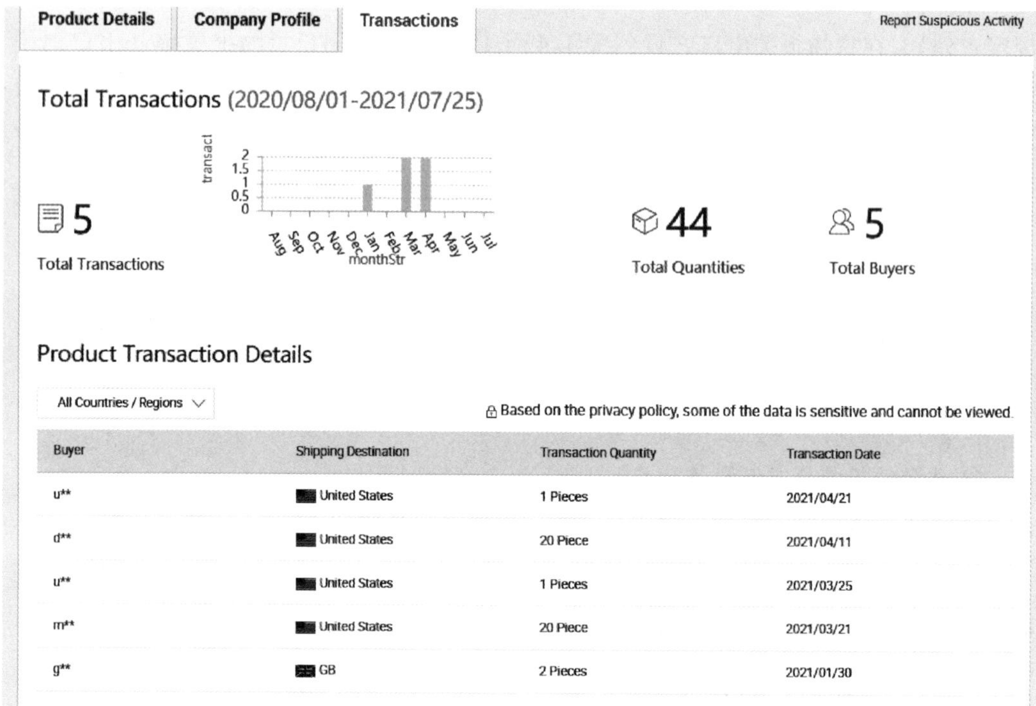

图 8－2　产品详情页贸易数据展示页面截图

（二）一拍档

1. 一拍档介绍

一拍档是外贸服务 2.0 时代的服务模式升级，是阿里巴巴一达通引入外贸生态链条上的各类第三方服务企业（如货代、外贸进出口代理、报关行、财税公司等）成为紧密合作伙伴，为具有出口服务需求的客户，提供本地化、贴身化、个性化、专业化的低成本出口流程服务。加入一拍档的条件如下：

①营业执照满 2 年、注册资本≥50 万元人民币；

②在工商、税务、海关、商检、外管等相关政府监管部门无重大违规及诚信事件，在当地无不良记录；

③拥有≥5 人的独立一达通操作团队人员，其中一人须为风控责任人；

④强烈认同阿里巴巴企业文化，奉行客户第一的服务理念，抱有真诚而长远的合作态度。

2. 绑定一拍档的步骤

步骤 1：登录 My Alibaba—“出口服务”—“基本信息设置”—“所有拍档”，选择想要绑定的拍档进行绑定，一次只允许绑定一个拍档，如图 8－3 所示。

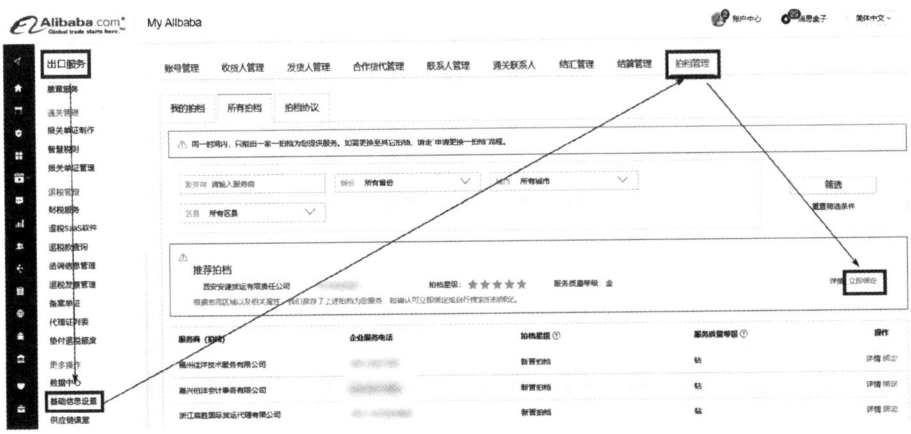

图 8－3　“拍档管理”页面截图

步骤 2：成功绑定拍档后，可点击“设置管理”—“ 拍档管理”—“ 我的拍档”—“详情”，如图 8－4 所示。在此页面中可做如下操作：

①共享信息：选择要共享给拍档的信息，共享给拍档方便后续拍档帮助卖家跟进订单。

②服务费协定：接受一拍档的费用标准，查看明细。

③退税融资费率：查看退税融资费率。

④更换拍档：若卖家对当前拍档的服务不满意，可以点击更换拍档，重新选择一家拍档来服务，提交更换申请后拍档将在 12 小时内处理。若超过 12 小时拍档未受理更换申请，“确定更换拍档”将会点亮，卖家点击即可完成拍档更换。

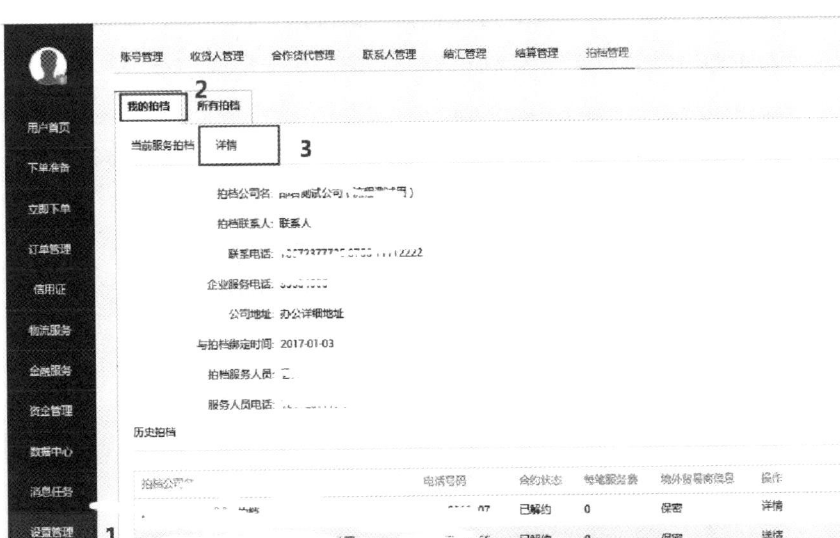

图 8－4　查看我的拍档信息页面截图

任务实施

子任务一　一达通客户签约

在使用一达通服务前，需要先完成一达通客户签约，按如下步骤实施。

步骤 1：申请国际站账号。

所有客户均需有阿里巴巴国际站账号，由于在项目二中已经详细介绍了阿里巴巴国际站账号的注册流程，这里不做赘述。

步骤 2：申请外汇虚拟子账号。

①用阿里巴巴国际站主账号登录自助操作平台（MO 系统），自行输入要申请的外汇子账户英文名（一般是卖家的公司英文名，特别注意单词间必须留有空格、不能含有特殊字符），填写完成后提交申请即可。

②申请成功后，会进行信息审核，同时供应商可以联系其客户经理或拍档进行产品预审及供货企业预审操作。通过审核后，系统会向卖家主账号的注册手机和注册邮箱发送外汇子账户信息，如图 8－5 和图 8－6 所示。

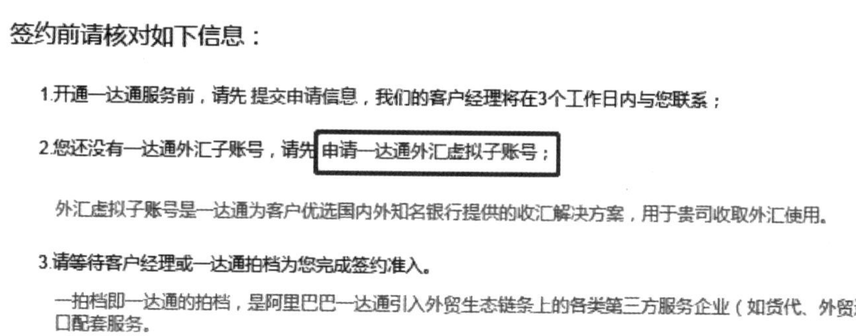

图 8－5　“申请外汇虚拟子账号”页面截图

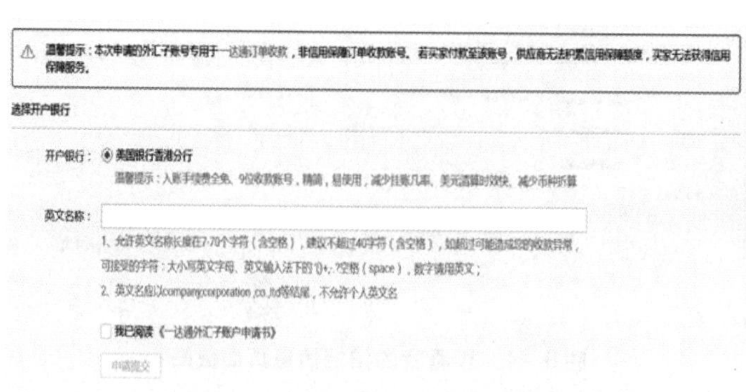

图 8－6　填写公司英文名称页面截图

注意：外汇子账户将在双审（产品预审、供货企业预审）完成后一个工作日内完成开通操作。

步骤3：录入阿里巴巴国际站会员ID和注册邮箱，关联账号。

申请通过之后，点击“关联账号”，进入阿里巴巴国际站账号的关联页面，录入阿里巴巴国际站账号信息进行关联，如图8－7所示。

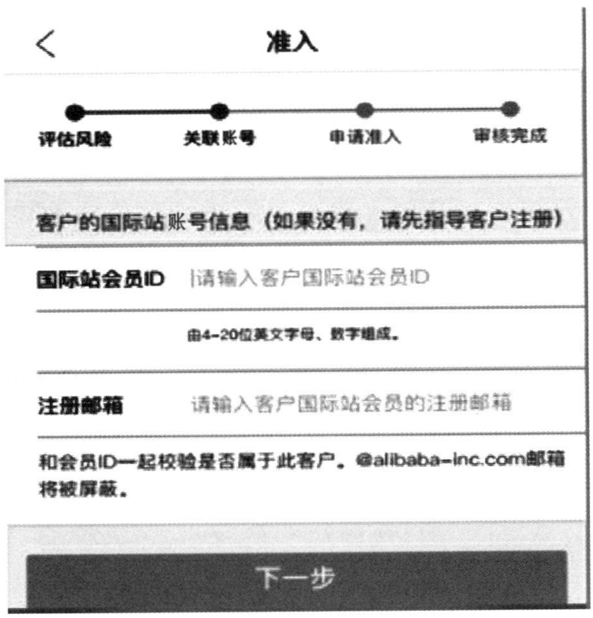

图8－7　“关联国际站账号”填写页面截图

步骤4：签约。

拍档销售或国际站客户经理会向卖家详细解释服务协议内容（服务协议内的服务范围及权利与义务重点介绍），在获得卖家的确认后再签订。

注意：完成签约准入信息填写后，后台在3小时内完成审核，反馈准入结果。

步骤5：绑定一拍档并确认报价

在自助操作平台确认绑定一拍档并确认报价。

子任务二　一达通物流走单——海运

海运的发货方式分为海运整柜和海运拼柜，具体实施方法如下。

（一）海运整柜

步骤 1：价格查询。

卖家登录 My Alibaba 后台，选择“物流服务”—“查询报价并下单”—“海运整柜/海运拼箱”，输入始发港、目的港、柜型和数量，查询报价，如图 8－8 和图 8－9 所示。若查询无结果时，系统会提示点击“人工询价”进行查询。

图 8－8　查询物流报价入口页面截图

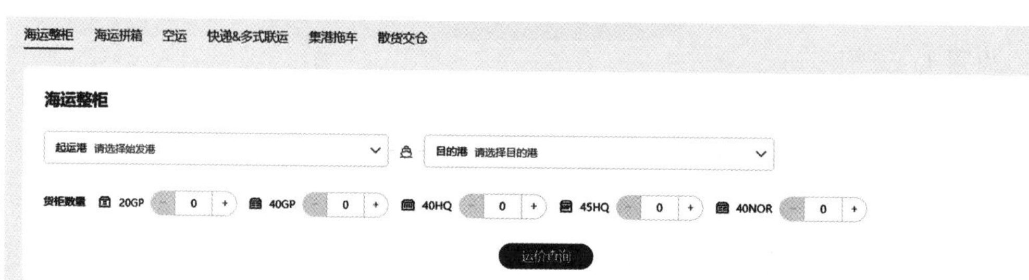

图 8－9　“海运整柜”下单页面截图

步骤 2：填写方案选择。

在查询结果页面，充分考虑买卖双方商定的交货时间、运费价格等因素，选择合适的方案并点击“下单”，如图 8－10 所示。

步骤 3：填写运输信息。

①选择出货时间，填写发货人信息、收货人信息、通知人信息等，如图 8－11 所示。

图 8－10　“方案选择”页面截图

图 8－11　填写运输信息页面截图

②完整填写商品的英文名称、海关编码、货件总体积及重量、件数、包装类型等信息，如图 8－12 所示。

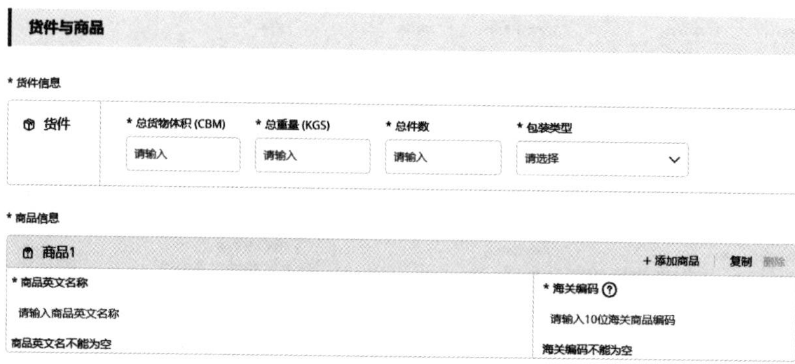

图 8－12　货件与商品填写页面截图

步骤 4：费用明细。

费用明细根据前面步骤中所填写的地址、货件信息计算，如图 8－13 所示。

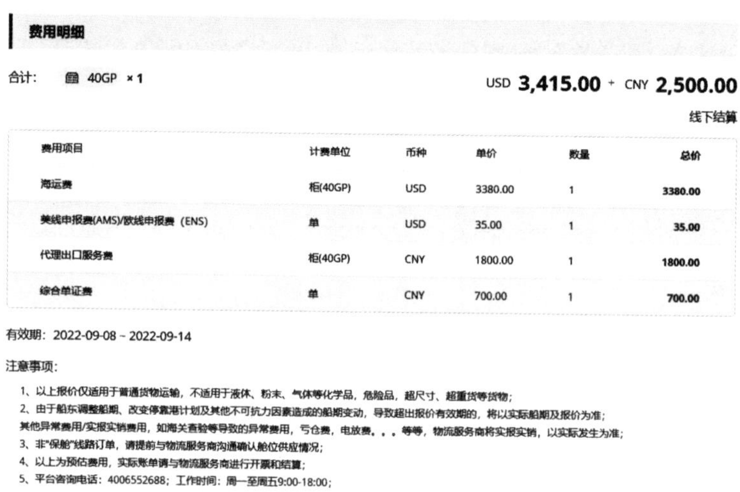

图 8－13　“费用明细”页面截图

步骤 5：提交订单。

确认以上信息无误后，勾选同意《服务协议》，点击“提交订单”，如图 8－14 所示。

图 8－14　“提交订单”页面截图

（二）海运拼箱

步骤1：价格查询。

卖家登录My alibaba后台，选择“物流服务”—“海运”—“海运拼箱”，输入发货城市及目的港之后，点击“查询报价”即可，如图8－15所示。

图8－15　“海运拼箱”下单页面截图

步骤2：填写询价信息。

供应商根据实际信息，填写发货地、目的地、收货地和货件信息等，如图8－16所示。

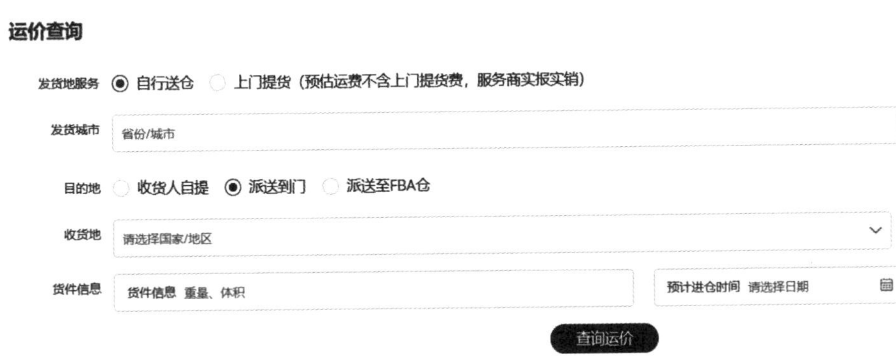

图8－16　“填写询价信息”页面截图

步骤3：国际物流平台下单。

查询物流价格后，选择合适的价格和船期，点击“下单”按钮，如图8－17所示。

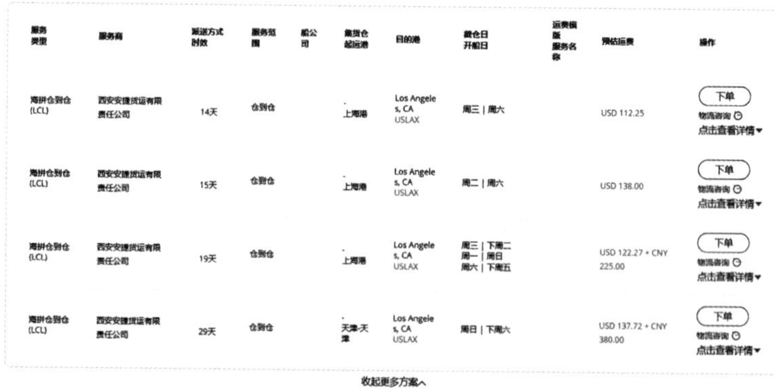

服务类型	服务商	派送方式时效	服务范围	船公司	集货仓起运港	目的港	截仓日开船日	运费模版服务名称	预估运费	操作
海拼仓到仓(LCL)	西安安捷货运有限责任公司	14天	仓到仓		-上海港	Los Angeles, CA USLAX	周三 | 周六		USD 112.25	下单 物流咨询 点击查看详情
海拼仓到仓(LCL)	西安安捷货运有限责任公司	15天	仓到仓		-上海港	Los Angeles, CA USLAX	周二 | 周六		USD 138.00	下单 物流咨询 点击查看详情
海拼仓到仓(LCL)	西安安捷货运有限责任公司	19天	仓到仓		-上海港	Los Angeles, CA USLAX	周三 | 下周二 周一 | 周日 周六 | 下周五		USD 122.27 + CNY 225.00	下单 物流咨询 点击查看详情
海拼仓到仓(LCL)	西安安捷货运有限责任公司	29天	仓到仓		-天津-天津	Los Angeles, CA USLAX	周日 | 下周六		USD 137.72 + CNY 380.00	下单 物流咨询 点击查看详情

收起更多方案

图 8－17　国际物流平台查询报价页面截图

步骤 4：填写船期信息及报关方式。

选择增值服务，并根据实际情况填写发货人、收货人、通知人、货物信息、订单联系人、装箱单、唛头等信息，填写后查询预估费用，如图 8－18 所示。

图 8－18　填写海运拼单的基本信息页面截图

步骤5：费用核实。

系统根据所填信息自动计算出费用，查看并确认费用无误后，勾选同意《服务协议》，点击“下单”，如图8－19所示。

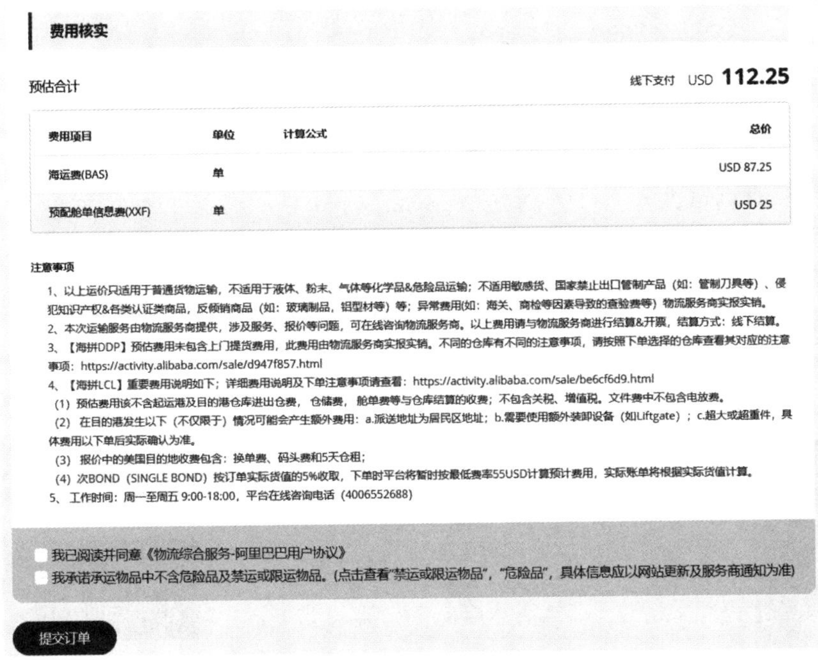

图8－19　“费用核实”页面截图

步骤6：生成订单。

提交表单成功后，系统自动生成一个物流订单号，如图8－20所示。

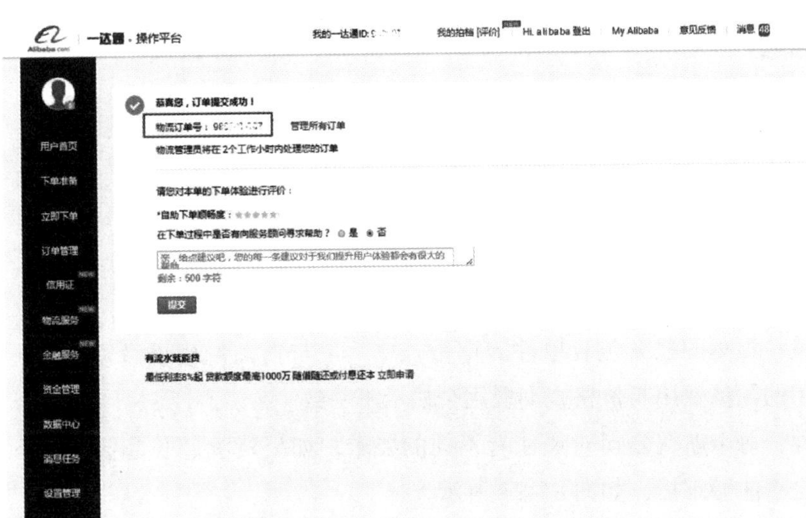

图8－20　物流订单号生成页面截图

子任务三　一达通物流走单——空运

空运走单注意事项：须输入始发地、目的地、体积和重量，根据实际情况选择上门提货或者送货到门。空运走单的步骤如下所示：

步骤 1：查询运价。

卖家登录 My alibaba 后台，选择“物流服务”—“空运”，填写始发地、目的地、体积、重量，根据需求可选择上门提货、自行交仓，填写完成之后点击“查询报价”，如图 8－21 所示。

图 8－21　“查询报价”页面截图

步骤 2：下单。

查询报价之后，进入到下单页面，卖家可根据实际需求，选择合适的服务商，点击“下单”，如图 8－22 所示。

步骤 3：填写商品信息。

①重量：填写的独立包装单件的重量，总重量与查询价格重量须保持一致，否则下单页面中的预估费用与价格查询费用会显示不一致。

②尺寸：每个航空公司对尺寸有不同的要求，如果货物超长超高，请下单前与服务商核实是否能够承接，如图 8－23 所示。

图 8－22　“下单”页面截图

图 8－23　“填写商品信息”页面截图

步骤 4：填写收/发件人信息。

收/发件人信息主要包含发件人信息、收件人信息、通知人信息、费用、发票和取件时间等，如图 8－24 至图 8－26 所示。

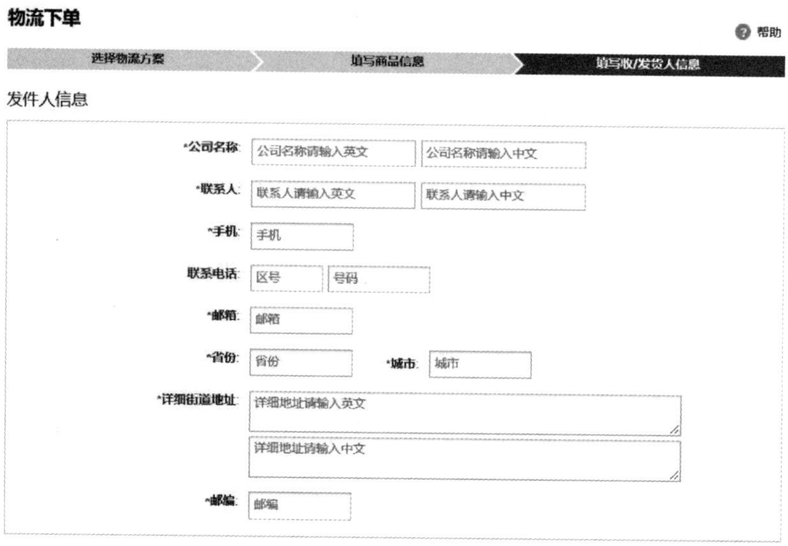

图 8－24　填写发件人信息页面截图

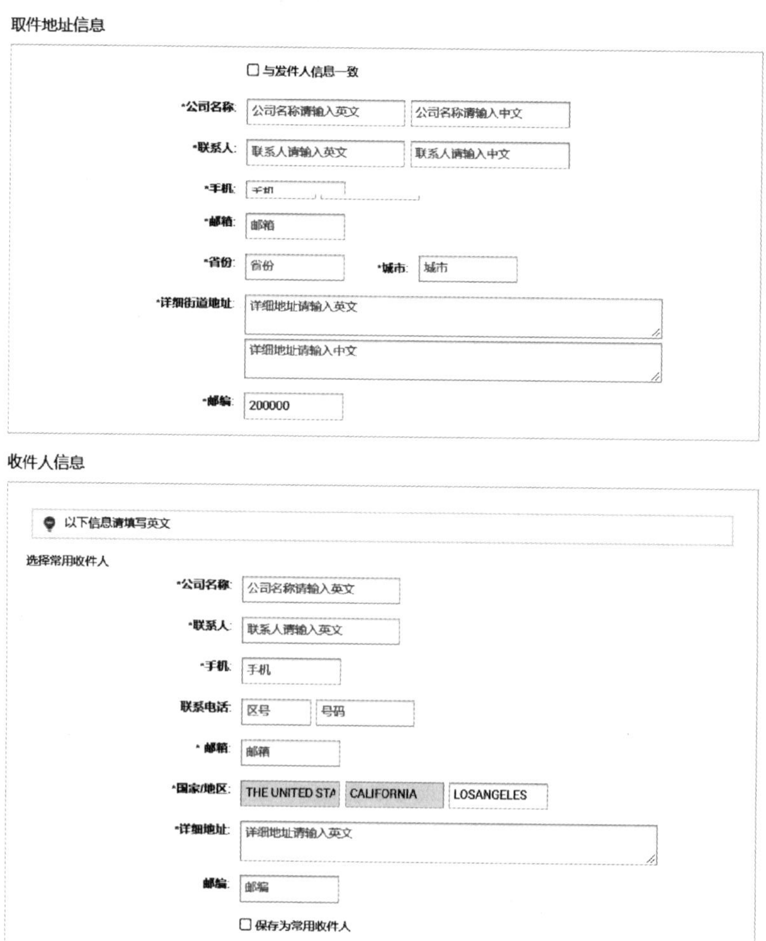

图 8－25　填写取件地址信息、收件人信息及通知人信息页面截图

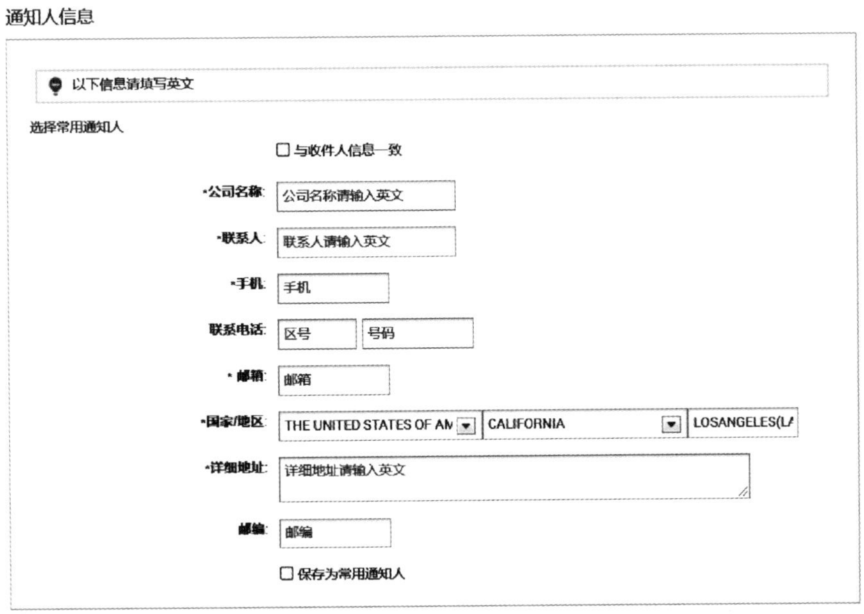

图 8－25 填写取件地址信息、收件人信息及通知人信息页面截图（续）

图 8－26 填写费用、发票等信息页面截图

步骤 5：完成订单。

信息填写完成，提交订单后，需要预先冻结 120% 的费用，等订单到达目的地，服务商告知平台实际费用，平台根据实际费用进行多还少补，如图 8－27 所示。

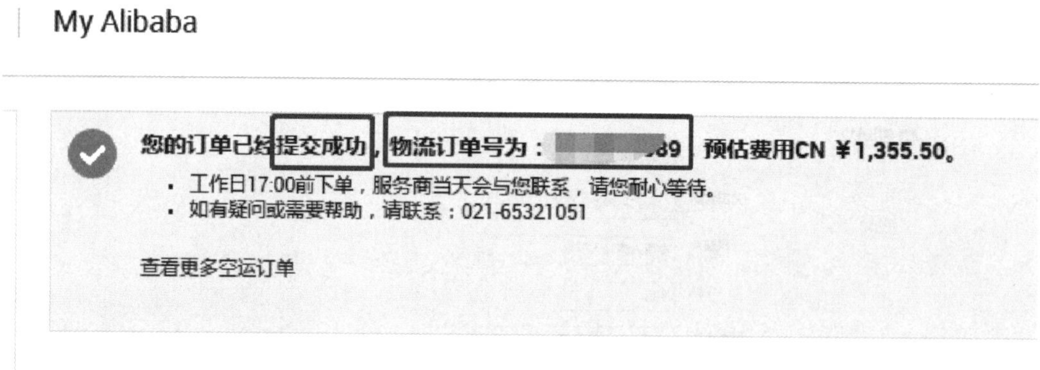

图 8－27　订单提交成功页面截图

步骤 6：跟进管理订单。

订单提交后可以点击“物流服务”—“空快订单”查看生成的订单，如图 8－28 所示。后续订单跟进全部以邮件为准，卖家须及时查收下单时填写的邮箱。

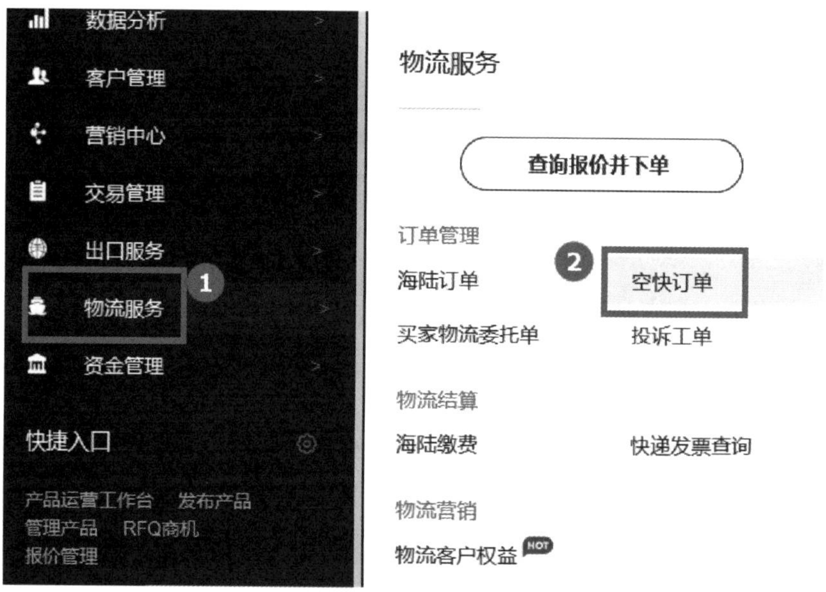

图 8－28　查看“空快订单”页面截图

子任务四　一达通物流走单——陆运

集港拖车的走单步骤如下：

步骤 1：找到陆运订单入口并查询报价。

卖家登录“My Alibaba”—“物流服务”—“查询报价并下单”—“集港拖车”，选择起运港和装货地址后查询报价，如图 8－29 所示。

图 8－29　“查询报价”页面截图

步骤 2：选择合适的方案下单。

点击“查询运价”，在给出的方案中查看详细的费用信息，选择合适的报价进行下单，如图 8－30 所示。

图 8－30　“方案选择”页面截图

步骤 3：填写做柜信息。

根据做柜情况，填写做柜信息，并上传做柜附件，如委托信息、SO、自拉自报协议书、配舱信息或排载信息等，如图 8－31 所示，填写完成后可点击“预估费用”。

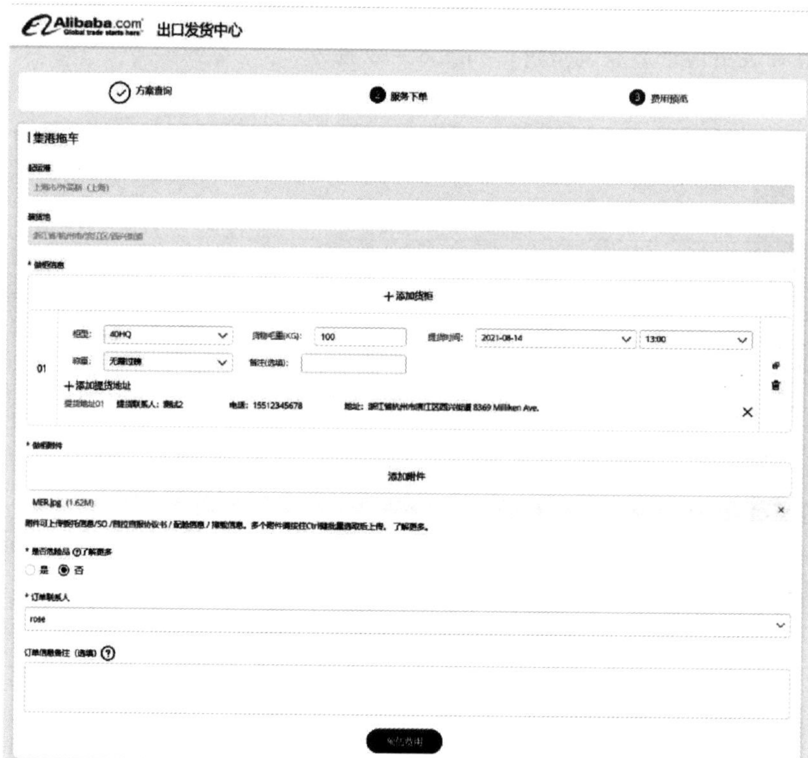

图 8－31　货物做柜信息填写页面截图

步骤 4：预估费用。

确认费用后，可勾选并同意《服务协议》，点击“下单”按钮，即可完成，如图 8－32 所示。

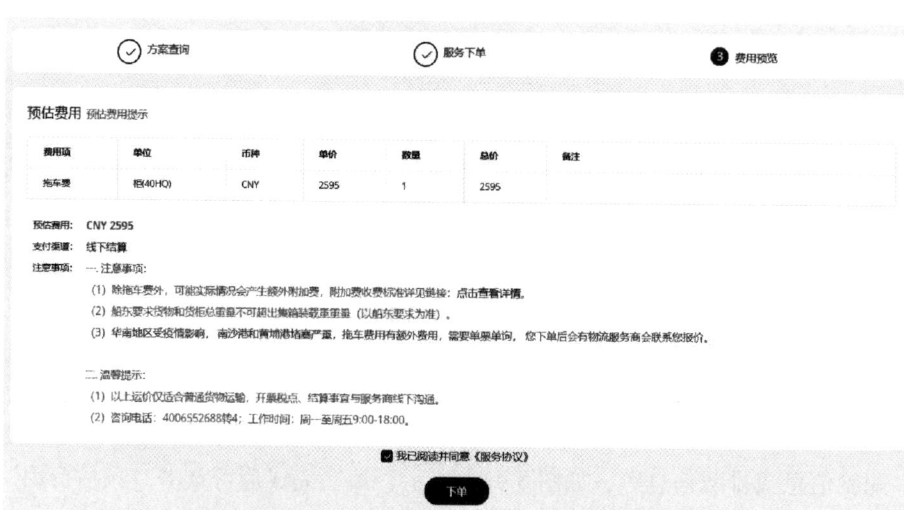

图 8－32　“预估费用”确认页面截图

步骤5：订单跟进管理。

订单提交后，点击“物流服务”，选择“海陆订单”，按照物流类型进行筛选与查询，实时跟进订单的状态，如图8－33所示。

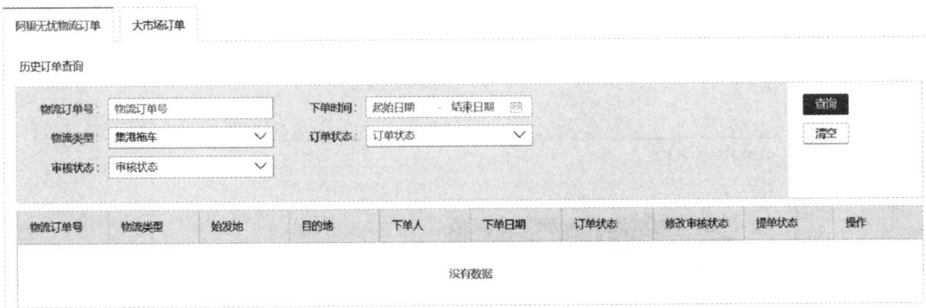

图8－33　“订单管理”页面截图

子任务五　报关

阿里巴巴国际站平台进行的信用保障订单报关方式有两种，一达通报关和客户自行报关。一达通报关指一达通为卖家出具报关资料且帮助卖家报关；客户自行报关指一达通为卖家出具报关资料，卖家自行选择报关行或由拍档帮助报关，报关资料在订单状态为待报关状态后可自助下载。接下来主要介绍一达通详细报关步骤：

步骤1：登录My Alibaba平台进行下单。

在下单之前需要完成一达通准入，申请虚拟子账号、产品和通过供货企业资质审核。由于项目情景中的某外贸公司在之前已经完成上述一系列签约审核等，直接进入My Alibaba后台，点击“出口服务”—“立即下单”，选择“代理出口订单”，如图8－34所示。

图8－34　“登录一达通操作平台”页面截图

卖家首次登录 My Alibaba 平台，点击“立即下单”后，系统弹出操作指引介绍，卖家根据自身情况和系统指引步骤操作，如图 8－35 至图 8－37 所示。

图 8－35　“立即下单新手引导”页面截图

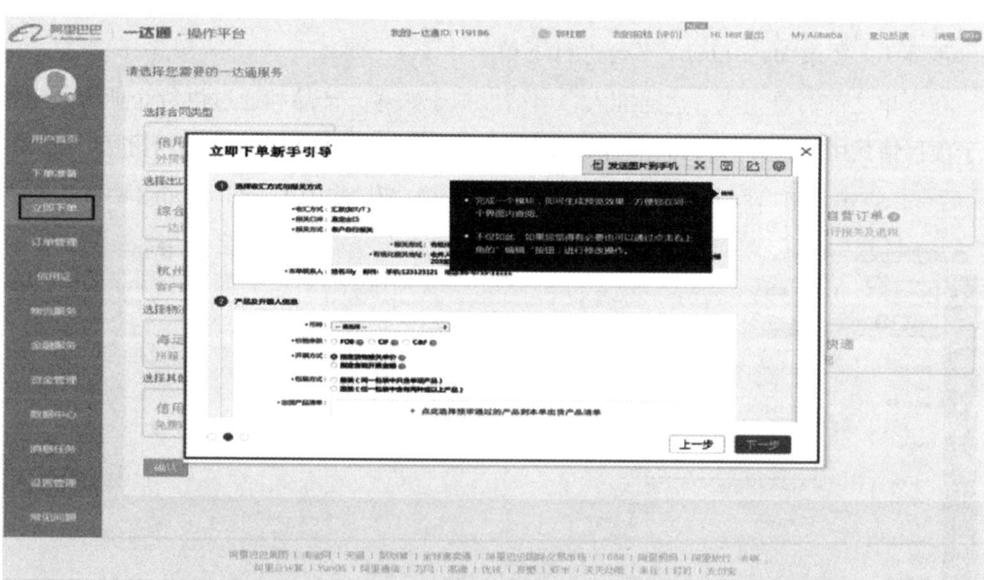

图 8－36　“新手引导”选择收汇方式和开票人信息页面截图

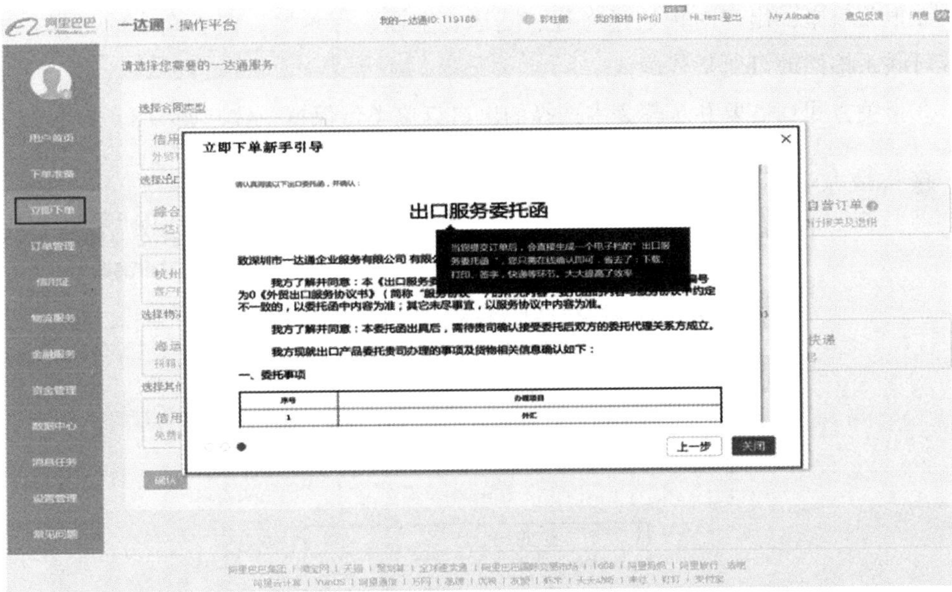

图 8－37　“新手引导”出口服务委托函页面截图

步骤 2：选择出口订单类型。

根据公司与一达通签订的服务类型来选择下单类型，包含综合出口订单退税垫款和代理出口订单两种。项目情景中某外贸公司签约为综合出口订单退税垫款服务，所以选择对应类型下单，如图 8－38 所示。

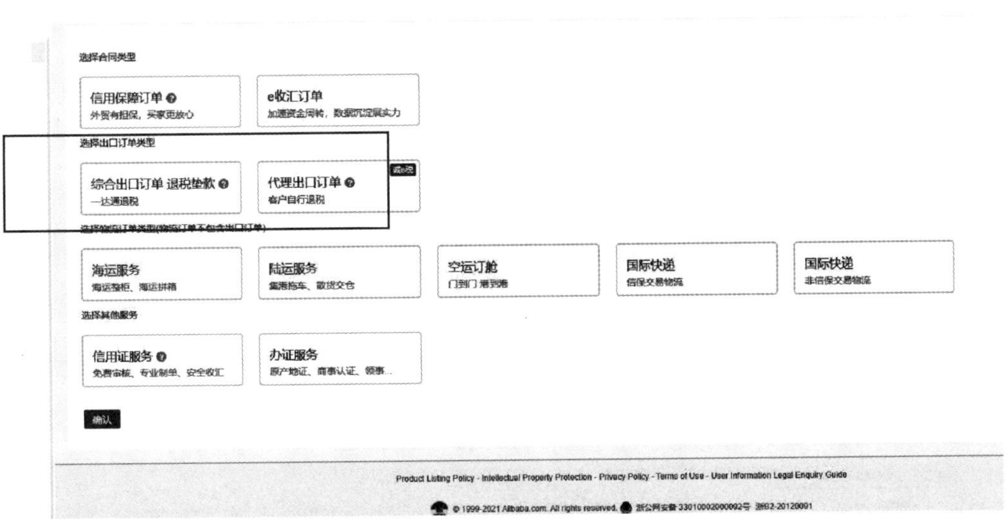

图 8－38　“选择出口订单类型”页面截图

步骤 3：选择收汇与报关方式。

①结汇方式：常见的国际结算方式有三种：电汇（前 T/T、后 T/T），托收（DA/DP），信用证（LC）。

②报关口岸：出口时候通过海运、陆运、空运、保税区、监管仓走的口岸，详细内容可联系拍档或订舱货代确认。

③报关方式：需要和步骤 2 中选择的出口订单类型保持一致，如图 8－39 所示。

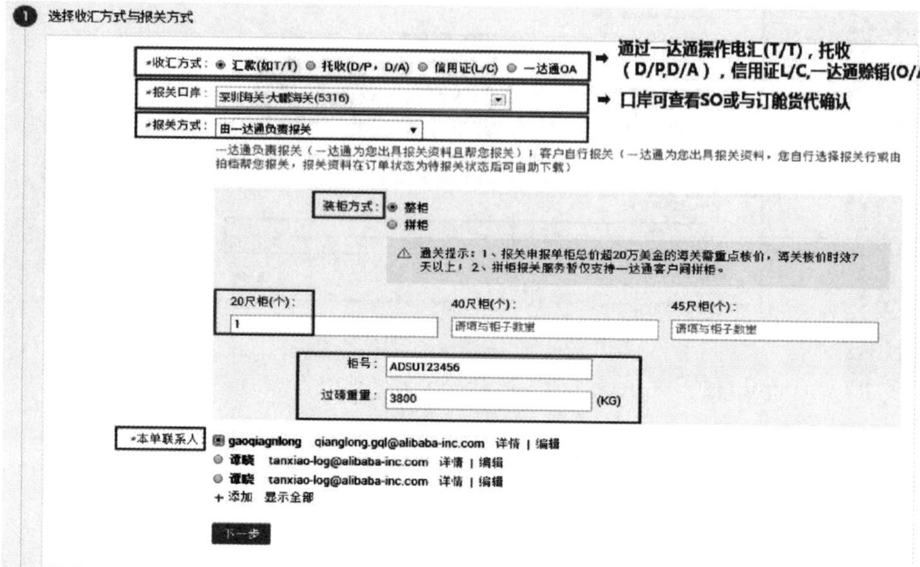

图 8－39　“选择收汇方式与报关方式”页面截图

步骤 4：产品及开票人信息。

产品及开票人信息填写内容主要包含币种、价格条款、开票方式、包装方式、装柜方式、出货产品清单和出口货物信息等，如图 8－40 所示。

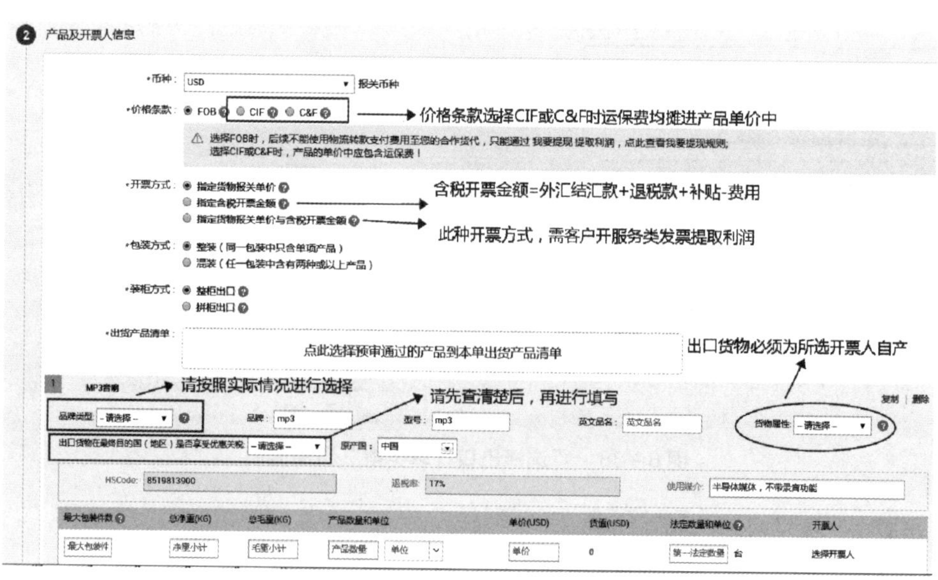

图 8－40　“产品及开票人信息”页面截图

①报关币种：报关币种是同步海关系统，目前可以报关的币种有 13 种：美元 USD，港币 HKD，欧元 EUR，人民币 CNY，英镑 GBP，阿拉伯联合酋长国迪拉姆 AED，澳大利亚元 AUD，加拿大元 CAD，瑞士法郎 CHF，日元 JPY，新西兰元（纽元）NZD，瑞典克朗 SEK，新加坡元 SGD。

②价格条款：价格条款需根据贸易术语进行选择，常用的贸易术语有 FOB、CIF 和 C&F 等。

知识链接

FOB：Free On Board，即装运港船上交货价，是指卖方在约定的装运港将货物交到买方指定的船上。

CIF：Cost Insurance and Freight，即成本加保险费加运费，通常是指 FOB + 运费 + 保险费。

C&F：Cost and Freight，成本加运费，通常是指 FOB + 运费。

③开票方式：开票方式填写需提前和供货企业确认，若下单时无法选择供货企业，一般是因为供货企业还未审核通过，请先确认供货企业已审核通过再进行下单选择。

一达通共有以下三种开票方式：

a. 指定含税开票金额是指卖家告知一达通本单要给上游供货商的含税开票金额，一达通会据此核算出口报关金额并安排后续收汇。

b. 指定货物报关单价是指卖家直接告知一达通本单的报关金额，一达通会按照此报关金额安排后续收汇和开票工作。

c. 指定货物报关单价与含税开票金额是指卖家通过一达通获得的收入若高于供货工厂的货物总价，则高出部分需在国内开服务费发票进行结算。

步骤 5：上传附件。

①SO 是 Shipping Order 的简称，要求一达通报关以及货入监管仓需上传 SO，客户自行报关且非监管仓的可选择性上传。

②商检产品，需上传商检单，如图 8 – 41 所示。

步骤 6：提交申请。

完成上述步骤之后，点击“提交申请”，对“出口服务订单确认函”核对无误后提交即可，如图 8 – 42 所示。

步骤 7：通关跟进，查看通关详情。

下单审核通过后到待报关状态，卖家可以在“订单管理”—“通关详情”页面查看详情，如图 8 – 43 所示。

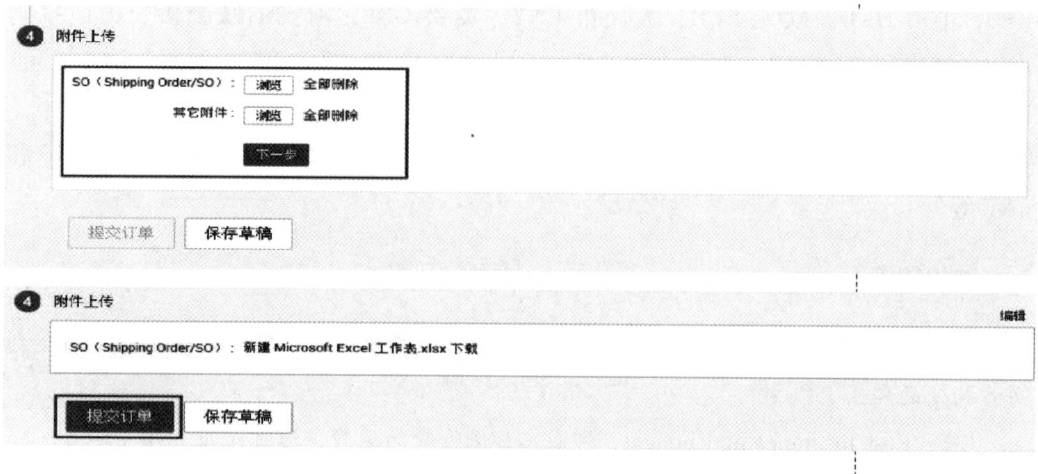

图 8－41　“附件上传”页面截图

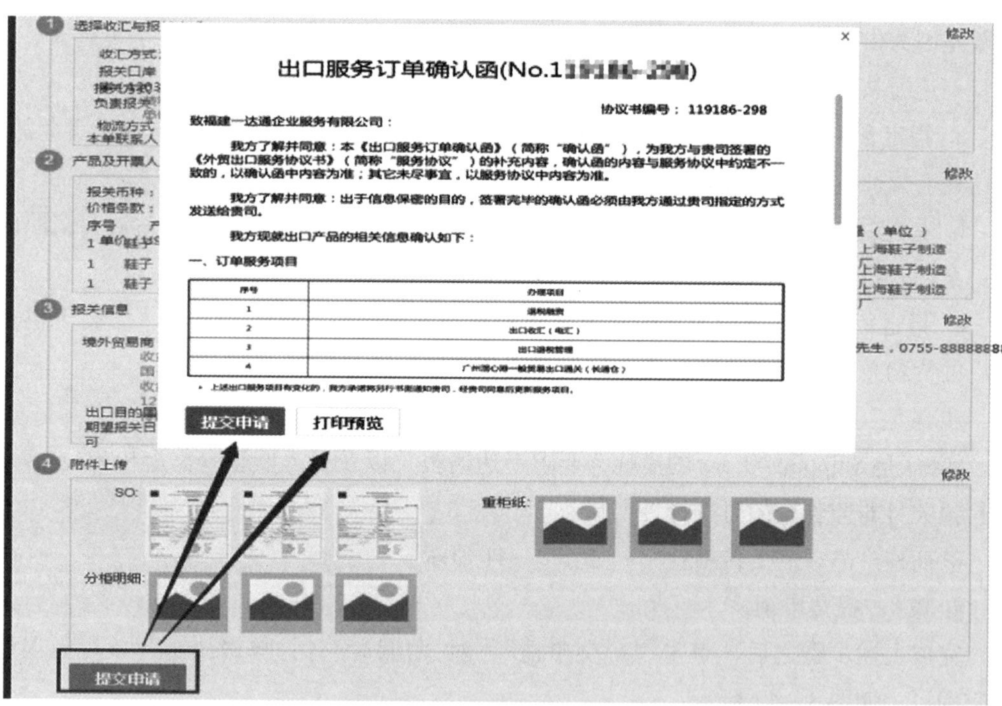

图 8－42　提交申请“出口服务订单确认函”页面截图

客户自行报关的订单，报关资料可在系统下载；客户如需纸质报关资料（需邮寄正本的），在待报关环节会安排寄出。

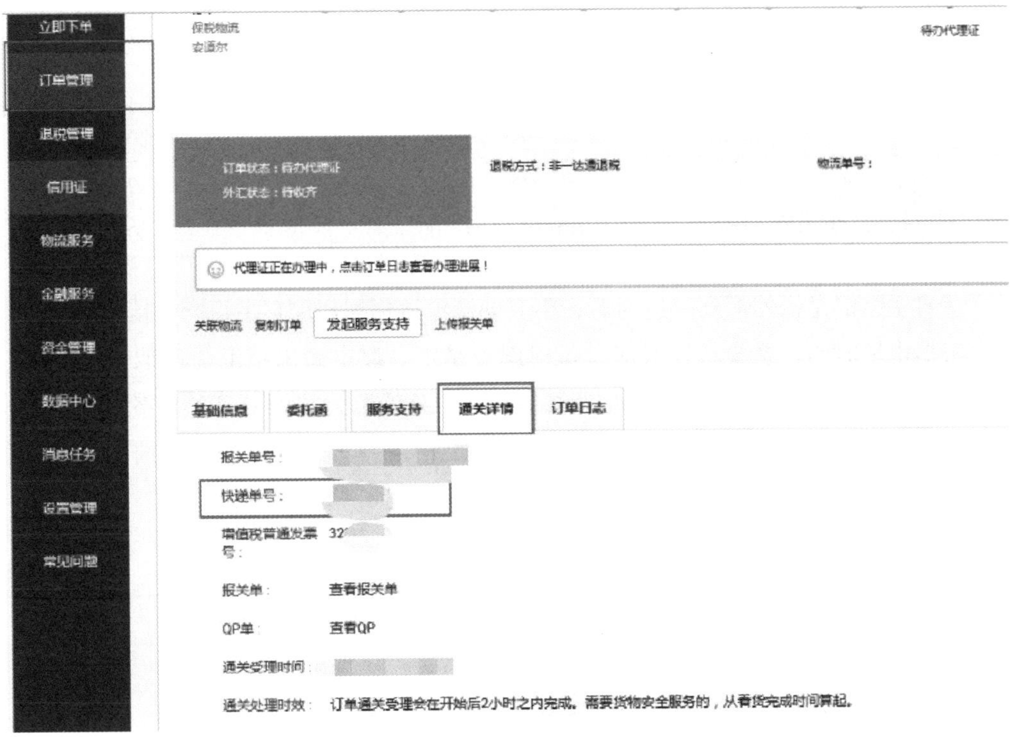

图8－43　查看“通关详情”页面截图

子任务六　外汇及退税

微信扫描
视频讲解

（一）外汇

1. 结汇

目前一达通结汇方式分为即期结汇和自主结汇两种方式：

①即期结汇是指外汇到账后自动结汇，无须手动操作结汇。

一达通的结汇频率为法定工作日上午、下午各一次，在此时间段内到的外汇按结汇时间点的中行即时挂牌现汇买入价汇率即时结汇结算。若卖家想在结汇时间点前先行结汇转款，可以在系统开启“提前结汇”功能。若官网没有整点汇率，系统会自动选择整点前一个汇率结汇，如表8－1所示。

表 8－1 即期结汇时间点

银行账户	外汇到账时间	结汇时间点
花旗银行、中国银行（香港）美国银行（香港）	0：00—24：00	10：30
	12：00—24：00	15：30
境内中国银行、托收、信用证	0：00—24：00	10：30
	12：00—24：00	15：30

②自主结汇是指外汇到一达通后，不立即结汇，根据需求自主提交结汇申请。

根据申请时间，系统将在对应结汇时间点结汇。该申请未结汇前可取消，但结汇时间点前 15 分钟，无法取消。例如：项目情景中某外贸公司的一笔外汇款是 12 月 20 日到账的，如果想在 12 月 24 日结汇，那么需要在 24 日 8：00 点击自主结汇，系统会在当天的 10：30 根据中国银行现汇买入价结汇，如表 8－2 所示。

表 8－2 自主结汇时间点

申请结汇时间	结汇时间点
前一个结算日 15：15—当日 10：14：59	10：30
当日 10：15：00—当日 15：14：59	15：30

③开通结汇方式调整登录“My Alibaba”—“资金管理”—“结汇”—“结汇方式调整”，根据需要变更结汇方式，如图 8－44 所示。

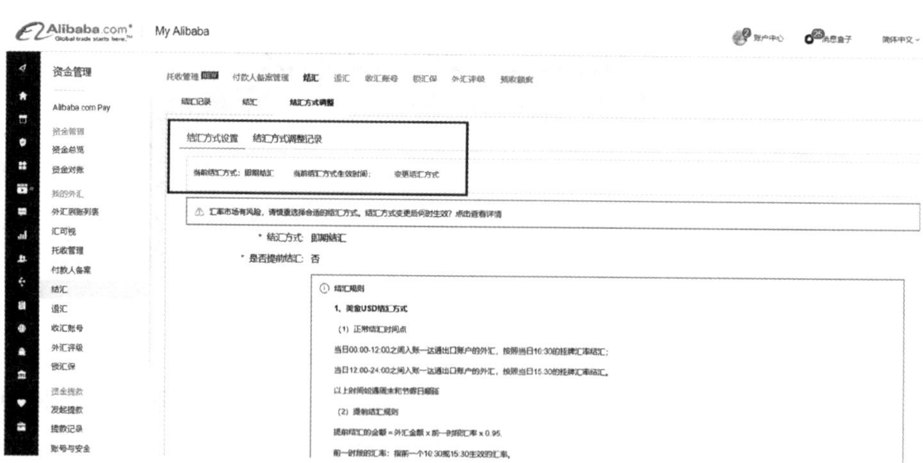

图 8－44 “结汇”页面截图

2. 退汇

（1）退汇原则

①退汇业务需具有真实、合法的交易背景，并提供能证明退汇原因的背景资料或情况说明。

②原路退回原则，即款项原路退回给付款人。

③退汇所需的外汇款项统一由一达通购汇办理。

④退汇金额不可超过原付款金额，退汇时只能按原币种退汇。

⑤若同一付款人所付的外汇币种相同，允许多笔外汇合并退汇。

（2）退汇流程

如果因买卖双方取消订单、买家汇错款、订单一达通无法操作、货物质量问题、其他经国际结算部或其他相关业务部门审批同意的原因需要退汇的，可以申请退汇操作，如图 8－45 所示。

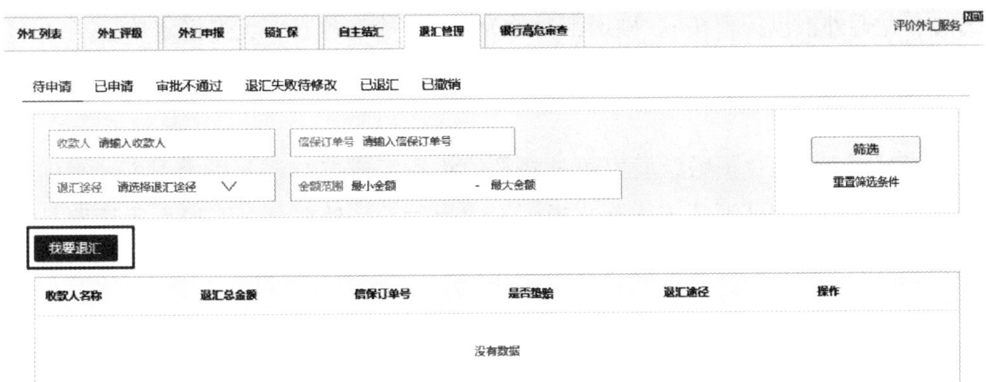

图 8－45　“我要退汇”页面截图

申请退汇流程如下：My Alibaba 后台—资金管理—退汇—选择退汇途径—选择所需退汇外汇—填写相关收款信息—保存草稿—下载退汇申请书—退汇申请书客户盖章，上传退汇系统—上传退汇背景资料，申请完成后一达通会在当天审核，如图 8－46 所示。

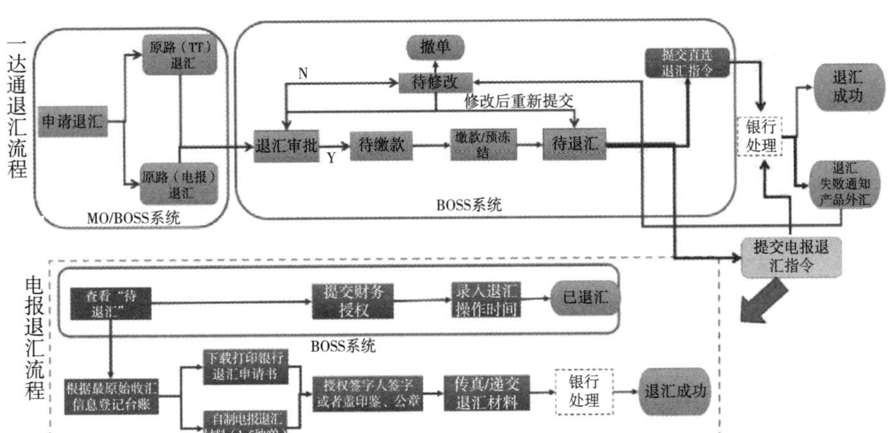

图 8－46　退汇流程图

（3）退汇分类

①按外汇是否入账划分为挂账外汇退汇和已入账外汇退汇。

②按汇兑损益承担方划分为按固定外币退汇和按结汇人民币购汇退汇。

③按是否为信用保障订单划分为信保退汇和普通退汇。

（4）退汇处理时效

一达通有专人负责退汇审核，退汇申请提交后，退汇专员将尽快审核，通常在提交后 1 个工作日内审核完毕。

备注：缴纳退汇费用后，一达通需要人工提交退汇信息至网银处理。工作日当天 16：30 之前缴费成功的 1 个工作日完成退汇。若是银行高危核查不通过（外汇入账后未通过一达通外汇风控审核），则退汇时效为 5 ~ 10 个工作日，无退汇水单。

T/T 电报退汇到账时效 2 ~ 4 周；原路 T/T 退汇到账时效为 2 ~ 5 工作日。

（5）退汇手续费

退汇时将产生汇兑损益，卖家可选择按原币退汇或按结汇人民币退汇，来确定汇兑损益由谁承担。如外汇还未入账，退汇不收手续费。外汇已入账退汇手续费是卖家还是国外买家承担，需要卖家自行与买家确认，一般手续费可根据承担人分为以下三种情况：

①海外买家承担：国内卖家不需要缴纳任何费用，银行从国内卖家的退汇中扣取费用；个性化需求产生的费用，如退汇后需查询、更正或退汇所产生的银行电报费等，由卖家承担；若是银行高危核查不通过（外汇入账后未通过一达通外汇风控审核），退汇的费用直接在汇款金额里面扣除。

②国内卖家承担：卖家另外需要缴纳人民币 250 元/笔的手续费（退汇币种为人民币的，费用方式仅支持国内卖家承担，此部分的费用一达通无法开票）。

③共同承担：一达通收取人民币 100（元）/笔（此部分的费用一达通无法开票），仅负责付款行费用，国外中转行和收款银行费用以实际各银行扣收金额为准。

3. 外汇关联

一达通系统需要将外汇与订单关联是为了达到单单结清的效果，需要按照订单维度来收汇和转款，且转款的最高额度为开票工厂的开票金额。

卖家进入一达通后台，在“外汇列表”中找到对应外汇，点击“关联订单”录入报关金额，填写之后点击“提交关联”—“确认收齐”即可，如图 8 - 47 所示。若单笔金额不足，可以分多次进行关联，即多笔外汇可以关联一个订单。

（二）退税

退税是指国家按规定对纳税人已纳税款的退还，优惠退税是税收支出的一种形式，即国家为鼓励纳税人从事或扩大某种经济活动而给予的税款退还。

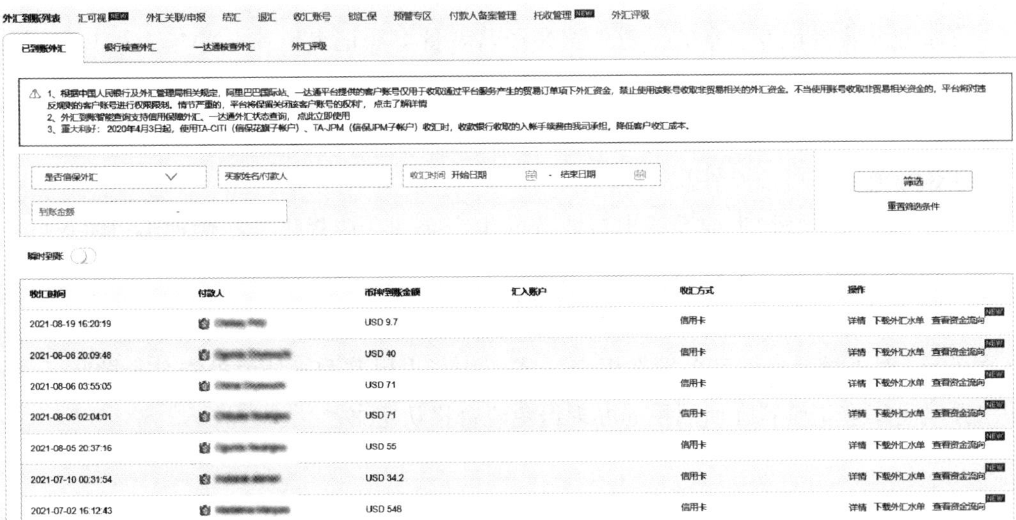

图 8－47　“已到账外汇”页面截图

针对阿里巴巴国际站卖家而言，退税是指出口商品并实际收取外汇后，按出口退税率计算免抵退税额，并与增值税进项税留抵额比较后得出的出口退税。一达通的退税服务是指以一达通名义帮助卖家快速合规办理退税，退税款打到供货企业指定的对公账户。

1. 办理退税条件

①生产型企业不受限。

②无进出口权的生产型企业凭以下资料办理：

a. 委托代理出口协议。

b. 录入申报系统打印出申请表（盖公章），生成数据盘。

c. 主管税务机关要求提供的其他资料。

③贸易型企业必须拥有进出口经营权。

④深圳不需要小规模纳税人办理资格证，也可申报免税。其他地方视当地税务局要求而定。

注意：在填写《出口退（免）税备案表》时，需填写的“企业海关代码”，请根据企业性质提供下列参考文件：

a. 海关注册登记码（做过海关备案）。贸易型企业一定要做海关备案的。

b. 税务局备案海关代码。没有在海关备案的，税务局会出一个虚拟的海关编码，针对生产型企业。

2. 办理退税所需材料

①《出口退（免）税备案表》2 份及相关电子信息。在填写《出口退（免）税备案表》时，需填写的“企业海关代码”，企业有海关报关资质的就有海关代码，若无，

税务机关可以虚拟给定。

②加盖备案登记专用章的《对外贸易经营者备案登记表》或《中华人民共和国外商投资企业批准证书》原件及复印件。

③《中华人民共和国海关进出口货物收发货人报关注册登记证书》原件及复印件。

④银行开户许可证原件及复印件。

⑤未办理备案登记生成委托出口业务的生产企业，应提供委托代理出口协议，不提供上述第②项、第③项材料。

由于项目情景中的某外贸公司为第一次申请退税，需提交所需《出口退（免）税备案表》《对外贸易经营者备案登记表》或《中华人民共和国外商投资企业批准证书》等一系列备案登记资料在所属税局办理退免税资格认定书。

任务二　物流模板设置

知识储备

国际物流简介

（一）门到门快递

门到门快递是阿里巴巴国际站与国际知名快递服务商合作，在卖家完成线上下单并冻结运费后，快递服务商直接到卖家指定的地点上门取件，并由服务商将货物递送至卖家指定的目的国收件人。目前已接入国际快递门到门服务的国际快递服务商有 UPS（Unite Parcel Service）和 FedEx（FedEx Express，联邦快递）。门到门订单的下单流程如图 8－48 所示：

图 8－48　门到门订单的下单流程

（二）仓到门快递

仓到门是卖家通过国际物流中心下单，将货物发往仓库后，后续由物流商将货物发往国外的买家。目前，国际快递仓到门服务包含的物流有 FedEx、DHL、UPS、TNT、

EMS、DPEX 、JCEX 等。仓到门订单的下单流程如图 8－49 所示：

图 8－49　仓到门订单的下单流程

知识链接

1. UPS：United Parcel Service，联合包裹速递服务公司，作为世界上最大的快递承运商与包裹递送公司，同时也是运输、物流、资本与电子商务服务的领导性的提供者。

2. FedEx：联邦快递，是一家国际性速递集团，提供隔夜快递、地面快递、重型货物运送、文件复印及物流服务。

3. DHL：DHL 是德国邮政敦豪集团旗下的公司，公司的名称 DHL 由三位创始人姓氏的首字母组成（Dalsey、Hillblom 和 Lynn）。

4. TNT：TNT 快递为企业和个人提供快递和邮政服务，其总部位于荷兰的 TNT 集团。

5. EMS：Express Mail Service，分为航空和陆运两种。EMS 是中国邮政速递物流股份有限公司的子公司（简称中国邮政速递物流）。

6. DPEX：DPEX 是由一些遍及全球的网络成员所组成的联盟，这些网络成员依靠标准化网络的支持已经被公认为可以为客户提供超值的服务，在此基础上 DPEX 在全球快递市场中已经成为领先的国际航空速递公司之一。

7. JCEX：杭州佳成国际物流股份有限公司，公司经营范围包括国际快递（邮政企业专营业除外）等。

任务实施

子任务一　运费模板设置

在线批发运费模板，卖家可以根据需要自行填写物流名称、物流运输时间、国家和计费方式；在发布产品时，直接选择设置好的运费模板或者是编辑新的运费模板，按照运费模板设置的价格进行交易，具体操作步骤如下：

步骤 1：新建运费模板。

登录“My Alibaba”—“交易管理”—“运费模板”，新增和管理运费模板，如图

8－50 所示。运费模板最多可以设置 100 个，若之前设置的模板需要更新，点击需要更新的模板名称修改即可。

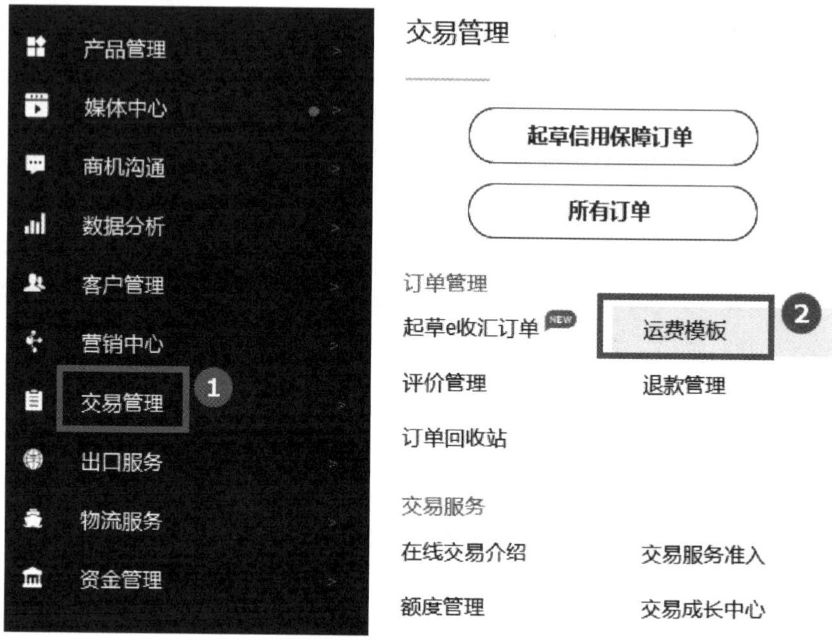

图 8－50　新建运费模板页面截图

步骤 2：选择发货地，编辑运费模板基本信息。

填写运费模板名称，根据供应商货品所在地选择发货地，选择承运商，目前支持 DHL、UPS Expedited、UPS Express Saver、FedEx IP、TNT、FedEx IE、EMS、e 邮宝、EUB、自定义快递等运输方式，然后设置运费比例，如图 8－51 所示。

图 8－51　运费模板设置页面截图

步骤 3：填写运费详情。

在设定的国家中，下拉菜单选择运费类型，有标准运费、卖家包邮、按重量计费、按数量计费、协商物流五种可以选择，若到不同国家不同地区有不同运费类型，可以增加“新增运费规则”分开设置，如图 8－52 所示。

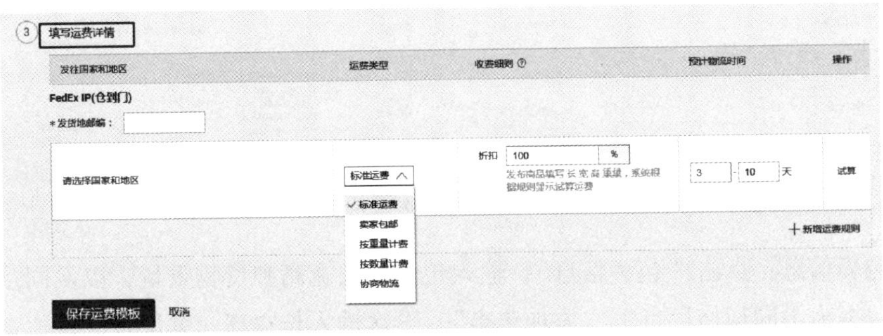

图8－52　填写运费详情页面截图

步骤4：完成运费模板填写，并检查保存。

发布新产品时可选择支持直接下单，并在运费选项中选择设定的模板名称，修改运费模板后，使用了这个运费模板的产品信息中的运费也会自动更新。

子任务二　门到门订单的下单

门到门订单的下单操作步骤如下：

步骤1：查询报价，选择物流方案。

卖家点击“My Alibaba”—“物流服务”—“查询报价方案”，选择“快递”，输入快递的发货地和目的地以及快递的信息，如图8－53所示。

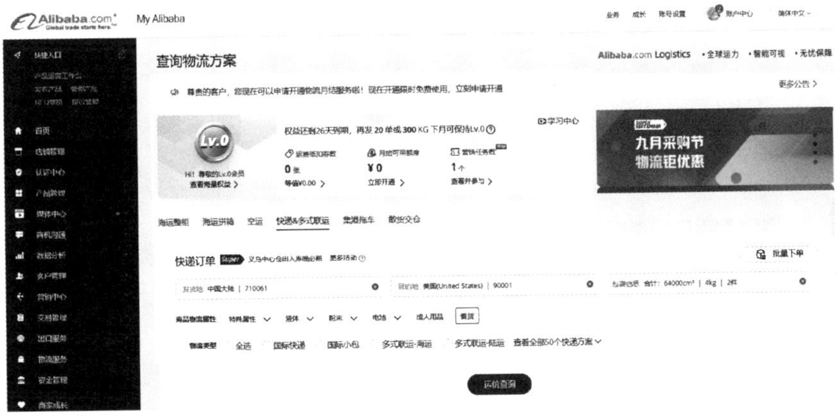

图8－53　门到门“查询报价”页面截图

步骤2：选择适合的门到门物流方案，点击“下单”，如图8－54所示。

①发件地邮编：请输入快递需要上门取件的地址邮编。

②目的地：请选择目的地国家和邮编。

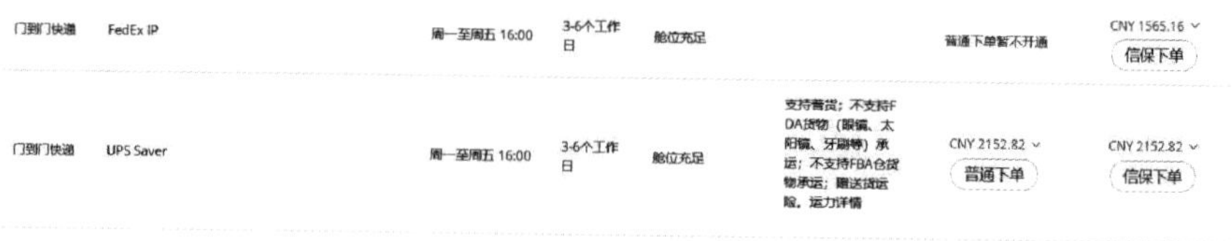

图 8－54 门到门运价查询页面截图

③包裹信息：点击“包裹信息”，输入包裹的长宽高和货物重量，以及同规格的件数。如包裹为不同规格可点击“添加包裹”，再次输入长宽高、重量和件数。

步骤 3：创建物流订单。

可以选择普通下单和信保下单两种，该项目情景中的某外贸公司选择的是“普通下单”，按照要求，填写发货信息，检查无误后提交物流订单，如图 8－55 所示。

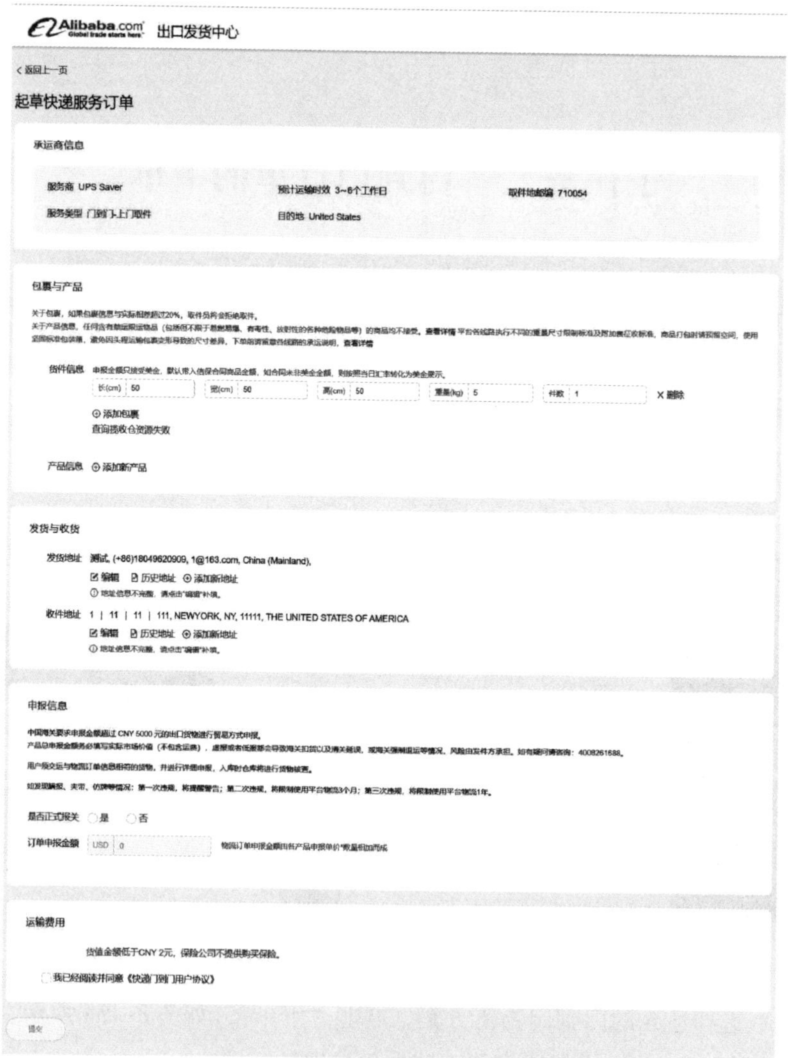

图 8－55 起草快递服务订单页面截图

①填写商品信息：包裹信息、商品信息。

②选择发货与收货地址。

③填写申报信息。

④确认运输费用。

步骤4：确认预算价格，提交订单，完成支付，如图8－56所示。

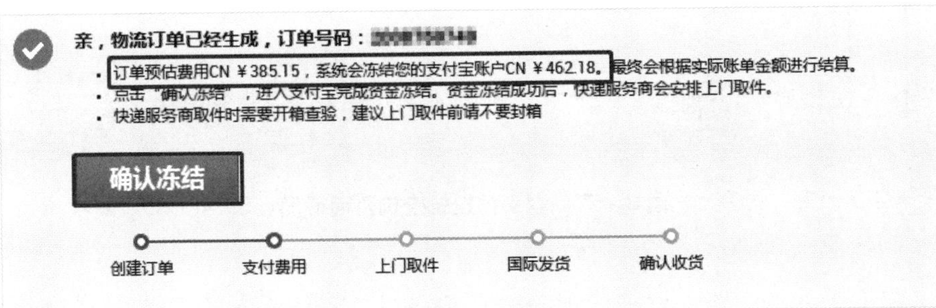

图8－56　“确认冻结”页面截图

步骤5：核算实际账单，多退少补。

正常情况下，货物派送完成的3～5个工作日内，服务商返回实际账单。系统导入实际账单金额后，会使用卖家预先冻结的款项扣除实际账单金额，多退少补。

如果货物派送完成超过5个工作日，费用仍未结算，建议2周后再重新查询。这是因为物流服务商返回的每一笔账单阿里巴巴国际站都会进行核对，如果发现服务商返回账单的计费重量超过卖家下单计费重量的20%，阿里巴巴国际站会和服务商提起重量争议，停止该账单的结算，一般2周左右会给出处理结果并返回最终账单。

子任务三　仓到门订单的下单

仓到门订单的下单操作步骤如下：

步骤1：查询报价。

同门到门订单页面一致，卖家登录“My Alibaba”—“物流服务”—“查询物流方案”，选择“快递”，选择合适的仓到门报价下单，如图8－57所示。

步骤2：起草物流服务订单。

可以选择普通下单或信保下单，填写发货信息，提交物流订单，如图8－58所示。

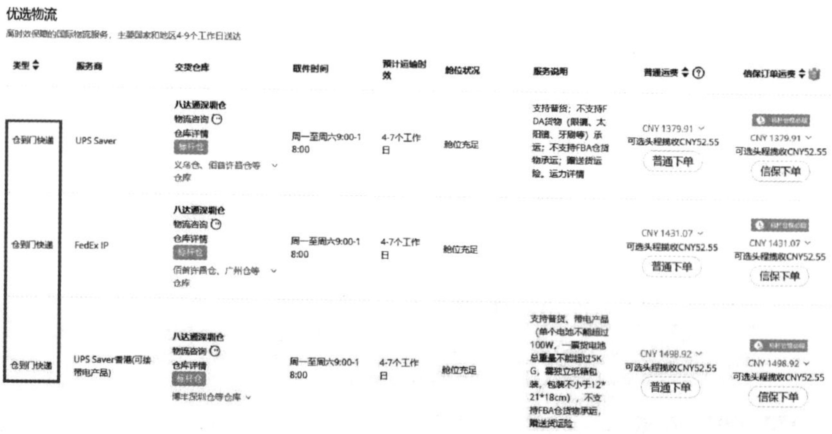

图 8－57　仓到门运价查询页面截图

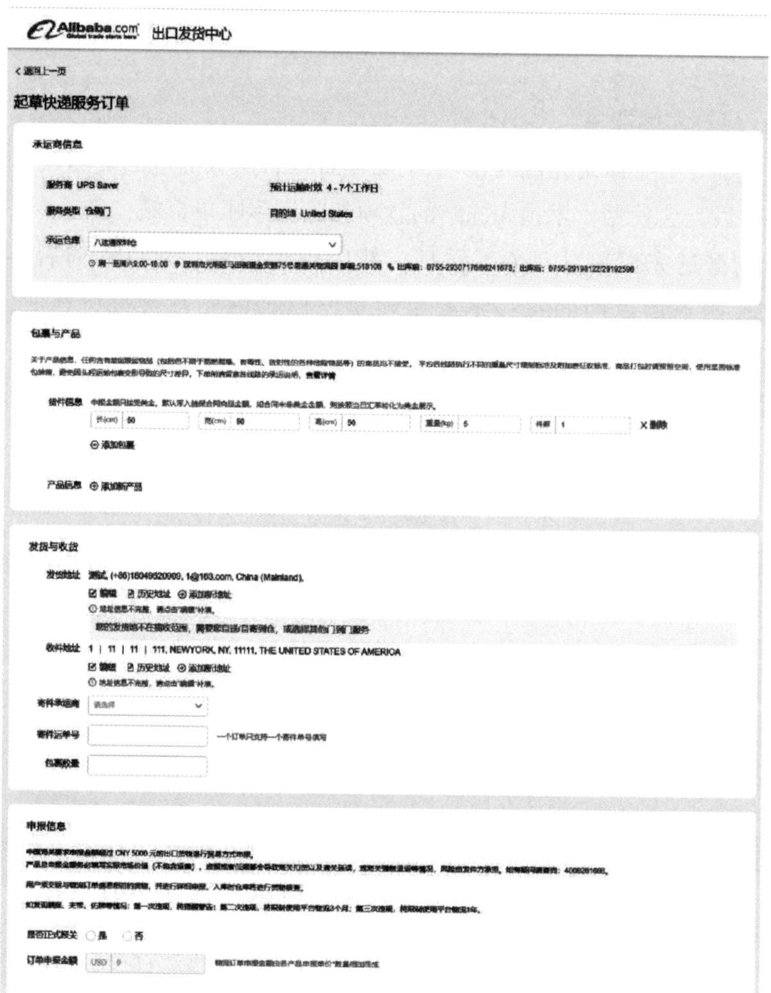

图 8－58　起草快递服务订单页面截图

①填写包裹与产品信息。

②填写发货与收货信息：包括国内快递承运方、物流运单号、快递包裹件数以及包裹的长宽高和重量。

③填写申报信息。

步骤3：确认预算的运输费用，勾选用户协议，提交订单，并将货物发到阿里巴巴指定合作仓库，如图8－59所示。

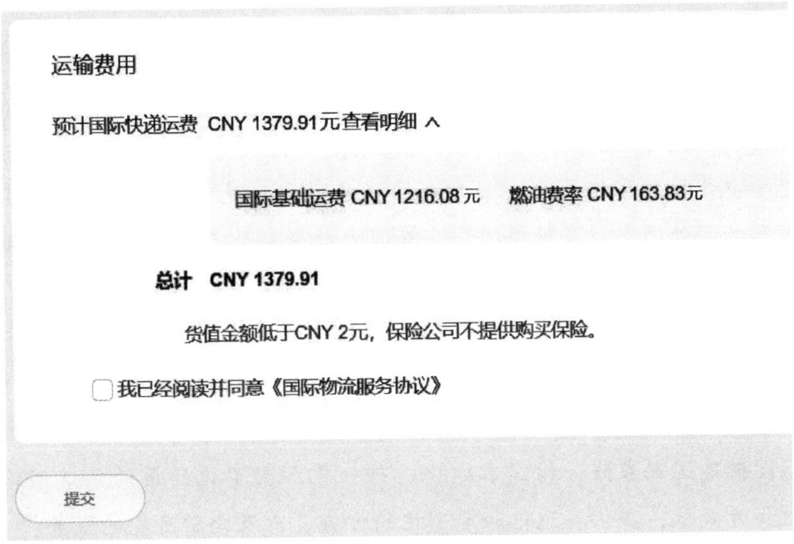

图8－59　确认物流费用页面截图

步骤4：支付相应费用之后，仓库安排发货，如图8－60所示。

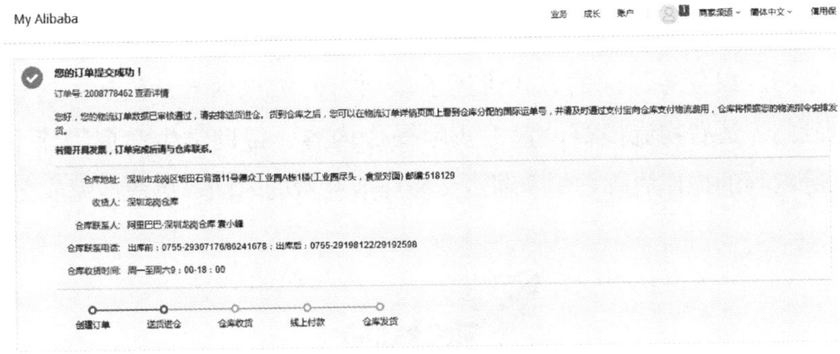

图8－60　订单提交成功页面截图

系统根据仓库反馈的信息计算出国际物流费用，请直接点击订单的“付款”按钮进行支付，进入支付页面后通过支付宝支付国际运费。

系统收到支付成功的确认后，将告知仓库发货，仓库会根据卖家的物流指令安排发货，并反馈发货信息。系统收到仓库的发货信息后，将以系统邮件形式通知卖家。

思政小课堂

阿里巴巴国际站围绕跨境物流正在构建新服务标准

2022 年 1 月 5 日，记者了解到，RCEP（区域全面经济伙伴关系）正式生效实施后，作为全球最大的跨境 B2B 电商平台，阿里巴巴国际站不断助力成员国卖家做好全球生意。

阿里巴巴国际站是阿里集团全球化战略的排头兵，一直与多方合作，协助搭建数字新外贸基础设施，给当地经济、就业做贡献，开放平台的数字化能力，帮助区域内更多中小微企业，更好地实现“全球买，全球卖”，把生意做得更大。

为了进一步开放数字化能力，帮助全球供应商更好地做全球生意，阿里巴巴国际站正在逐步增加海外的直销及服务团队，将国内的数字化变革能力复制到 RCEP 各国，促进当地就业，带动当地经济繁荣发展。

此外，围绕跨境支付，阿里巴巴国际站借助生态的力量，接入买家国本地网银和钱包，打造 B 端跨境“支付宝”式体验，实现“买家一键支付，卖家瞬时到账”，让跨境采购安全顺滑；围绕跨境物流，阿里巴巴国际站也在构建新的服务标准。比如针对重点买家国搭建国家专线，构建本地化、行业化、国家化的履约物流网络，提升履约的确定性和时效性，提供多元化和定制化的方案，以及全程可视的服务。

（资料来源：东方财富网）

项目小结

在本项目的学习任务中，选取某外贸公司的交易流程为引导，以一达通和国际物流为主线进行学习，以任务导向的方式讲述了该项目的重点内容，包括一达通物流走单、门到门、仓到门、运费物流模板设置等实际操作内容，帮助学生掌握物流下单、保管、退税、结汇等内容的操作流程，便于缩短交易环节耗费的时间，更快地完成交易。

微信扫一扫 ★电商课堂随时看
★名企案例轻松学★阅读笔记线上晒

参考文献

[1]“跨境电商 B2B 数据运营”1+X 职业技能等级证书配套教材编委会．跨境电商 B2B 店铺数据运营［M］．北京：电子工业出版社，2021.

[2] 孙韬，胡丕辉．跨境物流及海外仓——市场、运营与科技［M］．北京：电子工业出版社，2020.

[3] 阿里巴巴（中国）网络技术有限公司．从 0 开始——跨境电商实训教程［M］．北京：电子工业出版社，2016.

[4] 阮晓文，朱玉赢．跨境电子商务运营：速卖通 亚马逊 eBay［M］．北京：人民邮电出版社，2018.

[5] 速卖通大学．跨境电商 SNS 营销与商机——阿里巴巴速卖通宝典［M］．北京：电子工业出版社，2018.

微信扫一扫 ★电商课堂随时看 ★名企案例轻松学★阅读笔记线上晒

综合试卷一

微信扫一扫 ★电商课堂随时看 ★名企案例轻松学★阅读笔记线上晒

综合试卷二